법언어학 입문

김성룡 金成龍

경북대학교 법학전문대학원 교수
미국 플로리다 대학교 방문연구교수(Visiting Research Scholar)
독일 뮌스터(Münster/NW) 대학교 법학 박사(Doktor der Rechte)
독일 뮌스터(Münster/NW) 대학교 법학 석사(Magister Legum)
경북대학교 대학원 법학 박사과정 수료
경북대학교 대학원 법학과 법학 석사
경북대학교 법과대학 공법학과 법학 학사

주요 저서·역서

『법적 논증의 기초』(2006, 2007년 문화관광부 우수학술도서)
『법적 논증론 I』(2009)
『법 수사학』(역서, 2010)
『법 수사학』(2012, 한국연구재단 저술지원 도서)
『법이론의 쟁점』(2013)
『독일법』(공저, 2013, 한국연구재단 저술지원 도서)
『규범의 일반이론 I, II』(역서, 2016, 2016년 세종도서 학술부문 선정 도서)
『법적 방법론 강요』(역서, 2021, 2021년 세종도서 학술부문 선정 도서)
『법 논리학 - 이론과 적용』(2022, 2023년 홍진기법률연구재단 올해의 법률저서) 등

경북대학교 학술총서 26

법언어학 입문

찍은 날 2026년 1월 21일 · **펴낸 날** 2026년 2월 6일
지은이 김성룡 · **펴낸이** 허영우 · **펴낸 곳** 경북대학교출판부
출판등록 1973년 10월 10일 ㉣97호 · **주소** 대구광역시 북구 대학로 80 · **전화** 053-950-3830
팩스 053-953-4692 · **이메일** press@knu.ac.kr · **홈페이지** www.knupress.com
ISBN 978-89-7180-669-2 93360
정가는 뒤표지에 있습니다. 파본은 바꾸어 드립니다.

이 저서는 〈2025년 경북대학교 학술총서 집필 및 출간지원사업〉의 재원으로 출간되었습니다.

법언어학 입문

Einführung in die Rechtslinguistik
Introduction to forensic linguistics

김성룡 지음

경북대학교출판부

머리말

법률(法律)언어학, 법언어학, 법정(法庭)언어학, 법과 언어, 언어학과 법 등 다양한 표현으로 등장하는 법언어학은 법학과 언어학이 만나는 접점이라고도 하며, 법학에 필요한 언어학, 또는 언어이론의 실험 장소로서 법학·법 실무라는 뜻으로 이해되기도 하고, 법철학과 언어철학, 특히 분석철학의 지배를 받는 법(철)학의 위상이 강조되는 시기를 대변하기도 한다.

법률가의 일상이 보여 주듯이, 법·법률·법학과 관련된 직업에서 활동하는 사람들은 말(spoken language)과 글(written language) 없이는 살아갈 수 없다. 법률을 제정하는 입법, 그 법률을 집행하는 행정, 법률의 위반 여부를 가려 처벌이나 배상·보상 등 그 법 효과를 판단하는 사법의 모든 영역에서 법·법률의 구성요소인 언어는 한순간도 멀리할 수 없는 이들의 삶의 도구이자 극복 대상이다.

그럼에도 불구하고 법과 관련한 영역에서 사는 사람들은 언어학의 목소리를 즐겨 들으려 하지 않고, 언어학 연구에 천착하는 전문가들은 법 영역의 언어 사용에 대해 그리 깊이 관여하지 않으려는 관행들이 크게 바뀌지 않은 채 유지되고 있다. 그런 이유로 두 분과의 의사소통은 물론이고 각 분과의 의미 있는 성과물을 서로 존중하고 도입·반영하려는 노력도 소홀할 수밖에 없었다.

'말 잘하면 변호사'라 하고, 법률가는 말을 잘하고 글을 잘 써야 한다는데, 일반인의 눈과 귀에 법률가들의 말과 글은 여전히 어렵고 흉내 내기도 힘들다. 법 영역에서는 "법률가들만이 소통할 수 있는 전공·전문언어(Fachsprache; nomenclatura)가 있고, 그 언어의 의미는 일상의 의미와 다를 수 있다."라는 생각이 지배적이고, 그럴수록 법은 일반의 이해와 멀어짐에도 불구하고 이에 대한 경고와 반성은 보이지 않는다. 법률가의 언어에 대해 '귀에 걸면 귀걸이, 코에 걸면 코걸이'(耳於鈴鼻於鈴)라는 비아냥거림이 유효한 사회에서는 예견 가능성을 핵심으로 하는 법치국가(Rechtsstaat)는 물론이고, 법학의 학문성(Wissenschaftlichkeit)도 기대하기 어려워진다.

자신의 언어, 자신의 말과 글이 수범자인 일반인의 이해에 다가가도록 노력하는 법률가, 우리말의 내포와 외연, 의미와 해석을 가능한 한 명확히 제시하여 최대한의 일반성·보편성을 가진 언어를 법적 의사소통의 도구로 제시하려는 언어학자와 법학자, 이들의 노력을 존중하고 배워 실천하려는 실천가·실무가들의 관심과 겸손한 자세들이 모여 대한민국 국민들이 이해하기 쉬운 말과 글로 우리의 '법학', 우리의 '언어학', 우리의 '법언어학'이라는 고유하고 독립적인 영역을 만들어 가는 일은 더 이상 미룰 수 없는 법학과 언어학 모두의 과제이다. 이 책은 법언어학(法言語學)에 대한 개설서·입문서이며, 법언어학의 관심 대상에 속하는 몇 가지 주제를 선별하여 소개하려는 목적에서 집필되었다.

제1장에서는 법·법률언어학(Rechtslinguistik), 법·법정언어학(Forensic Linguistics)이 무엇이며, 얼마나 다양한 연구 분과가 그 독립된 위상

을 찾아가고 있는지를 확인해 볼 수 있도록 법언어학, 법정언어학이라는 연구 분과에 대하여 개괄적으로 소개하였다. 다소 다른 출발점과 관심으로 시작한 영미의 'Forensic Linguisics' 전통과 독일 등 대륙의 'Rechtslinguistik'의 전통이 최근까지 어떤 연구 관심과 방향으로 발전되어 왔는지, 세부적으로 분화된 관련 연구 분과의 다양성과 두 전통의 접근법은 어떻게 수렴되어 가는지 등을 확인해 볼 수 있도록 하여, 추가적인 학문적 관심과 실천적 문제의식의 해소를 위한 안내가 될 수 있는 내용을 담았다.

제2장은 법학과 언어학을 가리지 않고 여전히 논의의 쟁점이 되고 있는 '언어(言語)·법문(法文)의 가능한 의미'에 대하여 법학과 언어학 진영의 중요 논의를 정리했다. 법률에 사용된 언어 의미가 미리 결정될 수 있는지, 사용을 통해 비로소 확정되는 것인지, 해석에 열려 있는 어구의 의미와 법의 새로운 창조로 볼 수밖에 없는 해석이 넘을 수 없는 의미를 구별할 수 있는 것인지, 특히 형사법에서 '유추금지'(Analogieverbot)라는 법적 요청은 단지 언어적 유희(遊戲)에 불과한 것인지 등에 대해 법학과 언어학 분야의 내부 논쟁의 현재 상태를 소개하면서, 법학과 언어학의 상호 이해와 추후의 내실 있는 논의에 기초를 제공하고자 하였다. 무엇보다 법률가, 특히 판사에게 주어진 과제가 무엇이며, 수범자는 판사에게 무엇을 요구할 수 있는 것인가 하는 물음에 대한 대답도 찾을 수 있을 것이다.

제3장은 언어학의 본질적 과제이자 법 해석학(Hermeneutics)·법학 방법론(Juristische Methodenlehre)의 주요 과제이기도 한 언어·자구·법문의 의미를 모색하는 일의 불가결한 전제라고 할 수 있는 그 '의미의 의미'가 무엇인지, 의미에 관한 철학·언어학적 이론의 유형과 그 핵심 내용

은 무엇인지를 요약적으로 소개하였다. 이어서 법문의 의미에 대한 법학적 접근 중 특히 국내에서 많이 소개되지 않은 영미법 전통 국가의 법적 의미에 대한 이론들을 정리했다. 법문의 의미가 개별 사례에서 가장 합리적인 의미여야 한다면 법 규범의 예견 가능성에 대한 요구가 충족될 수 있을 것인지, 법학의 다양한 분과학에서 법문의 의미가 동일한 기준으로 해석되어야 하는지 등에 대한 전문적이고 본격적인 논의의 기초가 될 내용들을 정리하였다.

제4장에서는 법 규범의 특징에 대한 몇 가지 관점에 대한 논점을 다루어 보았다. 법 적용의 삼단논법이라고 하는 고유한 법학 방법론 영역에서 대전제로 기능하는 법문에 대해 참 또는 거짓이라는 진리값을 부여할 수 있는지, 전제의 진실이 결론의 진실로 전이(轉移)되는 구조를 인정할 수 있는지, 법문과 사실관계 그리고 결론(포섭 여부와 법 효과의 발생 여부)으로 구성된 법적 삼단논법(syllogism)이 유효한 추론이 되기 위해 불가피하게 어떤 내용을 보충해야 하거나, 묵시적으로 전제 된 것으로 보아야 하는 것인지 등에 대한 지금까지 관련 분야의 논의를 요약적으로 소개하였다.

제5장에서는 철학적·언어학적 개념과 법학에서 사용되는 관련 개념이 세부적인 내용에서 차이를 보이는 듯한 하나의 예로 형사소송에서 추구하는 '진실' 개념에 대한 논의를 소개하였다. 과연 철학이나 일상의 언어 관용에서 '진실' 개념이 형사절차에서의 '진실' 개념과 같은 것으로 이해될 수 있는지, 그렇지 않다면 그 진실은 어떤 진실인지에 대한 논의를 따라가면서 인간의 법정에서 가능한 진실은 무엇인지를 음미해 볼 수 있을 것이다. 절대적 진실, 상대적 진실, 실체적 진실, 절차적 진실, 합의된 진실 등에 대한 개념 내용을 확인하면서, 과연 형사절차에서의 유·무죄 판결이

의미하는 것은 무엇이며, 인간의 법정은 그럼에도 불구하고 유지되어야 하는지 등에 대해서도 생각해 볼 수 있는 기회를 제공하고자 하였다.

모든 시작은 미약할 뿐만 아니라, 어설프고 불완전할 수밖에 없다. 법언어학 관련 저술이 흔치 않은 현실에서, 깊이 있는 법언어학 주제와 관련된 논의를 위해서는 기본적인 개념과 주요 쟁점의 이해와 공통된 인식이 우선 필요하다는 생각에서 '입문서' 수준의 이 책을 발간하고, 향후 조금 더 구체적이고 전문적인 법언어학 관련 주제를 담은 후속 도서를 출간하려고 한다.

'법언어학과'라는 독립된 전공학과도 없고, 법언어학 전공의 교수를 채용하는 대학도 찾아보기 어렵고, 인문대학과 법과대학·법학전문대학원 어디에도 제대로 짜인 법언어학을 위한 교육과정도 찾아보기 힘들다는 것이 우리 법언어학의 현실 위상을 보여 주는 것이지만, 이 책을 기회로 삼아 가까운 미래에 한국어가 그 중심이 되는 '우리의 법언어학'이 제 모습을 드러낼 수 있기를 기대해 본다.

2025년 12월 15일

김성룡

목차

제1장

법언어학 개요

I. 법언어학과 법정언어학

법언어학(法言語學)으로 표현되곤 하는 법학과 언어학이 함께 작용하는 분과학에 대한 독일어권과 영어권에서의 접근방법에는 적지 않은 차이가 있다. 독일에서는 법언어학, 즉 'Rechtslinguistik'이라는 표현이 주로 사용된다면, 영미권, 특히 미국의 경우에는 법(정)언어학(法庭言語學), 법적 절차에 관련된 언어학, 즉 'Forensic Linguistics'라는 개념이 주로 사용된다. 'Rechtslinguistik'은 이론적 분과학의 의미가 강하다면, 'Forensic Linguistics'는 실무·실천적 기능이나 현실의 법적 절차에서 사용되는 실용적 분과로서의 의미가 두드러진다.[1]

바꾸어 말하면, 독일어권의 'Rechtslinguistik'과 영미권의 'Forensic Linguistics'는 모두 법학과 언어학이 만나는 지점에 관계하는 분과학이라고 할 수 있지만, 여러 학문 분야가 그러하듯이 전자는 다소간의 이론적인 연구가 포함되어 있고, 현실 사회의 적응에 못지않은 기초연구에 관심을 두고 있다면, 후자는 민사소송이나 형사소송 등 현실의 법적 절차에서 언어의 기능과 의미에 무게 중심을 두고 있다고 할 수 있겠다.

예를 들면 전자는 "법문의 가능한 의미가 도대체 가능한 언어인가?"라는 물음에 천착한다면, 후자는 "증인의 증언에 신빙성이 있는가?"와 같은 증언 분석이나 거짓말탐지기의 분석 결과에 대한 신빙성 평가,[2] 필

---

1 이론 법언어학(Theoretical Legal Linguistics), 실용·응용 법언어학(Applied Legal Linguistics)으로 부르기도 한다.

2 진술자의 언어의 진위 분석 방법 및 기준 등과 같은 진정한 의미의 법언어학적 분석으로 보기는 어렵지만, 거짓말탐지기를 활용한 심리생리검사의 결과를 법정에서 증거로 활용할 수 있을 것인지 등에 대한 국내 최근 연구로는 방철, "심리생래검사 결과의 증거능력에 관한 소고", 중앙법학회, 『중

적 감정[3]의 신뢰도와 같은 법정에서의 증거조사에서 중요한 의미와 기능을 찾을 수 있을 것이다.

1. 독일의 법언어학

1) 다양한 개념

물론 최근에는 독일에서도 법정언어학(Forensische Linguistik)과 법언어학(Rechtslinguistik)이라는 두 가지 개념이 모두 사용되곤 하는데, 구체적으로 각 개념들에 포함되는 연구 대상이나 내용에서는 양자가 구별된다.

이들이 이해하는 법정언어학은 특히 범죄학적인 수사절차에서 조사의 대상이 되는 언어적 현상을 다루는 것이라면, 법언어학은 법적·전문적 의사소통의 요소로서 법·법률의 언어를 (이론적으로) 분석하는 것이라고 요약된다. 예를 들어 법률의 언어(법문[法文]), 법관의 의사소통, 행정관청·

양법학』, 제25권 제1호(2023), 141쪽 이하; 박정훈, "폴리그라프 검사결과의 증거능력"; 홍익대학교 법학연구소, 『홍익법학』, 제16권 제1호(2015), 503쪽 이하; 박용철, "거짓말탐지기 검사결과의 활용에 대한 소고", 한국형사정책학회, 『형사정책』, 제25권 제3호(2013), 339쪽 이하 등 참고. 경험연구로 '한국형 진술신빙성 평가모델'의 내용과 성범죄사건을 대상으로 한 실증연구의 결과를 제시하고 있는 최규환/이상경, "진술분석 결과와 경찰수사, 검찰처분, 법원판결 일치도 비교 연구: '한국형 진술신빙성 평가 모델' 적용 성범죄 사건을 중심으로", 경찰대학 치안정책연구소, 『치안정책연구』, 제38권 제3호(2024), 7쪽 이하; 박종선, "「진술분석」 10년의 성과와 개선방향 - 대검예규 '진술분석 규정'을 중심으로 -", 홍익대학교, 『홍익법학』, 제17권 제2호(2016), 257쪽 이하; 김경옥/김현미/김태경, "준거기반내용분석(CBCA)의 변별력: 성폭행피해 준장 성인 진술의 신빙성분석을 중심으로", 한국피해자학회, 『피해자학연구』, 제32권 제1호(2024), 85쪽 이하 등 참조.

3 필적 감정의 결과가 증거로 활용되기 위한 법적 요건을 분석하는 최근 연구로는 박제민/이경렬, "필적 감정의 신빙성 제고 방안 연구", 대검찰청, 『법과학의 신동향』, 제10호(2024), 1쪽 이하 참조. 국내 필적 감정의 기준의 비교법적 검토로는 신강일/유승진, "한글 필적 감정의 국제적 기준 적용과 AI 기반 분석", 경찰대학교, 『경찰학연구』, 제24권 제3호(2024), 3쪽 이하 등 참조. 거짓말탐지기나 필적 분석을 포함하여 이른바 '과학적 증거'를 증거로 활용하기 위한 국내 이론·실무의 태도와 비교법적 검토는 김성룡, "현행법에서 과학적 증거의 증거능력과 증명력", 한국형사법학회, 『형사법연구』, 제24권 제4호(2012), 201쪽 이하 참조.

공무원의 언어 등을 분석의 대상으로 하는 분과들이 여기에 속한다.

이와 달리 영미권에서는 법언어학과 법정언어학을 명시적으로 구별하지 않는 것이 일반적이고, 통상 법정언어학(Forensic Linguistics)이라는 용어로써 양자를 모두 표현하는 것이 일반적이다. 앞서 언급한 바와 같이 그 무게 중심은 여전히 법정언어학에 있고 이론적 관점의 법언어학은 법정언어학의 지붕 아래에 있다고 할 수 있다. 즉, 현재까지 영미법 전통 국가에서는 이론적 관심이 강한 법언어학은 실천적 가치가 강한 법정언어학에 대해서 부차적 지위에 머물러 있다. 물론 이러한 구별이 앞으로도 변함없이 유지되리라는 보장은 없다. 영미법의 판례법 체계와 대륙법의 성문법 체계가 융합되어 사실상 양자를 엄격히 구분하는 것이 무의미해져 버린 것처럼, 서로의 시선 교환은 법언어학 영역에서도 이미 이루어지고 있기 때문이다.

한편, 법언어학, 법정언어학이라는 넓은 의미의 법언어학, 즉 포괄적인 상위 개념 외에도 언어학적 방법론을 법적 문제에 적용하는 구체적인 분과학들도 다양하게 발전하고 있다. 대표적인 세부 영역으로는 언어와 기억 연구, 대화 분석, 담론분석, 문법론, 인지언어학, 언어행위론 등이 있는데, 이러한 연구 관심·분과들은 이미 우리에게도 익숙하게 알려져 있다.

이러한 다양한 분야에서 이루어진 연구로부터 획득된 성과를 법률의 제정·해석·적용 영역에서 제기된 물음에 답하는 재료로 사용하는 것도 결국 넓은 의미의 법언어학이라고 할 수 있는 것이다.

평균적인 사람들, 보통 사람들은 언어를 어떻게 기억하는가, 그들 사이에는 어떤 구조의 대화가 행해지는가, 화자와 필자는 대화 과정이나 글에서 어떤 형태로 반응하는가, 문장과 단락의 구조에서 무엇을 알 수 있는가 등에 답하려는 것이 언어학적 관심이라면, 이를 법적 무대에 적용할 때 어떤 차이점과 공통점이 있는 것인지에 대해 답하려는 것이 바로 법언어학의 관심이라고 할 수 있을 것이다.

이런 의미에서 유독 '법'언어학이라는 이유로 '법·법률'을 지나치게 강조하는 것은 이미 바른 접근으로 보기 어렵다는 반론도 가능할 듯하다. 법언어학도 결국 인간의 광범위한 언어 사용 중 어떤 특정 생활영역을 대상으로 할 뿐이기 때문이다.

2) 독일 법언어학의 일반적 정의와 간략한 개념사

독일에서는 법언어학(Rechtslinguistik)을 언어학과 법학의 접점에 있는 새로운 분과학이라고 정의하는 것이 일반적이다.[4] 이러한 법언어학의 목적은 법에서 언어적·매체적 그리고 의사소통적 실제를 경험적으로 분석하고, 이론적으로 기술하는 것이고, 법학 방법론에 기여하려는 것이라고 소개한다. 요약하자면 법언어학도 결국은 법학 방법론(法學方法論)에 기여할 수 있는 하나의 분과로 이해하고 있다는 것이다. 만약 법의 발견과 적용에 언어학의 성과물이 어떤 형태로건 긍정적으로 기여할 수 있다면 이를 활용할 필요가 있다는 것이고, 그것은 바로 광의의 법학 방법론(Juristische Methodenlehre)에 속하는 것이다.

---

4 아래의 내용은 주로 Vogel, "Legal Linguistics in Germany, History, Working Groups, Concepts", in: Friedemann Vogel(Ed.), *Legal Linguistics Beyond Borders: Language and Law in a World of Media, Globalisation and Social Conflicts,* Berlin: Duncker & Humblot(2019), p. 99와 위키피디아(Wikipedia) 등 오픈 소스에서 언급되는 내용과 관련 연구물을 참고한 것이다{"Rechtslinguistik", 독일어판 위키피디아(Wikipedia – Die freie Enzyklopädie), https://de.wikipedia.org/wiki/Rechtslinguistik#cite_ref-2[2021. 7. 1. 최종 검색]}.

이러한 법의 언어나 매체를 다룬 연구나 관심은 이미 인간의 사회화가 시작된 초기부터 존재하였고,[5] 예를 들면 플라톤도 기원전 4세기경에 이미 『파이드로스』(*Phaidros*)에서 관련 문제를 다루었다(274b-278e). 소크라테스와 파이드로스의 가상의 대화에서 두 사람은 무엇이 선이며 정의인지, 그리고 이로써 궁극적으로 그리스의 폴리테이아(Politeia, 국가 정치 체제)에 대해서도 마찬가지로 글의 형태로 선과 정의에 관해 협상할 수 있는지의 문제를 논의했다. 글이라는 매체는 인식과 비판의 매체가 될 수 있는 것인지에 대해 논쟁한 것이다. 물론 소크라테스와 플라톤은 이에 부정적이었다.[6] 어떤 자료에서는 파이드로스의 대화록에서 플라톤은 우리 인간은 '어떤 언어적·매체적 형태로 사회의 질서(공동생활의 규범)에 관하여 논의할 수 있는가?'라는 문제를 다루었고, 물론 플라톤 자신은 세상에 대한 인식을 획득하고 '선'(Gute)에 대해 말하는 수단으로 문서·서면(Schrift)은 적합하지 않다고 보았다고 전하기도 한다. 문자의 기록·대본은 마치 아도니스의 정원과 같이 아름다운 연극(문학)의 매체로서 만들어진 것이지, 판단의 과정에는 적절하지 못하다는 것이었다. 글은 목소리가 없고, 논쟁적 공격에 대해 무력하며, 논증적 오류들에 대해서도 도움이 되지 못한다는 것이었다.[7] 단지 구술의 대화에서만 우리는 어떤 공격들에 대해 논거를 가지고 직접적으로 반응할 수 있다고 생각한다는 것이다. '문서보다는 구술'이라는 인식은 사실상 공판심리의 '구술

---

5 Vogel, "Rechtslinguistik: Zur Bestimmung einer Fachrichtung", in: Ekkehard Felder, Friedemann Vogel(Hrsg.): *Handbuch Sprache im Recht*(= Handbücher Sprachwissen), Berlin/Boston: Mouton de Gruyter(2017), S. 209-232.

6 Vogel, a.a.O., S. 99-100.

7 Vogel, a.a.O., S. 100.

주의'·'직접주의'라고 하는 근대 형사절차의 기본 원리를 고대의 언어로 표현한 것이라고 할 수 있는데, 결국 독일 법언어학의 뿌리, 보다 일반적으로 유럽의 법언어학적 논의의 출발점은 서면이냐, 아니면 구술이냐의 관심으로 나타난 것이라고 할 수 있겠다.

중세 이후, 특히 계몽기에는 거래에 사용되는 계약문체나 공공기관의 공적 문체(Geschäfts- und Kanzleistil)·언어의 질에 관한 무수한 논쟁들이 있었고, 법률에 관한 일반적 이해에 관해서도 많은 관심과 논의가 있었다고 한다. 야콥 그림(Jacob Grimm)[8]은 법의 첫 번째 문법(Grammatik)의 하나를 발전시켰고, 법적 단어들, 그 형식과 상징 등을 모았으며, 1840년부터 1878년까지 경험적 목적을 위하여 이른바 '바이스튀머'(Weisthümer)[9], 즉 판례 모음집을 출간했다고 한다. 이 책자는 구술로 전승된 법 원리나 판결 기록, 재판 후에 만들어진 서면 기록 등을 모은 것이다.[10] 일종의 역사적 법원(法源, Rechtsquelle)들의 모음집으로 볼 수 있다.

그에 이은 법률사전 편찬 활동은 하이델베르크 학문아카데미의 독일법률용어사전(Deutsches Rechtswörterbuch)[11]으로 이어졌고, 이것은 독일 법률용어사전의 현대적 형태라고 평가되기도 한다.

---

8 야코프 그림(Jacob Ludwig Karl Grimm, 1785~1863)은 독일 법학자이자 언어학자이자 문학자였다. 빌헬름 그림(Wilhelm Grimm)과 함께 그림 형제(Brüder Grimm)로 알려진 인물이다.

9 'Weistum'(바이스툼)은 고어로 '판결', '판례'를 말한다.

10 Grimm, *Deutsche Rechtsalterthümer*, 4., verm. Ausg., besorgt durch Andreas Heusler u. Rudolf Hübner Auflage., Leipzig: Dieterich(1899).

11 현재 하이델베르크 대학에서 관리하는 '독일 법률단어사전'(Deutsches Rechtswörterbuch, DRW)의 사이트는 https://drw-www.adw.uni-heidelberg.de/drw-cgi/zeige이다. 현대어로 된 사전으로 대표적인 것은 *Creifelds*와 *Köbler*가 있다.

무엇보다 독일에서 학문의 한 분과이자 대학 내에서 하나의 조직으로 인정된 분과학으로서 법언어학이 등장하기 시작한 것은 대체로 1970년대부터라고 소개된다. 물론 1990년대까지는 안정된 분과로서의 지위에 대해서는 논쟁이 있었고, 2017년 출간된 포겔(Vogel)의 『법에서의 언어』라는 책자에서는 다음과 같은 개념 정의도 등장한다.

> 확고하게 자리 잡은 언어학과 법학의 분과학으로 현대의 법언어학은 법이라는 사회제도의 언어적-의사소통적 구조를 다룬다. 법언어학은 질적 방법과 양적 방법들을 사용하여 경험적으로 언어적 형태와 멀티미디어적 형태를 연구하고, 입법, 사법 그리고 행정, 법학적 연구와 이론 및 주석서 등의 맥락에서 행위자들의 기호 사용 관행도 연구한다.[12]

학문적 실제를 보면 세계적으로 법언어학이라는 전공의 교수직은 아직도 아주 소수에 불과하고, 연구의 많은 부분들은 학제적(學際的) 연구그룹이나 전문가 집단에서 이루어진다.[13] 독일에서 법언어학적 연구의 전문화와 법언어학의 직접적 사용·적용은 주로 입법에서 이루어지는데, 예를 들자면 독일 연방 법무·소비자보호부(Bundesministerium der Justiz und für Verbraucherschutz)의 법언어교정국(Redaktionsstab

---

12 Vogel, a.a.O., S. 213. “Die moderne Rechtslinguistik beschäftigt sich als etablierte Teildisziplin von Sprach- und Rechtswissenschaft mit der sprachlich-kommunikativen Verfasstheit der gesellschaftlichen Institution Recht. Sie untersucht empirisch mit Hilfe qualitativer und quantitativer Methoden sprachliche wie multimediale Formen und ihren zeichenhaften Gebrauch von Akteuren im Kontext von Gesetzgebung, Gerichtswesen und Verwaltung, rechtswissenschaftlicher Forschung und Lehre wie Kommentarliteratur.”

13 국내에서도 법학 분야에서 법언어학 전공의 교수직을 찾아보기 어렵다. 독문학이나 언어학 분야에서 개별 전공으로 법언어학을 연구하는 것이 일반적이다.

Rechtssprache)에서 담당하는 이해하기 쉬운 규범문을 만드는 작업이 이에 해당한다.[14]

2. 독일의 'Rechtslinguistik'과 'Forensische Linguistik'

독일어권에서는 개념적으로뿐만 아니라 분과학적으로도 법언어학(Rechtslinguistik)과 법정언어학(Forensische Linguistik)은 서로 구분된다. 전공 언어 연구와 의사소통 연구로서 법언어학은 법적 업무처리 과정의 (언어적) 구성요소로서 언어와 의사소통을 다루는 것으로 정의되고 있고, 법정언어학은 언어와 의사소통을 법의 대상으로 다루는 응용언어학의 다양한 절차들과 문제 제기들을 포괄하는 표현으로, 특히 형법적 관점에서 특정 문서의 작성자가 누구인지, 녹음에 포함된 사람의 음성은 누구의 것인지 등을 확인하는 것과 같은 조사·증명 활동에 관한 것으로 이해된다.

영미권에서 이런 구분은 사실상 흔치 않고, 주로 'Forensic Linguistics'라는 개념 아래 언급된 법과 관련한 이론적·실천적 언어 연구가 모두 포함되고, 그중 이론적 고찰은 상대적으로 빈약한 수준에 머물고 있다. 최근에

---

14 2009년 4월부터 독일 연방법무부에 설치되어 운영되는 조직이다. 모든 법률과 명령의 언어적 정확성과 이해 가능성에 대해 심사한다. 이러한 법무부에서 활동하는 조직 다음으로 연방의회에서도 'Redaktionsstab der Gesellschaft für deutsche Sprache beim Deutschen Bundestag'라는 유사한 조직이 활동한다. 2013년 1월 1일부터 베를린 소재 회사인 'Lex Lingua Gesellschaft für Rechts- und Fachsprache mbH'가 그 업무를 맡고 있다. 우리 국회의 입법조사처나 법제사법위원회, 법제처 등의 업무의 중요 부분도 전형적인 법언어학적 작업이라고 할 수 있을 것인데, 독일 법언어교정국의 활동과 업무 처리 절차를 구체적으로 살펴보고 현재 우리의 규범문은 어떤 문제를 가지고 있으며, 어떤 방법으로 그 문제가 해소될 수 있을지 고민해 볼 필요가 있다. 법문은 한 국가의 법치국가적 수준을 보여 주는 것이기도 하기 때문이다.

는 주로 'Legal Linguistics'라거나 단순히 'Language and Law'[15] 또는 'Law and Language'라는 표현으로 이론적 연구에 비중이 놓인 독일의 'Rechtslinguistik'과 같은 연구 영역을 표현하기도 한다.

앞서 언급한 바와 같이 독일어권에서는 'Forensic Linguistics'의 관심이 증대하는 추세가 보이고, 영미권에서는 'Rechtslinguistik'의 연구가 확대되는 것이 최근에 감지되는 연구 관심의 변화 추세라고 할 수 있다.[16]

3. 독일의 법언어학 분과

독일에서 'Rechtslinguistik' 또는 'Legal Linguistics'로 불리는 분과학에서 어느 정도 자리를 잡은 세부 연구 분야로는 3가지 정도가 소개되는데, 첫째, 전공·전문 언어와 일반 언어 또는 법 문외한의 언어와의 관계, 둘째, 법적 의미론, 그리고 셋째, 법원에서의 의사소통의 3가지 분과가 그것이다.[17]

---

15 Friedemann Vogel, "Calculating legal meanings? Drawbacks and opportunities of corpus assisted legal linguistics to make the law (more) explicit", Dieter Stein, Janet Giltrow(Ed.), *The pragmatic turn in law. Inference and Interpretation in Legal Discourse,* Band 18, Berlin/Boston: Mouton de Gruyter(2017), p. 287.

16 형사법 영역에서는 실체법은 물론 절차법 등 전반적인 영역에 걸쳐서 영미의 실용적 관점이 독일의 관념론적 이론 체계에 영향을 미치고 있고, 그 역으로 영미의 형사법 이론과 실무에서는 독일식의 체계적 사고의 장점 도입이 확대되는 경향이 나타나고 있다. 세상 어디에도 순수한 보통법 또는 시민법 전통의 국가는 더 이상 존재하지 않는다는 말처럼, 법언어학 영역에서도 유사한 현상이 나타나고 있다고 하겠다.

17 Vogel, "Rechtslinguistik: Zur Bestimmung einer Fachrichtung", in: Ekkehard Felder, Friedemann Vogel(Hrsg.): *Handbuch Sprache im Recht*(= Handbücher Sprachwissen), Berlin/Boston: Mouton de Gruyter(2017), S. 219-221.

1) 전문 언어와 전문가-문외한의 의사소통

독일에서 법언어학 연구의 가장 큰 부분은 법적 전공·전문어의 언어적 특수성과 기호학적인 특수성을 기술하는 데 투자되었다고 한다. 이를 위한 대표적 연구의 초점은 무엇보다 단어·어휘(Lexik) 연구와 대화 연구(Gesprächsforschung)였다.

독일의 경우 법언어학 관련 연구의 초기부터 법적 전공 언어는 전공언어로만 구성된 것이 아니라 일반 언어로부터 가져온 어구도 있고, 그 일반 언어가 일반인인 문외한들은 알지 못하는 특이한 의미로 사용되는 경우도 있다는 것이 인식되었다.

국내에도 법학 분야에 널리 알려져 있는 'Diebstahl'(절도)이나 'Gewalt'(폭행)와 같은 단어들도 일상 언어에서 형법으로 들어와 일상의 의미와는 사뭇 다른 전공 언어가 된 대표적인 경우이다.

한편, 우리와 다를 바 없이 독일에서도 법 영역의 전문어, 법률 전공어가 일반인들이 이해하기 어렵다는 비판이 늘 존재했고, 법학의 지식이 없는 언어학자들도 법적 언어의 이런 '일반의 이해 가능성'(Allgemeinverständlichkeit) 결여를 지적하고 있다. 하지만 법 언어가 발전되어 온 역사적 이유도 있지만 법률 전문가들 사이의 원활한 의사소통 필요성 때문에 법률 언어에 대한 일반인들의 이해 가능성은 오늘날도 여전히 달성되기 어려운 하나의 환상으로 여겨지기도 한다. 물론 보다 이해하기 쉽고 수신자에게 적합한 법률 언어와 행정관청의 언어를 만들어 내기 위한 끊임없는 노력은 여전히 필요할 뿐만 아니라[18] 법치주의

---

18 Nussbaumer, "Von Schwärmern und Skeptikern und ein Versuch, Realist zu sein. Bilanz und Entwurf des Sprachspiels vom unverständlichen Gesetz", Kent D. Lerch(Hrsg.), Recht

를 지향하는 국가라면 법적 의무라고 해도 과언이 아닐 것이다. 특히 법률이나 규범문의 이해가 법 전문가뿐만 아니라 일반인에게 중요한 의미를 가지는 형법이나 세법과 같이 침해적 국가권력이 문제 되는 영역에서는 더욱 그러하다. 규범의 내용을 이해하지 못하는 수범자에게 법 위반의 책임을 묻고 비난하는 것은 허용될 수 없는 것이 원칙이기 때문이다.

2) 법적 의미론(Juristische Semantik)

법적 의미론(Legal Semantics[리걸 시맨틱스] ; Juristische Semantik[유리스티셰 제만틱])은 예를 들어 '특정 법률 문언이 어떤 의미로 이해되어야 하는가?'와 같은 물음에서처럼, 법적 텍스트를 가지고 하는 작업에서 어떻게 규범적 개념들과 의미들이 생겨나는지 또는 적극적으로 구성되는 것인지와 같은 물음을 다루는 분과이다.

사실 법학자들이 지금까지 법학 방법론이라거나 해석 카논(canon)이라는 이름으로 법률의 해석과 적용에 활용해 온 방법들 또는 그러한 활동과 가장 밀접하고 친근한 분과라고 할 수 있다.

이와 관련하여 독일의 경우, 특히 법언어학 영역에서는, 다양한 전공 분야의 전문가 그룹인 '하이델베르크 법언어학 그룹'(Heidelberger Gruppe der Rechtslinguistik)을 빼놓을 수 없는데, 이 그룹은 법적 문언(text)의 해석은 특별한 전공지식이 필요할 뿐만 아니라 문언의 연결·결합이라는 하나의 복잡한 과정이라는 것을 보여 주는 무수한 연구 결과들을 발표해 오고 있다.

---

verstehen: Verständlichkeit, Missverständlichkeit und Unverständlichkeit von Recht. Gruyter, Berlin(2004), S. 285-295.

이러한 복잡한 과정에서 언어는 단순히 도구(Werkzeug)에 그치는 것도 아니며, 언어에 함유된 규범적 의미 요소들을 적용자에게 제공하는 컨베이어벨트에 불과한 것도 아님을 강조한다.[19] 오히려 법률가 또는 판사가 법적 방법론의 규칙에 따라 법률 문언에 의미를 부여하고, 자신과 달리 읽는 것과 같은 모순들에 대해 논증적이고 설득력 있게 그 의미를 안전하게 확보해야만 하는 것이 그 특징임을 강조하기도 한다. 쉽게 표현하자면 법적 의미론의 핵심 주체는 판사 또는 법률가라는 말이기도 하고, 법문과 판사의 협업을 통해 법 규범의 의미가 확정되고 적용 여부가 결정된다는 표현이기도 하다.

3) 법정에서의 의사소통

판사 앞에서, 즉 법정에서의 의사소통은 무수한 대화분석 연구들의 중요한 관심 대상이 되어 왔다. 법정에서 판사, 검사, 변호사 등의 법률 전문가들과 법률 문외한인 피고인이나 증인 사이의 이해 과정과 오해 과정이 이러한 연구의 중심 대상이다. 모든 절차참여자들(법관, 변호사, 피고, 증인 등)이 자신의 표현으로 의도하는 언어적·의사소통적 전략들, 다양한 사회적 배경(교육배경, 연령, 성별 등)이 의사소통적 행동에 미치는 영향, 다양한 질문과 신문 기법들, 사건을 다룸에 있어서 사실의 대화식·쌍방향의 구성(이야기 구성)의 가치와 내용 등의 주제들이 여기에 속한다.

---

19 Christensen / Kudlich, “Die Auslegungslehre als implizite Sprachtheorie der Juristen”, *Archiv für Rechts- und Sozialphilosophie(ARSP),* Nr. 2(2002), S. 230 ff., 239 f.

4) 최근의 추세와 전망

독일 법언어학 연구 영역에서 최근 10여 년간 일어난 변화 중에서 가장 특징적인 것을 들자면, 법적 이사소통이나 텍스트 작업에서 디지털화나 그 합병 경향이 강하게 나타나고 있다는 것, 컴퓨터에 의해 이루어지는 텍스트 분석의 가능성과 한계에 대한 관심이 증대하고 있다는 것이다.[20] 특히, 이른바 '말뭉치·말모둠 언어학'(Corpus Linguistics; Korpuslinguistik[21]) 또는 코퍼스에 대한 연구 관심의 확대, 입법 절차에 있어서 문언 작업의 경험적 연구와 이론적 기술 및 사법, 언론매체, 행정 등의 다양한 영역을 관통하는 법적 규범의 생성이라거나, 초국가적(supranational)이고 다언어적(multulingualism)인 법 영역이 법적 전문가 집단의 의사소통에 미치는 영향(법에서의 다언어성) 등에 대한 관심의 증대가 최근 경향으로 소개되고 있다.

5) 독일어권·유럽 법언어학 주요 연구그룹

독일어권과 유럽의 법언어학·법정언어학 관련 연구집단으로 소개되는 대표적인 연구자모임·연구회 중 법언어학 연구에 참고할 가치가 있는 학회나 그룹으로 다음과 같은 단체들이 있다.

---

20 Vogel, "Legal Linguistics in Germany, History, Working Groups, Concepts", in: Friedemann Vogel(Ed.), *Legal Linguistics Beyond Borders: Language and Law in a World of Media, Globalisation and Social Conflicts*, Berlin: Duncker & Humblot(2019), pp. 104-110.

21 평소 우리가 사용하는 말이나 글을 컴퓨터가 읽을 수 있는 형태로 모아 놓은 언어 자료라거나 일정 규모 이상의 크기, 내용적 다양성과 균형성이 확보된 현실 언어 자료의 집합체라고 정의되기도 하며, 현실적으로 사용하는 언어 자료의 집합체라고 할 수 있다. 따라서 현실 언어를 활용하는 인공지능 변호사 로스(Ross), 챗봇 엘리자(ELIZA), 구글 번역기 등, 이미 우리 모두 익숙하게 들어본 인공지능(AI)이 학습하는 언어학을 '말뭉치 언어학'이라고 한다.

◆ 하이델베르크 법언어학 그룹(Heidelberger Gruppe der Rechtslinguistik, Heidelberger Gruppe, 1983년 창설)

'하이델베르크 그룹'으로 부르기도 하는데 공식적으로 등록하지는 않은 학제간 연구단체로 독일어권의 법언어학 연구의 대표적 그룹이다. 프리드리히 뮐러(Friedrich Müller), 랄프 크리스텐센(Ralph Christensen), 디트리히 부쎄(Dietrich Busse), 토마스 미하엘 자이베르트(Thomas-Michael Seibert) 등 독일 법언어학 분야의 초창기 세대이자 대표적인 학자들이 회원이다.

◆ 오스트리아 법언어학회(Österreichische Gesellschaft für Rechtslinguistik, ÖGRL, 2017년 창설)[22]

'Austrian Association for Legal Linguistics'(AALL)라고도 부르며, 주로 법언어학자들과 법학자들로 구성된 비영리법인으로 2017년 다니엘 그린(Daniel Green)을 중심으로 창설되었다. 이들은 법규의 해석, 사법절차에서 언어 증거(linguistic evidence), 화자 인식과 동일성 확인(speaker identification) 등을 연구의 핵심 대상으로 한다.

◆ 독일 법정언어학회(Germanic Society for Forensic Linguistics, GSFL, 2015년 창설)[23]

'사회정의를 위한 언어증거의 조사와 적용을 위한' 사회과학 분야의 실무가, 학생들로 구성된 국제적 모임이다. 2012년 닉(I. M. Nick)과 뢰믈링(Dona Roemling)에 의해 창설되었다. 2024년 11월 15일부터 17일까지 개

---

22 오스트리아 법언어학회 홈페이지: https://oegrl.com(2025. 7. 17. 최종 방문).

23 독일 법정언어학회 홈페이지: https://germanicsocietyforensiclinguistics.org(2025. 7. 17. 최종 방문).

최된 원탁회의(roundtable)에서는 여러 국가의 전문가들의 발표가 있었고, 초청 강사들의 발표 주제는 '성범죄 피해자에 대한 인터뷰 - 문제점, 전략들 그리고 상호작용 과정 -'이라거나 '경찰 신문에서 피의자의 권리에 대한 이해의 보장' 등 형사법적 문제들을 대상으로 한 것이었다.[24]

◆ 레겐스부르크 대학 '언어와 법' 연구회(Arbeitskreis 'Sprache und Recht', 2004년 창설)[25]

레겐스부르크 대학의 다양한 전공자들의 모임으로 법학과 언어·문학·문화학과가 주도하는 공동연구회이다. 2004년 이후 2020년부터 2023년 코로나19 팬데믹 기간을 제외하고는 해마다 학술대회를 개최하고 있으며, 2024년 5월 23일부터 24일까지 '무엇이 법률을 이해할 수 있게 만드는가? 그리고 누구를 위해서'라는 제목으로 학제간·국제회의를 개최했다.

◆ 쾰른 대학의 유럽 법언어학 진흥 협회(Verein zur Förderung der Europäischen Rechtslinguistik, 2012)[26]

쾰른 대학교 철학부에 속한 학술단체로 쾰른 대학에서 유럽 법언어학의 연구와 교육을 장려하는 것을 목적으로 하며, 자체 논문집(*ZERL; Zeitschrift für Europäische Rechtslinguistik*)도 발간하고 있다.

---

24 GSFS 2024 Roundtable Presentation Schedule 참조.

25 레겐스부르크 대학, 언어와 법 연구회 홈페이지: https://www.uni-regensburg.de/forschung/sprache-recht(2025. 7. 17. 최종 방문).

26 쾰른 대학, 유럽 법언어학 진흥 협회 홈페이지: https://erl.phil-fak.uni-koeln.de/erl-foerderverein(2025. 7. 17. 최종 방문).

◆ 국제 언어와 법 학회(International Language and Law Association, ILLA, 2017)[27]

2007년부터 창설 움직임이 있었으나 공식적으로는 2017년 9월 7일부터 9일까지 프라이부르크 프리데만 포겔(Friedemann Vogel)의 초청으로 열린 제1회 ILLA 국제회의에서 그 결실을 보게 되었다. 『언어와 법 국제 학술지』(*International Journal Language & Law*)를 발간하고 있으며 2024년 비영리단체로 등록하였다.

◆ 법언어학 네트워크(Legal Linguistics Network, RELINE, 2011, 덴마크 코펜하겐)[28]

덴마크에 거점을 둔 국제적 연구단체로, 법률가, 언어학자, 수사학자, 의사소통 연구자, 철학자, 정치학자, 인류학자 등이 법과 언어의 상호관계를 학제적으로 연구하는 네트워크이다. 2011년 스칸디나비아에서 하나의 연구 분야로서 법언어학을 창설하기 위해 고등교육부의 기금으로 창설되었다.

◆ 국제법정언어학회(International Association of Forensic Linguistics, IAFLL)[29]

세계를 대상으로 법과 언어 간의 상호작용에 대한 이해를 높여서 법체계의 기능을 향상하는 것을 목적으로 하는 단체이다. 2025년 6월 30일부터 7월 4일까지 남아프리카 케이프타운에서 '법정언어학과 법언어학의 렌즈를 통해 본 전환기 정의'(Transformative Justice Through A Forensic And Legal Linguistics Lens)라는 주제로 제17회 학술대회가 개최되었다.

---

27 국제 언어와 법 학회 홈페이지: https://illa.online(2025. 7. 17. 최종 방문).

28 법언어학 네트워크 홈페이지: https://jura.ku.dk/english/reline(2025. 7. 17. 최종 방문).

29 국제법정언어학회 홈페이지: https://iafll.org(2025. 7. 17. 최종 방문).

이 학회의 학술대회는 격년으로 열리고 있다.

4. 폽베(Fobbe)의 법정언어학(Forensische Linguistik)[30]

이론적 논의에 큰 비중을 둔 법언어학적 전통을 가진 독일어권에서는 상대적으로 그리 역사가 깊지 않은 응용언어학의 새로운 분과학인 Forensische Linguistik(법정언어학)에 대한 입문서를 발간한 폽베(Fobbe)[31] 박사의 글을 통해 유럽·독일에서 이해하는 법정언어학은 무엇인지를 요약해 보기로 한다.

폽베는 법정언어학(Forensische Linguistik)의 작업 분야를 언어와 법의 단면에 놓여 있다고 표현하면서, 그 어원인 'Forensisch'라는 단어는 라틴어 'forēnsis'(공공장소, forum)에서 유래하는데, 이것은 '시장'에서 또는 '공연하게', '공개적으로'(öffentlich)라는 의미를 가지고 있다는 점을 부각시킨다. 사적 또는 개인적(privat, domesticus)이라는 말의 반대 개념이다. 이 단어의 유래는 로마 시대 법원의 절차는 시장에서 행해졌다는 것에 기인하고 있다고 한다. 즉 '시장에서 공연하게'라는 의미가 법원의·합법적인·재판상의·법률상의'(gerichtlich)라는 의미로 변화하게 되었다

---

30 '법정(法庭)언어학'으로 옮기지만 내용적으로는 수사나 공판 절차에서 사실을 확정하고 증거를 제출하고 증명하는 등의 활동에 사용된다는 의미로 증명과 관련된 언어학이라고 할 수 있다. 여기서는 법정언어학이라고 하여 법언어학과 구분한다.

31 『법정언어학』이라는 책의 저자로 독일 막데부르크(Magdeburg) 대학에서 철학박사를 취득한 여성 연구자이다. 현재 독일 연방경찰청에 언어학자로 재직하면서 저자 동일성 확인 등의 분야에서 활동하고 있다. 독일연방경찰청에는 법과학연구소에 법언어학 분과가 설치되어 있다. 최근 관련 글은 Fobbe, "Forensic Linguistics. A forensic discipline in Germany", *Journal for Police Science and Practice*, Vol. 12, p. 31.

는 것이다.[32] 달리 말해 공공장소에서의 언어 사용이 바로 법정의 언어 사용의 출발점이라는 말이기도 하다. 이렇게 보면 법의 적용 과정인 법정에서의 언어 사용은 상호 공공장소에서의 언어 사용과 불가분의 관계임이 자연스럽게 도출된다.

법률가는 물론이고, 이에 못지않게 언어학자에게도 오래전부터 언어와 그것의 법적 함의의 결합은 흥미로운 관심 대상이었는데, 무엇보다 법은 대부분 발화됨(gesprochen wird)으로써 그 기능이 수행되기 때문이라는 것이다. 사실 법과 관련된 영역에서 글보다 말이 중요함은 특별한 이유를 들어 설명하지 않아도 될 듯하다. 특히 공개된 법정에서의 절차 진행은 글보다 말에 의해 승패가 좌우될 수 있다는 것도 자연스런 현상이라고 볼 수 있는 것이다. 이러한 학제간 연구에 대한 관심은 특히 『법과 언어』(*Law and Language*), 『언어와 법』(*Sprache und Recht*), 『법문화로서 언어문화』(*Sprachkultur als Rechtskultur*) 또는 『법의 언어』(*Die Sprache des Rechts*)와 같은 책이나 논문의 제목에서도 충분히 표현되고 있다.[33]

폽베는 무엇보다 법정언어학의 연구 관심이자 연구의 이유를 다음의 4가지 영역에서 찾고 있다.[34] 첫째, 법언어 자체(Rechtssprache an sich)에 대한 관심이다. 특히 독일 표준어의 발전과 전공 언어로의 발전에 대한 법언어의 역사적인 의미에 대한 것이다. 둘째, 법언어와 판결의 화용

---

32 Fobbe, *Forensische Linguistik. Eine Einführung*, Tübingen: Narr Francke Attempto Verlag(2011), S. 15.

33 Fobbe, a.a.O., S. 15.

34 Fobbe, a.a.O., S. 15.

언어학적(pragmalinguistisch) 측면에 대한 관심이다. 법적 행위는 언어적 상호작용(sprachliche interaktion)과 법적 텍스트 작업에서 실행되는 것이고, 법적 행위는 특히 텍스트를 통해 규범화되는 언어적 행위이기 때문에 법언어와 판결을 매개로 한 화용론적 관심은 자연스런 접근인 것이다. 셋째, 통상 법원·법관 앞에서 한 표현인 언어나 언어가 적힌 텍스트, 이와 관련한 인간의 언어적 행위에 대한 다툼이 문제 되고, 그것의 법적 해석이 법원의 판단 기초가 된다는 사실이다. 넷째, 언어학자도 그들과 함께 살아가는 시민과 다를 바 없이 판결의 효력이 미치는, 법에 종속된 법적 초심자라는 사실이 법정언어학의 연구 배경이자 대상이 된다는 것이다.

이러한 4가지의 관심들이 법정언어학에서 어떤 모습으로 나타난다는 것인지, 법언어학과는 어떤 차이가 있는 것인지를 아래에서 간략히 폽베의 법정언어학을 개괄적으로 살펴보면서 그 대답을 찾아보기로 한다.

1) 개념 정의

폽베는 광의로 이해할 때 법정언어학(Forensische Linguistik)의 연구 분야는 법의 영역에서 언어적으로 논구되어야 할 가치가 있는 '모든 언어적인 것'(alles Sprachliche)을 포함한다고 정의한다. 사실 이러한 개념 정의를 통해 유럽과 영미의 모든 법언어학적 연구들을 법정언어학에 포괄하려는 의도로 보인다.

여하튼 이러한 법정언어학에서 언어학적 관심은 경찰·검찰 또는 법원의 조치나 처분 영역에서 언어적 문제에만 향해진 것이 아니라 사법의 도구로서 언어(Sprache als Instrument der Justiz)에도 향해져 있는 것이라고 한다. 이러한 사법의 도구로서 언어 영역에서 법정언어학(Forensische Linguistik)은 법언어학(Rechtslinguistik)과 맞닿게 된다는 것이다. 쉽게 풀어 쓴다면 고유한 좁은 의미의 법정언어학은 소송 절차에서 당사자의 언어행위, 서면을 통한 의사표현 행위, 소추기관이나 법원의 절차진행 행위와 언어를 통한 권한행사 등에 주목한다면, 법원의 판결문은 전통적인 법언어학의 영역이면서 결국 광의의 법정언어학에 포함된다는 것을 말하고자 하는 것으로 보인다.

실무에서 이론 연구 방향으로 한 발짝 들어가다 보면 법률의 언어, 법의 전공 언어, 법의 제도들에서 언어 또는 의사소통에 소용되는 법언어학(Rechtslinguistik)과 만나게 된다는 폽베의 말[35]도 유사한 맥락이라고 볼 수 있다. 폽베는 당연히 이 두 개의 분과학은 엄격하게 서로 구분될 수가 없다고 강조한다.[36]

폽베는 좁은 의미의 영미 법정언어학을 유럽의 이론 중심의 연구 범위로 확대하여 양자를 포괄하는 법정언어학을 생각하고 있는 것이고, 기존의 유럽 법언어학의 방향과는 반대 방향으로 움직이는 모습처럼 보인다. 즉, 유럽에서도, 영미와 마찬가지로, 상위 개념으로 법정언어학(forensische Linguistik)을 정초하고자 하는 시도가 일어나고 있는 것이다.[37]

---

35 Fobbe, a.a.O., S. 15-16.

36 Fobbe, a.a.O., S. 16.

37 Fobbe, a.a.O., S. 16. 통상 법정언어학에 대한 협의의 개념, 즉 법정·법적 보조학문 또는 보조과학(Forensische Hilfswissenschaft)으로서 법정언어학(Forensische Linguistik)은 수사절차나 민사·형사절차에서 중요한 언어적 산물, 때에 따라서는 증거가치를 가지고 있는 언어적 산물에 향해진 것이다. 유사한 취지로 크니프카(Kniffka)는 법정언어학을, 법정에서, 즉 법관 앞에서 이를 표현하는 것을 포함하여, 법적 고찰의 대상인 그러한 언어적 자료의 언어학적 분석을 포괄하는 언어학의 한 분야라고 정의하기도 한다(Fobbe, a.a.O. S. 16 참조).

2) 연구 영역

법정언어학이라는 분과에 대한 광의와 협의의 상이한 개념 정의와 법정언어학의 연구 영역에 대한 구분 제안은 당연히 상호 연결되어 있다. 예를 들어 슈톨(Stoll, 1999)은 법적 텍스트의 언어, 법적 고찰의 대상으로서 언어적 현상, 그리고 작성자 또는 정범(범인)에 대한 언어적 감정(서)의 3가지 영역으로 구분하여 법정언어학의 연구 영역을 표현하고 있다.

샬(Schall, 2004)은 그레벤도르프(Grewendorf, 1992)를 참고하여 법률의 언어(Sprache der Gesetze), 법원 앞(법정)의 언어(Sprache vor Gericht), 그리고 범인(피고인)의 언어(Sprache des Täters) 등 3가지 범주로 나누기도 한다.[38] 법원 앞의 언어(Sprache vor Gericht)라는 범주는 언어라는 개념을 두 가지 측면으로 해석하는 것을 가능하게 한다. 그 하나는 언어체계, 다른 하나는 언어 사용 또는 언어관용으로서 이해될 수 있다고 한다. 따라서 후자에는 법정에서의 의사소통적 행위도 포함된다고 할 수 있다. 범인(행위자)의 언어(Sprache des Täters)라는 영역은 형사법적 절차를 암시하거나 경찰의 수사를 의미하고, 법원 앞의 언어와 달리 비교적 좁게 정의된 것이라고 할 수 있다. 이 영역은 예를 들어 독일연방범죄국 또는 독일연방경찰청으로 번역되기도 하는 BKA(Bundeskriminalamt)에서 작성자의 확인과 화자(話者)의 확정 영역을 반영하고 있는 것이다. 사법(私法)적으로 언어에 기초한 분쟁 사례들은 이러한 체계에서 '법원 앞에서의 언어'영역에 분류되거나, Stoll의 분류에 따르자면 '법적 고찰의 대상으로서 언어적 현상'이라는 범주에 속하게 될 것이다.

---

38 이에 대해서는 Fobbe, a.a.O., S. 16.

한편 『법과 언어』(*Recht und Sprache*)라는 붕가르텐/엥베르크(Bungarten /Engberg, 2003)의 저술은 법정언어학은 법인의 언어의 분석에 국한된다는 최협의의 개념을 취하고 있는데, 그들은 법정언어학을 형법(Strafrecht)이라는 단어 아래에 두고 있다.

이와 관련하여 법정에서의 언어적 행위와 법률의 언어의 범위에 속하는 연구 분야를 기호학(Semiotik), 음성학(Phonologie), 문법(Grammatik), 의미론(Semantik)과 화용론(Pragmatik) 및 문체론(Stilistik)과 수사학(Rhetorik) 등으로 구분하기도 한다.

3) 독일의 법정언어학과 영미의 법정언어학

폽베도 언급하고 있듯이, 앞서 본 바와 같이 독일어권에서 법언어학과 법정언어학을 구별하는 것과 비교할 만한 구별이 영미법 영역에서는 존재하지 않는다. 영미권의 개념 사용에서 'Forensic Linguistics'라는 용어에는 독일에서의 두 개의 주제 분야가 모두 포함된다고 할 수 있는데, 과연 그러한 것인지는 영미 법언어학의 현재 상태를 개관하기 가장 좋은 국제법정언어학회(International Association of Forensic Linguistics)의 다음 자료를 보면 알 수 있을 것이다.

국제법정언어학회의 'Forensic Linguistics' 분과 소개

국제법정언어학회 홈페이지에서는 광의의 법정언어학은 법과 언어와 관련한 다음과 같은 주제 분야를 포괄한다고 소개하고 있다.[39]

언어와 법

입법, 법적 문서의 이해 가능성, 법적 텍스트의 분석과 해석, 법적 장르, 법 언어의 역사, 법적 논의, 법적 맥락에서 다중언어의 문제, 법적 원천(法源)의 논의 분석, 법 앞에서의 언어와 불이익, 언어적 약자와 법체계, 언어권, 권력과 힘, 간문화적 문제와 법적 맥락에서의 중재

법적 절차에서 언어

연약한 증인의 신문(interview), 연약한 증인의 의사소통적 이의 제기, 경찰 신문, 수사상 신문, 망명신청자의 언어 심사, 법정의 이중언어와 제2언어 문제, 법정에서의 통번역, 법정에서의 상호작용, 법정의 언어, 경찰 언어, 죄수 언어, 보통법과 시민법 법정에서 판사와 배심에 대한 언어

증거로서 언어

저자 분석과 확인, 표절, 화자 확인과 음성 비교, 진술·자백·자살 메모 등 말뭉치 컴파일, 컴퓨터를 활용한 필자 확인과 프로파일링, 소비자 제품 경고, 민사법 영역에서의 증거로서 언어(상표권, 계약적 분쟁, 명예훼손, 제조물 책임, 사기거래, 저작권 분쟁 등), 방언학, 사회언어학, 의미론, 화용론, 언어행위 분석

연구와 교육

전문가 증언(감정)의 실무와 윤리, 언어증거의 현출(presentation), 전문가 증인으로서 언어학자, 법정언어학 교수와 평가, 언어학과 법, 언어와 법, 법학 교수들을 위한 언어 교육

39 "Forensic Linguistics", 국제법정언어학회 홈페이지, https://www.iaffl.org/forensic-linguistics(2021. 7. 1. 최종 검색).

특히 앞의 구분 중 '언어와 법' 그리고 '연구와 교육'이라는 범주에 포함된 내용들은 독일의 법언어학의 연구 분과와 많이 유사하다. 달리 말해 사실상 독일식의 법언어학과 영미식의 법정언어학을 구분하려는 시도는 이미 그 자체가 시대에 뒤떨어진 인식에 따른 것일 수 있다.

4) 폼베의 법정언어학의 20개 범주

폼베의 서술에 따르면 법정언어학은 저마다 하부 유형들을 가진 20개 범주로 나눌 수 있다.

첫 번째 범주는 '말하기'와 '토의'(Rede und Diskurs)라는 의미를 가진 '논의·담론'(diskurs) 일반이다. 이 범주는 법적 맥락에서 구어(口語)와 문어(文語)로 표현된 단어에 대한 대화분석적·변종언어학적 문제, 문체적이고 의미·화용론적인 문제를 위한 저수조(Sammelbecken)로서 기여한다고 말한다. 달리 말해 '논의, 담론, 담화, 논쟁'으로 옮길 수 있는 'Diskurs(discourse)'가 법언어학의 가장 대표적인 범주라고 소개하고 있다.

'법정의 담론·논의'(courtroom discourse)는 공판정에서의 대화에 관한 것인데, 그 대화는 확정된 기준에 따라 움직이는, 미리 결정된 행위 상황들에서 명확하게 정의된 참여자의 역할을 통해 표현되는 것이다. 여기서는 제도화되고 의식화된 대화의 순서들과 법적 전문가가 다른 법적 전문가와 하는 대화와 법 문외한인 일반인과 하는 대화가 주요한 관심거리가 된다. 달리 말해 법률 전문가들 사이의 대화, 법률 전문가와 일반인·법률 비전문가(문외한) 사이의 대화, 그리고 법 문외한(원고, 피고, 피고인 혹은 증인)들 사이의 대화가 어떻게 이루어지는지 등이 관심 대상이 된다. 나아가 언어적 분석 대상은 참여자들이 어떤 수사학적 수단으로 일을 하고 어떻게 특정 내용을 말로 표현하는가 하는 것이다. 중요한 주제는, 예를 들어, 법원 앞에서 특정한 개념들의 의미들이 어떻게 합의되는 것인지 또는 개념들의 의미가 어떻게 목적적으로 (의미론이라는 이름으로) 채워지는 것인지, 그리고 반응하는 당사자들의 권력의 위치는 어떻게 조직되는지와 같은 담론의 방법과 유형들이다.

의사소통의 분석은 또한 특정 질문전략의 구조와 작용에도 미친다고 한다. 우리가 증인에게 그 자신의 역사·이야기를 설명하게 하는지, 아니면 우리가 그 증인을 촘촘히 짜인 질문과 대답의 틀로 유도하는 것인지는 결국 그 증인의 신뢰성과 명망에 영향을 미치게 된다는 결론을 도출하는 것이 이 영역에서 행해진 연구 결과의 한 예이다.

두 번째 범주로는 '읽을 수 있음' 또는 '이해할 수 있음'(readibility, comprehensibility), 즉 가독성 또는 이해 가능성은 이해도 연구(Verständlichkeitsforschung)의 광범위한 영역을 포괄하는 것으로, 계약(서면)들, 경고문, 사용(내용) 설명서는 물론이고 법률 문장과 그 정확한 문구의 표현이 중요한 텍스트들도 이 범주의 대상에 속한다. 예를 들어, 이른바 미국에서 범죄혐의자에게 신문 전에 읽어 주어야만 하는 미란다 권리(Miranda Rights) 고지 또는 법관이 배심원에게 하는 안내(instruction; Anweisung) 등도 이에 속한다. 특히 배심원에 향해진 안내문에 대한 이해도 연구는, 미국과 영국 법제의 경우, 법적으로 문외한인 배심원과의 소송 절차를 예정하고 있기 때문에 법정언어학에서 중요 관심사의 하나이다. 즉, 배심원이 전문가가 하는 담론과 논증을 따라갈 수 있다는 것과 법관이 자신들에게 하는 안내나 지시를 제대로 이해한다는 것은 아주 중요한 의미가 있다. 예를 들어 형사소송 절차에서 배심 지도나 안내를 제대로 이해하지 못하거나 오해하는 것과 사형 선고 가능성 사이에는 증명 가능한 관련성이 존재한다는 연구들이 그 의미를 명확하게 보여 주고 있다고 하겠다.[40] 국민의 형사재판 참여에 관한 제도를 운영하는 우리의 경우에도 배심원의 이해도 문제는 중요한 법언어학적 관심 대상이 되어야 할 영역이다.

다른 범주로서 저자가 누구인지 또는 범인이 누구인지에 관한 언어학적 감정은 영미에서는 저자귀속·확정(authorship attribution)이라는 범주 아래에서 이루어지고 있고, 구술은 물론 문언, 즉 텍스트의 저자 확정에도 미친다. 필적 감정, 음성 감정을 통해 원래의 저자나 화자를 확정하는 감정 활동도 일종의 언어학적 감정으로 취급된다.

법정음성학(Forensic Phonetics; Forensische Phonetik)은 구술 언어(口語, gesprochene Sprache)를 연구하고 화자의 확정 또는 화자의 범주화(Sprecheridentifizierung oder -kategorisierung) 외에 이해하기 어려운 표현의 의미해석(釋義, Deutung)에도 관여한다. 구술 표현 또는 전체 대화 분석과 밀접하게 결합된 것은 이른바 자구적인 표현들의 문제들과 소송에서 기록·조서(Ttranskript; transcription)를 다루는 것이다.

문언언어학·텍스트언어학(Textlinguistik) 또는 글로 이루어지는 논의의 분석(written discourse analysis)은 그 발생이 의심스러울 수 있는 서면들(Schriftstücke)을 다루는 분과이다. 그 적용 범위는 문서로 된 증인 진술, 표절물, 작별편지, 의심 가는 유언증서 그리고 자백은 물론이고 전

40 Fobbe, a.a.O., S. 17-18; Wiener / Pritschard / Weston, "Comprehensibility of approved jury instructions in capital murder cases", Journal of Applied Psychology, 80(1995), pp. 455-467.

통적인 협박·고백·공갈문에까지 미친다.

나아가 언어적 변이·변종(language variation) 영역도 언급될 가치가 있다고 한다. 이 연구 분야의 핵심 문제는 참여자의 언어능력을 다루고, 소송 절차의 진행을 위해 참여자가 의사소통 능력을 가지고 있는가 하는 판단에 대해 논쟁하는 것이다. 그 외에도 어떻게 언어적인 불이익을 다루어야 할 것인지, 만약 당사자들이 상이한 문화적 배경을 가진 경우라면 어떻게 간문화적으로 일어나게 되는 의사소통의 오류를 해결할 것인지를 묻는 영역이다.

통역(interpreting; Dolmetschen)과 즉독즉해(sight translation[문서의 구술적 번역]; die mündliche Übersetzung geschriebener Text) 및 고유한 의미의 텍스트 번역도 법정언어학이 관심을 가지는 추가적인 문제 영역이다. 여기서 중요한 것은 통역인 자체에 대한 요구들은 물론이고, 신문에서, 범죄 장소나 소송에서 통역인의 구체적 행위를 분석하는 것이다. 나쁜 통역가가 활동하는 문제점과 그들의 역할이 절차에서 참가자들에게 미치는 영향 또는 효과는 아주 넓은 영역에 걸쳐 있는 주제이다. 고유한 약점을 가진 미성년자에 대한 신문은 기본적으로 법정심리학(Forensische Psychologie)의 영역에 해당하는 것이지만 언어학에 있어서도 관심 대상이 된다.

전문가 증거·감정(expert evidence)이라는 관점에서는 언어학적 전문가의 감정 필요성, 법원·법정에서 그들을 감정인으로 허용하기 위한 조건, 배심을 통한 수용 또는 법관에 의한 수용에 대한 논의 및 사안 전문가와 다른 소송참여자 사이의 전문가-문외한 간의 의사소통 등이 이러한 언어학적 연구 대상에 속한다.

한편, 언어학에 인접한 추가적 범주로는 통계학적 방법(법정통계학: forensic statistics), 수기분석(필적 감정: handwriting; Handschriftenanalyse), 기술적·언어적 대상물에 대한 언어적 분석(기술) 그리고 학문·과학사적인 관점 등이 있다고 한다.[41]

II. 영미권의 법정언어학

1. 영미의 법정언어학(Forensic Linguistics)

독일에서는 비교적 최근에 독립된 분과학으로 인식되기 시작하면서 고유한 의미의 법언어학과 함께 독자적 분과로 강조되는 것과 달리, 이미 영미 법원의 절차에서 오래전부터 활용되고 있는 실용언어학의 한 분야로서 법정의 언어학, 즉 Forensic Linguistics는 앞서 언급한 것과 같이 점차 이론적 법언어학을 연구범위로 포섭하는 확장 경향을 보이고 있음을 알 수 있다.

영미권에서 언어학은 인간 활동의 하나로서 언어에 대한 과학·학문적 연구(분과)를 말한다. 그것은 언어의 구조와 다양한 배경에서 언어가 기능하는 방법에 관심을 가진다. 언어학에는 아주 다양한 분과학이 있고, 그중에서 적용(응용) 언어학, 즉 현실에 적용(응용)된 언어학의 한 분과학으로 법정언어학(Forensic Linguistics)이 관심의 대상으로 부각되어

---

41 Fobbe, a.a.O., S. 18.

있다.[42]

법정언어학이라고 하면, 법정(court)에서만 사용되는 특별한 언어학인가 하고 생각할 수 있으나, 관련 논의에서는 'Forensic Linguistics', 'Legal Linguistics', 'language and the law'라고 다양하게 부르기도 하며, 법, 언어, 범죄 수사, 소송, 사법적 절차 등의 법적 맥락에 대한 언어적 지식, 방법, 통찰들을 적용하는 분과로 이해되고 있다. 달리 말해 영미의 법정언어학은 응용언어학의 한 분과학이라고 할 수 있다.[43] 기본적으로 법정의 맥락에서 활동하는 언어학자들에게는 중요한 3가지 영역이 있는데, 글로 쓰인 법률의 언어이해, 법정·사법절차에서 언어 사용의 이해, 그리고 언어적 증거에 관한 것이 그것이다.[44]

법정언어학자(forensic linguists)들은 글로 쓰인 법률의 언어, 그 복잡성과 출처는 물론이고 법적 절차들에서 언어의 사용에 대한 이해에 관심을 가진다. 그들은 체포 시점에서부터 신문, 기소, 재판, 판결선고 단계의 사법절차에 대해서도 언어학적 관점에서 연구한다. 예를 들어 언어학자들은 피해자나 증인, 피의자에 대한 경찰 신문에서의 언어에 관심을 가지며, 교호신문에서 변호사와 증인의 언어에 대해서도 학문적 흥미를 보인다.

---

42 Ariani / Sajedi / Sajedi, "14th International Language, Literature and Stylistics Symposium, Forensic Linguistics: A brief overview of the key elements", *Procedia — Social and Behavioral Sciences,* 158(2014), pp. 222-225.

43 Olsson, "What is Forensic Linguistics?", Forensic Linguistics Intelligence, https://www.thetext.co.uk/what_is.pdf(2025. 7. 17. 최종 검색), p. 2.

44 "Forensic linguistics", 영어판 위키피디아, https://en.wikipedia.org/wiki/Forensic_linguistics(2022. 5. 9. 최종 검색). 아래의 영미의 'Forensic Linguistics'의 내용은 주로 위키피디아의 소개글을 참고한 것이다.

2. 개념의 발전과 법정언어학의 역사

'Forensic Linguistics'라는 단어는 스웨덴 언어학자 얀 스바르트비크(Jan Svartvik)이 자신의 책 『에번스 진술서: 법언어학적 분석 사례』(*The Evans Statements: A Case for Forensic Linguistics*, 1968)에서 처음으로 사용했다고 한다. 1949년 부인과 자녀에 대한 살인죄로 교수형을 당한 에번스(Evans)의 영국 노팅힐 경찰서에서의 피의자 진술을 재분석한 사례와 관련한 책자에서 사용된 것이다.[45]

미국에서 법정언어학의 맹아(萌芽)는 대략 1927년 당시로까지 올라가는데, 어린이 납치사건의 범인이 보냈다는 편지가 그 계기가 되었다고 한다. 납치된 아이의 삼촌인 던컨 맥클루어(Duncan McLure)의 이름을 'McClure'가 아니라 'Mclure'라고 기재하는 사람은 그 삼촌 본인뿐이었음에도, 납치범에게 받은 것으로 주장되는 편지에 삼촌의 이름이 정확하게 'McLure'로 적혀 있었다는 사실로부터 납치범은 이러한 철자의 차이에 대해 익숙한 사람이라고 추정되었던 것이다.[46]

미국에서 법정언어학이 작동하는 다른 예로는 수사절차 동안에 미란다 권리들을 이해하는 것과 관련된 개인의 권리에 관한 것인데, 주지하다시피 그것은 1963년 에르네스토 미란다(Ernesto Miranda) 사건으로 소급한다. 이 사건이 가지는 중요한 의미는 기존의 경찰진술이나 조서에 초점이 맞추어졌던 법정언어학의 관심을 증인에 대한 신문(witness

45 Olsson, ibid., p. 4.

46 Plattsburgh Daily Press, "Think Corning Girl Wrote Ransom Note", *Plattsburgh Daily Press*, 9 September, 1927 기사 참조.

question)으로 그 초점을 옮겨 놓았다는 것이다. 미란다 사건은 우리가 익히 알고 있는 미란다 고지 또는 미란다 권리(Miranda rights)를 탄생시켰고, 그 이후 피의자들이 그들의 권리가 의미하는 것을 제대로 이해했는지를 판단하는 기준, 즉 수사가 강압적이었는지, 아니면 자발적이었는지를 구별하는 기준으로 작용했다는 것이다. 미국에서 사실 법정언어학의 초기 적용 사례는 상표와 관련된 것이었다고 하는데 'McDonald'와 'McSleep' 사이의 'Mc'이라는 접두사를 두고 벌어진 사건이 그 예이다.[47]

1980년대 호주의 언어학자들은 언어학과 사회언어학(Sociolinguistics)을 법적 주제에 적용하는 문제를 다루었는데, 'the same language'와 같은 어구(phrase)도 해석에 열려 있다는 것을 발견했다고 한다. 즉, 원주민들은 '백인영어'(white English)를 사용하는 사람들에 의해서는 그리 높게 평가되지 않는 그들만의 영어에 대한 이해와 사용법을 가지고 있다는 것을 알게 됨으로써 같은 단어·언어라도 다른 해석이 가능하다는 것을 깨닫게 되었다는 것이다.

2000년대에 와서는 법정언어학 분야에서는 주목할 만한 이동이 일어났는데, 영미의 법정언어학이 유럽에서 호주로 그리고 일본으로, 결국 세상의 곳곳으로 퍼져 나간 것도 그즈음이었다고 한다.[48]

---

47 B. Drummond Ayres, "McDonald's, to Court: 'Mc' Is Ours", 22 July, 1988 기사 참조.

48 "Forensic linguistics", 영어판 위키피디아(Wikipedia, the free encyclopedia), https://en.wikipedia.org/wiki/Forensic_linguistics(2021. 7. 1. 최종 검색). 독일의 연방경찰청(BKA)은 1988년 2일간의 'Forensic Linguistics'에 관한 회의를 열었고, 영국에서는 1992년 버밍엄 대학에서 처음으로 관련 세미나가 열렸다고 한다. 이 세미나에는 호주, 브라질, 아일랜드, 네덜란드, 그리스, 우크라이나, 독일, 영국의 대표자들이 참가했다. 1999년에는 카디프(Cardiff) 대학에서 'Forensic Linguistics'의 MA 과정이 개설되었고, 2008년 버밍엄의 애스턴(Aston) 대학에서는 'the Centre for Forensic Linguistics' 과정이 개설되었다.

3. 법정언어학의 연구 분야

1) 법률 텍스트의 언어

영미 법정언어학의 관심 대상은 입법부의 법률 제·개정 과정에서의 문서들, 그 밖의 다른 법령 제정기관의 다양한 문서들, 개인의 유언장, 판결과 소환장 등 법적 맥락과 형사법적 맥락에서 사용되는 모든 텍스트나 구술언어들이다. 노만 프랑스어(Norman French)로 불리는 언어와 교회 라틴어(Ecclesiastic Latin)가 영미의 보통법에 미친 영향과 그 이후의 발전사를 논구하고, 법적 언어가 문외한(門外漢)들에게 보다 쉽게 이해되도록 하는 시도 등도 영미의 법정언어학의 중요한 관심 영역이다.

2) 법적 절차의 언어

교호신문(交互訊問; cross examination), 증거 현출·제시, 판사의 지시, 경찰의 경고, 경찰의 법정 진술, 배심 소환, 신문기술, 법정에서 신문절차, 경찰 신문과 같은 영역(법적 절차)에서 사용되는 언어를 연구하는 분야이다.

신문절차 중의 당사자들의 언어는 해당 사건에 대한 이야기를 법정에 현출하는 데 핵심적 역할을 한다는 것은 누구나 알수 있다. 피고인의 애매모호한 언어는 판사에 의해 받아들일 가치가 없다고 평가될 수 있고, 법정에서 사건을 구성하기 위한 변호사 등 법률가들의 언어는 증인의 구체적 답변을 이끌어 내고, 배심원들에게 특정 감정을 유도하기도 한다는 것도 주지의 사실이다. 이러한 활동에서 어떤 표현과 문장, 단어를 사용하는지, 어떤 순서로 대화를 이끌어 가는지 등도 법정언어학의 중요한 연구 대상이 된다.

이러한 언어의 중요성을 생각한다면 당연히 법정언어학에서는 공정한 재판을 위해서 통·번역이 중요한 역할을 한다는 인식에 이르게 될 것이고, 해당 국가·지역 법정(法庭)의 언어를 이해하기 어려운 사람에게는 무료의 통·번역이 제공되어야 한다는 주장에 자연스럽게 동의하게 될 것이다. 그런 의미에서 공정한 재판을 받기 위해서는 제대로 된 통·번역이 제공되는지 여부도 무시할 수 없는 일일 것이고, 법정언어학이 바로 이러한 통·번역의 질적 수준, 진실성, 영향력 등 다양한 관점의 연구 관심을 가지게 되는 것은 자연스런 일인 것이다.

4. 법적 절차에서 언어증거의 사용례

영미의 언어학자들은 주로 다음과 같은 영역에서 언어적 증거를 발전시켜 활용하고 있다고 한다.[49]

---

49 국내에 발간된 자료에서는 이른바 법언어학의 주요 분과들로 저자 식별(Identification), 텍스트 유형 분석(Texts-Typing), 텍스트들 사이의 관계(Inter-Textuality), 언어적 프로파일링(Linguistic Profiling) 등을 들고 있다{Chaski, "Cases in the Four Corners of Forensic Linguistics", 충북대학교 법학연구소, 『과학기술과 법』, 제5권 제2호(2014), 149쪽 이하 참조}. 어느 정도 증거로서 수용되고 있는지에 있어서는 차이가 있으나 현재까지 언어학자들이 법원의 소송 절차에 그들의 전문 지식을 증거로 제공하는 분야의 예로는 상표권과 기타 지적 재산권 분쟁, 의미나 사용에 대한 분쟁, 저자 확정(익명의 문서, 모바일 폰 텍스트, 이메일 등), 표절 등의 확인을 위한 언어 스타일, 음성 식별, 토의 분석, 언어 분석, 법정음성학 등이라고 소개되고 있다. 그리고 특히 최근에 와서는 이른바 '말뭉치'(corpora)라고 하는 문어 형태의(쓰인) 자연어와 구술의 자연어 데이터베이스가 자주 사용된다고 한다. 자살자의 메모, 모바일 폰의 텍스트, 경찰 진술, 경찰 신문, 증인 진술 등이 주로 활용되는 'corpora'(corpus)의 대표적인 예이다. 이에 대해서는 "Forensic linguistics", 영어판 위키피디아, https://en.wikipedia.org/wiki/Forensic_linguistics(2021. 7. 1. 최종 검색).

1) 저자 신원 확인(Author Identification)

주어진 개인의 음성(말)이나 글(서면)이 누구의 것인지를 밝히는 것은 사람들이 사용하는 개인의 언어에 어떤 개인 특유의 언어 사용 방식(idiolect, dialect) 또는 특별한 언어 사용의 형태(단어, 접속어, 억양, 철자, 문법 등)가 있다는 생각에 기초하고 있다.[50] 언어는 선천적 재능이라고 하기보다는 사회적으로 획득되는 것이고, 이러한 습득은 지속적으로 이루어지며, 평생 진행되는 것으로, 인간인 한 개인의 언어 사용은 항상 다양한 원천(source)에 의해서 변화될 수 있고, 그 원천이란 다른 화자들, 매체들, 큰 규모의 사회변화일 수도 있다는 것이다. 물론 교육은 이러한 언어 사용에서 아주 탁월한 균질화 효과(homogenizing effect)를 가져올 수 있다는 것도 인정되고 있다. 물론 말이나 글의 작자나 저자가 누구인지를 확정하는 노력과 그 성과가 어느 정도의 신뢰를 얻고 있는가 하는 것은 나라와 사안마다, 또는 어떤 목적에 사용되는지에 따라 다양할 수밖에 없을 것이다.[51]

예를 들어 협박문서, 약취·유인자의 석방 대가 요구 편지 등은 대부분의 형사사건에서 유죄의 증거로 활용할 수 있을 정도로 법정언어학에서 충분한 사례들이 축적되지 못한 점도 있지만, 현재의 연구 상태로도 특정인을 관련 문서의 저자로 선별하거나, 소수 규모의 용의자 집단을 특정하는 것에 사용 가능하다고 한다.

---

50 국내의 관련 연구의 예로는 삼례나라슈퍼 3인조 강도치사 사건의 피의자 자술서를 분석한 조기현, "언어학적 지문과 피의자 자술서의 저자식별", 『인문학연구』, 통권 112호(2018), 391쪽 이하 참조.

51 이른바 필적 감정과 인영 감정 등 과학적 증거의 허용성이나 수용 정도에 대한 각국의 특징에 대해서는 예를 들어 김성룡, "현행법에서 과학적 증거의 증거능력과 증명력", 『형사법연구』, 제24권 제4호(2012), 201쪽 이하 참고.

2) 법정 문체론(Forensic Stylistics)

예를 들어 특정 문서가 표절된 것인지 여부를 확인하기 위해서, 구어 또는 문어로 된 대상물을, 그 내용, 의미, 화자 또는 저자 확정을 중심으로 과학적으로 분석하는 작업에서 개인의 문체가 활용된다. 법정 문체 이론이 사용된 가장 초기의 사례 중 하나도 표절을 밝힌 사례라고 하는데, 그것은 헬렌 켈러의 짧은 이야기인 「서리의 왕」(The Frost King)과 관련하여 미국의 한 농아자인 저자가 1892년에 표절로 기소된 사건이었다. 문체에 대한 다양한 분석을 거친 수사 결과 「서리 왕」(The Frost King)은 마거릿 캔비(Margaret Canby)의 「서리 요정들」(Frost Fairies)을 표절한 것으로 밝혀졌다고 한다.[52]

3) 담화·논의 분석(Discourse Analysis)

담론·담화 분석은 구어, 문어 또는 수어의 사용, 그 밖의 중요한 어떤 기호의 분석에 관련된 분과학이다. 예를 들어 비밀녹음 내용을 세부적으로 분석하면 범죄의 객관적·주관적 요건의 존부에 대한 유용한 추론이 가능할 수 있는데, 대화의 상대방이 '내가'나 '저(제)가'라는 표현을 사용하는 경우와 '우리'라는 표현을 사용하는 맥락이 다르고, 어떤 뉘앙스의 대답을 했는지도 당사자의 참여나 동의 여부와 그 정도를 추단할 수 있게 한다는 것이다.[53] 이 점에 착안한 대표적인 연구 방법이 담화 분석이라는 분과이다.[54]

---

52 Jivar, "When Helen Froze Over", Jamen's Blog, https://jamenjivarblog.wordpress.com/2014/06/05/when-helen-froze-over(2025. 7. 17. 최종 검색).

53 국내의 유사 연구로는 이윤, "진술분석(SCAN) 기법 중 '대명사의 부적절한 사용'준거에 대한 타당성 연구", 경찰대학교, 『경찰학연구』, 제17권 제2호(2017), 85쪽 이하 참조.

54 담론·담화 분석은 이미 국내에서도 오래된 연구 분야이고 거의 모든 삶의 영역들을 대상으로 활발한 연구가 이루어지고 있는 분과이다.

4) 언어적 방언학(Linguistic Dialectology)

인류학적 정보에 근거하여 방법론적 방법으로 방언을 연구하는 분야를 언어적 방언학이라고 한다. 특히 영어권 내에서 방언에 대한 체계적 연구에서 점점 중요한 의미를 얻고 있다고 한다. 물론 이러한 연구는 대중매체의 발달이나 인구 이동의 증가로 더 이상 특정 방언이 강화되기는 어렵다는 점에서 향후 더 심화되거나 확장되기는 어려울 듯하다는 추측이 설득력이 있어 보이지만, 나라와 지방에 따라서 그 전망을 일률적으로 평가하기는 어려울 듯하다.

5) 법정음성학(Forensic Phonetics)

법정음성학은 대상자가 어떤 말을 했는지에 대한 정확한 기록·문서를 만들어 내는 것과 관련된 분과이다. 표현된 말을 정확하게 글로 옮기는 것은 화자의 사회적·종교적 배경에 관한 정보를 드러낼 수 있다는 특성에 착안한 것이다. 법정음성학은 두 개 또는 그 이상의 분리된, 서로 다른 기록의 화자들 사이의 유사성을 확인할 수도 있게 한다.

영미에서는 사건에 따라서는 법정에서 독순술·독화술(speechreading)도 증거방법으로 사용되는 법정 음성 확인을 위한 보조수단으로 사용되기도 한다.

우리나라에서도 수사기관이 CCTV 영상기록의 활용을 통상의 수사방법으로 생각하는 듯한 현실에 비추어 볼 때, 이를 제도적 분과로 인정하고 전문적인 연구와 활용 가능성을 검토해 볼 필요가 있을 것이다.[55]

---

55 이학문, “법음성학을 통한 목소리 감정 분석”, 『현대영어영문학』, 제62권 제1호(2018), 121쪽, 124쪽 이하에서는 법과학의 하위분야로 법정언어학(Forensic Linguistics), 법정음향심리학(Forensic

6) 기타 관련 개념

(1) 언어(적) 지문

언어학 분야의 몇몇 학자들에 의해서 이른바 '언어(적) 지문'(linguistic fingerprint)이라는 개념이 사용된다. 모든 사람은 저마다 상이하게 언어를 사용한다는 것이고, 이러한 사람들 사이의 언어 사용의 차이는 마치 사람마다 독특한 지문과 유사하게 화자나 저자를 고유하게 표시하는 일련의 요소들을 포함하고 있다는 점에 주목한 것이다.[56] 개인 또는 집단의 고유한 언어적 특이성(idiosyncrasies)에 착안한 연구는 앞서 언급한 저자 식별의 한 유형으로 활용된다.

(2) 변이

변이(variation)는 여러 가지 의미로 사용될 수 있지만, 예를 들면 한 사람이 작성한 문서·텍스트라도 두 가지의 글은 서로 차이가 있을 수 있고, 서로 다른 저자나 화자의 글이나 말에도 서로 차이가 있다는 것을 표현할 때 사용되기도 한다. 한 사람이 작성한 두 개의 글(text) 사이의 차이가 다른 두 사람이 쓴 두 개의 글 사이의 차이보다 그 정도가 적다고 단정할 수 없다고 하는 것도 언어학 분야의 이해이다.

Psychoacoustics), 법정음성학(Forensic Phonetics)으로 세분하고 있다. 김경화/소병민/유하진, "과학수사를 위한 한국인 음성 특화 자동화자식별시스템", 『말소리와 음성과학』, 제4권 제3호(2012), 95쪽 이하에서는 한국인의 음성 자동 식별 시스템 개발의 결과를 소개하고 있다.

56 관련한 국내 연구물로는 조기현, "언어학적 지문과 피의자 자술서의 저자식별", 충남대학교, 『인문학연구』 통권 제112호(2018), 391쪽 이하; 최진혁/나유경/이신형/여승준, "언어적 프로파일링을 통한 로맨스 스캠 범죄자 식별에 관한 탐색적 연구", 『한국국가안보·국가안전학회지』, 제20호(2025), 117쪽 이하에서는 '문체지문'(Writeprints)이라는 개념을 사용한다.

이러한 변이가 발생하는 요인으로는 글의 유형(genre), 텍스트의 유형(text type), 사실 아니면 가공인지 여부, 개인적인 글인지 아니면 공적인 글인지에 따라 동일인의 글에서도 차이가 발생하고, 두 글 사이의 시간 간극이 커질수록 차이도 커지며, 필명을 가명 또는 익명으로 감출 수 있는지에 따라서도 글이 달라질 수 있다는 것이다.

5. 기술적(記述的) 언어학의 법절차에서의 적용

1) 법정언어학자의 과제[57]

법정언어학이라는 이름으로 법정에서 언어학이 기여하기 위해서는 무엇보다 법정언어학자(forensic linguists)가 있어야 한다. 법정언어학자는 가장 흔히 '이 글이 말하는 바가 무엇인가?'와 '누가 이 글의 저자·작성자인가?'라는 물음에 대해 법원을 도와 달라는 요청을 받는다.

이러한 질문에 답할 때 언어학자는 기술적 언어학(descriptive linguistics)의 하부 영역의 하나의 분과 또는 몇 개의 분과들로부터 도출된 지식이나 기술을 사용하게 된다. 그러한 분과로는 음성학(phonetics), 음운론(phonology), 어휘·통사론(lexis syntax), 의미론(semantics), 화용론(pragmatics), 논의 분석과 텍스트 분석(discourse and text analysis) 등을 들 수 있을 것이다.

2) 텍스트·글의 해석

음성학자들(phoneticians)에게 글(text)은 녹음으로부터 단어들과 구들

---

57 관련 내용은 주로 Ariani/Sajedi/Sajedi, ibid., pp. 222-225를 참고한 것임.

을 해독하는 문제로 주어지는데, 만약 녹음의 질이 좋지 않아 일반인의 경우 하나의 것만 들을 수 있는 경우라도, 전문가들은 훈련된 청각과 발전된 도구를 사용하거나 소프트웨어를 이용하여 전체적으로 사뭇 다른 무언가를 인지할 수도 있다는 것이다. 법정언어학자는 코드 번역에도 관계하지만 오히려 그 해석의 문제에 조금 더 관련성이 크다고 할 수 있다.[58]

3) 문서작성자의 언어학적 조사

앞서 이미 언급된 바와 같이 언어학자들은 모든 모국어를 말하는 화자는 그들의 고유한 차별적이고 고유하고 개인적인 언어 형태로 말하고 쓴다는 이론적 입장에서 해당 저자가 누구인지를 확인하는 문제에 접근할 수도 있다.[59]

6. 법정언어학 관련 분야

1) 문서 검사(Document Examination)

언어학과 문서(서류) 검사 간에 서로 중복되는 부분은 구두법(punctuation), 철자법(spelling), 약어·축어법(abbreviation) 등의 문체적 결정인자를 이중으로 점검하는 유용성이 있다고 한다. 문제 되는 문서 검사는 문서의 물리적 증명에 관한 과학적 연구에 의존하는데, 언어학 외에 물리적 증거를 다루는 시각이 보충적으로 작동하면 보다 완성도 높은 결과를 기대할 수 있다는 것이다.

---

58 Ariani/Sajedi/Sajedi, ibid., p. 224.

59 관련 내용은 주로 riani/Sajedi/Sajedi, ibid., pp. 222-225를 참고한 것임.

2) 소프트웨어 포렌식(Software Forensic)

법적 절차에서 저자 확인(Authorship identification) 분야에서 최근 흥미로운 발전의 하나는 컴퓨터 프로그래밍에 문체적 분석(stylistic analysis)을 적용하는 것이라고 한다. 새로운 영역은 아니지만 향후 많은 관심의 대상이 될 분과이기도 하다.[60]

3) 기호학(Semiotics)

기호학은 의미를 만드는 것(meaning-making)에 관한 연구 분과학이라고도 한다. 기호학은 기호와 기호 과정, 암시, 지정, 유추, 은유, 상징화, 의미화와 의사소통 등에 관한 학문분과이다.[61]

4) 표절 발견(Plagiarism Detection)

컴퓨터의 광범위한 사용과 인터넷의 발전은 다른 사람의 작품을 표절하는 것을 더욱 쉽게 해 주었다. 과학적·학문적 연구물, 예술적 디자인, 소스코드 등 다양한 곳에서 표절이 발견될 수 있다. 표절의 발견은 수동이나 소프트웨어의 지원을 받아 자동으로 이루어질 수도 있는데, 여러 맥락에서 표절 발견도 법정언어학의 중요한 관련 분과라고 할 수 있다.[62]

---

60 고려대학교 IT경영학회 ITS, "AI 문체분석 서비스, 인공지능의 개인화", 2022. 9. 29., 『브런치』, https://brunch.co.kr/@b047a588c11b462/28(2025. 7. 17. 최종 방문).

61 법 영역에서 기호학적 접근의 예로는 이상돈, "춤으로서 법의 기호학적 의미", 고려대학교 법학연구원, 『고려법학』, 제62호(2011), 93쪽 이하; 강희원, "법에 대한 기호학적 접근 - 한국법기호학을 위해서", 한국법철학회, 『법철학연구』, 제27권 제2호(2024), 199쪽 이하.

62 국내에서도 다양한 기술이 발전되고 있다. 예를 들어 맹주수/박지수/손진곤, "문장 및 어절 유사도를 이용한 표절 탐지 시스템 구현", 『한국정보처리학회 논문지』, 제8권 제3호(2019), 109쪽 이하; 안병렬/김문현, "문서를 위한 표절 탐지 시스템에 관한 연구", 『한국지능시스템 학술발표 논문집』, 제16권 제1호(2006), 413쪽 이하.

5) 언어학자와 법학자의 상호작용

법학자는 언어학자가 법·법률의 특성을 무시한다고 지적하고, 언어학자는 법학자가 언어학을 모르는 이상한 사람들이라고 생각한다. 물론 모든 법학자·언어학자가 그런 생각을 가지고 있는 것은 아니겠지만, 서로가 서로의 관점을 보충하면 보다 좋은 산출을 기대할 수 있을 것이 자명해 보인다. 보다 정확하게 표현한다면 법학자와 언어학자들이 상호 이해와 조언의 노력을 게을리한다면 모두에게 불행이다.

무엇보다 국제법원(사법재판소, 형사법원, 전범재판소 등)의 시대라고 해도 과언이 아닌 시대인 현재의 언어학자들에게는 국제법에서 담론의 실제를 이해하는 것이 보다 중요하다는 지적도 있다. 언어학은 그 이론의 정합성과 설득력의 심사무대로 법, 법률, 법정을 활용하기 때문이다. 언어학자들이 내국의 법적 시스템은 물론이고 다른 국가의 법적 시스템의 관습과 풍습(customs and mores)에 익숙해지는 것이 중요한 만큼, 법학자나 법률가도 언어학·법언어학, 외국의 법정언어학을 이해하고 자신들의 일에 반영하려는 노력을 게을리해서는 안 된다. 장래에는 법언어학의 영역에서 활동하기를 원하는 사람들은 법의 영역에 대한 추가적인 능력을 가져야 할 것이고, 과학적 기법, 방법론 그리고 현출 방법 등에 식견을 가질 수 있도록 노력해야 한다고 전망되고 있듯이,[63] 법의 무대를 생활의 기반으로 하는 사람들도 법언어학, 법정언어학의 성과물들을 배우고 익혀 법을 만들고, 해석하고, 적용하고, 고쳐 나가는 일에 제대로 활용하려는 노력이 필요하다.

---

63 Ariani/Sajedi/Sajedi, ibid., p. 225.

III. 소결

법언어학(Rechtslinguistik; Legal Linguistics)이나 법정언어학(Forensic Linguistics)은 영미의 전통이 자리 잡고 있는 국가들과 특히 독일 등의 유럽 국가에서 서로 다른 출발점 또는 중점을 가지고 발전되어 온 분과학이다. 법정(forensic)이라는 단어 자체가 이미 법원의 소송 절차와 관련된 증거와 증명, 입증과 신문 등과 밀접한 관련이 있다는 점에서 영미의 실용적 사고가 묻어 있는 듯하고, 법(Recht)언어학이라는 이름으로 '법'을 앞세우는 독일 중심의 분과학은 법 규범의 해석과 같은, 증거나 증명과 비교할 때, 조금은 더 이론적이고 원론적이며 사변적인 접근에 중점을 두고 발전되어 온 것임을 알 수 있다. 그럼에도 영미의 법정언어학이나 독일 등의 법언어학은 상호 보완적이고 융합적으로 종합되면서 서로 유사한 모습과 내용으로 수렴되어 가고 있는 경향도 분명히 확인할 수 있다.

그것을 법언어학의 분과라고 볼 것인지, 아니면 법언어학의 인접 학문으로 분류할 것인지와는 무관하게, 광의의 법언어학 또는 법정언어학에 포함될 수 있는 다양한 개별 연구들이 국내에도 적지 않게 발표되고 있고, 법언어학의 범주에 포함될 새로운 시도들도 진행되고 있지만, 아직도 완전한 형태의 법언어학을 소개하고 독립된 분과의 위상을 찾기 위한 적극적인 노력은 눈에 띄지 않는다.[64]

---

64 현재 국내에서 단행본으로 출간된 법언어학 계통의 책자는 『법언어학 입문』(존 기번스[John Gibbons] 지음·서영숙 옮김, 집문당, 2020), 『법언어학의 이해』(이해윤, 역락, 2023), 『법과 언어(법언어학으로의 초대)』(하시우치 타케시[橋内 武]·서경숙 옮김, 박이정, 2016) 등이 있다.

앞에서 언급한 영미와 유럽의 관련 분과와 연구 분야들에 대한 국내의 전문가적 논의가 충분히 쌓이고 성숙하여 조만간 우리만의 법언어학을 가질 수 있기를 기대해 본다.[65]

법언어학, 법정언어학에 관한 기본적인 소개는 여기서 줄이기로 하고, 법학과 언어학이 만나는 지점에서 등장하는 다양한 쟁점들 중에서 가장 중요하면서도 기본적인 몇 가지 문제들을 선별해서 살펴봄으로써, 한편으로는 법언어학이 법의 이론과 실천에서 어떤 의미와 기능을 하는지에 대해 구체적으로 확인해 보고, 다른 한편으로는 법학자와 언어학자의 오해를 줄이고 이해를 넓힐 수 있는 방법은 어디에서 찾을 수 있을지를 독자와 함께 모색해 보기로 한다.

우리나라의 현황과 비교할 때 전문가적 연구와 논의가 상당 부분 진행된 외국의 관심 사항을 언급하기보다는, 국내의 관련 논의 중 법언어학의 범주에서 다룰 수 있는 중요 쟁점을 몇 가지 선별해서 서술하기로 한다. 이러한 관점에서 다음 절에서는 가장 먼저 법학과 언어학 분야의 이해가 가장 첨예하게 대립하는 '법문'(法文)이라는 언어에 대한 이른바 '법해석'과 '법 흠결 보충·법 창조'에 대한 논쟁이 우리에게 시사하는 바는 무엇인지 도출해 보기로 하자.

---

65 진정한 의미의 '우리의 법언어학'이라면 우리의 언어로 된 우리의 법과 관련한 언어학이어야 할 것인데, 우리의 법은 우리 사회의 자연스런 발전 과정에서 생성된 법률이라고 할 수 없다는 한계를 가지고 있고, 그런 이유로 우리의 법언어학도 독일, 프랑스, 미국, 영국 등에서 그들이 자신들의 법을 이해하고 그들 자신들의 언어학적 관점으로 이해하고 접근하는 것과는 적지 않은 차이가 있을 수밖에 없다. 언젠가는 모든 영역에서 우리의 독자적인 학문이 뚜렷한 위상을 가질 날이 올 것을 기대하면서, 지금은 적어도 우리가 배워야 할 것이 있는 국가들의 논의의 현 수준만큼이라도 부지런히 따라가 그들과 어깨를 나란히 할 수 있는 수준에 도달하는 것이 목적이 될 수밖에 없을 것이다. 그런 의미에서 이 책자의 많은 내용들도 과연 이것이 우리의 고유한 우리들의 '법언어학'이라고 할 수 있을까 하는 물음에 긍정적으로 답할 수 없는 한계를 가지고 있다는 것을 확인해 둔다.

제2장

법문의 가능한 의미

Ⅰ. 배경과 논의 대상

Ⅱ. '법문의 가능한 의미'의 개념 출처와 독일의 논의 상황

Ⅲ. 언어학에서 본 법문의 의미 및 해석 논쟁과 법학의 반론

I. 배경과 논의 대상

법규(법률·규정)에서 등장하는 단어, 구, 문장들, 즉 자구(字句: Wortlaut)들의 의미나 내용이 '법 해석'(Interpretation)과 '법 창조'(Rechtsfortbildung), 이 양자를 구별하는 기준이 될 수 있는가? 달리 말해 법문의 의미·내용이 그 법문에 대한 해석과 창조 사이의 한계 설정이라는 기능을 제대로 수행할 수 있는지에 대한 법학자들 다수의 생각은 언어학자들의 통상적 이해와 사뭇 다르다.

국내 법학자는 물론이고 대법관도 다수가 '법문의 (가능한) 의미'라는 기준이 그런 기능을 수행할 수 있다고 생각하지만, 대부분의 언어학자들은 그들의 생각을 이해하기 어려운 이상한 발상이라며 의아해한다.

그럼에도 불구하고 법학 또는 법 해석과 적용에 관련된 문헌이나 상급법원들의 판시(判示, 이른바 '법리')[1]에서도 이러한 사실을 명확하게 언급하고 있는 경우는 찾아보기 어렵다. 국내의 언어학 차원의 논의에서도 사정은 이와 크게 다를 바 없다.

아마도 주어진 현안을 해결한다는 필요성의 관점에서 볼 때, 그런 연구가 법의 해석이나 적용에 특별히 도움이 되지 않거나, 법 실무나 법언어학적 관점에서 여전히 시급한 기초연구로 인식되지 못하고 있다는 사실을 반영하는 것이기도 할 것이다.

법, 법률, 법학, 법 적용, 법원, 법률가 등으로 표현되는 인간의 사회적 삶의 특수 영역에서 사용하는 언어나 그곳에서 일하는 사람들의 관점에서

---

1 상급법원인 대법원의 판결에 등장하는 법률 해석·법 이론을 실무에서는 '법리'(法理)라고 부른다.

인간의 언어에 대한 이해는 다른 분과학, 특히 사람의 언어를 그 고유한 대상으로 하는 언어학 분야 종사자들이 사용하는 언어나, 그들의 언어에 대한 이해와 다를 수도 있는 것인가? 보다 근본적으로는 '달라도 되는가?'

예를 들어, 형법상 인과성(因果性)·인과관계 개념은 형법만의 독자적 개념으로 채울 수 있고, 그 목적에 맞게 활용할 수 있다는 법학계 다수의 이해처럼[2] 법률이 사용하는 언어도 언어학자들의 지적에는 아랑곳하지 않고, 법률가나 법학자의 생각대로 고유한 의미를 부여하거나, 일상 언어의 의미나 기능과는 달리 그들의 의미나 기능을 독자적으로 결정할 수 있다는 것인지, 아니면 오히려 언어학자들이 법의 본질과 법에서 언어의 역할을 제대로 이해하지 못하고 있기 때문에, 법 영역에서의 독자적 언어 사용에 대하여 불필요하게 강한 반감을 가지는 것인지도 정확하게 분석된 바 없다.

언어학자들의 이해와 사뭇 다른 법률가들의 법문의 의미·해석에 대한 이해, 즉 언어학자들이 보기에 잘못된 전제에 서 있는 법률가들의 법 해석과 적용 방식도 그것이 단지 법 영역이라는 이유만으로 정당화될 수 있을 것인지, 나아가 특히 (실질적 의미의) 형법(과 일부 행정법)에서 지

---

2 인과성 개념의 형법 독자성을 내세우는 근거는 주로 형법상의 인과관계는 논리적·자연과학적 문제가 아니라 법률적·평가적 문제, 법률적 가치판단의 문제라는 것이다. 철학이나 자연과학의 인과성이 아니라 형법적 관점에서 중요한 인과관계, 즉 가치적 의미의 문제이고 규범학상의 보편타당성의 문제라는 것이다{예를 들어 진계호, "형법상 인과관계에 관한 고찰", 『전주대학교 논문집』(1974), 157-158쪽}. 자연과학의 필연적 인과법칙(자연법칙)도 아니고, 철학적 인과율도 아니며, 규범과학에서의 법률적 인과관계로 법률적 사실관계의 인과성이라는 것이다{손해목, "형법상 인과관계에 관한 학설의 재검토", 동국대학교 행정대학원, 『행정논집』, 제16집(1987), 145쪽}. 이른바 '가치적 인과개념론'에 대한 설명은 이경렬, "형법상 인과관계와 객관적 귀속의 관계", 『성균관법학』, 제14권 제1호(2002), 145-146쪽 참조. 형법에서는 인과관계의 존부 확인이라는 사실 판단과 귀속 관점의 평가요소가 고려되는 규범 판단의 문제가 혼합되어 결국 철학이나 자연과학의 인과성 개념과는 다른 형법 독자적인 인과관계가 필요하다는 것(이경렬, 앞의 논문, 146쪽)이 주류적 입장이다.

금까지 해석과 유추·확장 또는 법 창조에 대한 이해들에는 과연 오류나 흠결은 없는 것인지를 살펴보는 것은 법학과 언어학의 의사소통을 위한 첫걸음이자 상호 이해를 위한 기초 작업이라고 할 수 있을 것이고, 법언어학의 고유한 영역을 채우는 유의미한 시도가 될 수 있을 것이다.

그렇다면 언어학 분야의 전문가들은 법관이나 법학자들의 법률 해석에 대한 생각에 대해 어떤 생각을 하고 있는지, 그 '생각에 대한 생각'을 간략하게나마 이해하기 위해서 아래에서는 클라트(Matthias Klatt)의 글[3]의 주요 내용을 요약해 보기로 한다. 국내에도 이미 여러 곳에서 소개되고 있는 클라트의 연구 결과를 넘어서는 국내 연구를 아직은 찾기 어렵고, 독일과 우리나라 형법학계나 최고법원의 법률 해석 방법이 크게 차이가 없다는 점에서 클라트의 생각은 우리의 논의에도 그대로 활용될 수 있는 인식이라고 할 수 있기 때문이다.

이러한 법학계에서의 언어 이해에 대한 언어학 진영에서의 비판적 논평은 부쎄(Busse), 크리스텐센(Christensen)과 쿤츠(Kuntz) 등의 생각을 중심으로 간략하게 소개하면서, 법문의 한계와 관련한 우리의 이해와 오해를 정리해 보기로 한다.

---

3 이 장의 내용은 Klatt, "Die Wortlautgrenze", in: Kent D. Lerch(Hrsg.), *Die Sprache des Rechts*, Bd. 2(2005), 343 ff.; Busse, "Was ist die Bedeutung eines Gesetzestextes?", in: Friedrich Müller(Hrsg.), *Untersuchungen zur Rechtslinguistik: Interdisziplinäre Studien zu Praktischer Semantik und Strukturierender Rechtslehre in Grundfragen der juristischen Methodik*(= Schriften zur Rechtstheorie, Bd. 133)(1989), S. 93 ff.; Kuntz, "Die Grenze zwischen Auslegung und Rechtsfortbildung aus sprachphilosophischer Perspektive", AcP. Bd. 215, H.3/4(2015), S. 387 등의 내용을 주로 참고한 것이다. 마티아스 클라트(Matthias Klatt)는 독일 괴팅겐 대학 법학부, 키일 대학 박사(로버트 알렉시[Robert Alexy] 지도), 독일연방헌법재판소 연구원 등을 거쳐 2015년부터 오스트리아 그라츠(Graz) 대학의 정교수로 법철학, 법사회학, 법정치학 등을 강의하고 있다.

II. '법문의 가능한 의미'의 개념 출처와 독일의 논의 상황

1. 개요

20세기는 물론이고 21세기에도 여전히 법학 내에 광범위하게 퍼져 있는 생각 중 하나는 법률의 각 조항에서 등장하는 법문(法文), 법의 자구(字句), 또는 법률의 문언(文言)이 구체적 사안에 적용될 때 그것은 해석(Interpretation)이 아니면 법 창조[4](Fortbildung), 그 둘 중의 하나라는 생각이다.[5] 해석인지, 아니면 법 창조인지 둘 중의 하나가 문제 된다는 말 속에는 그 둘 중 어느 하나는 허용되고 다른 하나는 그렇지 않다는 주장이 은연중 그 배후에 깔려있다는 말이기도 하다.

여하튼 법의 적용에서 등장하는 이러한 해석 또는 창조를 구별하는 기준으로 현재 가장 광범위한 지지를 받고 있는 기준이 바로 '법문' 또는 '자구'(Wortlaut)[6]의 가능한 '의미'라고 할 수 있다.

'법문의 (가능한) 의미'를 넘어선 경우라면 아무리 그것을 해석이라고 주장하더라도 사실은 새로운 법률의 창조와 같은 행위이고, 특히 형법의 경우에는 그것을 '유추'라고 하건, 아니면 '확장'이라고 부르건 간에, 허용될 수 없는 법의 자의적 적용이며, 처벌의 확장이 된다는 말인 것이다.

---

4 법의 흠결을 보충한다고 할 수 있고, 보충과 창조의 차이에 대해서도 논쟁되지만, 여기서는 편의상 해석과 창조로 대비시켜 서술한다.

5 Klatt, a.a.O., S. 343.

6 'Wortlaut'는 '단어·말의 소리'(음가)라는 뜻으로 이해하는 것이 독일의 일상 언어적 이해이지만, 독일 법학에서는 이러한 일상 언어적 의미를 넘어선 법적 개념으로 활용되고 있다고 설명한다. 상세는 아래 〈2. 독일의 개념 사용〉. 참조.

국내에서는 특히 형벌법규[7]의 해석과 관련하여, 대법원이 '법규정 문언의 가능한 의미' 또는 '언어의 가능한 의미'라는 표현을 즐겨 사용하고 있고, 학계에서는 '문언의 가능한 범위',[8] '문언(법문)의 가능한 의미(der mögliche Wortsinn) 범위',[9] '문언의 범위·언어적 의미의 범위',[10] '언어의 가능한 의미'[11] 등 다양한 표현이 사용되고 있다. 이러한 표현들은 다소 차이가 있지만 그 내용은 동일하다고 할 수 있다.[12] 달리 말해, 어떤 법문에 사용된 단어와 구절에는 명시적으로 드러나는 사전적이고 표준적인 의미 외에도 그 단어와 구절에서 읽어 낼 수 있는 가능한 의미가 있다는 것이고, 그것을 찾아내어 제시하는 것이 해석이라는 말이다.

여기서 잠시 독일 용어 사용과 관련하여 몇 가지 내용을 확인하고 넘어가기로 한다.

2. 독일의 개념 사용

통상적으로 독일어 'Wortlaut'라는 단어는 우리말로 '자구'[13](字句),

---

7 물론 민사 판결이나 행정 판례에서도 '문언의 가능한 의미', '문언의 통상적인 의미' 등(대법원 2018. 10. 18. 선고 2016다220143 전원합의체 판결; 대법원 2017. 12. 21. 선고 2012다74076 전원합의체 판결; 대법원 2015. 11. 19. 선고 2015두295 전원합의체 판결; 대법원 2018. 11. 29. 선고 2018두48601 판결)의 표현이 등장한다. 수범자의 권리의 제한, 의무의 부과를 내용으로 하는 규범의 해석에서는 어떤 법 영역인지를 불문하고 등장한다고 할 수 있다.

8 신동운, 『형법총론』, 제2판, 법문사(2006), 28쪽.

9 임웅, 『형법총론』, 제8정판, 법문사(2016), 28쪽; 정영일, 『형법총론』, 제2판, 학림(2020), 33쪽; 김일수/서보학, 『형법총론』, 새로 쓴 제11판, 박영사(2006), 40쪽.

10 성낙현, 『형법총론』, 제3판, 박영사(2020), 65쪽.

11 김성돈, 『형법총론』, 제2판, 성균관대학교출판부(2009), 63-64쪽.

12 이러한 개념에 대해 부정적인 입장으로는 예를 들어 배종대, 『형법총론』, 제13판, 홍문사(2017), 67쪽 이하 참조.

13 예를 들면 남복현, "자구만 바뀐 개정조항에 위헌결정의 효력이 미치는지 여부", 『헌법재판연구』,

'문언'[14](文言), '문구'[15](文句), '표현', '글', '문장', '법문', '문자' 등으로 옮겨 쓸 수 있다. 조금 풀어 쓰자면, '법조문의 정확한 글자'의 뜻, '자구 그대로의 단어와 문장'이라는 말이다. 독일어 'Wortlaut'는 영어로는 'wording' 혹은 'text'라고 번역되기도 하고, 한자어로는 '원문(原文)'이라고 옮겨지기도 한다.

'Wortlaut'는 독일에서는 '무언가 표현되는 글자 그대로의 형태(wortwörtliche Form, in der etwas geäußert wurde)'라고 정의되기도 하는데, 여기에는 '의미'라거나 '내용' 또는 '범위'라고 하는 뜻은 전혀 포함되어 있지 않다. 'Wortlaut'는 '낱말', '단어', '말', '어구' 등을 표현하는 'Wort'와 '소음이 나는', '소리가 큰', '시끄러운' 등을 의미하는 'laut'의 합성·결합어로 '말의 소리', '말소리'라고 옮기는 것이 가장 정확하다고 할 것이다. 즉, '말이 소리 나는 그대로의 단어'라는 의미인 것이다.

그런 의미에서 "왜 '소리'(laut)라는 단어가 합성되었는가."하는 비판적인 지적들이 독일 내에서도 등장한다. 즉, 클라트가 'Wortlaut'라는 용어 사용에 대해서 오해를 야기하는 적절치 않은 단어라고 한 것도, 'laut'는 소리가 난다는 것이고, 따라서 'Wortlaut'는 결국 '말의 소리'라는 의미가 되는데, 해석과 창조를 다루는 곳에서는 사실 음성학

제2권 제1호(2015), 29쪽.

14 예를 들어 김기영, "언어비판과 법률 해석 - 비트겐슈타인과 브랜덤의 언어철학을 중심으로", 『독어학』, 제34집(2016), 77쪽; 김기영, "법률 해석과 문법", 『독일어문학』, 제57집(2012), 37쪽; 이상문, "대법원의 형법 제10조 제3항의 해석", 『형사법연구』, 제19권 제3호(2007), 507쪽.

15 예를 들어 김학성, "한정합헌결정 및 한정위헌결정의 주문형식에 대한 비판적 연구", 『헌법학연구』, 제17권 제4호(2011), 307쪽.

(Phonetik)이 문제 되는 것이 아니고 의미론(Semantik)이 관건이라는 점에서, 그리 적절한 단어 선택이 아니라고[16] 지적하고 있는 것이 바로 그런 이유인 것이다.

따라서 한계라는 의미의 'Grenze'가 추가된 합성어, 'Wortlautgrenze'는 '단어의 한계', '소리 나는 대로의 말·자구의 한계'라고 이해할 수 있고, 대법원이 '법문의 가능한 의미',[17] '어구의 가능한 의미',[18] '문언의 가능한 의미',[19] '가능한 문언의 의미'[20]라고 표현하는 것과 같은 맥락으로 이해할 수 있다. 독일에서도 앞서 소개한 것과 같은 지적이 있지만 법의 해석과 관련한 논의에서 등장할 때에는 그런 의미로 이해되는 말이다. '법문의 한계', '자구의 한계', '언어의 범위'는 결국 그 법문의 의미의 한계, 자구의 내용의 한계, 언어의 내용의 범위를 뜻한다고 볼 수 있기 때문일 것이다.

---

16 Klatt, a.a.O., S. 344.

17 대법원 2016. 3. 10. 선고 2015도17847 판결.

18 대법원 2017. 12. 21. 선고 2015도8335 전원합의체 판결.

19 대법원 2018. 5. 11. 선고 2018도2844 판결; 대법원 2017. 12. 21. 선고 2015도8335 전원합의체 판결; 대법원 2006. 11. 16. 선고 2006도4549 전원합의체 판결; 대법원 2018. 10. 25. 선고 2016도11429 판결; 대법원 1997. 3. 20. 선고 96도1167 전원합의체 판결; 대법원 2018. 5. 11. 선고 2018도4075 판결.

20 대법원 2017. 12. 7. 선고 2017도10122 판결; 대법원 2013. 4. 11. 선고 2010도1388 판결; 대법원 2012. 9. 13. 선고 2010도1763 판결; 대법원 2011. 10. 13. 선고 2011도6287 판결; 대법원 2012. 9. 13. 선고 2010도17153 판결; 대법원 2013. 11. 28. 선고 2013도1959 판결; 대법원 2012. 2. 23. 선고 2010도8981 판결; 대법원 2018. 5. 17. 선고 2017도14749 전원합의체 판결 등. 대법원 2010. 9. 30. 선고 2008도4762 판결에서는 '문언의 가능한 의미'라는 표현과 '가능한 문언의 의미'라는 표현이 동시에 교환적으로 사용되고 있다.

3. 독일 형법에서 유추해석과 법문의 의미 한계

이제 법률의 해석과 유추가 특히 관심 대상이 되는 독일 형법에서의 관련 논의를 간략하게 정리하면서 언어학에서의 비판적 지적과 내용이 적절한 것인지를 검토하기 위한 논의의 대상을 명확하게 해 보자.

1) 법률의 이성·목적, 목적적 해석과 그 한계

국내에서도 추호의 의심 없이 우리법의 기초로 이해되고 있는 법률주의원칙(Gesetzlichkeitsprinzip)의 이면이라고 할 수 있는 유추금지(Analogieverbot)원칙, 그 자체가 근원적인 문젯거리라는 것이다.

유추금지의 그 '금지'를 내용적으로 이해할 수 있으려면 무엇이 유추인지 또는 무엇이 법률의 유추적용인지를 먼저 알아야만 하는데, 이에 관하여 의견이 분기(分岐)할 뿐만 아니라, 과연 '유추'에 대한 합리적인 개념 정의의 개별·구체적 표지는 무엇이어야 할 것인지에 대해서도 명확한 것이 없다는 것이 바로 모든 문제의 시작이라는 것이다.[21] 아래에 몇 줄 소개한 독일 형법 주석서[22]의 관련 서술에서도 그 점을 알 수 있다.

---

21 예를 들어 NK-StGB / Winfried Hassemer / Walter Kargl, *Nomos Kommentar zum Strafgesetzbuch*, 5. Aufl.(2017), StGB § 1 Rn. 75.

22 NK-StGB/Hassemer/Kargl, a.a.O., § 1 Rn. 76.

무엇보다 외국의 논의에서는 유추가 확장해석과 동일시되고 단지 제한적 해석만이 허용되는 것으로 간주되기도 한다(Nachw. bei Jescheck/Weigend AT § 17 IV 4; Pawlowski(2000), Rn. 203.). 유추금지를 이렇게 개념 정의하는 것은 도움이 되지 않는다. 한편으로 법률주의 원리는 제한된 해석을 요구하는 것이 아니라 단지 통상·보통(normale)의 해석, 법률에 상응한(gesetzesadäquate), 옳은(richtige) 해석을 요구하는 것이다{Germann(1946) S. 121; Jost SchwZStR 65(1950), S. 362}: 법률을 현실에 신뢰할 만하게 연장하는 것이라고도 한다. 물론 이에 반하여 단지 유일하게 옳은 해석이 있다는 것은 하나의 환상이라는 지적으로는 Kelsen JW 1929, 1723. 이에 대해서는 Seelmann(2014) § 1 Rn 31; → Rn. 71. 다른 한편, 무엇이 확장해석인지가 완전히 불명확하다는 것이다. 어떤 한계점부터 법률에 대한 이해가 그러한 금지 지역에 도달하게 되는지 알 수 없는 것이다{Engisch(1997), 100; Larenz(1990), 337}.

특히, 금지된 유추는 법률의 의미의 한계(Grenzen des Gesetzessinnes)를 넘어서는 곳에서 시작한다는 생각[23]에 대하여, 그런 기준으로는 유추금지의 내용을 충분히 결정할 수 없다는 비판이 있다.[24] 이러한 비판적 입장에서는 예를 들어 '법률의 이성·목적'(ration des Gesetzes) 등의 이

23 독일 형법학에서는 예를 들어 Jescheck / Weigend, *Lehrbuch des Strafrechts, AT.*, 5. Aufl., Berlin: Duncker & Humblot(1996), § 17 IV, 4이 대표적이다. 가능한 문언의 의미(möglicher Wortsinn)를 기준으로 활용하거나 법문 그대로의 구성요건(Wortlauttatbestand)이 아니라 그 법률의 의미를 재현한 해석구성요건(Auslegungstatbestand)이 기준이 된다(Schmidhäuser, *AT* 3/48)는 입장 등도 이러한 유형의 생각에 속한다.

24 NK-StGB/Hassemer/Kargl, a.a.O., § 1 Rn. 77.

름을 내세워, 목적론적 해석의 심각한 불확실성을 법률주의 원칙 안으로 슬쩍 들여놓고, 특정 해석은 유추금지 요청을 침해한다는 가능한 진단을 불확실하게 만들어 버린다고 지적한다. 결국 '목적적 해석', '법률의 이성' 등을 전면에 내세움으로써 형법의 특징·요구는 완전히 무시되어 버린다는 사실을 경고하는 것이다.[25] '해석의 제왕(帝王)'이라고도 불리는 목적적 해석, 법률의 이성이라는 이름으로 정책·정치적 목적을 실현하려는 해석은 적어도 형법에서는 가장 경계해야 할 대상임을 강조한 것이다.

무엇보다 유추금지는 바로 법률의 해석에 그 한계를 설정하는 과제를 가짐에도, 이러한 입장에 따르게 되면, 그 법률의 의미(Gesetzessinn)가 결국 법률을 해석하는 자들의 '해석(이라는 이름의) 지배'(Interpretationsherrschaft)[26] 아래 놓이게 된다. 법(률)의 이성이나 법의 목적이라는 것은 결국 해석과 적용의 권한을 가진 자들의 '법을 통한 지배'(Rule by law)를 강화하는 수단으로 전락할 위험이 있다는 말이다.[27] 결국 금지된 유추의 범위는 법률의 의미의 한계를 넘어서는 경우 비로소 시작한다고 보는 사람들의 입장을 따르게 된다면 결국 그것은 생선가게를

---

25 Kirsch, *Zur Geltung des Gesetzlichkeitsprinzips im Allgemeinen Teil des Strafgesetzbuchs*, Berlin: Duncker & Humblot(2014), S. 176.

26 해석을 좌지우지함으로써 결국 해석자의 의도대로 법률의 의미가 결정되어 버린다는 것이다. 입법자의 의사는 물론이고 법조문에 대한 일반의 상식적인 이해도 결국 해석자의 생각에 의해 전적으로 무시·거부되는 일도 생길 수 있는 것이다.

27 의회의 과반수를 1당이 차지하게 되면, 모든 법률은 그 당의 의지대로 제·개정할 수 있다. 이에 더하여 대통령도 국회의 과반을 차지한 당과 같은 정치적 지향을 가진다면, '법의 지배'가 아닌 '법률에 의한 지배', '법률을 통한 지배'가 가능해진다. 한편, 사법 영역에서도 만약 대법원의 구성에서 특정 정치적 지향을 가진 대법관들이 다수를 차지하게 되면, 이른바 해석이라는 이름으로, 즉 해석 지배를 통해, 입법자가 제정한 법률의 내용을 자신들의 목적에 부합하는 것으로 확정하는 것도 가능해진다. 설상가상 입법과 사법의 다수가 모두 특정 정치적 성향을 가진 사람들로 채워진다면 '사고의 다양성'과 '소수의 존중'은 요원해질 것이다.

고양이에게 맡겨 버리는 것과 다름이 없다는 위험성을 지적하는 것이다.[28]

2) 법문의 의미, 자구의 가능한 의미

법문의 의미의 해석을 금지된 유추와 허용된 해석의 한계설정의 방법으로 생각하는 입장을 비판하는 사람들은 '법률의 자구'(Gesetzeswortlaut)라는 표지를 통해 유추금지의 내용을 정의하는 것이 합리적이라고 주장한다. 이러한 입장이 현재 독일의 지배적인 견해[29]로 이해되고 있다. 예를 들어 하세머/카르글(Hassemer/Kargl)은 자구(Wortlaut)야말로 글(text)의 바른 이해를 위한 핵심 기준이라고 한다.[30]

입법자가 자신의 생각이나 의도를 사례 판단이라는 현실에 적용할 수 있는 도구는 바로 법문, 즉, 법률에 사용된 단어(Wort)라는 것이다. 따라서 법률에 구속되는 판사는 가장 먼저 법률의 자구를 법적 판단의 정보를 제공하는 매질(Medium)로 마주하게 되는 것이다. 물론 하세머/카르글도 독일어로 'Wortlaut'라는 개념을 여러 가지 형태의 문장 결합과 같은 것들을 제외하고 단지 개별 단어들로 이해하거나 심지어 규범의 소리(음성학)로 이해한다면 단어 선택이 잘못된 것임을 지적한 바 있다. 이

---

28 NK-StGB/Hassemer/Kargl, a.a.O., § 1 Rn. 77.

29 BVerfGE 71, 108(115); 73, 206(235); 92, 1(12); BVerfG JR 2009, 206; SK/Rudolphi, § 1, Rn. 35; W-Beulke/Satzger, *Strafrecht AT*(2015), Rn. 56; AnwK-StGB/Gaede(2015), § 1, Rn. 33; Lackner/Kühl/Heger, § 1, Rn. 6; SSW/Satzger(2014), § 1, Rn. 38; Baumann/Weber/Mitsch, *Strafrecht AT*(2016), § 9, Rn. 84; Jescheck/Weigend, *Strafrecht AT*(1996), § 17 IV 5; Heinrich, *Strafrecht AT*(2014), Rn. 136; Greco, "Ist der Strafgesetzgeber an das Analogieverbot gebunden?", *GA*(2012), S. 453; Kirsch, a.a.O., S. 178.

30 Arthur Kaufmann, "Problemgeschichte der Rechtsphilosophie", in: Kaufmann/Hassemer/Neumann(Hrsg.), *Einführung in Rechtsphilosphie und Rechtstheorie der Gegenwart*, 8. Aufl.(2011), S. 100; NK-StGB/Hassemer/Kargl, a.a.O., § 1 Rn. 78.

러한 오해를 막기 위해 단어의 의미, 즉 법문의 '의미'(Wort**sinn**)라는 개념을 사용하자는 제언도 있다. 이 용어를 사용하면 법률의 문언을 통해 의미론적으로 주어지는 한계가 관건이라는 것을 보다 명백하게 드러낼 수 있다는 것이다.[31] 단어(Wort; word)가 있고, 그 단어가 담고 있는 의미(Bedeutung; Sinn; Meaning)가 있다고 할 때, 유추 여부의 판단기준은 바로 그 단어의 의미라는 것이다.

3) 확장해석, 법률의 의미초월 또는 자구의 한계

자구의 한계(자구의 내용·의미의 한계)를 해석과 유추의 구별 기준으로 삼아야 한다는 독일의 지배적 입장에서는 이러한 'Wortlautgrenze'라는 표지가 '확장해석'(extensive Auslegung)이라거나 '법률의 의미를 넘어섰다'(Überschreitung des Gesetzessinnes)는 등의 표지에 비해서 조금 더 발전된 표지라고 평가되기도 하는데, 그 이유는 이러한 법문·법문의 한계(Wortlautgrenze)라는 기준이 객관적 법률 해석(objektive Gesetzesauslegung)에 반해 외부적(extern)이라는 특징에 있다고 한다. 즉, 하나의 단어의 일상 언어에서의 의미나 법적 전통에서의 의미에 주목하는 사람은(즉, 판단자의 외부에서 주어진 기준이라는 말이다) 이로써 유추적인 한계 일탈을 확정할 수 있는 표지를 획득할 수 있고, 그 표지는 법 적용 과정 밖에서(외부에서) 법 적용자가 무시할 수 없는 한계를 설정하는 것이고, 법 적용자가 임의·자의로 어떻게 할 수 없는 것이라는 말이다.[32] 간단히

31 NK-StGB/Hassemer/Kargl, a.a.O., § 1 Rn. 78.

32 NK-StGB/Hassemer/Kargl, a.a.O., § 1 Rn. 79.

줄여 표현하면 법 적용자의 외부에서 그 판단기준이 제공되기 때문에 판단자 자신의 생각을 말하면서 객관적이라는 말로 치장하는 것보다는 훨씬 발전된 표지라는 뜻이다.

이들의 이해에 따르면, 그러한 언어의 **내용**(Sprach**inhalt**)은 집단적으로 반복하여 체득된, 사회적 맥락에서 학습된 연상을 통해 매개·전달·소통되는 것이다.[33] 개념의 **내용**(Begriffs**gehalt**)은 하나의 언어공동체에서 의사소통을 가능하게 해 주는데, 그 개념의 내용에 대해서는 그 전에 어쨌거나 대략적 합의(annäherende Einigung)가 달성되었기 때문이라는 것이다. 환언하면, 단어의 **의미**(Wort**bedeutung**)가 "있다"는 것이고, 사람들은 그것을 사전(事典)이나 지금까지의 판결, 즉 법적 언어관용을 종합함으로써 확정할 수 있다고 한다.

이에 반해 확장해석이라거나 법률의 의미를 일탈했다거나, 의미를 벗어나거나 넘어섰다는 것은 존재하는 것이 아니고, 단지 그것은 하나의 주장이거나 하나의 논거로 존재할 뿐이라는 것이다.

법의 자구(Wortlaut), 즉 법문의 의미(Wortsinn)는 특정 법률 해석이 잘못되었음을 확인해 줄 수도 있다는 것이다. 특정 법률 해석이 일상 언어 또는 법적 전문어에서 어떤 단어의 실제 의미(reale Bedeutung)를 과장하거나, 심지어 그 의미를 놓쳤을 수도 있다는 것을 보여 줄 수 있다는 주장이다. 그 의미를 하나의 예를 통해 조금 쉽게 설명한다면, '벽'을 '위험한 물건'이라고 하는 독일 연방대법원의 해석과 이를 따르는 학계의 법문 해석을 예로 들 수 있을 것 같다.

---

33 의미론의 사회적 구조에 대해서는 Luhmann, *Die Gesellschaft der Gesellschaft*, Frankfurt am Main: Suhrkamp(1998), S. 108, 205에서 설명되어 있음.

'벽'(壁)이 '위험한 물건'이라는 해석은 '자동차'를 '위험한 물건으로 휴대한다'[34]는 것과 다름없는 기이한 주장이거나, 그런 의미로 사용하고 싶은 사람의 해석 주장·논거에나 등장할 수 있는 말이라는 것이다. 일상 언어나 법률 언어관용에서는 '꿈쩍도 하지 않고 서 있는 벽'을 '위험한 물건'이라고 하지는 않으며, '자동차를 운행하는 것'을 '위험한 물건을 휴대한다'고 하지는 않는다는 말이다.

문맥·맥락의 중요성 또는 실제 어떻게 사용되는지가 중요하다고 강조함으로써 자구의 표현이라는 기준은 모든 저마다의 해석결과도 가능하다는 생각들, 즉 어떤 해석도 규범문과 일치한다는 널리 퍼진 입장들이나 역사적인 법률의 목적을 강조하는 입장들을 무력화한다는 것이 Kargl의 생각이다.[35] 끝으로 이러한 표지는 다른 사회적인 하부체계를 통해 법의 의미를 외부에서 조종(Außensteuerung)하는 것을 막는다는 것이다.[36]

자구의 한계가 해석인지 여부를 판단하는 기준이라고 주장하는 사람들은 법률 해석에 반하여 금지된 유추인지를 판단하는 기준이 외부적이라는 것(Externalität des Kriterium)은 유추금지를 위해서는 아주 중요하다고 본다. 왜냐하면 이러한 금지는 법률 해석에 한계를 설정하고 특정 해석들을 나쁜 의미에서(in malam partem) 유추적인 것이므로 금지된

---

34 대법원 1997. 5. 30. 선고 97도597 판결; 대법원 2010. 11. 11. 선고 2010도10256 판결; 대법원 2018. 7. 24. 선고 2018도3443 판결 등. '위험한 물건'을 '휴대'하고 범한 범죄를 '위험한 물건을 이용·사용하여'로 해석한 대법원의 판결은 전형적인 법문의 의미를 일탈한 목적적 해석의 위험성을 드러낸 경우이다. 입법자는 여전히 방치하고 법원은 기꺼이 목적적 해석의 이름으로 법률을 보충한다는 논리로 법을 창조하고 있다. 권력 분립의 붕괴의 예를 굳이 다른 곳에서 찾을 필요가 없다.

35 NK-StGB/Kargl, *Nomos Kommentar zum Strafgesetzbuch*, 6. Aufl.(2023), StGB § 1 Rn. 79.

36 NK-StGB/Hassemer/Kargl, a.a.O., § 1 Rn. 79.

것으로 한계를 설정하는 과제를 가지고 있기 때문이라는 것이다. 달리 말해 법률 해석(Gesetzesauslegung)은 개념들이 확정되고 전달되는 사회적 맥락에 관해서, 그 허용되는 재량범위의 한계에 관해서 스스로 결정할 수는 없다는 것이다. 따라서 그 해석에 관한 외부적 표지가 필요한 것이고, 달리 말해 그것을 통해 그 해석이 평가되어야만 하는 외부의 기준이 필요할 수밖에 없다는 것이다.[37]

이러한 외부에서 주어지는 표지는 실제 언어관행·관용(realer Sprachgebrauch)일 수도 있고, 그 언어의 사실상(faktische) 의미 또는 자연적인(natürliche) 의미일 수 있으며, 일상 언어적인(umgangssprachliche) 또는 지금까지 법적으로 사용되어 온(die bisherige juristisch gebräuchliche) 단어의 의미(Wortbedeutung)일 수 있다고 보는 것이다. 그에 반해, 이러한 표지는 "자연스런 의미나 관용적인 단어 의미는 아니지만 (고유하게) 옳은 그 단어의 의미"일 수는 없다고 한다. 만약 그렇다고 해 버리면 구별기준의 외부성이라는 전제가 충족될 수 없기 때문이다. 결국, 금지된 유추는 사실상(tatsächliche) 단어의 의미(객관적인, 동의로 만들어진 내용)가 끝나고 주관적인(대부분 목적론적인) 생각이 우위를 차지하는 곳에서 시작한다고 표현한다.[38]

하세머/카르글은 학문적 개념 규정의 노력과 유추금지에 대한 판결

---

37 NK-StGB/Hassemer/Kargl, a.a.O., § 1 Rn. 80; Kaufmann, Arthur, Problemgeschichte der Rechtsphilosophie, Kaufmann/Hassemer/Neumann(Hrsg.), *Einführung in Rechtsphilosophie und Rechtstheorie der Gegenwart*, 8. Aufl.(2011), S. 111; v. Savigny, Juristische Methodenlehre(hrsg. von Wesenberg), Heidelberg: C. F. Müller(1951), S. 206.

38 NK-StGB/Hassemer/Kargl, a.a.O., § 1 Rn. 80; NK-StGB/Kargl, a.a.O., § 1 Rn. 80. 이러한 입장으로 소개되는 Rüthers/Höpfner, "Analogieverbot und subjektive Auslegungsmethode", *JZ*(2005), S. 21 ff., 25 참조.

실무를 보면서 이러한 이론적 성과물을 현실화하기 위한 지금까지의 노력을 평가한다면 상당히 실망스럽다고 진단한다. 물론 이들은 이러한 결과가 유추금지의 구조로부터 나오는 것이기도 하다고 지적하는데 그 의미가 무엇인지 그들의 생각을 조금만 더 따라가 보자.[39]

4) 법문의 한계의 개념 결정

그간 독일 형법학계에서는 유추금지의 기준으로서 '단어·법문의 (의미의) 한계'(Wortlautgrenze)가 거의 일반적으로 받아들여졌으나, 그럼에도 불구하고 그 '한계'가 구체적으로 무엇인지에 대해서는 통일된 생각을 찾기 어렵고, 여전히 다양한 주장과 평가들이 공존하고 있다. 그 한계로 제시된 기준들을 보면, '일반적으로 이해되는 자연스런·본래 단어의 의미'(allgemein verständlichen, natürlichen Wortbedeutung), '자연스런 단어의 의미'(natürliche Wortbedeutung), 또는 '단어 맥락의 의미'(Wortzusammen- hangsbedeutung), 그리고 '문장의 의미'(Satzbedeutung)라거나,[40] '최대한 외적 한계로서 가능한 단어의 의미'(möglichen Wortsinn als äußerste Grenze),[41] '일상 언어관용의 가장 외적인 한계'(äußersten Grenze des Umgangssprachgebrauchs)[42]까지 다양하다.

---

39 이하는 NK-StGB/Hassemer/Kargl, a.a.O., § 1 Rn. 82 ff.; NK-StGB/Kargl,a.a.O., § 1 Rn. 82 ff. 참조.

40 Baumann / Weber/ Mitsch / Eisele, *Strafrecht AT.*, 13. Aufl., Bielefeld: Gieseking(2021), § 9 Rn. 84.

41 Jescheck / Weigend, *Lehrbuch des Strafrechts AT.*, Berlin: Duncker & Humblot(1996), § 17 IV S. 5.

42 Schünemann, "Methodologische Prolegomena zur Rechtsfindung im Besonderen Teil des Strafrechts", Kaufmann, u. a.(Hrsg.) *FS für P. Bockelmann-FS*(1979), S. 117, 126.

하세머/카르글이 보기에는 이러한 법문의 한계에 대한 판단기준들을 통해 유추금지의 내용이 무엇인지를 결정하기 위한 '해석의 외적 표지'(auslegungsexternes Kriterium)가 획득되었다고 할 수는 있겠지만, 여전히 해결되지 못한 문제들이 남아 있다. 예를 들어 ① 일상 언어 또는 법적 전공 언어 중 어느 것이 관련 기준이 되어야 하는 것인지, ② 단어의 의미의 '가장 외연'에 접근할 때 어느 정도 관용·융통성이 허용되는 것인지, ③ 단어의 의미 확정을 위해 어떤 절차(예를 들어 각각의 설문조사를 통해서, 사전에서 추천하는 의미, 혹은 형사법관을 통한 자유로운 판단 등)가 적용되어야만 하는지 등은 여전히 열린 문제라는 것이다.[43]

유추금지가 단어의 한계에서 시작하는 것이 사실적으로도, 그리고 실무를 위해서도 실효적인 것이 맞다면, 이러한 개념적 흠결들이 반드시 메워져야만 한다는 것이다. 이러한 흠결을 어떻게 메울 수 있을지에 대해 실효적인 대답이 주어지지 않는다면 결국 법문의 의미라는 기준도 효과적인 척도로서 작용하기 어렵다는 말일 것이다.

(1) 긍정적, 부정적 그리고 중립적 후보

법문의 한계에 대한 구체적 판단기준을 도출하기 위한 시도로 카르글(Kargl)[44]은 문제 되는 특정 법적 개념에 대한 긍정적(posotive), 부정적(negative) 그리고 중립적 후보(neutrale Kandidate)를 구별하자고 한다.[45]

---

43 NK-StGB/Hassemer/Kargl, a.a.O., § 1 Rn. 83-86.

44 이미 이러한 개념 구별은 국내에도 익히 알려져 있다. 세부적인 내용은 김성룡, "유추의 구조와 유추금지", 『법철학연구』, 제12권 제2호(2009), 29쪽 이하, 43쪽 이하 참조.

45 예를 들어 '신체의 중요 부분'이라는 (중상해) 개념에 긍정적 후보자는 손, 부정적 후보자는 머리카락이나 신장(BGHSt 28, 100), 중립적 후보자는 손가락 하나하나 또는 손가락의 일부라고 분류하

이러한 구별이 단어의 한계를 표시할 때 정밀성을 획득할 수 있게 한다는 것이다. 특히 이러한 법적 개념의 구별은 개념의 불확실성·애매모호함(Vagheit)을 정의하는 데 도움이 된다고 보고 있다.[46]

이러한 3가지 개념 구별에 따르면 어떤 하나의 개념을 긍정적 후보자에 적용하는 것은 '통상·보통의' 해석(normale Auslegung)이고, 중립적 대상(후보)에게 적용하는 일종의 확장은 (허용된) 확장해석(extensive Auslegung)이라고 할 수 있을 듯하고, 부정적 대상에 적용하는 경우는 금지된 유추(Analogie)로 볼 수 있다는 것이다.[47]

앞서 언급했던 법문의 한계를 풀이한 여러 해석·구별 기준들의 표현과 비교할 때에 이러한 구별 시도(이른바 3개의 유형으로 나누는 '후보' 도식; Kandidatenschema)는 상대적으로 보다 세부적으로 나누어 기술하는 형태를 보이고 있는 것은 분명하다. 하지만 그럼에도 불구하고, 하세머/카르글의 평가처럼, 이것으로 유추금지를 판결 실무에 강제적으로 이식할 수 있는 정도의 무엇이 획득된 것이 있느냐고 묻는다면 그리 긍정적인 답을 하기 어렵다는 것이 문제인 것이다.

법적 개념의 관점에서 대상들의 긍정성, 부정성 또는 중립성이라는 그 개념 정의 자체가 약점이라는 것이다. 달리 말해 중립성과 부정성 사이의 한계 설정, 허용되는 확장적 해석과 금지된 유추의 구별 기준이 또다시 문제라는 것이다. 예를 들어 '사람'이라는 법 개념의 관점에서도 무엇이 긍정적 후보자이며, 무엇이 부정적 또는 중립적 후보자에 해당하는

는 식이다(NK-StGB/Hassemer/Kargl, a.a.O., § 1 Rn. 36).

46 NK-StGB/Kargl, a.a.O., § 1 Rn. 88.

47 NK-StGB/Kargl, a.a.O., § 1 Rn. 88; 김성룡, 앞의 논문, 44쪽 참조.

것인지 쉽게 손에 잡히는 무엇이 없다는 말이기도 하다.

이러한 구별은 '여전히 논쟁의 여지가 있는' 또는 '논쟁의 여지가 더 이상 없는' 또는 '바로·지금·아직은 가능한 단어의 이해 내에 있는' 또는 '가능한 단어 이해의 밖에 놓인'과 같은 해석보다 더 구체화될 수 없다는 것이다. 만약 '바퀴의 바람을 빼 버린 행위'가 '손괴'인가 하고 묻는다면,[48] 위 구별 기준으로는 어떻게 답할 것인지 쉽게 예측이 되지 않는다는 지적이다.

독일 내에서의 평가처럼, 후보자 도식의 기술 방식도 결국 해석자의 의미론적 재량 여지(semantische Spielräume)를 명확하게 개념적으로 구분하는 문제를 풀지 못하는 경우가 적지 않지만, 유추금지가 가지고 있는 구조적 문제를 조금 더 투명하게, 즉 개관하기 쉽도록 보여 주는 장점은 인정할 수 있을 것이다.[49]

(2) 법유추와 법률유추

한편, 하세머/카르글은 예를 들어 전체유추와 개별유추(Gesamt- und Einzelanalogie)를 구별한 라렌츠(Larenz)의 방법론에서 형법으로 넘어온 '법유추'(Rechtsanalogie)와 '법률유추'(Gesetzesanalogie)의 구별도 해석 실무를 유추금지에 구속하는 데 실패하였고, 입법자가 그 나름대로 신중한 검토 후에 의도적으로 막지 않은 법률의 흠결은, 형사법관이 스스로 충전해서는 안 된다고 하는 유추금지 요구를 무의미하게 만들어 버리므

---

48 NK-StGB/Kargl, a.a.O., § 1 Rn. 88.

49 NK-StGB/Hassemer/Kargl, a.a.O., § 1 Rn. 88.

로, 결국 해석 실무를 유추금지 요청에 구속되게 만드는 데 성과를 내놓지 못하게 하고 있다고 평가한다.[50] 일련의 법률규정들 또는 법제도에서부터 유추할 수 있는 판단원칙이 도출된다는 법유추(Rechtsanalogie)와 개별 법률규정에서 도출된다는 법률유추(Gesetzesanalogie)의 구별은 단지 분석적 가치가 있을 뿐이고, 금지된 유추의 한계에 관해서는 전혀 말해 주는 것이 없다는 것이 비판의 핵심이다. 흠결보충(Lückenergänzung)에 대한 구성은 적절하지만 그렇다면 언제 '의도된' 흠결을 처리해야만 하는지의 문제는 미해결이라는 것이다. 달리 말해 언제 유추금지가 작동하는지에 대해서는 답하고 있지 않다는 것이다.[51]

5) 단어 한계의 실천적 고려

(1) 실무에서 유추금지의 위상

하세머/카르글의 평가에 따르면, 독일의 법 실무가 명시적으로 유추금지와 논쟁하는 것은 사실상 드문 일이다. 유추금지는 사실상 실무에 거의 영향을 미치지 못한다는 첫 번째 징표는 1935년 개정 형법에서 법률주의 파괴가 초래되었음에도 형사판결에서 그 반향을 거의 찾아볼 수 없었다는 것이고, 현재도 사정은 크게 다를 바 없다는 것이다.[52]

50 NK-StGB/Hassemer/Kargl, a.a.O., § 1 Rn. 89.

51 NK-StGB/Hassemer/Kargl, a.a.O., § 1 Rn. 12 ff., 89.

52 NK-StGB/Hassemer/Kargl, a.a.O., § 1 Rn. 90; NK-StGB/Kargl, a.a.O., § 1 Rn. 90.

Gesetz zur Änderung des Strafgesetzbuchs.
Vom 28. Juni 1935.
1935년 6월 28일 형법 개정 법률

Artikel 1 Artikel 1 Rechtsschöpfung durch entsprechende Anwendung der Strafgesetze
제1절 형법의 알맞은 적용을 통한 법 창조

§ 2
Bestraft wird, wer eine Tat begeht, die das Gesetz für strafbar erklärt oder die nach dem Grundgedanken eines Strafgesetzes und nach gesundem Volksempfinden Bestrafung verdient. Findet auf die Tat kein bestimmtes Strafgesetz unmittelbar Anwendung, so wird die Tat nach dem Gesetz bestraft, dessen Grundgedanke auf sie am besten zutrifft.

제2조
법률이 처벌하거나 형법의 기본사고에 따를 때, 그리고 건강한 민족감정에 따를 때 처벌할 필요가 있는 행위를 한 자는 처벌된다. 그 범행에 직접적으로 적용 가능한 특정 형법(규정)이 없으면, 그 기본사상이 그 범행에 가장 잘 맞아떨어지는 법에 따라 처벌된다.

위 법률은 전형적으로 법적 구성요건의 명확성, 비례성, 예견 가능성, 균형성 등 죄형법정주의의 요구들을 위반하면서 오히려 유추해석을 '장려'하는 법률임에도 불구하고 제국법원(Reichsgericht)은 유추금지와 논쟁할 수 있는 기회를 거의 사용하지 않았고, 연방대법원이나 연방헌법재판소도 법문의 표현은 생각하지도 않고 이른바 객관적 목적적 해석에 자주 우선권을 주는 관행을 이어 왔다는 것이다.

민사법학자이면서 나치 법률·법학에 대한 정평 있는 비판자이기도 한 뤼터스(B. Rüthers)는 목적적 해석을 '객관적 방법'으로 표시하는 것은 '심한 오도'라고 주장하는데, 왜냐하면 '객관적'이라는 이름으로 포장한 '목적(론)적 해석'은 법 적용자가 마음대로 입법에 의해 승인 가능한 그 규정의 목적과 규범의 목적을 몰래 일탈하는 것을 허용하고, 이로써 의회민주주의라는 헌법적 대원칙에 충돌할 뿐만 아니라, 법치국가적인 권력 분립(Gewaltenteilung) 원칙에도 충돌하기 때문이라고 했다.[53]

독일 최고법원들이 오랜 기간 동안 공간해 온 일련의 판결들 중에, 그 개념 이해가 '자연스런·통상의' 언어이해('natürlichem' Sprachverständnis)와는 관련성이 없는 일련의 판결들에 접근할 때, 카르글은 아래의 두 가지 사정을 고려하라고 조언한다. 첫 번째 사정은 무수한 판결이유·논지들이 등장하는 판결에서도 유독 유추금지 침해는 전혀 언급도 되지 않는다는 것이다.[54] 이렇게 충분히 언급이 가능한 유추금지를 거론조차 하지 않음으로써 판결의 한계로서 유추금지는 판결 결과에 비해 평가절하되어 버렸고, 결국 실무상 중요하지 않은 것으로 취급되어 버렸다는 것이다.

다음으로, 설령 유추금지가 법 실무에 영향을 미친 사례에서도 그것은

---

53 Rüthers,"Geleugneter Richterstaat und vernebelte Richtermacht", *NJW*(2005), S. 2759; ders., "Rechtswissenschaft ohne Recht?", *NJW*(2011), S. 434; Rüthers/Fischer/Birk, *Rechtstheorie*(2015), Rn. 723; NK-StGB/Hassemer/Kargl, a.a.O., § 1 Rn. 12.

54 이를 두고 부작위를 통한 논증(Argumentation durch Unterlassen)이라고 부르기도 한다(Hassemer, *Einführung in die Grundlagen des Strafrechts*, 2. Aufl., München: C. H. Beck(1990), S. 182, 264, 271; NK-StGB/Kargl, a.a.O., StGB § 1 Rn).

단지 아주 극단적인 판결 사안들에서, 끔찍한 사례(Horrorbeispiele)나 실수(Ausrutscher)를 막는 도구 정도로 기능한 것이 전부인 것으로 보인다는 것이다.[55] 굳이 유추금지를 내세우지 않아도 해결되는 문제들이었던 것이다.

결국 판결 실무에서는 우리가 학문적 논의를 통해 부각시키고 있는 유추금지는 사실상 역할을 하지 못하고 있다는 것이고, 이러한 불명확한 유추 개념이 법원에 주게 될 가능성·재량은 이미 일찍이 예상되었다는 말이다. 예를 들어 프랑스 혁명위원회는 이미 1790년 8월 24일 법원들에 대해 해석에 관해 의심이 있는 경우에는 바로 입법자에게 질의할 의무를 부과하기도 했다고 한다.[56] 절대주의적인 프로이센, 바이에른 그리고 오스트리아는 엄격한 해석금지를 요구했고, 바이에른에서는 심지어 형법에 대한 주석도 금지했다.[57]

(2) 실무에서 유추금지가 문제 된 경우

예를 들어 현재까지 독일 판례 중 법문과 동떨어진 법률 해석의 유형으로 소개되는 것들로는 다음과 같은 해석들이 있다. 이러한 유추가 의심되는 사례들에서 독일 연방법원의 법률 해석은 안타깝게도 우리나라

---

55 NK-StGB/Hassemer/Kargl, a.a.O., § 1 Rn. 91.

56 이에 대해서는 Schumann, “Das Rechtsverweigerungsverbot. Historische und methodologische Bemerkungen zur richterlichen Pflicht, das Recht auszulegen, zu ergänzen und fortzubilden”, *ZZP*(1968), Vol. 81, S. 79. 특히 프랑스 민법전 제4조(Art. 4 Code civil)는 명문으로 판사의 판결 거부를 금지하고 있는 규정으로 유명하다.

57 NK-StGB/Hassemer/Kargl, a.a.O., § 1 Rn. 91; Conrad, *Richter und Gesetz im Übergang vom Absolutismus zum Verfassungsstaat*, Graz: Böhlau(1971); online ed., Wien: Böhlau(2013), S. 12; Rüthers/Fischer/Birk, Rechtstheorie, 12. Aufl., Rn. 840.

최고법원들에도 적지 않은 영향을 끼치고 있다.

희석된 염산(verdünnte Salzsäure)을 '무기·흉기'(Waffe)라고 한 경우(BGHSt 1, 1), 수리하거나(RGSt 33, 177) 행사를 개최하기 않은 것(BGHSt 41, 55)을 '손괴'(Beschädigen)로 본 경우, 벽(Wand)을 '위험한 도구'(gefährliches Werkzeug)라고 한 경우(BGHSt 22, 235), 립스틱을 중강도죄의 유용한 '범행도구'로 본 경우(BGH NJW 1996, 2663), 존재하지 않는 사람을 '가까운 사람·근친'에 포섭한 경우(BVerfG NJW 1995, 2776), 매어진 마차를 '자동차'로 본 경우(BGHSt 10, 375), 면책되는 사유로 인해 사고 현장에서 벗어났다가 돌아왔음에도 '사고 현장에서의 도주'로 본 경우(BGHSt 14, 213), 의사가 위에 삽입된 위소식자를 적극적으로 제거했음에도 '부작위'라고 한 경우(BGHSt 40, 265), 과실범을 처벌하는 금전세탁 규정(Geldwäsche, § 261 Abs.2)을 변호인의 수임료 수령과 관련하여 '중과실'이나 '미필적 고의'가 있는 경우에만 구성요건을 제한적으로 적용하는 경우(BVerfG NJW 2004, 1305, 1312), 위장취업 사례에서 '법적' 재산 손해를 인정한 경우(BGHSt 5, 359; 45, 1), 손해 개념에 있어서 더 이상 (전체) 재산 감소에 맞추지 않고, 단순한 '가치 차이'를 기준으로 함으로써 사기죄가 위험범으로 변질되게 한 경우(BGH NJW 2007, 151) 등이 언급된다.[58]

이에 반해 독일 판례에서 유추금지원칙에 충돌하였다는 이유로 해석 결과를 받아들이지 않은 경우는 비교적 소수지만 가능하면 법문의 의미 한계를 존중하려고 하는 경향을 읽을 수 있다고 평가되는데 그 예는 다음과 같다.

---

58 상세는 NK-StGB/Kargl, a.a.O., § 1 Rn. 92.

전기력을 물체인 '물건'으로 해석하는 것을 거부한 경우(RGSt 29, 111; 32, 165), '승낙 없이'와 '의사에 반해'는 동일시 할 수 없다고 본 경우(BGHSt 23, 3), 자동차에 시동을 건 행위를 자동차의 '운행'은 아니라고 본 경우(BGHSt 35, 390), 인간이라는 개념을 인간과 유사한 것에 확장하는 것을 거부한 경우(BVerfGE 87, 255), 형법 제43조의a의 재산형의 상한이 단지 범인의 재산의 가치를 통해서만 정해진다면 위헌이라고 한 경우(BVerfG NJW 2002, 1779), 자동차를 '무기·흉기'(Waffe)와 동일시하지 못하도록 한 경우(Strafo 2008, 463) 등이다.[59]

(3) 이론과 실무에서 유추금지

판결 실무가 법문과 동떨어진 법률 해석으로 흐르는 경향은 사회적 변화의 강도와 상관관계가 있다는 것은 명백하다. 도로교통이나 자동차 등 경제적·기술적인 변화들, 의사소통의 수단과 방법의 변화들, 그리고 폭력에 대한 민감성의 변화들이 있었음에도 불구하고 그에 상응한 법문의 개정이나 변화가 없는 경우라면 불가피하게 이전의 다른 사정과의 관계에서 만들어진 종래·현행 법문의 표현을 통해 이러한 변화들을 포착할 수밖에 없고, 그런 곳에서 바로 그런 법문과 동떨어진 해석 경향이 나타날 수 있다는 것은 명확해 보인다. 그곳은, 조금 더 정확하게 표현한다면, 바로 목적적 해석이 '여전히 지속되는 법률의 의미', '법적인 기본사고', 또는 '관계의 변화'를 호소하며 유추금지를 결과적으로 폐기해 버리는 장소가 된다는 것이다. 즉, 목적적 해석이 행해지는 곳이 바로 유추금

59 상세는 NK-StGB/Kargl, a.a.O., § 1 Rn. 93.

지원칙이 버려지는 장소라는 말이다.[60]

법문에 충실하게 규범을 해석하면 개별 사례에 맞아떨어지지 않는 해석 결과가 나올 것 같으면, 기본적으로 유추금지를 인정함에도 불구하고, 법률의 의미와 목적에 따른 해석(목적론적 해석)을 선호하게 된다는 것에 바로 실무의 문제가 있다는 것이다. 이론의 한계 · 문제점은 그들의 개념적 도구는 실무의 이러한 한계 일탈을 이유를 대어 찾아내고 지적할 수 있는 역량이 없다는 것에 있다는 것이 카르글의 생각이다. 이러한 양측의 문제를 종합하면 그것이 바로 법률주의원칙(Gesetzlichkeitsprinzip)을 실현하기 어려운 이유라는 것이다.

물론, 하세머/카르글은 이 문제를 조금 더 정확하게 보면 단순히 법치국가·법률주의에 관심이 없는 실무에 의해서만 야기되는 것도 아니고, 정향(定向) 없이 혼란스러운 이론 때문에만 발생하는 문제도 아니며, 근본적으로 유추금지의 구조(die Struktur des Analogieverbots) 그 자체를 통해서 발생한 것임을 강조한다. 특히 의미론(Semantik)에 모든 판단기준을 부여하고 있는 현재의 유추금지의 구조가 문제라는 것이다. 따라서 우리가 기대하는 것보다는 아주 사소한 범위 내에서만 유추금지가 모종의 한계설정 기능을 한다고 볼 수밖에 없다는 것이다.[61] 그렇다면 과연 그들이 말하는 그 '유추금지의 구조'가 무엇이기에 이러한 내재적 한계를 보이는 것인지 궁금해진다.

---

60 BGHSt 10, 375(376); NK-StGB/Kargl, a.a.O., § 1 Rn. 93.

61 세부적인 내용은 Neumann, "Zum Verhältnis von philosophischer und juristischer Hermeneutik", in: Hassemer, W.(Hrsg.), *Dimensionen der Hermeneutik*, Heidelberg: R. V. Decker& C. F. Müller(1984) S. 55; NK-StGB/Hassemer/Kargl, a.a.O., § 1 Rn. 94.

6) 유추금지의 구조

(1) 해석과 유추

하세머/카르글의 생각처럼, 유추금지원칙·요청이 법률의 해석을 한계 지을 수 있으리라는 기대는 필연적으로 유추와 해석 사이에는 질적 차이가 있다거나, 상세하게 세부적으로 규정될 수 있는 양적·정도의 차이가 있다는 것을 전제로 한다. 만약 그렇지 않다면 그중 하나가 다른 하나의 한계가 될 수는 없기 때문이다. 법문의 의미의 한계라는 새로운 방법론에서도 이러한 기대는 실현되기 어려워 보인다는 것이 그들의 평가이다.

해석과 유추 사이에는 어떤 논리적 차이도 존재하지 않는다는 주장자들은 형사법관을 법률의 문구의 한계에 구속시키는 것에 반대한다. 하세머/카르글은 수 개념이나 관계 개념을 제외한 법률의 개념에 대한 모든 저마다의 해석은 필연적으로 유추로 본다.[62] 모든 저마다의 혁신적인 해석이 유사성 비교(Ähnlichkeitsvergleich)로 작업하는 하나의 추론 절차라면 이러한 진단은 옳은 말이다. 예를 들어 우리가 피해자를 스카프로

62 독일에서 이런 입장을 취하는 경우로는 NK-StGB/Hassemer, a.a.O., § 1, Rn 95; Arthur Kaufmann, *Analogie und "Natur der Sache". Zugleich ein Beitrag zur Lehre vom Typus*, 2. Aufl., v. Decker, Heidelberg/Hamburg(1982), S. 37, 60; Larenz / Canaris, *Methodenlehre der Rechtswissenschaft*, 3. Aufl., Berlin/Heidelberg: Springer(1995)[Nachdruck 2008], S. 202; Andreas Fincke, *Das Verhältnis des Allgemeinen zum Besonderen Teil des Strafrechts*, Berlin: Duncker & Humblot(1975), S. 15; Haft, *Strafrecht AT.*, 6. Aufl., Heidelberg: C. F. Müller(1994), S. 275; Depenheuer, *Der Wortlaut als Grenze*, Berlin: Duncker & Humblot(1988), S. 39; Schmidhäuser, *Strafrecht AT.*, 2. Aufl., Tübingen: Mohr Siebeck(1984), § 5 Rn. 42. 등이 있다. 이에 대해서는 NK-StGB/Hassemer/Kargl, a.a.O., § 1 Rn. 95 참조. 여기서의 유추가 유추금지의 유추와 정확하게 일치하는 것인지를 이곳에서 상세히 다루지 못하지만 필자는 이를 구별해야 한다고 본다. 이에 대해서는 김성룡, "유추의 구조와 유추금지", 『법철학연구』, 제12권 제2호(2009), 29쪽 이하 참조.

목을 졸라 살해한 사건을 '위험한 도구·물건'(gefährliches Werkzeug)을 사용해 살해한 것으로 해석한다면, 그러한 판단은 결국 스카프와 칼은 위험한 행위방식이라는 법적 평가의 관점(Wertungsgesichtspunkt)에서는 서로 '유사한' 것이라는 점에 근거하고 있는 것이다. 환언하면, 해석이건 유추건 그 구조가 해당 개념을 대상과 연결시켜 주는 비교를 위한 제3점(tertium comparationis)을 이용한다는 것에서 동일하다. 해당 개념에 속하는 것인지가 불확실한 대상들은 자동적으로 개념에 포함되는 것이 아니기 때문에, 대상과 개념 사이를 적합하게 만들어 주는 제3의 점·특징을 필요로 하는 것이다.[63] 하지만 논리적 절차가 같다는 것이, 유추가 법문의 한계 내에 있는 것인지, 아니면 그 한계 밖에 있는 것인지를 가리고, 전자의 경우만을 헌법적 관점에서 허용되는 것으로 받아들이는 식으로 구별하는 것을 막는 것은 아니라는 것이다. 따라서 해석과 유추라고 하지 않고, 허용되는 해석과 허용되지 않는 해석 또는 허용되는 유추와 금지된 유추라고 표현하는 것은 단지 용어의 차이에 불과한 것이다. 법문·단어의 의미(Wortsinn)를 규정·결정(Bestimmung)할 수 있는지가 중요한 문제라는 것이다.[64]

(2) 개념의 불확정성, 선이해 그리고 맥락

언어의 불확정성으로 인해 어떤 가용한 한계 설정도 가능하지 않기 때문에 법의 발견을 법문에 구속하려는 것은 이미 유지될 수 없는 욕심이

---

63 김성룡, 앞의 논문, 46쪽; NK-StGB/Kargl, a.a.O., § 1 Rn. 95.

64 NK-StGB/Hassemer/Kargl, a.a.O., § 1 Rn. 95.

라는 생각을 가진 유명한 저자들도 '유추 아닌 해석은 없다'는 입장에 포진하고 있다.[65] 단어들과 형법전의 개념들, '물건', '추행하다', '영업적으로', '사소하지 않은 양의 마약' 등과 같은 개념들은 현실에 관련되어 있고, 즉 이러한 현실에 열려 있다는 것은 적절한 말이고, 언어적 이해의 다의성(Mehrdeutigkeit)은 부정할 수 없다는 것이다. 하지만 그것이 법적 사례의 판단을 위해 꼭 단점이라고 볼 수만은 없다는 것이 하세머/카르글의 생각이다. 개념적 불확정성(begriffliche Unbestimmtheit)이 결국 입법자와 법 적용자에게 살아 있는 일상 언어(lebendige Alltagssprache)를 사용하도록 요구한다는 것이다. 형식적이고 순환론적으로 항상 자신의 고유한 체계를 재생산하는 순수한 인공·기술적 언어(Kunstsprache)와 달리 일상 언어(Alltagssprache)는 집단적 경험들을 처리하고, 그렇게 함으로써 구체적인 의미를 획득하게 된다는 것이다.[66] 즉, 우리가 실천적 논의에서 사용되는 일반적 삶의 언어관용, 일반 국민들의 통상의 언어관용에 해석을 제한한다면, 단어들을 통한 의사소통·이해는 가능하지 않다는 주장을 유지하기는 어려워진다는 것이다.[67] 카르글은 몇몇 엄격한 해석학자들(Hermeneutiker)의 가정에 반해, 이해·의사소통이라는 것은 개념들과 그 내용들이 상호 구분될 수 있다는 것과 우리가 언어를 의사소통의 순간에야 비로소 고안해 내는 것은 아니라는 것을 전제하는 것이라고 한다. 수신자는 단지 화자가 그의 생각을 단어로 표현하는 것을

---

65 NK-StGB/Hassemer/Kargl, a.a.O., § 1 Rn. 95에 따르면, Hanack, Gössel, Lemmel, Kudlich/Christensen, Kubiciel, Jakobs, Schmidhäuser, Teubner, Lüderssen 등이 이에 속한다고 한다.

66 일상 언어와 법률전공 언어의 관계에 대해서는 Haft, "Generalklauseln und unbestimmte Begriffe im Strafrecht", JuS(1975), S. 481; NK-StGB/Hassemer/Kargl, a.a.O., § 1 Rn. 96.

67 같은 취지의 책은 Roxin / Greco, *Strafrecht AT.*, 5. Aufl., München: C. H. Beck(2020), § 5 Rn. 37.

가능하게 했던 그 선이해(Vorverständnisse)를 공유하는 경우에만 이해·의사소통할 수 있다는 것이다. 만약 단어의 구별을 위해 어떤 객관적이거나 적어도 간주관적(intersubjektiv)으로 만들어지는 의미, 또는 해석하는 자로부터 독립된 단어의 의미가 없다고 한다면, 판사가 자신의 판결을 의사소통의 공동체에 전달하고, 그 참여자들에게 승인을 받을 가능성도 없다는 말과 다를 바 없다는 것이다.[68]

하나의 단어가 사용되는 맥락에 따라 단어의 의미가 정해질 수 있고(die Beliebigkeit der Wortbedeutung), 이 맥락에서 그 사용에 관한 합의를 통해서 단어의 의미가 정해질 수 있다는 가능성이 없다면, 민주주의적이고 권력을 제한하는 법률주의의 목적 설정들은 애당초(a priori) 좌초될 수밖에 없다는 것이다.[69] 규범의 안정화(Normstabilisierung)와 행위조종(Verhaltenssteuerung)이라고 하는 형법적 목적에 대해서도 동일한 문제가 생길 것이고, 법체계에 있어서도 그 개념들이 전적으로 불확정이라는 것은 결국 그 법체계가 다른 (정치적, 경제적, 문화적) 하부체계를 통해 전적으로 기능화되어 버린다는 것과 다를 바 없다는 것이다.[70]

개별 사례에서 일상 언어의 의미 내용도 해석의 문제를 일으킨다는 것이 단어의 개념적인 구별 가능성이 이해의 기초라는 가정의 정당성을 변화시킬 수 없다는 것인데, 왜냐하면 지배적인 입장에 따르면 저마다의 모든 가능한 단어의 의미는 여전히 해석의 영역에 있는 것이고, 이를 넘어서 해석자가 단어의 의미의 한계설정을 위해 맥락을 끌어 들여오는 것

---

68 NK-StGB/Kargl, a.a.O., § 1 Rn. 96.

69 NK-StGB/Hassemer/Kargl, a.a.O., § 1 Rn. 96a; Baumann/Weber/Mitsch, a.a.O., § 13 I 3.

70 NK-StGB/Kargl, a.a.O., § 1 Rn. 96.

을 막을 수 없기 때문이라는 것이다.[71]

(3) 유추와 '비교를 위한 제3의 특징'

단어·법문의 의미 한계 안(innerhalb der Wortlautgrenze)에서는 모든 의미론적 개념의 해석은 반드시 (말하는·의미하는 대상과 개념을 결합하는) 비교를 위한 제3점(특징)을 가지고(mit einem tertium comparationis)[72] 작업해야만 한다. 모든 해석은 비교(Vergleich)에 의존하는 것이라는 말이다. 사실관계들은 비교를 위한 제3의 요소·특징을 거쳐 규범과 부합하게 된다. 여기서 법을 적용하는 자는 개념의 긍정적 후보자에서, 달리 말해 규범에 포함되는 확실한 특정 사실관계의 집합에서 출발하여 불확실하고, '중립적인' 대상(unsichere, 'neutrale' Kandidate)들로 천천히 조심스럽게 나아가는 것이다. 불확실한 대상들은 그 개념에 해당하지 않기 때문에 대상과 개념 사이에서 하나의 유사성(Ähnlichkeit), 적합성(ein Passen)을 만들어 내는 제3자(ein Dritte), 즉 제3의 무엇(특성)을 필요로 한다. 하지만 이러한 제3자는 규범에서는 물론이고 현실에서도 단순히 도출될 수 있는 것이 아니다. 오히려 그것은 개념과 대상으로부터, 무엇이 지금 문제 되는 것인지, 그리고 어디에서 양자가 서로 비교 가능한 것인가 하는 두 가지를 도출하려는 이해 과정(Ergebnis eines Verstehensprozesses)의 산물인 것이다. 개념과 대상 표지들의 중요성은 물론이고 그것들의 비교 가능성도 중간 결과들일 뿐이

---

71 NK-StGB/Hassemer/Kargl, a.a.O., § 1, Rn. 96.

72 김성룡, 앞의 논문, 29쪽 이하, 특히 43쪽 이하 참조.

다. 그 결과들은 또한 다른 접근에서, 다른 이해에서는 다른 결과로 나타날 수 있고, 우리는 항상 그것에 대해 논쟁할 수 있는 것이다. 또한 하나의 개념을 하나의 대상에 사용하는 것이 가능한지에 대해 판단하는 중요한 표지와 개념과 대상을 비교하는 표지들의 총체(Ensemble)로서 '비교를 위한 제3의 특징'도 창설된·만들어진 현상이고, 그것은 항상 어느 정도는 성공하는 이해와 판단(Verstehen und Entscheidung)의 결과라는 것이다.[73]

이것이 바로 해석의 구조라는 것이 하세머/카르글의 주장이다. 그것은—개념의 다의성의 척도에서—어느 정도는 가시적이지만, 해석을 위해서는 항상 구성적(konstitutiv)인 것임을 강조한다. 동시에 이것은 비슷한 것으로부터 비슷한 것으로 추론(Schluss a similibus ad similia)의 구조, 즉 유추의 구조와 같다고 본다. 비교의 제3의 것(tertium comparationis)은 마치 하나의 개념을 대상에 적용할 것인지 또는 하지 않을 것인지를 결정하는 것과 같이 유추와 반대추론(Umkehrschluss)의 선택지에 관해 결정한다는 것이다. 이러한 그들의 생각에 따르면 해석과 유추는 구조적으로 동일하다. 하지만 그렇다고 해서 이것이 법문의 한계 내에서 추론의 절차를 적용하는 것은 허용되는 것으로, 법문의 한계 밖에서 추론의 절차를 적용하는 것은 형법상 금지된 것으로 설명하는 것을 막지는 못하는 것이다.[74]

---

73 NK-StGB/Hassemer/Kargl, a.a.O., § 1 Rn. 97.

74 NK-StGB/Hassemer/Kargl, a.a.O., § 1 Rn. 98.

(4) 구별의 어려움과 논증 요구·프로그램 보장

지금까지의 대략적인 서술을 정리하면, 결국 허용되는 해석과 금지되는 유추 사이를 구별하는 것은 상당히 어렵고, 양자의 질적 차이를 모색하는 것은 거의 성과를 기대할 수 없는 일로 보인다.[75] 그렇다면 언급한 내용이 유추금지의 구조에 대해서 의미하는 바는 결과의 금지나 결과의 보증을 의미할 수 있는 것이 아니라, 단지 논증 요구(Argumentationsgebot)와 프로그램 보장(Programmsicherung)을 의미하는 정도라는 것이다. 의사결정·판단규칙(Entscheidungsregeln)이라고 하기보다는 규제적 이념(regulative Idee)으로 다룰 수 있는 유추금지의 난점에도 불구하고, 법률주의라는 형상에는 하나의 유일하게 옳은 판단이 여전히 전제된다는 것이다.[76] 우리는 방법의 자유로운 선택에 대한 집착과 객관적인 법문의 의미의 한계에 대한 고집을 모두 포기하고, '구속력 있게 확립된 해석 관행'(Interpretationspraktiken)을 통해서만 보다 구체적인 법적 구속(Rechtsbindungen)과 법률적 구체화에 도달할 수 있다는 것이다. "판사는 입법자에 의해 확정된 법률의 의미와 목적에서 벗어날 수 없다."[77]라고 한 독일연방헌법재판소 제1부가 이러한 입장에 가까운 것으로 평가된다.[78]

나아가 하세머/카르글은 유추금지는 그것을 침해하는 경우 개념적으로 표시되고, 체계적으로 고쳐질 수 있다는 기대에 근거하여 시행될 수

---

75 독일 내에서 교과서 차원에서 언급되는 구별 시도는 Heinrich, *Strafrecht. AT.*, 4. Aufl., Stuttgart: Kohlhammer(2014), Rn. 138; Eisele, *Strafrecht. BT.*, 3. Aufl., Stuttgart: Kohlhammer(2014), Rn. 12 등을 들 수 있다. 이에 대해서는 NK-StGB/Hassemer/Kargl, a.a.O., § 1 Rn. 99.

76 드워킨(Ronald Dworkin)과 관련된 논의에 대해서는 NK-StGB/Hassemer/Kargl, a.a.O., § 1 Rn. 99, Fn. 301에 게시된 문헌 참조.

77 BGH NJW 2011, 836.

78 NK-StGB/Hassemer/Kargl, a.a.O., § 1 Rn. 99.

는 없다고 본다. 오히려 그 반대로, 유추금지를 느슨하게 처리하고 있는 판례의 태도는 분쟁을 진정시키는 효과는 있겠지만, 만약 유추금지의 침해가 발생하게 되면 명확하게 증명되게 될 것이고, 만약 명확하게 증명될 수 없다면 그것은 유추금지의 침해는 일어나지 않은 것이라는 듯한 기만적인 생각에 기초하고 있다고 진단한다. 즉, 이러한 태도는 마치 모든 개념 실정적인 태도들이 정의(正義)를 창출해 낼 때 개념적 자동장치(begriffliche Automatik)를 신뢰함으로써 결국은 이 자동장치를 조종하는 내용적 요소들로부터 조종될 위험을 수반하는 것과 다름이 없다는 것이다.[79] 결국 유추금지는 단지 그 침해는 개념적으로 은폐될 수 있고 허용된 해석과는 단지 정도의 차이로만 구별 가능하다는 통찰에 기초해서만 실현될 수 있다는 주장이다. 나아가 형사법관에게 유추금지를 지시하는 것은 구조적으로는 마치 형사입법자에게 명확성의 요구를 지시하는 것과 동일하다고도 한다. 그 이유는 유추금지는 마치 명확성의 원칙을 법 적용의 실무에 확장해 놓은 것(Verlängerung des Bestimmtheitsgebots)과 다름없기 때문이라는 것이다.[80]

(5) 법관에게 향해진 요구

끝으로 카르글은 다음과 같은 형사법관에게 향해진 요구로 장황한 유추금지 관련 서술을 마무리하고 있다.

---

79 NK-StGB/Hassemer/Kargl, a.a.O., § 1 Rn. 100.

80 입법자와 법 적용자의 법률의 성안과 그 적용 과정의 특성 등에 대해서는 김성룡, 앞의 논문, 60쪽 이하 참조.

법률 개념의 명확성을 통해 지원을 받는[81] 형사법관은 입법자가 선택한 법문의 단어에 대해 가능한 좁게 논증해야만 한다. 형사법관은 일상적인 단어의 의미이건, 법적 단어의 의미이건 논증적으로 씨름해야만 하고, 확정되어 있는 단어의 의미를 법률의 의미를 내세우면서 은폐하거나 배제하려고 해서는 안 되며, 유추금지의 의미를 부작위를 통한 논증으로, 달리 말해 함구함으로써 무시해서도 안 되며,[82] 개별 구성요건 표지들을 완전히 다른 구성요건 표지가 되어 버리도록 해서는 안 된다.[83] 입법자가 법률에 사용한 어구를 존중하고, 자신의 의미 이해를 논거를 제시하여 근거 짓고, 수범자의 예측 가능성을 벗어나서는 안 된다.

7) 소결

결국 하세머/카르글의 입장에서 도출되는 결론은 모든 법률 해석은 유추이지만, 그렇다고 해서 허용되는 해석과 금지되는 유추를 구별하는 기준으로 '법문의 의미의 한계'를 활용하고, 그 한계 내에서의 활동은 '해석'으로, 그 한계를 벗어난 해석은 '유추'라고 하는 데 장애가 될 것은 없다. 하지만 그 한계는 항상 단지 '정도의 차이'일 뿐이고, 어떤 맥락에서 이해되는지에 따라서도 달라질 수 있는 상대성에도 주목해야 한다.

---

81 입법자가 명확성의 요구에 부응하기 위해 열심히 적절한 법문을 선별해서 그 뜻을 명확하게 하려고 법 적용 이전에 노력한다는 것을 표현한 것이다. 이미 상당 부분에서 입법자가 유추 가능성을 줄일 수 있는 명확한 단어를 사용했다고 보면 법 적용자의 일이 줄어드는 것이 당연할 것이고, 이렇게 보면 법 적용자는 입법자의 도움을 받고 있다고 할 수 있다.

82 NK-StGB/Hassemer/Kargl, a.a.O., § 1 Rn. 101.

83 NK-StGB/Kargl, a.a.O., § 1 Rn. 101. 배임죄 관련 연방헌법재판소의 결정(BVerfGE 126, 211)에서 '재산상 손해' 발생을 '재산보호 의무 침해'에서 이미 긍정하는 것은 허용될 수 없다는 취지에서 언급한 내용을 말하는 것으로 'Verschleifungsgverbot' 또는 'Entgrenzungsverbot'라고도 한다(이에 대해서는 NK-StGB/Kargl, a.a.O., § 1 Rn. 101).

이렇게 되면 결국 판사에게 최선을 다해 입법자가 법문으로 선택한 어구를 존중하는 태도로 해석하고, 통상의 이해에 벗어난 해석을 필요로 할 때는 가시적으로 논쟁하고, 유추인지 아닌지를 분명하게 밝히는 판결문을 작성하라고 요구할 수밖에 없는 것이다. 이들의 이해는, 소수의 극단적인 입장을 제외하고는, 현재 독일과 한국의 형사법학계 다수의 고백처럼 들린다.

현재의 법학 내에서 법문의 한계에 대한 논의의 내용·현황과 그 적정성 평가는 일단 미루어 두고 언어학적 관점에서는 법학계의 이러한 인식을 어떻게 바라보고 있는지, 언어학 관점에서의 비판에 대해 법학계에서는 또 어떻게 반응하고 있는지를 개략적이나마 살펴보기로 한다.

III. 언어학에서 본 법문의 의미 및 해석 논쟁과 법학의 반론

1. 개요

법학·법적 방법론(juristische Methodenlehre), 법이론(Rechtstheorie), 논증론(Argumentationstheorie) 등 법학과 법 실무의 일 처리 방법에 관심을 갖는 모든 분과학에서는 해석과 법 창조의 문제에 자연스럽게 주목하게 된다. 특히 형법에서 해석과 유추의 구별은 죄의 성립 여부를 좌우하는 중요한 문제라는 것은 상식이다. 앞서 약술한 바와 같이, 대법원은 물론이고 형사법학계에서도 법문의 한계(Wortlautgrenze), 즉 '법문의 가능한 의미', '법문의 의미의 한계'는 허용되는 해석과 허용되지 않는 유추나 확장의 구별 기준으로 다수의 지지를 받고 있지만,[84] 문제는 그 법문의 한계가 무엇인지, 그 법문의 한계가 해석과 유추를 구분하는 기능을 수행할 수 있는지가 쟁점일 수밖에 없는 것이다. 클라트는 사실상 이러한 '법문의 한계'라는 문제 장소에는 마치 집광렌즈처럼 기본적인 법이론적 견해 차이들이 모여 있다고 할 수 있고, 이러한 법문의 한계의 법이론적 문제점은 다름 아닌 의미(Meaning; Bedeutung)의 구조와 의미의 인식(Struktur und Erkenntnis von Bedeutung)에 대한 언어철학적인 물음이라고 이해하고 있다.[85]

'법문의 한계'에 관한 논의는, 한편으로는 법학자, 언어학자 그리고 언어철학자의 공동작업이 성공인지 아니면 실패인지를 보여 주는 대표적 사례이며, 학제적 연구의 가능성과 한계를 보여 주는 사례이면서, 언어학이나 언어철학적 배경을 가진 사람들에게는 가장 즐겨 활용되는 공격목표가 되기도 한다.

---

84 대법원은 최근에 '지나친 유추나 확장'이 아니면 허용되는 해석이라는 입장으로 유추나 확장의 경우도 그것이 지나치지 않으면 형법 해석으로 허용된다고 한다(대법원 2018. 1. 24. 선고 2017도15914 판결: "죄형법정주의는 국가형벌권의 자의적인 행사로부터 개인의 자유와 권리를 보호하기 위하여 범죄와 형벌을 법률로 정할 것을 요구한다. 그러한 취지에 비추어 보면 형벌법규의 해석은 엄격하여야 하고, 명문의 형벌법규의 의미를 피고인에게 불리한 방향으로 지나치게 확장해석하거나 유추해석하는 것은 죄형법정주의의 원칙에 어긋나는 것으로서 허용되지 않는다."). 대법원 1992. 10. 13. 선고 92도1428 전원합의체판결에서는 "죄형법정주의는 국가형벌권의 자의적인 행사로부터 개인의 자유와 권리를 보호하기 위하여 죄와 형을 법률로 정할 것을 요구하고, 이로부터 파생된 유추해석금지의 원칙은 성문의 규정은 엄격히 해석되어야 한다는 전제 아래 피고인에게 불리하게 성문규정이 표현하는 본래의 의미와 다른 내용으로 유추해석함을 금지하고 있다."라고 하다가, 대법원 1993. 2. 23. 선고 92도3126 판결에서는 "지나치게 확장해석하거나 유추해석하는 것은 죄형법정주의의 원칙에 어긋나는 것으로서 허용되지 않으며"라는 문구를 사용하기 시작하였다. 물론 그 이후에도 예를 들면 대법원 1997.3.20. 선고 96도1167 전원합의체판결에서는 "형벌법규의 해석에 있어서 법규정 문언의 가능한 의미를 벗어나는 경우에는 유추해석으로서 죄형법정주의에 위반하게 된다."라고 하고 있다. 법문의 문언의 가능한 의미를 지나치게 벗어나지 않으면 허용된다는 것인지 그 속내를 알 수가 없다.

85 Klatt, a.a.O., S. 344.

전승되어 온 이론에서 '법문의 한계'는 법률가들의 (지배적인) 언어이해라고 고백해야 할 것처럼 보이지만, 법학자인 클라트는 이에 대해 반박한다. 그 주된 이유는 영구불변하고 변하지 않는 실제로 이해되는 개념법학의 플라톤적인 이상은 이미 오래전 법적 논증 이론에서 만장일치로 작별을 고했다는 것이다.[86] 이미 모든 해석 이론은 언어철학적 기초를 가진 언어적 의미이론을 기반으로 하고 있고, 그 의미는 다름 아니라 하나의 언어공동체에서 구체적인 실제 언어 사용에 소급하는 화용론적 전환을 인식해야만 한다는 의식이 관철된 지 이미 오래되었다는 것이다. 쉽게 표현하자면, 특정 언어(자구, 문언)가 어느 사회에서 어떤 의미로 사용되는지에 주목해야 한다는 말이다. 여하튼 법적 방법론들에 이러한 언어적인 기초에 대해서는 논란의 여지가 없지만, 그것으로부터 어떤 결론이 도출되는 것인지에 관해서는 다양한 생각들이 존재한다는 것도 사실이다.[87]

2. 개념 사용

독일어 'Wortlautgrenze'에 대해서는 앞서도 간단히 표현의 문제가 언급되었으나, 클라트는 '법문의 한계'라는 표현을 사용하는 것보다는 '의미론적 한계'(semantische Grenze)라는 표현을 사용할 것을 제안한다.[88] 무엇보다 의미론적 한계라는 용어를 사용하면 여러 가지 부정확성

---

86 이에 대한 국내의 기초저술로는 김성룡, 『법적 논증의 기초』, 경북대학교출판부, 2006; 김성룡, 『법적 논증론(1) — 발전사와 유형』, 준커뮤니케이션즈, 2009 등 참조.

87 Klatt, a.a.O., S. 344.

88 법문의 의미는 단어(Wort)만이 아니라, 문장, 문맥을 함께 고려하여 정해지는 것이고, 규범문의 소리(Laut)나 음성학(Phonetik)이 문제가 아니라, 규범의 의미(Bedeutung)나 의미론(Semantik)이

을 피할 수 있다는 것이다. 더욱 정확한 개념의 사용에 대해서는 여기서 세부적으로 다루기 어렵고, 단어, 구, 절, 문장 등을 포함하는 법문의 의미론적 한계라는 표현이 법문의 한계보다는 내용적으로 더 적절하다고 보이므로, 아래에서는 '법문의 의미론적 한계'라는 표현을 사용하기로 한다.

3. 법학 방법론의 폐기할 수 없는 기초, 의미론적 한계

대법원의 언어로 '법규정 문언의 가능한 의미' 또는 '문언의 가능한 범위'라고 하는, 법률 규정의 단어, 구, 절, 문장 등의 의미가 법 이론·실무에 어떻게 받아들여지고 있는지는 아래의 요약이 잘 표현하고 있다.[89] 국내 관련 전문가들의 인식도 크게 다를 바 없으므로 잠시 살펴보기로 한다.

1) 판사가 넘을 수 없는 헌법·형법적 한계, 유추금지

우선 '의미론적 한계'라는 기준이 수행하는 기능 또는 수행하고 있다고 주장되는 기능은 무엇보다 법률의 해석과 법의 창조를 구별해 주는 기능일 것이다. 이 기능은 대법원의 판시에서도 등장하듯이 외형적으로는 분명히 법적 작업의 폐기할 수 없는 기초의 하나로 보인다. 이러한 한계 기능은 무엇보다 형법에서 두드러진다. 비록 명확하게 표현된 것

문제이며, 한계(Grenze)라는 말은 실제로 절대적인 차단효를 가지지 않는 이상 비현실적인 개념일 뿐 법 창조는 수시로 일어나고 있으며 허용되고 있다는 점에서 '단어의 한계'(Wortlautgrenze)라는 표현은 적절하지 않다는 것이다. 뿐만 아니라 '가능한 단어·법문의 의미'(möglicher Wortsinn)라는 언어 사용도 비판하고 있다. 의미는 단지 특정 언어행위의 맥락에서만 정해진다는 것이다. 따라서 사전적으로 가능한 의미가 아니라, 법률의 단어의 실제적 의미가 관건이라는 것이다(상세는 Klatt, a.a.O., S. 344-345).

89 세부 내용은 Klatt, a.a.O., S. 345-346 참조.

은 아니지만 헌법 제13조 제1항과 형법 제1조 제1항의 죄형법정주의(시간적 적용 범위, 소급금지원칙 등) 규정에는 유추금지 규정도 포함되어 있다고 보는 것이 일반적 이해이고, 이러한 헌법적·형법적 요구는 법관이 넘을 수 없는 한계라는 것이다. 달리 말해 헌법적인 유추금지원칙을 통해 판사에게는 법문의 의미론적 한계를 넘어설 수 없다는 의무가 부과된다. 요약하자면 법문의 의미는 판사가 넘을 수 없는 한계를 제시하는 기능, 즉 '금지 기능'을 한다.[90]

2) 판결의 적법성·합법성 및 객관성의 기초

의미론적 한계의 헌법적 의미는 아무리 높이 평가해도 지나치지 않다는 클라트는 독일 기본법의 근본적인 구조에 대한 입법자의 결단이 실현되는 것도 이러한 의미론적 한계의 존재가 있기 때문에 가능한 것이라고 한다. 달리 말해 헌법의 근본결단, 국가의 조직, 가치, 지향 등을 명확하게 하고 이를 실현하는 것도 바로 법문의 의미의 한계라는 기준을 통해서만 가능하다는 것이다. 이것은 특히 독일 기본법 제20조 제3항[91]의 사법부의 법률과 법에 대한 피구속성 규정을 통해 법관의 법률구속성이 효력을 발휘하고 있기 때문이라는 것이다. 우리도 헌법 제40조, 제66조 제4항, 그리고 제101조 제1항 등에 규정된 입법, 행정, 사법권의 분리 규정과 헌법 제103조의 법관은 헌법과 법률에 따른다는 규정 등이 법문의 의

90 Klatt, a.a.O., S. 346.

91 독일기본법 제20조 제3항은 입법부는 헌법질서에 구속되고, 집행(행정)권과 사법권은 법률과 법에 구속된다고 규정하고 있고, 헌법 제103조는 법관은 헌법과 법률에 의하여 그 양심에 따라 독립하여 심판한다고 하여 자구의 차이는 있으나 내용적으로는 법관이 법률에 구속된다는 원칙을 읽을 수 있다.

미론적 한계의 중요한 기능을 부각시켜 주고 있는 것이다.

클라트는 법률이 가지는 존재론적 한계, 즉 내용을 명확하게 구체적으로 규정하지 못한다는 점(open texture of law),[92] 인간의 언어 일반, 그리고 법률에서 사용되는 언어도 명확하지 못하고 애매하거나 모호할 수 있다는 점[93] 등을 이유로 법관은 일정 부분 법률을 현실에 적용함에 있어서 재량을 가질 수밖에 없는 것이고, 그런 의미에서 '법문의 의미론적 한계'라는 기준은 이러한 재량 범위를 좁히는 과제를 짊어지고 있다고 본다. 이런 방식으로 판사에게 실정법률에 대한 자유와 구속이 적정한 관계로 유지된다는 것이다.

결국 클라트에게 법적 판단, 특히 판결의 적법·합법성과 객관성의 중요한 기초는 바로 '법문의 가능한 의미'인 것이다.[94]

3) 유추와 법 창조에서 근거 제시 요구의 차이

앞서 언급한 권력 분립의 원칙에 대해서도 의미론적 한계는 필수적인 전제조건으로 특히 민주주의 원칙에 없어서는 안 될 기초가 되고 있다고

---

92 롤스(John Rawls)는 이를 두고 정당성의 이유를 제시해야 하는 부담을 지는 경우로 설명하는데{Rawls, *Political Liberalism*, Expanded Edition, New York: Columbia University Press(1996), p. 56.}, 달리 말해 "법률의 의미가 이것이다."라고 주장하는 자가 그에 대한 충분한 이유를 제시해야 한다는 것이고, 법관의 경우에도 충분하게 정당화할 수 있는 이유 제시 없이 재량에 따른 해석이라고 치부할 수는 없다는 말이다. 라틴어 격언에 "어떤 주장을 하는 자가 그것을 증명할 부담을 지는 것이지, 이를 부인하는 자가 그 부담을 지는 것은 아니다."(Onus probandi incumbit ei qui dicit, non ei qui negat.)라는 말이 있다.

93 Alexy, "Die logische Analyse juristischer Entscheidungen", *Recht, Vernunft, Diskurs. Studien zur Rechtsphilosophie*, Frankfurt am Main: Suhrkamp(1995), S. 13, 24는 애매모호함이 의미론적 재량 여지 중 가장 실무적으로 의미 있는 경우라고 언급하고 있다. 이에 대해서는 Klatt, a.a.O., S. 346.

94 Klatt, a.a.O., S. 346.

본다. 특히 입법권과 사법권 간의 권력 분립은 민주주의 원칙에 기초하고 있는데, 해석은 항상 법관이 자신의 판결을 법률로부터 도출 가능한 것으로 기술할 수 있다는 것을 의미한다. 이렇게 함으로써 판결에 대한 책임은 한결음 더 민주적으로 합법화된 입법자에게로 넘어가게 된다는 것이다. 해석과 달리 법 창조·법을 추가적으로 형성(Rechtsfortbildung)하는 경우라면 판사에게는 단순하게 해석적인 논거들을 넘어서는 특별한 근거 제시가 요구되는 것은 당연한 귀결이다. 예를 들어 판사가 유추를 하기 위해서는 ① 법률에 하나의 흠결이 존재한다는 것, ② 유추적으로 적용된 규범의 목적이 그 사례에도 해당된다는 것을 반드시 증명해야만 한다. 판결의 근거 제시 요구에서 나타나는 이러한 차이점을 인정한다면 당연히 그 전제로 특정 법 적용이 해석인지, 아니면 법 창조인지를 판단·평가할 수 있어야 하는 것이고, 이러한 판단을 위해서 바로 법문의 가능한 의미, 즉 의미론적 한계가 중요한 것이다.[95]

4) 법적 안정성과 신뢰 보호 관점에서의 의미론적 한계

법적 안정성(Rechtssicherheit)과 신뢰 보호(Vertrauensschutz)의 원칙에 대해서도 의미론적 한계는 동일한 역할을 한다는 것도 쉽게 알 수 있다. 법의 해석과 적용이 의미론적 한계 내에서 움직이고, 이를 예외적으로 벗어나는 경우에도 특별한 허용절차가 필요한 경우에만 법적 안정성과 법의 해석과 적용에 대한 신뢰가 생겨날 것임은 재삼 설명할 필요는 없을 것이다. 의미론적 한계는 헌법의 근본결단과 법적 방법론 사이의

95 Klatt, a.a.O., S. 346.

가장 중요한 연결부(Schinttstelle), 즉 인터페이스라고도 한다.[96]

그런데 만약 이러한 중요하고 없어서는 안 될 역할 또는 기능을 하는 것으로 설명되거나 기대되는 '법문의 의미론적 한계'가 과연 언어철학적 관점에서 그리고 언어학적 관점에서도 근거 있는 주장인지, 달리 말해 도대체 가능한 것을 말하고 있는 것인지가 문제인 것이다. 법문도 여전히 인간의 언어인 것은 부정할 수 없는 것이기 때문에 언어학적 관점의 지적은 외면할 수 없는 것이기 때문이다.

4. 언어철학적·언어학적 비판의 주요 내용

따라서 아래에서는 언어학, 언어철학 등의 분과학의 전문가들의 시각에는 법학·법 실무에서 말하는 '언어의 의미론적 한계'라는 말이 어떻게 이해되고 평가되는지에 대해서 중요 비판 내용을 중심으로 음미해 보기로 한다.

1) 법 적용 이전에 확정할 수 없는 법문의 언어적 의미

뮐러(Friedrich Müller)[97]를 중심으로 생겨난 독일 법언어학 연구모임의 저자들은 법학과 실무의 법문의 해석과 관련하여 언어철학적인 배경을 가진 여러 가지 비판들을 내놓고 있다. 무엇보다 이들 저자들의 가장 핵심적 주장은 하나의 규범의 의미는 법 적용 이전에 그 의미를 확정하는

---

96 Klatt, a.a.O., S. 346-347.

97 1938년생으로 1971년부터 1989년까지 법언어학의 본거지의 하나인 하이델베르크 대학 법학부의 정교수로 근무했다.

척도가 아니고, 따라서 한계 지을 수 있다는 것은 말이 되지 않는다는[98] 것이다. 법문의 의미는 그 사용에서 정해진다는 말이다.

하지만 이러한 인식은 그리 새로울 것이 없다는 것이 클라트의 반론이다. 달리 말해, 법률 텍스트에 고착하는 것은 언어적 표현 가능성을 과대평가하는 것에 원인이 있고, 법관은 무력하고 의지 없는, 단순히 입법자의 대변인·메가폰(willenlose Sprachrohr) 정도에 불과한 것은 아니라는 인식은 이미 새로울 것도 없다는 것이다. 즉, 이런 인식은 이미 자유법론(Freirechtslehre)으로 알려진 사조에서 쉽게 찾아볼 수 있는 내용이다.[99] 또한 해석학(Hermeneutik)에서는 해석하는 사람의 선이해(Vorverständnis)가 미치는 영향이 강조되어 왔다는 것도 주지의 사실이다. 이러한 존재론적 해석학(ontologische Hermeneutik)의 논거들이 뮐러의 '구조화적 법이론'(struktierende Rechtslehre)에서 언어철학적 형태로 다시 그 모습을 드러내고 있다는 것이 클라트의 생각이다.[100]

이처럼 뮐러 중심의 독일 법언어학 연구자들은 규범의 개방성(Normoffenheit)을 강조하는데, 이러한 생각은 한편으로는 법사회학적인 착안들에 영향을 받고 있고, 다른 한편으로는 언어철학적인 의미회의주의(Bedeutungsskeptizismus)와 밀접한 관계가 있는 것으로 평가된다.[101]

---

98 Müller, Juristische Methodik, 7. Aufl. Berlin(1997), Rn. 533-535; 이에 대해서는 Klatt, a.a.O., S. 347.

99 Ogorek, "Der Wortlaut des Gesetzes. Auslegungsgrenze oder Freibrief", Peter Forstmoser(Hrsg.), Rechtsanwendung in Theorie und Praxis. Symposium zum 70. Geburtstag von Arthur Meyer-Hayoz. Basel(1993), S. 22.

100 Klatt, a.a.O., S. 348.

101 Klatt, a.a.O., S. 348 참조.

클라트가 보기에 이들이 의미론적 한계라는 형상에 반감을 가지는 중요한 논거들은 언어철학적 특성을 지니고 있는데, 그중에서 특히 언어게임 논거(Sprachspielargument)는 후기 비트겐슈타인의 영향하에 있는 것으로, 이른바 언어게임에서 의미의 개방성(Offenheit von Bedeutung)을 강조하는 논거이다. 달리 말해 언어의 사용(Verwendung von Sprache)은 고정된 한계(feste Grenze)를 통해서 제한되지 않는다는 말이다. 언어게임의 구성원·참여자들은 그 규칙들을 끊임없이 변경할 수 있기 때문이다. 관행이라는 것이 규율의 도구로서는 적합하지 않다는 것이다.

따라서 분석적 방법론에 의해 하나의 언어규칙의 단순한 확언·확인(Feststellung)으로 표현되는 것은 실제로는 어떤 인식 행위(Erkenntnisakte)가 아니라, 형성 또는 창출 행위(Gestaltungsakte)라는 것이고, 항상 의미의 확정·결정(Festsetzung von Bedeutung)인 것이다.[102]

뮐러 중심의 법언어학 연구모임의 대표적인 구성원이자 이 분야에 많은 연구성과물을 내놓고 있는 부쎄(D. Busse)나 크리스텐센(R. Christensen)의 생각에 따르면 무엇보다 언어의 의미를 경험적으로 조사하는 것은 불가능하다.[103] 만약 법학계의 지배적 방법론이 그렇게 하

102 Klatt, a.a.O., S. 349 참조. 이러한 주장은 대표적으로 뮐러(Müller), 부쎄(Busse), 크리스텐센(Christensen) 외에도 예를 들어 Hegenbarth, *Juristische Hermeneutik und linguistische Pragmatik, Dargestellt am Beispiel der Lehre vom Wortlaut als Grenze der Auslegung*, Frankfurt a.M.: Peter Lang(1982), S. 51 참조.

103 Christensen, *Was heißt Gesetzesbindung? Eine rechtslinguistische Untersuchung*, Belin: Duncker & Humblot(1989), S. 75; Busse, "Was ist die Bedeutung eines Gesetzestextes? Sprachwissenschaftliche Argumente im Methodenstreit der juristischen Auslegungslehre - linguistisch gesehen", in: F. Müller(Hrsg.), *Untersuchungen zur Rechtslinguistik. Interdisziplinäre Studien zu praktischer Semantik und Strukturierender Rechtslehre in Grundfragen der juristischen Methodik*, Berlin: Duncker & Humblot(1989), S. 93, 100 등 참조.

듯이 마치 법문에 사용된 언어의 의미·의미의 한계가 선존하는 것이고, 발견되고, 확인 가능한 것인 것처럼 취급한다면, 이것은 결국 자유로운 판단, 자의(恣意)에 이르게 되고 말 것이라는 것이다.[104] 규범의 의미는 법 적용자에 의해 발견되는 것이 아니고, 순수하게 의미론적으로 결정될 수 있는 것도 아니며, 법 적용자 바로 그 자신에 의해서 '해석학적 순환'(hermeneutischer Zirkel)을 통해 비로소 표준화될 수 있다는 것이다.[105]

2) 법문의 의미론적 한계의 비판에 대한 법학계의 과제

이러한 언어학자 측에서의 비판은 법학에서의 의미론적 한계에 대한 이론의 기반을 뒤흔들어 놓는 것이고, 그 파급 효과도 상당하다는 것은 어렵지 않게 예측할 수 있다. 만약 규범의 의미가 확인될 수도 없을 뿐만 아니라 법 적용을 제한할 수도 없다면 앞서 언급한 헌법적인 기본원칙들은 어떻게 실현될 것이며, 법적 안정성이니 예견 가능성은 어떻게 보장되며, 법공동체의 삶은 어떻게 될 것인가 하는 의문까지 제기될 수 있는 것이다. 만약 그렇다면 그 대안으로 생각될 수 있는 것은 하나의 법 공동체나 해석 공동체의 내부에서 유효한 규칙들을 통해 법적 해석이 한계지어질 수 있지 않겠는가 하는 것인데, 아마도 이것도 비판적 입장에서는 수용하지 않을 것이라는 것이다. 왜냐하면 단순히 한 사회에서의 인습이나 전통(Konvention)이라고 하여 그것이 옳다는 보장은 없는 것이고, 이데올로기적으로 정제되고, 정치적 목적 달성이라는 이해의 관철을

---

104 Christensen, a.a.O., S. 180; Busse, a.a.O., S. 130 등. 이에 대해서는 Klatt, a.a.O., S. 349.

105 Klatt, a.a.O., S. 349; Busse, a.a.O., S. 93, 100; Christensen, a.a.O., S. 75; Zippelius, *Juristische Methodenlehre. Eine Einführung*, 7. Aufl., München: C. H. Beck(1999), S. 47 f.

위해 악용될 수도 있다는 의심을 피할 수는 없기 때문인 것이다.[106]

클라트는 법학에서의 법문의 의미적 한계라는 기준을 지키기 위해서는 이러한 의문에 대한 방어가 가능한 것인지를 생각할 수밖에 없고, 이를 위해서 의미론적 한계의 전제조건을 분석적으로 재구성하는 노력이 필요하다고 본 것이다. 그가 생각하는 그 분석적 재구성이 무엇인지 먼저 요약해 본다.

5. 의미론적 한계를 지키기 위한 방법

클라트는 의미론적 한계의 분석적 재구성을 위한 기초는 '의미론적 규범성'(semantische Normativität)에서 찾아야만 한다고 말한다. 그 의미론적 규범성의 전제조건들과 가능성들은 비판의 대상이 될 수 있지만, 그 비판은 정당하지 않다는 것을 보여 줄 것이라고 한다. 그는 단어 사용 규칙들과 의미론적 오류의 이론을 기초로 하나의 새로운 의미론적 한계에 관한 체계가 가능하고, 이것에 대해 예시를 들어 설명할 수 있다고 한다.[107]

1) 의미론적 한계의 분석적 재구성을 위한 기초, 의미론적 규범성

(1) 일반적 규범성 명제

'언어적 의미의 규범성'(Normativität sprachlicher Bedeutung)의 문제

---

106 Klatt, a.a.O., S. 349.

107 Klatt, a.a.O., S. 350 ff.

는 가장 최근 언어철학 문헌에서 열띤 논쟁의 대상으로 부각되고 있는 문제의 하나이지만[108] 단지 언어철학에서만 문제 되는 것은 아니다. 사실 법학자나 법조인도 전형적으로 이러한 규범성의 문제와 함께 살아가는 사람들이기 때문이다.

> 규범성이 무엇을 의미하는 것인지 대해서는 약간의 설명이 필요할 듯한데, 여기서 규범적이라는 것은 일상 언어적인 관용이나 직관들에 호소하거나 통상적인 사용에 호소하는 것으로 시작할 수 있는 표현이 아니라는 것이다. 그것은 철학적 전문어로서, 결국 우리는 우리가 공유하고 있는 선 판단에 근거할 수는 없다는 말이다. Kraft[109]는 다음과 같은 댄시(Dancy)의 개념 정의를 소개하고 있다.

108 언어의 의미가 규범적으로 결정될 수 있는지의 문제는 뜨거운 찬반 논쟁의 대상이 되고 있다. 비판적 입장으로는 Bilgrami, "Norms and meaning", in: Ralf Stoecker(ed.), *Reflecting Davidson. Donald Davidson Responding to an International Forum of Philosophers*, Berlin: de Gruyter(1993), pp. 121, 144; Glüer / Peter Pagin, "Rules of meaning and practical reasoning", *Synthese* 118(1999), pp. 207, 224; Wikforss, "Semantic normativity", *Philosophieal Studies* 102(2001), pp. 203, 220; Horwich, "Meaning, use and truth", *Mind* 104(1995), pp. 355, 357; Coates, "Kripke's Sceptical Paradox: Normativeness and Meaning", *Mind* 95(1986), pp. 77, 78을 참조할 것. 이에 반해 규범성을 지지하는 입장으로는 Boghossian, "The rule following considerations", *Mind* 98(1989), pp. 507, 532, 548; Blackburn, "The individual strikes back", *Synthese* 58(1984), pp. 281, 291; McDowell, "Wittgenstein on following a rule", *Synthese* 58(1984), pp. 325, 329; Wright, "Kripke's account of the argument against private language", *Journal of Philosophy* 81(1984), pp. 759, 771 f.; Lance / John O'leary-Hawthorne, *The Grammar of Meaning. Normativity and Semantic Discourse*, Cambridge: Cambridge University Press(1997), p. 13; Gampel, "The normativity of meaning", *Philosophical Studies* 86(1997), p. 221 등이 있다. 이에 대해서는 Klatt, a.a.O., S. 350, Rn. 32 참조.

109 Kraft, *Die Normativität sprachlicher Bedeutung. Eine Verteidigung*, Diss., Göttingen(2010), S. 38 f. 참조.

“우리는 사람들이 단지 ‘해야만 한다’(sollen)는 표현을 통해서만 이해될 수 있는 모든 사실들을, 달리 말해 무엇이 옳고 무엇이 옳지 않은지와 관련한 사실들을, 규범적인 것의 영역으로 넣는다. 아마도 그것에는 근거(이유)들에 관한 사실, 선과 악에 관한 사실, 무엇이 합리적이고 무엇이 비합리적인 것인지의 사실 등이 속할 것이다. 규범성은 모든 이러한 사실들이 공유하고 있는 것이다.”[110]

언어이론 영역에서 모든 규범성 이론의 기초가 되는 전제는 우리가 단어들을 잘못 사용하는 것이 불가능하다면, 무언가 의미 있는 것을 말하는 것 자체가 불가능하다고 하는 생각이다. 즉 ‘옳은’(richtig)과 ‘옳지 않은’(falsch)의 구별이 가능한 경우에 무엇이 옳은 것이라고 말할 수 있고, 따라서 ‘규범적’이라고 말할 수 있다는 것이다. 클라트는 보고시안(Paul A. Boghossian)과 맥도웰(Gary L. McDowell) 등을 인용하면서 다음과 같은 ‘일반적 규범성 명제’(allgemeine Normativitätsthese)를 소개한다.[111]

언어적 표현의 옳은 사용과 그른 사용이 간주관적으로 유효한 방식으로 구별될 수 있다.

아래에서는 잠정적으로 ‘옳은’과 ‘그른’의 구별이 가능하고, 그 구별 기준이 간주관적인 방식으로 인정되는 경우를 규범적이라고 하고, 그런 속성을 규범성이라고 이해하기로 한다.

---

110 Dancy, “Normativität”, Stefan Jordan / Christian Nimtz(Hg.), *Lexikon Philosophie. Hundert Grundbegriffe*, Stuttgart: Reclam(2009), S. 187.

111 Klatt, a.a.O., S. 350; Boghossian, “The Rule-Following Considerations”, *Mind* 98(1989), p. 513 등.

(2) 규범성을 둘러싼 두 가지 물음

이러한 규범성 명제(Normativitätsthese)를 둘러싼 논쟁은 크게 두 가지 질문으로 표현될 수 있는데, 그중 하나는 "모든 규범성에 내재하는 맥락을 초월한 객관성(Objektivität)이라는 생각이 실존하는 언어게임과 가치표상의 다양·다원성(Pluralität)과 어떻게 조화될 수 있는가?"이고, 다른 하나는 "의미는 하나의 언어공동체의 관습적인 실제에서 생겨난다고 하는 직관적으로 볼 때 설득력 있어 보이는 입장은 의미란 콰인의 '상식적인 진부한 문구'(common sense platitudes)에 불과하다는 비판을 견뎌낼 수 있는가?"라는 물음으로 요약될 수 있다.[112]

여기서 클라트는 브랜덤(Robert Brandom)이야말로 『명시화하기』(*Making it Explicit*)라는 책을 통해 언어의 규범성을 주장하는 저자 중 현재까지 가장 의미 있는 저자라고 강조하면서, 브랜덤의 의미론을 중심으로 법학에서의 법문의 가능한 의미를 방어하고 있다.

(3) 브랜덤(Brandom)의 의미론

가. 개요

브랜덤의 의미론은 인습주의(Konventionalisms)의 한 유형에 기초하고 있지만 클라트가 보기에는 그 이론을 넘어서고 있다.[113] 한 사회의 언어적 행위에서 규정·규칙성(Regularität)은 올바름(Richtigkeit)에 대한 담론·담화 이론의 요청에 덮여 있다는 것이다. 달리 말해 인습·관례에 그

---

112 Klatt, a.a.O., S. 350.

113 상세한 내용은 Klatt, a.a.O., S. 350 f. 참조.

치는 것이 아니라 항상 올바름, 공정함, 정의로움과 같은 대화·담화론적인 요청이 작동하고 있다는 것이다.

도전적이고 프로그램적인 브랜덤의 책 제목(*Making it Explicit*)이 보여주고 있듯이, 그는 무엇이 우리의 실무에 이미 암묵적으로 존재하고 있는 것인지를 표현하고 이를 명확하게 하는 일을 자신의 철학의 과제라고 보았다고 한다. 환언하면, 브랜덤의 핵심 주장은 우리들 담론의 실제는 비록 암묵적이지만 이미 규범적으로 구조화되어 있다는 것이다. 우리의 실제 담론의 중요한 표지는 언어행위가 옳거나 틀린 것으로, 또는 적절하거나 부적절한 것으로 평가하는 가능성이라는 것이다. 달리 말해 우리의 일반 언어관용에서 어떤 언어적 표현을 바르다고 하거나 틀렸다고 하고, 적절한 언행이라고 하기도 하고 부적절한 표현이라고 하는 자체가 이미 우리의 담론의 실제가 규범적으로 구조화되어 있다는 반증이라는 것이다.

클라트가 인용하고 있는 브랜덤의 책 서문[114]에는 다음과 같은 표현이 등장한다.

> 명제적 내용과 그 밖의 다른 유형의 개념적 내용을 은연중에, 즉 암묵적으로 참고하는 관례·실례(practices)는 어떻게 그 표현들을 사용하는 것이 *옳은 것*인지에 관한 규범들과 어떤 상황하에서 다양한 언어적 행위를 수행하는 것이 *적절한 것*인지, 그리고 무엇이 그러한 수행의 *적절한* 결과들인지에 관한 규범들을 포함하고 있다.

114 Brandom, *Making It Explicit. Reasoning, Representing, and Discursive commitment*, MA: Harvard University Press(1994/1998/2001), xiii(Preface).

요체는 결국 규범적 어휘(normative vocabulary)의 사용이 필수적이라는 것이고, 우리의 일상 언어의 실천적 사용 안에 이미 그러한 규범적인 것이 들어 있다는 주장이다.

브랜덤은 일반적 규범성 명제(allgemeine Normativitätsthese)의 대표적 주장자이자 옹호자로 여겨지는데, 그는 하나의 행위의 개념적 내용과 그 대상의 실제적 맥락과의 관계를 논구함으로써, 그렇지 않으면 그저 캐치프레이즈 정도로 축소되어 버리곤 하는 비트겐슈타인(Wittgenstein)의 의미의 사용 이론(Gebrauchstheorie der Bedeutung)을 아주 세밀하고 수준 높은 버전으로 만들어 냈다고 클라트는 극찬하고 있다.[115]

이러한 입장과 관련하여, 언어적 의미(Sprachliche Bedeutung)의 가장 핵심적 패러독스는 "언어적 관례·실천이 어떻게 자신 스스로 발전시키는 의미론적 규범들(semantische Normen)에 종속된다는 것이 가능한가?" 하는 물음이다.

이미 다양한 개념들의 의미에 대한 논쟁이 존재한다는 것은 의미론적 규범들은 간주관적(intersubjektiv)으로 또는 심지어 간문화적(interkulturell)으로 효력이 있다고 하는 명제를 부정하는 것으로 이해될 수 있기 때문인 것이다. 물론 이에 대해 브랜덤은 "언어적 실제는 우리 모두에게 동일한 규범들이 구속적이라고 하는 형식적인 측면의 실천적 동의와 무엇이 그 규범들인가 하는 것에 관한 내용적인 측면에서의 불일치 사이의 긴장 관계에 살고 있다."[116]라고 대답했다. 달리 말해 우리

115 Klatt, a.a.O., S 351.

116 Brandom, "Von der Begriffsanalyse zu einer systematischen Metaphysik. Interview von Susanna Schellenberg", *Deutsche Zeitschrift für Philosophie 47*(1999), S. 1005, 1019;

가 일상에서 언어를 사용하며 그럭저럭 살아가는 것은, 한편으로는 언어 사용을 규제하는 규범이 있다는 점에 대해 모두가 동의하고 있다는 것을 전제하는 것이지만, 다른 한편으로는, 그렇다면 그 규범은 도대체 어떤 내용을 가지고 있느냐 하는 물음에 대해서는, 모두의 의견이 일치하지 않을 수 있고, 실제로도 종종 그렇게 논쟁이 일어난다는 것을 지적하는 것이다.

나. 규범적 화용론

브랜덤은 자신의 규범적 화용론(normative Pragmatik)의 주요 내용을 한 공동체의 언어 사용 관례(practices)·실제(Praxis)에서 언어적 규범들이 발생·탄생한다는 패러독스에 할애하고 있는데, 그 내용은 주로 진실과 정당화의 관계에 대한 문제를 수용하고, 진실 개념이 담화적 실제에서 하는 역할을 이해하는 의미론, 즉 화용론적으로 만들어진 또는 화용론이 기초된 의미론(pragmatisch fundierte Bedeutungstheorie)이라고 평가되기도 한다. 예를 들어 개념의 사용에 대한 화용론적 연구에서 브랜덤은 행위자의 실천적 행위가 특히 언어적인 것으로 효력을 가지려면 행위자가 반드시 해야만 하는 것은 무엇인지를 밝혔다고 한다. 그의 출발점은 인간은 자신의 판단능력과 행위능력(Urteils- und Handlungsfähigkeit)을 통해 드러나게 된다는 칸트의 전통에 서 있는 인류학적이고 행위이론적(anthropologisch-handlungstheoretisch)인 이해였다. 인간의 판단과 행위는 항상 근거·이유와 관계가 있고, 특히 개념

Klatt, a.a.O., S. 351.

적 활동(conceptual activity; begriffliche Tätigkeit)이라는 것이다. 따라서 개념적으로 구조화된 행위에는 하나의 규범적 성격이 주어지고, 이러한 규범적 성격을 위해 브랜덤은 규범적 상태(normtives Status)라는 개념을 도입했다.[117] 의도적인 행위는 본질적으로 '보다 나은 이유의 힘을 근거로 하는'(anhand der Kraft des besseren Grundes) 판단 아래 놓인다는 말이다. 행위의 내심도 평가적 판단에 좌우된다고 본다. 환언하면, 브랜덤은 "의도적인 상태를 귀속시키는 것은 규범적인 지위를 부여하는 것"(Attributing an intentional state is attributing a normative status)이라고 하여 이것이 자신의 연구에서 추구되는 가장 지도적인 사고의 하나라고 밝히고 있다. 이를 두고 하나의 언어게임 안에서 언어행위들을 판단·평가(Beurteilung)하는 경우에 이유·근거들의 중요성이 바로 그 언어행위들에 하나의 규범적 차원을 부여한다고 표현하기도 한다.[118]

> 누군가 비가 온다고 믿고 있다고 하자. 그리고 나무 아래로 움직이는 것은 비에 젖지 않기 위한 유일한 방법이라고 하자. 누군가 비에 젖지 않고 싶다면 나무 아래로 움직*여야만 한다*(*ought to* move under the tree). 의도적 상태(intentional states)는 행위를 적절하게 만든다. 합리성 개념(the concept of rationality)은 귀속된 의도적 상태에 의해 보장되는 행위가 *이성적으로* 적절한 것으로 특징 지어지는 것과 같은 그런 상황들에서 패러다임적으로 적용된다.[119]

117 Brandom, ibid., pp. 16-18; Klatt, a.a.O., S. 352.

118 Klatt, a.a.O., S. 352

119 Brandom, ibid., p. 15.

결국 이러한 합리성 또는 이성이 작동한다는 것이 전제되는 경우에 언어행위와 관련한 규범성을 말할 수 있다는 것이다.

> 하지만 규범적인 의도적 설명(normative intentional explanation)은 인과적인 의도적 설명(causal intentional explanation)과는 구별하여야만 한다. 전자는 단지 무엇이 의도적 상태의 주체(subject)이어야만 하는지, 또는 귀속된 상태의 설명을 위해서는 (이성적으로) 그러해야만 하는지를 설명하는 것뿐이다. 후자는 실질적인 합리성 가정(substantive rationality assumption)이고 무엇이 사실상 발생했는지를 설명하려는 것이다. 규범적 의도적 설명들은 더욱 근본적(fundamental)이고, 그것들은 인과적 설명에 의해서 추정되고 형성되는 것(presupposed and built on)이다.[120]

즉, 현실 세계에서 실제로 일어난 사례를 통해 추정하거나, 이러한 사례를 통해 규범적 설명을 만들어 내는 것이 바로 규범성이라는 말이다. 따라서 규범성은 결국 현실의 경험적 사실에 기반하고 있다는 것을 강조하는 것이다.

앞서 간단히 언급된 것과 같이, 브랜덤은 의도적 상태들과 의도적 행위들은 '보다 나은 이유의 힘'(force of the better reason)을 근거로 한 평가를 받게 되는 내용을 가지고 있다고 한다. 즉, 이유·까닭·근거를 묻고 답하는 것은 사회적 관행의 핵심임이 분명하다는 것이다. 그리스 철학에서부터 발견되는 이 신비로운 힘(mysterious force)도 바로 규범적이라는 것이다.[121] 그 힘이라는 것은 우리는 어떤 결론을 내려야만 하는지(ought

---

120 Brandom, ibid., pp. 15-16.

121 Brandom, ibid., p. 17.

to conclude), 무엇을 말해야만 하는지, 행동해야만 하는지, 어떤 믿음을 인정해야만 하는지와 같은 것들이고, 그것은 바로 규범적 성격을 보여준다는 말이다. 이미 무언가 선존하는 판단기준이 있다는 말이고, 그것이 바로 규범(성)이라는 주장인 것이다.

요약하자면, 하나의 언어게임 안에서 언어행위를 판단·평가함에 있어서 이유·근거들의 중요성은 그것들이 언어행위에 하나의 규범적 차원을 부여한다는 것이다.[122] 그리스 철학은 우리 인간으로 하여금 비이성적인 생각으로부터 거리를 둘 수 있는 방법을 연구하였고, 보다 나은 이유의 힘은 규범적 성격을 가지고 있다는 것이다. 즉, 브랜덤은 '보다 나은 이유·근거의 힘'이라는 것은 어떤 의도적 행위나 상태를 설명하기에 보다 나은 이유는, 사실이나 경험적 행위나 의도에 직접 근거하기보다는, 일종의 귀속이며 추단이며, (규범적) 간주라고 말하고 있는 것이다.[123] 이를 사실적·경험적 상태나 이유와는 다른 차원의 언어, 이른바 '규범적 메타언어'(Metalanguage)라고 부른다.

어떤 사람이 오른손을 들어 올려 하트(♡)를 그리며, 어떤 여성에게 미소를 띠어 보였다면, 그 여성에 대해 호감을 표현하는 의도를 드러내는 것으로 판단하고, 그 행위를 할 당시의 그 행위자의 상태·행동을 애정을 표현하려는 이유에 의한 것이라고 보는 것이, 다른 어떤 이유보다 더, 합리적이고 이성적이라고 할 수 있을 것이다. 여기서 물론 그 사람은 애정 표현이 아닌 다른 이유로 그런 행위를 한 것일 수도 있다. 지난밤 술

---

122 Klatt, a.a.O., S. 352.

123 Brandom, ibid., p. 17.

을 마시고 직장 동료에게 실수를 한 것에 대해 사과를 하려고 했지만 적절한 방법을 찾지 못해 귀여운 척하기 위해 그런 행동을 했을 수도 있을 것이다. 그렇다면 바로 이 이유가 그 행위의 사실적 이유, 경험적 차원의 이유인 것이고, 사랑의 표현이라는 것은 규범적인, 메타 차원의 이유인 셈이다. 물론 여기서 중요한 것은, 우리 모두가 동의할 수 있듯이, 후자도 역시 다수의 경험이 집적되어 만들어진 이유라는 것이다. 규범적 언어이지만 그 기초는 경험·사실 차원에 두고 있다는 것이다.

다. 사회적 실제에서 규범 형성의 모습

이러한 규범적 차원은 단지 규범적 어휘들을 통해서만 적절히 파악될 수 있다는 것인데, 브랜덤은 그 규범들은 사회적 실제에서 암묵적으로(implizit), 즉 부지불식간에 구성·구조화된다고 본다. 이러한 명제는 '사회에서 규범적인 것의 직관적인 제도화'(sozioempraktische[124] Institutierung des Normativen) 원칙으로 표현되기도 한다.[125] 특별한 숙고, 협의나 대화 등의 절차 이전에 사회에서 직관적으로 만들어지는 것이라는 뜻이다.

여기서 이러한 규범의 제도화에서 중요한 것은 참여자들의 규범적 판단기준, 즉 규범적 판단에 대한 생각·입장·태도들(normative

---

124 'empraktisches handeln'은 예를 들어 스포츠, 댄스, 문화, 성행위와 같은 행위에서 그 행위의 수행에 대해 사전적 숙고 없이, 말없이 이루어지는 행위를 말하다. 이러한 행위는 암묵적인 지식을 전제하는 전이성적·전이론적·직관적인 행위를 말한다.

125 이에 대해서는 Klatt, a.a.O., S. 352; Knell, "Die normativistische Wende der analytischen Philosophie, Zu Robert Brandoms Theorie begrifflichen Gehalts und diskursiver Praxis", *Allgemeine Zeitschrift für Philosophie* 25(2000), S. 225, 235 f.; Rosen, "Who makes the rules around here?", *Philosophy and Phenomenological Research* 57(1995), pp. 163, 170 참조.

Beurteilungseinstellungen)이라고 한다. 브랜덤은 다시 칸트의 생각을 기초로 하여 합리적·이성적 존재는 단순히 규칙들에 따라서 행동하는 것이 아니라, 대부분 규칙들에 대한 자신들의 표상·생각(Vorstellung)에 따라 행동한다고 전제한다. 언어적 규범들은 다른 모든 행위 규범들과 마찬가지로 자연법칙적이고 직접적인 방식이 아니라, 행위하는 주체, 말하는 주체를 통한 규범적 승인(normative Anerkennung)을 근거로 비로소 강제력이 생긴다는 말이다. 이러한 승인 또는 거부(Anerkennung oder Zurückweisung)는 규범적 관점들(normative Einstellungen)을 통한 언어행위들의 평가, 즉 옳다거나 그르다는 평가에 근거하는 것이다.[126]

하지만 이렇게 규범적 입장·관점들을 언급하면 그 자체가 또다시 반론을 불러일으킨다는 지적을 받을 수 있다. 즉, 그렇다면 명시적인 명제적 내용이 문제 되는 것이 아닌가 하는 반론을 불러일으킬 수 있고, 그렇게 되면 규범적인 것으로 표현된 관점들·입장들은 결국 순수하게 기술적으로 서술될 수 있는, 달리 말해 규범성을 설명할 수 없는, 규제적 행위기준들(reguläre Verhaltensmuster)과 다를 바 없다는 지적을 받을 수 있다는 것이다.[127]

라. 규범 언어의 특징

하지만 브랜덤이 이러한 환원이라는 비판에 노출되지 않을 가능성, 즉 규범적 태도들을 암묵적으로 이해할 수 있는 가능성을 보여 주었다

---

126 Klatt, a.a.O., S. 352.

127 Klatt, a.a.O., S. 353.

는 것이 클라트의 평가이다. 그 이유로 우선 브랜덤은 언어행위를 판단·평가하는 활동은 본질적으로 제재들에 있음(in Sanktionen)을 강조했다는 것을 지적한다.[128] 즉, 언어행위는 이러한 판단·평가를 통해 옳은 것으로 또는 적절한 것으로 판단되어, 잘한 것으로 칭찬을 받고, 옳지 않은 것으로 또는 부적절한 것으로 판단되어 꾸지람을 받게 된다는 것이다. 그러한 제재를 결정하는 사회적 상태는 순응적인 구조(konfromistische Struktur)를 가지지만, 보다 중요한 것은, 바로 행위의 규칙성(Verhaltensregularitäten)으로서 순수하게 기술적(deskriptiv)으로 서술될 수는 없다는 것이다.[129]

브랜덤은 이 문제를 고대 사회의 예를 통해 설명하고 있는데,[130] 그 사회에서 유효한 규범은 특정 오두막에 들어갈 때는 특정 나무의 잎을 보여 주어야만 하는 것이고,[131] 만약 이 규범을 위반하면 태형(곤장)에 처해졌다고 하자. 여기서 판단적 반작용(assessing response, beurteilende Reaktion), 즉 판단하는 사람의 반응은 전적으로 비규범적인 개념들로 기술할 수 있다는 것이다. 달리 말해 "만약 잎을 보여 주지 못하면, 즉 누군가 규범을 침해하면, (오두막의 입장이 거부되고) 태형에 처해지고, 규범-침해 행위는 부정적으로 보강(강화)된다."라는 식으로 비규범적 개념으로 서술 가능하다는 것이다. 하지만 브랜덤은 다른 경우도 가능하다고 한다. 예를 들어 판단적 반응, 즉 처벌이 다른 행동을 부적절한 것으

128 Brandom, ibid., p. 42.

129 Klatt, a.a.O., S. 353.

130 Brandom, ibid., p. 43; Klatt, a.a.O., S. 353.

131 Brandom, ibid., p. 43.

로 하는 것일 수도 있다는 것이다. 예를 들어 오두막 출입 규범을 침해하였다면, 매주 열리는 마을 축제에 참여가 거부되는 것이다. 그러한 사례에서는 그 위반의 규범적 중요성은 그 자체 규범적 용어에서 명시된다. 무엇이 적절한 것인지 또는 위반자는 무엇을 해야만 하는지 등과 같은 규범적 언어로 표현된다는 것이다. 브랜덤은 이것을 하나의 규범 침해를 처벌하는 것은 다른 규범적 상태로 변경하는 것이라고 한다.[132] 클라트는 위 사례가 생각·태도들(Einstellungen, attitude)과 제재들(Sanktionen)을 비규범적으로 기술할 수 있다는 것은 우연일 뿐이고, 모든 규범들을 그렇게 비규범적·기술적으로 설명할 수는 없다는 것을 보여 주는 예라고 평가한다.[133]

규범적 태도들은 행위규범들에 대한 생각(Vorstellung)에 있고, 제재를 통해 행위를 평가하게 한다. 이러한 판단 태도들은 사회적인 구조를 가진다는 것이다. 따라서 규범들이 암묵적으로 함유되어 있는 관례들은 사회적 실천·관행(social practices, Soziale Praktiken)으로 파악되어야만 한다. 따라서 이러한 규범의 기술·서술은 행위의 규칙·정규성을 전제하고, (평가·판단) 처분의 규칙성을 전제하는 것이다. 규칙·규정성은 규범적 어휘에 대해서는 필수적이지만 충분조건들은 아니다. 옳다는 것은 단순히 일치한다는 것에 있는 것은 아니기 때문이라는 것이다.[134]

---

132 Klatt, a.a.O., S. 353; Brandom, ibid., p. 43.

133 Klatt, a.a.O., S. 353.

134 Klatt, a.a.O., S. 354; Brandom, ibid., p. 46.

마. 담론의 실제 모델을 위한 규범적 화용론, 스코어키핑

브랜덤은 언어적 의미에 관한 이론에 중요한 의미를 가지는 담론·담화의 실제(discoursive practice; diskursiver Praxis)에 대한 규범적 화용론을 발전시켰다.[135] 이에 따르면 언어적 관행(linguistic practices; sprachliche Praxis)의 핵심에는 이유·근거들을 주고받거나 이유·근거들을 요구하고 그에 응하여 제공하는 놀이·게임이 있고, 그 게임의 핵심 요소는 '주장하는 언어행위', 즉 주장을 담은 언어행위(assertional speech act; Behauptungssprechakte)이고, 이 주장들은 규범적 화용론에서 이중의 기능을 수행하고 있다고 한다. 그중 하나는 주장하는 자가 하나의 특정한 내용에 기초하여 자신의 입장을 확실히 하는 것(festlegen)이고, 다른 하나는 화자가 이러한 주장을 하도록 정당화한 다른 주장들에 대해 질문을 받을 수 있다는 것이다. 이 두 가지 기능, 즉 '입장을 밝히고 확실히 하는 것'(Festlegung)과 '그것을 정당화하는 것'(Berechtigung)을 하나의 주장의 의무론적 상태, 즉 규범적 상태(die deontische Status einer Behauptung)라고 부른다. 양자는 하나의 언어행위를 옳은 것으로 또는 틀린 것으로 평가할 때 아주 중요한 역할을 하며, 동시에 그 언어행위의 의미를 구성한다는 것이다.[136]

언어행위, 규범적 상태 그리고 의미론적 내용 사이의 특별한 관계를

---

135 Brandom, ibid., pp. 157. 국내 문헌 중 브랜덤의 규범적 화용론에 근거한 법문의 의미론적 한계를 지지하는 경우로는 예를 들어 김기영, "언어비판과 법률 해석 - 비트겐슈타인과 브랜덤의 언어철학을 중심으로", 한국독어학회, 『독어학』, 제34집(2016), 77쪽 이하; 김기영, "법률 해석과 규범적 화용론", 『안암법학』, 제43호(2014), 687쪽 이하 참조. 특히 여기서는 목적적 해석, 문언의 의미는 해석의 끝에 있다는 주장, 법문의미의 불확정성 주장에 대한 반박 근거로 브랜덤의 규범적 화용론을 다루고 있다.

136 Klatt, a.a.O., S. 354.

설명하기 위해서, 보다 정확하게 표현한다면, 언어행위의 화용론적 중요성(pragmatic significance of speech act)과 규범적 상태(deontic statuses)가 의미론적 내용(semantic contents)에 어떻게 연결되는 것인지를 설명하기 위해서 브랜덤은 루이스(Davis Lewis)의 언어게임에서의 스코어키핑(Scorekeeping in Language Games) 이론을 응용한 자신의 의무론적·규범적 스코어키핑(deontic scorekeeping) 모델을 발전시켰다.[137]

모델의 기본 사고는 하나의 언어게임에 참가한 사람들은 개별 화자들의 태도들, 확정들, 그리고 정당화들에 대해 상호 장부를 기록한다는 것이다. 이런 방식으로 무엇이 그 공동체에서 옳은 언어행위가 되는지, 무엇이 틀린 언어행위인지에 대한 상(像)이 생겨나게 된다. 따라서 클라트는 언어의 모든 주장들은 이러한 방식으로 내적으로 서로 연결되고, 따라서 브랜덤의 의미이론은, 규범적 화용론에 근거하는 것 외에 추론적 의미론(inferential semantics)에도 근거를 두고 있다고 평가한다.[138] 언어적 의미의 기초는 언어의 명제(진술)들 사이의 추론적 관계(inferential relations)들이며, 이러한 이해는 개념적 활동은 본질적으로 주장들을 정당화하는 이유들의 요구와 제공(giving and asking for reasons)에 있다는 입장에 기인한다는 것이다.[139] 이에 따라 하나의 진술은 그것의 추론적 역할이 상호 간에 뒤섞인 개념 정의들과 근거를 제공하는 진술들의 망(網) 안에서 파악되는 경우에 이해되는 것이라고 한다.[140]

---

137 Brandom, ibid., p. 181, 데이비드 루이스(David Lewis)의 "Scorekeeping in a Language Game"이라는 글의 사고를 차용한 것으로 밝히고 있다.

138 Klatt, a.a.O., S. 354.

139 Klatt, a.a.O., S. 354; Brandom, ibid., p. 91.

140 Klatt, a.a.O., S. 354-355.

진술들·명제들의 추론적 역할들을 확인하는 암묵적 규범들(implicit norms)은 점수 함수(score function)로 명시(explicit)될 수 있고,[141] 따라서 언어관행은 전체로서 규범적인 계좌 관리(점수 기록, 장부 기록)의 개념에서 포착될 수 있다는 것이다. 이러한 계좌 관리의 관행을 통해 언어게임에 참여한 자들은 특정한 표현들에 명제적 내용을 부여한다. 브랜덤에 의해 제시된 담론의 실제 모델은 이로써 순수하게 규범적 개념들에 함유된 명제적 의미에 대한 분석을 가능하게 한다는 것이다.

클라트의 이해에 따르면, 결국 브랜덤의 규범적 화용론은 언어게임 논증이 의미의 개방성(Offenheit)을 지나치게 강조한다는 것을 보여 준다. 하나의 언어공동체의 언어적 행위 규범들(sprachliche Handlungsnormen)은 이러한 개방성을 감소시킨다. 따라서 의미의 규명·확인(feststellen)과 확정·결정(festsetzen)의 구별이 결코 애당초 불가능한 것은 아니다.[142] 만약 담론적 관행의 암묵적 규범들이 있다고 한다면 이것이 경험적으로도 확인 가능한(feststellbar) 것은 당연하다는 것이다. 법문의 의미가 선존하는지와 관련지어 표현한다면, 의미의 확인과 의미의 확정을 동일시(Gleichsetzung von Feststellung und Festsetzung von Bedeutung)하는 것은 정당화되지 않는다.[143]

달리 말해 브랜덤은 의미를 확인하는 것과 의미를 확정하는 것은 원칙적으로 구별 가능하며, 한 사회의 일상 언어가 아무리 개방적이고 다양하다고 하더라도 관행적 언어행위 속에 묵시적 규범이 있다고 할 수 있

---

141 Brandom, ibid., p. 181.

142 김기영, “법률 해석과 규범적 화용론”, 『안암법학』, 제43호(2014), 687쪽 이하 참조.

143 Klatt, a.a.O., S. 355.

을 정도의 원칙과 약속이 있다고 주장한 것이다. 물론 해석이라는 의미의 규명·확인과 법 창조라는 의미의 확정·결정은 구별된다는 근거로 언급되는 브랜덤의 입장에 대해서도 여러 비판들이 존재한다.

2) 비판의 주요 내용

언어적 의미의 규범성 이론들에 대한 반론은 예를 들어 크립키(Saul Aaron Kripke)와 콰인(Willard Van Orman Quine)의 글에서 발견할 수 있다. 이 두 사람은 하나의 표현의 의미가 그 표현의 옳은 사용과 잘못된 사용의 가능성을 결정한다는 것에 동의하지 못하겠다는 입장이다.

(1) 크립키(Kripke)의 비판과 클라트(Klatt)의 재반박

이른바 '비결정주의' 명제(Indeterminismusthese)에 기초를 둔 언어학자로 평가되기도 하는 크립키(Kripke)는 무엇보다 의미의 규범성을 사실에 소급하려는 그 어떤 시도도 결국은 이런 방식으로는 단지 이러저러한 언어 사용의 다양한 방식이 확인될 수 있을 뿐이지, 옳은 사용방식과 그른 사용방식은 확인될 수 없다는 것에서 좌초하게 된다고 주장한다. 달리 말해 크립키의 주장의 핵심은 모든 언어적 기호는 그 자체 그 '사용'에서 정당화되어야만 한다는 것이다. 따라서 언어적 규칙들을 확인하려는 시도는 필연적으로 근거 지음의 무한소급(infinite Begründungsregress)에 이를 수밖에 없다는 것이다. 요약하자면 언어의 의미에 대한 규범적 기준은 찾을 수도 없고, 인정할 수도 없다는 말이다.

하지만 클라트는 이러한 크립키의 논거는 논증의 실제에서 일견 명백해 보이는 정당화(prima facie-Berechtigung)가 존재한다는 것을 간과하고 있다고 비판한다. 앞서도 언급된 바와 같이, 정당화의 규범적 상태는 암묵적으로 이유·근거들을 요구하고 제공하는 사회적 관행들에 포함되어 있기 때문이라는 것이다. 이에 따르면, 특정한 주장들은 그 자체로서 이미 화자들이 그러한 주장을 하는 것을 일견 정당한 것으로 간주하게 해 준다는 것이다. 물론 이러한 일견 정당하다는 상태(prima facie status)는 지속적인 것도 아니고 흔들리지 않는 것도 아니라는 것을 강조한다. 오히려 그 상태는 의문을 통해 반박될 수 있는 것이다. 하지만 이의가 제기될 때까지는 하나의 단어의 특정 사용 방법을 정당화하는 것이고, 다른 방법들은 잘못된 것으로 배제한다는 것이다. 브랜덤의 정당화의 기본구조(default structure of entitlement)와 이의제기·반박구조(challenge structure)를 말하는 것이기도 하다.[144]

예를 들어 "여기 검은 개가 있었다."라거나 "나는 손가락이 10개이다."라고 주장하는 화자는, 결국 이러한 일견 그렇게 보이는 정당화(prima facie vidication)를 통해서 일단은 그렇게 말할 자격·권리가 있다거나 그렇게 말하는 것이 잠재적으로 정당화된다는 것이다. 크립키가 주장한 정당화의 무한소급·근거 제시의 악순환(Rechtfertigungspirale)이 잠정적으로 종결된다는 반박인 것이다.

이렇게 보면 결국 언어 사용을 외부적 객관적 표지를 기준으로 평가할 것을 요구하는 크립키의 반론은 효력을 잃는 것이고, 의미결정론, 즉 의미는 이미 결정되어 있는 것이라는 생각은 언어공동체의 관행과 관련해

---

144 Brandom, ibid., p. 177; Klatt, a.a.O., S. 356에서는 'Vorschuss- und Anfechtungsstrukture der Berechtigung'으로 옮기고 있다. 내용은 특별한 증명 없이도 인정되는 정당화와 이에 대해 이의를 제기하는 것으로 이해할 수 있다.

서는 상대적일 수 있다는 것이 클라트가 반박하는 요지이다.[145]

(2) 콰인(Quine)의 반박과 클라트(Klatt)의 재반박

의미론적 전체론·주의(semantischer Holismus)[146]라고도 불리는 콰인(Quine)의 생각은 무엇보다 가역성(reversibility) 논거[147]에 근거하고 있다. 가역성 또는 역행성 논거는 언어의 모든 문장은 경험들을 근거로 변화 가능하다고 말하는 것이다. 만약 이러한 논거가 타당하다면 앞서 언급한 브랜덤의 주장은 기초를 상실하게 된다는 반론이다. 달리 말해 규범적으로 규명된, 명제들 사이의 추론적인 관계들을 전제하는 브랜덤의 모델은 유지되기 어려워진다는 것이다.

콰인의 가역성 명제의 핵심 내용은 하나의 언어의 전체 문장들은 변경될 가능성에 놓여 있다는 가정에 있다. 콰인에 따르면 추론적 관계들을 위한 준거, 즉 초논리적·상위의 규칙(superlogical laws; Metaregeln)으로 사용하기 위해서 소위 부동의 문장·명제들, 예를 들자면 논리학의 문장들(원칙들)에 의지할 수는 없다는 것이다. 오히려 그 논리적 문장들(원칙들)도 변경 가능하고, 따라서 주장들에 진리값을 귀속시키는 것은 단지 하나의 언어의 모든 주장들의 총체에 의해서만 조종된다는 것이다. 하지

---

145 Klatt, a.a.O., S. 356.

146 의미론적 전체주의(semantic holism)란 언어의 한 특정 부분, 그것이 개념이건 아니면 완전한 하나의 문장이건 단지 그것이 (사전적으로 이해된) 보다 큰 언어의 부분들에 대한 그것의 관계를 통해서만 이해될 수 있다고 하는 언어철학의 한 이론이다. 이러한 전체 개념과 관련해서도 하나의 언어체계 전체를 의미하는 것으로 보는 입장이 다양한 의미론적 전체주의 중에서도 관심의 중심에 있는 것으로 보인다.

147 특정 가설이나 이론으로부터 연역적으로 예측을 도출하는 것이 가능하다면, 반대로 그 예측으로부터 원래의 가설이나 이론을 논리적으로 재구성하는 것도 가능하다는 주장을 가역성 논거라고 한다.

만 아쉽게도 그것은 우리가 접근할 수 있는 것이 아니라는 것이다. 쉬에(Sanford Shieh)의 표현을 빌리자면, "하나의 언어를 말하는 어떤 화자도 완전하게 자신의 언어적 관행에 배경이 되고 있는 원칙들을 명시할 수는 없다."[148]라는 것이다.

물론 한 언어의 많은 문장들에 대해 부여·귀속된 진리값들이 새로운 세상의 경험의 관점에서 부인될 수 있다는 것은 부정할 수 없지만, 적어도 콰인의 논증이 유효하려면 이러한 변경이나 가변성이 원칙적으로 한 언어의 모든 문장들을 포함한다는 것이 필요하다는 것이 클라트의 반론이다. 만약 하나의 언어에서 특정한 일련의 문장들의 조합은 항상 그러한 변경과 친하지 않은 경우라면, 즉 변화하지 않는다면, 이러한 필요조건은 채워지지 않는다는 것이다. 환언하면 콰인의 전체가 변화한다는 전제가 무너진다는 반론이다.

이러한 제한된 가역성·변경 가능성을 기초로 하여 콰인의 급진적인 전체주의(radikaler Holismus)와 달리 '완화된 형태의 전체주의'를 취하자는 것이 클라트의 생각이다. 말하자면 온건한 전체주의(ein moderater Holismus)는 어떤 언어이건 간에 저마다의 언어관행에서는 일견 어떤 변경에도 견디어 낼(prima facie revisionsimmun) 몇몇 문장들이 있다는 가정을 기초로 하는 것이다. 예를 들어 대표적으로 논리학의 규칙들이 이러한 유형에 속한다고 한다. 클라트는 이러한 논리학의 규칙이 변경되지 않는 속성을 가지는 것은 하나의 언어공동체의 화자의 규범적 태도

148 Shieh, "Some senses of holism: An anti-realist's guide to Quine", in: Richard Heck(ed.), *Language, Thought and Logic. Essays in Honor of Michael Dummett*, Oxford: Oxford University Press(1997), pp. 71, 90; Klatt, a.a.O., S. 357.

들에 근거하는 것이라고 주장한다. 따라서 논리적 문장들(원칙들)은 변경에 영향을 받지 않는다는 것은 그것들이 언어공동체로부터 그런 것으로 취급되기 때문이라는 것이다.

결국 콰인도 저마다 모든 언어는 필수적으로 일견 변경되지 않는 것으로 보이는 일련의 원칙들(문장들)을 함유하고 있어야만 한다는 것을 말하고 있으며, 그 이유는 다름 아니라 의사소통이나 의미가 도대체 가능하고 존재할 수 있으려면 그럴 수밖에 없다는 것이 클라트의 반박이다.[149] 물론 이것도 절대적인 것이 아니므로, 일견 변경에 영향을 받지 않는다는 원칙·문장들(Sätze)도 변하게 되는 상황을 생각할 수 있지만, 이것은 하나의 언어공동체의 언어행위와 논증 행태가 완전히 새로운 구조를 갖게 되지 않는 한 일어나기 힘든 일이라고 주장한다.[150] 여기서 결정적 논거는 우리 언어의 기본적 명제·원칙·문장들의 변경, 즉 논리학의 기본적 명제·원칙의 변경은 아마도 극도로 중요한 변경으로 인식 가능하고 기술 가능할 수도 있을 것이나, 만약 그런 변경이 일어나게 되면 이제 이전과는 다른 명제적 내용의 다른 개념을 가진 다른 언어가 생겨난 것이 될 것이라는 말이다.[151] 거의 상상하기 어려운 일을 일반화할 수 없다는 반박인 것이다.

규범적 화용론에 대한 콰인의 비판에 대하여 클라트는 그가 변경이 가능한 명제와 일견 변경에 영향을 받지 않는 명제에 대하여 화자가 가지

---

149 Klatt, a.a.O., S. 357.

150 Klatt, a.a.O., S. 357-358.

151 관련 논의로 참고할 만한 내용으로는 특히 Putnam, "Analyticity and apriority: Beyond Wittgenstein and Quine", in: Paul K. Moser(ed.), *Apriori Knowledge*, New York: Oxford University Press(1987), pp. 85, 110; Klatt, a.a.O., S. 358.

는 태도, 즉 규범적 태도에서 나오는 차이를 무시했다고 지적한다. 콰인에게는 하나의 언어에서 표현된 모든 주장들은 동일하게 모두 불확실한 것이고, 모두 동일하게 변경 가능한 것이라는 말인데, 그것은 앞서 언급한 바와 같은 완화된 형태의 전체주의가 수용될 수 있다면, 그의 비판의 설득력은 유지되기 어렵다는 반박인 것이다.[152]

3) 단어 사용 규칙과 의미론적 오류

의미론적 한계가 작동할 수 있다는 클라트는 언급된 내용에 추가하여 약간의 이론적 내용을 보충하고 있다. 무엇보다 언어적 의미의 규범성이라는 주장에 기초하여 의미론적 한계의 체계(System Semantischer Grenzen)가 발전될 수 있는데, 그 체계는 새로운 개념(Terminologie)을 통해 법적 판단을 구분하여 분석하는 것이 가능하다는 것이다. 그 새로운 개념이란, '법문의 한계'(Wortlautgrenze)라는 말 대신에 8개의 일반적 의미론적 한계와 5개의 특수한 의미론적 한계를 구분하는 것이라고 한다.[153] 아무튼 이러한 '의미론적 한계의 체계'의 출발점은, 앞서 브랜덤의 예를 들어 방어한 '주장들 사이의 규범적으로 표시된 추론적 관계'(inferentielle Relationen)임을 강조한다. 바로 이러한 추론적 관계들을

152 Klatt, a.a.O., S. 358.

153 Klatt, a.a.O., S. 358; Klatt, *Theorie der Wortlautgrenze. Semantische Normativität in der juristischen Argumentation*, Baden-Baden: Nomos(2004), S. 236-264 참조. 그곳에서는 의미론적으로 명확한 경우와 불명확한 경우의 관계, 구성적인 의미론적 명확성의 경우 법문의 한계와 구성적인 의미론적 불확실성의 경우 법문의 한계를 나누고, 전자에서 내적 정당화에서 단어 사용 규칙의 기능과 1, 2, 3차 언어적 차원에서 의미론적 한계를 구분하여 접근하고 있다. 1차 언어적 차원에서의 의미론적 한계에는 추론적 관계의 4가지 한계와 하위문장 수준에서의 추론적 한계를 구분하여 분석하고 있다.

알렉시(Alexy)는 '단어 사용 규칙'(Wortgebrauchsregeln; W)으로 분석했다.[154] 단어 사용 규칙들은 선행된 근거 제시 단계(Begründungsschritte)에서 사용된 표현들의 의미에 관한 언어적 규칙으로서 법적 판단의 내적 정당화(interne Rechtfertigung)에서 사용된다는 것이다.

쉽게 풀어 표현하면, 단어 사용 규칙들은 하나의 대상(x)이 하나의 법적 개념(T)에 포함되기 위해서는 어떤 속성(M)을 충족해야 하는지를 말해 주는 규칙들이다. 이러한 단어 사용 규칙 W의 기본 구조는 "모든 대상 x에 대해서 만약 x가 M이라는 속성을 가졌다면 x는 법률 개념 T에 포섭될 수 있다."가 된다. 이것을 공식화하면, 다음과 같이 표현할 수 있다.[155]

$$W: (x)(Mx \rightarrow Tx)$$

클라트는 이러한 단어 사용 규칙들은 일종의 암묵적 규범들의 한 유형이라는 것, 그것은 브랜덤에 따르면 언어적 의미를 구성하는 것이라는 점이 여기서 소개하는 이론의 핵심 사고라고 한다.[156] 단어 사용 규칙들은 하나의 표현의 의미에 근거하여, 그 표현이 하나의 대상에 바르게 사용되기 위해서 충족되어야만 하는 표지들을 열거한다. 이러한 규칙들의 효력은 브랜덤의 규범적 화용론을 통해서도 설명될 수 있다고 한다. 이 규칙들은 일상 언어관행에 암묵적으로 존재하며, 언어게임에 참여한 자들의 태도와 평가행위들을 통해 사회경험적(sozioempraktisch)으로 제

154 Klatt, a.a.O., S. 358-359. 상세는 Alexy, *Theorie der juristischen Argumentaion*, 1. Aufl., Frankfurt am Main: Suhrkamp(1983); 3. Aufl., Frankfurt am Main: Suhrkamp(1993), S. 288 ff.

155 Klatt, a.a.O., S. 359.

156 Klatt, a.a.O., S. 359.

도화되는 것이다. 부지불식간에 구속력 있는 규범이 만들어지는 것이다.

결국 이 이론에 따르면 어떤 언어의 사용이 의미론적 한계를 넘어선다는 것은 해당 언어적 표현을 의미론적으로 잘못 사용하였다고 말하는 것이다. 달리 말해 언어적 표현의 의미론적 오사용(fehlerhafte Verwendung)을 통해 그 언어의 의미론적 한계(semantische Grenze)를 넘어서게 되는 것이다. 언어적 표현의 사용은, 만약 그 언어에 기초가 되어 있는 단어 사용 규칙이 언어공동체에서 사실상 효력을 가진, 즉 규범적으로 옳은 것으로 표현되는 단어 사용 규칙과 일치하지 않는다면, 오류인 것이다. 그런 사례의 화자는 단어 사용 규칙을 잘못 표현했다는 것이다.[157] 이러한 화자의 오류는 위에서 표현한 표지(M)와 개념(T), 양쪽의 어느 하나 또는 모두에 관계될 수 있을 것이므로, 예를 들어 화자가 법률 개념 T_1을 위해 잘못된 표지 목록 M_2를 사용하거나 화자가 옳은 표지 M_1을 사용하였으나 이 표지가 다른 법률 개념 T_2와 결합되는 경우도 가능하다는 것이다.[158]

그중에서 특히 중요한 것은 두 번째의 유형, 즉 옳은 표지 M_1을 사용하였으나 다른 법률 개념 T_2와 결합되는 오류의 유형인데, 이 유형은 달리 표현하면 잘못된 법률 개념의 사용으로 인한 오류를 나타내는 것이기 때문이다. 이런 유형의 의미론적 오류는 개체 a가 M_1이라는 표지를 근거로 T_1 대신에 T_2에 포섭된다는 결과가 된다. 개체의 속성에 근거한

157 단어 사용 규칙을 잘못 표현하는 것에 관련된 오류 외에, 단어 사용 규칙은 바르게 표현되었지만, 유사하게 포섭 착오에 근거한 착오도 있지만 클라트는 여기의 논의에서는 특별한 의미가 없다고 한다(Klatt, a.a.O., S. 359, Fn. 67).

158 Klatt, a.a.O., S. 359.

옳은 개념이 간과된다는 것이다. 결정적인 의미론적 오류를 표현하면 다음과 같다.

$$W: (x)(M_1x \rightarrow T_2x)$$

M_1이라는 속성을 가진 개체·대상을 M_2라는 속성을 가진 개체·대상에 부합하는 T_2라는 개념으로 잘못 표현·사용했다는 것이다. 이러한 언어 사용 규칙은 해당 언어공동체의 옳은(유효한) 언어 사용 규칙(W)을 위반한 오류라는 말이다.

4) 독일연방헌법재판소의 금전세탁 판결 분석

클라트는 지금까지 언급한 내용을 독일연방헌법재판소의 변호사의 수임료 수수와 금전세탁에 관한 헌법소원결정[159]을 예로 들어 설명하고 있다. 의미론적 한계를 넘어선 언어 사용을 어떻게 설명하는지 결정의 관련 내용을 보자.

(1) 배경

2004년 3월 30일 선고된 헌법소원에 대한 연방헌법재판소 결정[160]의 대상이 된 금전세탁(Geldwäsche) 규정은 2002년 8월 30일부터 2003년 12월 27일까지 시행된 구 형법 제261조 규정으로 동조 제1항에서는 금전

159 BVerfG NJW 2004, 1305-1313.

160 'Urteil'은 '판결', 'Beschluss'는 '결정'으로 번역하는 것이 정확하고, 우리나라와 달리 독일은 헌법재판소의 의사표현도 'Urteil'로 표현하고 있으므로 '판결'로 옮기는 것이 옳겠지만 여기서는 우리의 전문 언어의 관용에 따라 '결정'으로 옮긴다.

세탁의 대상이 되는 범죄행위 등을 규정하고 3개월 이상 5년 이하의 자유형에 처하고 있었고, 동조 제2항에서는 금전세탁의 대상이 되는 물건(Gegenstand)을 공급·조달·보관·사용하는 등의 행위도 처벌하고 있었다.[161] 이러한 법 상태에서 동 결정은 형사변호인도 만약 수임료를 수령할 시점에 그 돈의 출처를 확실히 알고 있었다면 금전세탁으로 처벌할 수 있다고 보는 것이 위헌인지 여부를 다루었던 것이다.

연방헌법재판소는 형사소추기관과 법원들은 당시 제261조 제2항 제1호를 적용할 때는 형사변호인의 특별한 지위를 이미 수사절차에서부터 적절하게 고려해야만 한다고 판시한 것이다.

당시 규범의 표현, 문구에 따르면 형법 조문에서는 형사변호인이라고 해서 어떤 예외도 인정하지 않았다. 하지만 이것이 헌법적 관점에서 볼 때 문제가 있다는 것이었는데, 무엇보다 형사변호인의 직업수행의 자유를 위협하게 되고, 형사변호인제도의 법치국가적인 의미가 존중되어야만 한다는 것이 주된 이유였다. 여기서는 피의자나 피고인이 변호인을 선임하고 비용을 지급하고 조력을 받을 수 있는 권리와 변호인의 자유로운 직업수행의 권리를 한편으로, 위법하게 이득을 보는 형사 범인을 금전세탁을 통해 경제적으로 고립시켜야 한다는 요청을 다른 한편으로 한두 가지의 충돌하는 이익이 문제 된다는 것은 쉽게 알 수 있다.

이러한 목적과 가치의 충돌을 해결하기 위해서 당시의 입법상태에서도 다양한 주장들이 제시되었는데, 우리나라의 경우 기업경영과 관

---

161 (2) Ebenso wird bestraft, wer einen in Absatz 1 bezeichneten Gegenstand
1. sich oder einem Dritten verschafft oder 2. verwahrt oder für sich oder einen Dritten verwendet, wenn er die Herkunft des Gegenstandes zu dem Zeitpunkt gekannt hat, zu dem er ihn erlangt hat.

련하여 본인에게 손해를 가한다는 인식하의 '의도적' 행위인 경우로만 업무상배임죄의 성립 범위를 제한하려는 대법원의 해석방법[162]과 같이 독일연방헌법재판소도 이른바 '고의'의 범위를 제한하는 해석방법(Vorsatzlösung)을 택했다.[163] 이에 따르면 결국 변호사의 금전세탁을 인정하기 위해서는 변호인이 수임료를 수수하는 시점에 그 금전의 출처를 확실하게 알고(인식하고) 있었던 경우로 제한해야 한다는 것이다.

방법론적으로 볼 때 우선 독일연방헌법재판소는 이러한 자신의 결론을 도출하기 위해 이른바 '헌법합치적 (형법) 해석'을 내세웠다. 직업 수행의 자유에 미치게 되는 형사처벌의 비중에 비추어 볼 때, 비례성의 원칙 때문에, 해당 규범은 제한적으로 해석되어야만 정당화될 수 있다는 논리였다. 이러한 제한적 해석을 통해 헌법재판소는 형사변호인에게 요구되는 고의의 정도를 높였고, 미필적 고의로는 충분치 않고, 직접적 고의(direkte Vorsatz), 즉 금전의 출처에 대한 확실한 인식이 요구된다고 한 것이다.[164]

하나의 규범이, 부분적으로는 헌법합치적 결과에, 부분적으로는 헌법에 위반되는 결론에 이르는 다수의 해석을 허용하는 경우라면, 항상 헌법합치적 해석이 가능하다. 그렇다면 헌법합치적 해석을 해야 하는 것이

---

162 대법원 2017. 11. 9. 선고 2015도12633 판결: "제반 사정에 비추어 자기 또는 제3자가 재산상 이익을 취득한다는 인식과 본인에게 손해를 가한다는 인식하의 의도적 행위임이 인정되는 경우인지에 따라 개별적으로 판단하여야 한다."; 대법원 2019. 6. 13. 선고 2018도20655 판결 등.

163 관련 판결(Urteil)에 대해서는 김성룡, "범죄수익 등의 수수죄와 변호인의 자금세탁죄", 경북대학교, 『법학논고』, 제65집(2019), 87쪽 이하; 김성룡, "독일에서의 변호사의 수임료 수수와 금전세탁", 『형사정책』, 제16권 제2호(2004), 211쪽 이하 참조.

164 Klatt, a.a.O., S. 361. 구체적 내용은 김성룡, "범죄수익 등의 수수죄와 변호인의 자금세탁죄", 101쪽 이하 참조.

지만, 모든 헌법합치적 해석의 한계는 법률의 자구(Wortlaut des Gesetzes)라는 것이 헌법재판소의 태도이기도 하다.[165] 무엇보다 헌법합치적 해석이라는 이름으로 법적 규정의 자리에 내용적으로 그와 다른 규정이 들어서게 되는 것은 방지되어야만 하고, 만약 그런 일이 일어난다면 단지 입법자에게만 주어진 법 창설이라는 허용되지 않는 행위가 법률가·법조인에게 주어지는 것이 될 것이기 때문이라는 것도 헌법재판소의 생각이다.[166] 달리 말해 헌법재판소는 앞에서 시도된 자신들의 고의를 제한하는 해석은 규범의 의미론적 한계에 충돌하지 않는다는 입장이다. 하지만 이에 대해 클라트는 헌법재판소의 입장이 잘못된 것이라고 지적하고 있다.

(2) 판결의 해석론에 대한 클라트(Klatt)의 반론

클라트의 반론 내용의 요지는 다음과 같다. 여기서 규범(Norm, N_1)으로 표현된 형법 제261조 제2항 제1호는 구성요건(Tatbestand)과 법효과(Rechtsfolge)로 구성되어 있다. 구성요건은 처벌이라는 법 효과(Rechtsfolge, R)를 위해 5가지의 전제조건을 언급하고 있고, 그것은 여기서 구성요건(Tatbetand) T_1에서 T_5로 표현한다. 즉,

> 제1항에서 열거된 대상(T_1)을, 자기 자신에게 또는 제3자에게 공급하고(T_2), 이것을 고의로(T_3), 위법하게(T_4), 그리고 유책하게(T_5) 행위한 자는 처벌된다.

---

165 BVerfGE 2, 398 ff.; BVerfGE 18, 111 ff.; BVerfGE 54, 277 ff., 299 f.; BVerfGE 71, 81 ff.,105; BVerfGE 90, 263 ff., 275; BVerfGE 95, 64 ff., 93; BVerfGE 101, 312 ff., 329. 이에 대해서는 Klatt, a.a.O., S. 361.

166 BVerfGE 2, 406; Klatt, a.a.O., S. 361.

가 된다.

그런데 여기서 T_3, T_4, 그리고 T_5는 형법 제261조 제2항 제1호의 법문에는 명시되지 않은 구성요건 표지이지만, 형법총론의 일반적 가벌성의 전제조건을 표현하는 것으로서, 모든 구성요건을 보충하는 표지이므로 특별한 것은 아니다.

여하튼 해당 범죄가 성립되려면 언급된 T_1 ~ T_5 표지들은 누적적으로 존재해야만 한다. 만약 개체 x가 5가지 모든 전제조건을 충족시킨다면, 법 효과를 x에 적용할 것이 요구된다. 이것을 알렉시(Alexy)의 방식으로 표현하면 다음과 같이 된다.

$$N_1: (x)(T_1x \wedge T_2x \wedge T_3x \wedge T_4x \wedge T_5x \rightarrow ORx)$$[167]

금전세탁 사례에서 결정적 의미를 가지는 구성요건 개념은 T_3, 즉 고의였다. 이 개념에 대해서는 (형)법 전공 언어에서는 다음과 같은 단어 사용 규칙 W_1이 적용된다고 할 수 있다.

W_1: 직접적 고의(M_6) 또는 미필적 고의(M_7)로 행위한 자는 고의로 행위한 것이다.

두 개의 고의 유형은 익히 알려진 바와 같이 직접적 고의(M_6)는 구성요건 실현에 대한 확실한 인식을 전제하는데, 미필적 고의(M_7), 즉 조건적 고의는 그것을 가능한 것으로 생각하면서 이를 감수하겠다는 생각을

167 모든 x에 대하여, T_1, T_2, T_3. T_4, T_5라면(를 충족했다면) 법 효과 x가 요구(명령)된다.

가지는 것으로 족하다는 점에서 구별되는 것이다. 따라서 이를 표현하면 다음과 같다.

$$W_1: M_6x \vee M_7x \rightarrow T_3x$$[168]

독일연방헌법재판소는 그에 반해, 형사변호인인 경우에 한해서, 법률개념 T_3에 대해 W_1이 아니라 하나의 다른, 즉 보다 좁은 단어 사용 규칙 W_2를 사용한 것이다.

$$W_2: M_6x \rightarrow T_3x$$

이에 따르면 고의는 단지 직접적 고의의 형태에서만, 즉 확실히 알고 있었던 경우에만 존재한다고 본 것이다.

물론 헌법재판소는 이러한 해석을 한 자신들은 형법 제261조 제2항 제1호의 의미론적 한계를 넘어서지 않았다고 말하고 있다. 그 이유를 제시하기 위해 헌법재판소는 자신의 결정에서 형법 제261조 제2항 제1호 자체는 고의 행위의 전제조건에 대해 어떤 기술도 포함하고 있지 않다는 것을 강조했다. 법률은 무엇이 개별 사안의 '고의'를 의미하는 것인지를 판례와 문헌에 결정하도록 넘겨주었다는 것이다.

클라트는 법원의 이런 논지는 설득력이 없다고 비판한다. 왜냐하면 법률에 의해서 미결정으로 남겨 둔 고의의 개념 정의와 다양한 고의의 유형은 이미 판결과 문헌에서 오래전부터 해명이 되었고, 쉽사리 폐기될

168 x가 M_6이거나 M_7이라면 x는 T_3이다.

수 없는 확고한 전공언어적 관행·관습으로 존재하고 있다는 것이다. 이러한 단어 사용의 관행은 새로운 개념 정의에 대한 한계로 작용하게 된다. 법률이 다른 규범들에서 제2급의 직접고의(Wissentlichkeit)의 형태로 고의를 명시적으로 제한하고 있다면(예를 들어 독일 형법 제257조, 제258조)[169] 그로부터 반대해석(e contratio)을 통해, 그와 다른 모든 사례들에서는 일반적 고의(미필적 고의) 형태로 돌아갈 수밖에 없다는 결론이 도출되는 것이다. 법률에 특별히 달리 규정하고 있지 않은 경우에는 미필적 고의로 충분하다는 것이 일반적인 이해에도 부합한다는 말이고, 제261조 제2항 제1호도 다를 것이 없다는 것이다.

이에 더하여 형법 제261조 제2항 제2호[170]는 제1호[171]와 달리 금원의 출처에 대한 적극적 인식을 추가적 표지로 요구하고 있다.[172] 또한 동조 제5항[173]은 고의를 넘어서 과실(leichtfertig)까지도 처벌을 확장하는 것을

---

169 제257조의 경우 'in der Absicht Hilfe leisten'이라고 하여 '의도적으로 도운' 경우, 제258조의 경우 'absichtlich oder wissentlich' 라고 하여 '의도적으로 혹은 잘 알면서도' 구성요건 해당 행위를 한 경우를 처벌한다고 하여 범죄성립에 필요한 고의의 유형을 제한하고 있다.

170 2. verwahrt oder für sich oder einen Dritten verwendet, wenn er die Herkunft des Gegenstandes zu dem Zeitpunkt gekannt hat, zu dem er ihn erlangt hat.

171 2024년 3월 30일 금전세탁규정에 대한 합헌판결은 당시 제2항 제1호에 대한 것으로 "(2) Ebenso wird bestraft, wer einen in Absatz 1 bezeichneten Gegenstand 1. sich oder einem Dritten verschafft oder…"(제1항에 표현된 대상을 스스로 또는 제3자에게 마련해 준 자는 동일하게 처벌한다)라는 내용으로, 고의에 대한 특별한 제한이 없는 상태였다{그간 금전세탁 규정에 대한 개관은 "261 StGB", Lexetius (독일 법령·판례 검색 사이트), https://lexetius.com/StGB/261,21(2025. 7. 19. 최종 검색)}.

172 "2. verwahrt oder für sich oder einen Dritten verwendet, wenn er die Herkunft des Gegenstandes zu dem Zeitpunkt gekannt hat, zu dem er ihn erlangt hat."(그 물건을 취득했을 시점에 그 대상의 출처를 알고 있었던 경우, 제1항에 표현된 대상을 보관하거나 스스로 또는 제3자를 위해 사용한 자).

173 "(5) Wer in den Fällen des Absatzes 1 oder 2 leichtfertig nicht erkennt, daß der Gegenstand aus einer in Absatz 1 genannten rechtswidrigen Tat herrührt, wird mit Freiheitsstrafe bis zu zwei Jahren oder mit Geldstrafe bestraft."(제1항 또는 제2항의 경우 그

생각하고 있는 것이다. 따라서 제1호의 고의는 미필적 고의로 보는 것이 훨씬 더 자연스럽고 제대로 된 이해라는 것이다. 연방헌법재판소와 다르게 앞서 언급된 단어 사용 규칙 W_2가 아니라 W_1이 유효하다는 반박이다.

클라트의 지적처럼, 만약 단어(언어) 사용 규칙 W_2가 사용될 수 없다면 헌법재판소는 사실상 하나의 새로운 법률 개념 T_8를 통해 법률 개념 T_3를 대체한 것이 명확하다. 헌법재판소는 단어 사용 규칙 W_1에서 나온 M_6(지정고의, 확실한 인식)를 법률 개념 T_3와 결합하고, 동시에 W_1에서 선택적으로 함유된 M_7(가능하다고 생각함)을 마찬가지로 무시한다. 이런 식으로 법원은 T_3를 하나의 새로운 개념 T_8로 바꿔치기한 것이다. 정확하게 바로 이러한 잘못 표현된 단어 사용 규칙에 의미론적 오류가 들어 있다는 것이다. 연방헌법재판소는 법률 개념 T_3를 위한 단어 사용 규칙을 존중하는 대신에 규범 N_1에는 포함되지 않은 하나의 다른 법률 개념 T_8를 확정(festlegen)한 것이다. 이러한 잘못 구성된 단어 사용 규칙을 표현하자면 다음과 같다.

$$W_3\text{: } (x)(M_6x \rightarrow T_8x)$$

결국, 위 사안에서 헌법재판소는 단어 사용 규칙 W_3를 기초로 현행 형법 제261조 제2항 제1호와 다른 내용의 새로운 규범 N_2를 구성한 것이다. 이 새로운 규범은 2개의 선택지를 가지고 있다. 그중 첫 번째의 것은 규범 N_1에 상응한 것으로, 옳은 T_3를 포함하고 있는 것인데, 소극적(부

물건이 제1항에서 언급된 위법한 범죄로 생긴 것임을 경솔하게 인식하지 못한 자는 2년 이하의 자유형 또는 벌금형으로 처벌한다).

정적) 표지로 보충된다. 달리 말해 당사자(피고인)가 '형사변호인이 아니다'($\neg T_9x$)라는 소극적 표지가 덧붙여진 것이다. 이러한 첫 번째의 선택지는 변호사가 아닌 누구에게나 적용되는 것이다. 여기서는 통상의 고의 개념 정의에 그대로 머물고 있는 상태이다. 두 번째 선택지는 이에 반해 형사변호인에게 적용되는 것이다. 여기서는 통상의 고의의 개념 정의 T_3 대신에, 새로운 개념, 즉 보다 좁은 고의 개념 T_8이 사용된다.[174] 이러한 새로운 규범 N_2는 다음과 같이 표현될 수 있다.[175]

$$N_2\text{:}\ (x)(T_1x \wedge T_2x \wedge T_3x \wedge T_4x \wedge T_5x \wedge \neg T_9x) \vee (T_1x \wedge T_2x \wedge T_8x \wedge T_4x \wedge T_5x \wedge T_9x) \rightarrow ORx$$

클라트는 여기서 연방헌법재판소의 결정적 오류는 이 절차가 분명하게 제시된 것이 아니고, 오히려 N_1의 해석으로 규범 N_2의 새로운 형성이 표현되고 있음을 지적한다. 헌법재판소는 형사변호인을 위해서는 T_3보다는 좁은 개념인 T_8을 적용함으로써 규범의 적용 범위를 제한하였다. "제한(적) 해석"(einschränkende Auslegung)으로 표현된 연방헌법재판소의 조작은 실제로는 '목적론적 축소·환원'(teleologische Reduktion)의 형태로 행해진 이른바 법 창조·보충(Rechtsfortbildung)이라는 말이다. 왜냐하면 연방헌법재판소는 그 규범에 추가적인 개념들 T_8와 T_9을 포함시켰기 때문이다. 헌법재판소는 존재하는 법률 개념 T_3를 너무 넓다고 보고, 제한적 개념 T_8를 규범 안으로 받아들인 것이다. 이것은 개념 T_3에

174 Klatt, a.a.O., S. 363.

175 Klatt, a.a.O., S. 364.

타당한 단어 사용 규칙 W_1을 근거로는 더 이상 단어의 한계 내에 있지 않은 법적 구성요건 표지의 보충이라는 말이다. 이런 방법으로 헌법재판소는 규범의 의미론적 한계(semantische Grenze der Normen)를 넘어서 버린 것이다. 달리 말해 헌법재판소는 형법 제261조 제2항 제1호를 해석한 것이 아니고, 그 규정을 달리 구성한 것(umformulieren)이다. 이로써 헌법합치적 해석의 한계를 넘어선 것이라는 지적이다.[176]

연방헌법재판소는 자신의 판결 결과에 대해 확신을 줄 수 있는 근거들을 반드시 제시해야만 함에도 이를 게을리한 것을 지적하면서, 사실 형법 제261조 제2항 제1호의 법문(Wortlaut)은 너무 넓고 언급된 헌법적인 이유로 제한이 필요하다는 것을 지지하는 많은 사유들이 있다는 점을 클라트도 인정한다. 특히 바람직한 형사변호의 보장이라는 관점에 모순되는 판결이 인용되기 어렵다는 것도 수용한다. 그럼에도 불구하고 여기서 비판의 대상은 단지 법원의 방법론적 처리방식(methodisches Vorgehen)에 관련된 것임을 강조한다. 헌법재판소는 '고의적'이라는 개념의 의미론적 한계로 인해 자신들은 더 이상 헌법합치적인 해석을 하지 못함을 밝히고, 동 규정의 헌법 위반성을 확인하는 데 그쳐야 하는 것이고, 명시적인 변호인의 특권을 그 규범에 도입함으로써 수정·보수할 수 있는 적임자는 단지 입법자일 뿐이라는 말이다.[177] 의미의 한계를 넘어선 헌법재판소의 결정은 바로 입법자의 권한을 침해하는, 삼권분립에 반하는 것임을 강조하고 있는 것이다. 이것은 독일뿐만 아니라 우리나라의

---

176 Klatt, a.a.O., S. 364.

177 Klatt, a.a.O., S. 364.

법관, 특히 대법관들도 경청해야 할 삼권분립의 기초라고 할 것이다.

종합적으로 클라트는 앞선 사례는 단지 의미론적 한계를 넘어서는 하나의 유형인 의미론적 오류를 보여 주는 것일 뿐이고, 지금까지 살펴본 의미론적 한계의 본질적인 표지를 언급한다면, 만약 해석이라는 이름으로 법 적용자에 의한 글의 수정·텍스트의 변경(Textkorrektur)이 일어난다면 그것이 바로 의미론적 한계를 넘어선 것이라고 요약한다. '제한적 해석'(restriktive Interpretation)은 물론이고, '목적론적 축소·환원'(teleologische Reduktion)도 이에 포함된다. 이런 경우는 입법자에 의해 주어진 규범문(Normtext)이 법 적용자에 의해 구성된 유사-규범문(quasi-Normtext)을 통해 대체되어 버린다는 것이다. 해석이라고 선언되지만 실제로 그것은 해당 개념의 한계를 넘어서는 법 창조(Rechtsfortbildung)라는 말이다. 이렇게 되면 새로운 규범, 변경된 규범이 그 자리에 들어서게 된다.[178] 클라트의 말처럼, 이러한 규범의 변경이 마치 규범의 개념 정의인 것처럼 행해지면 그것은 쉽게 은폐된다.

클라트는 포섭을 위해 가져온 단어 사용 규칙은, 법률규범으로부터 주어진 개념이 아니라 하나의 다른 개념이 선택된다면 잘못 구성된 것이 되고, 하나의 규범에 추가 구성요건 표지를 첨가하는 것은 그 적용 범위의 축소나 확장을 초래하게 되므로[179] 이러한 제한은 곧 목적론적 환원일 뿐 해석이 아니라는 것이다. 즉, 의미론적 한계의 일탈이 된다. 당연한

178 Seebode, "Wortlautgrenze und Strafbedürfnis. Die Bedeutung des Wortlauts des Strafgesetze am Beispiel eigennütziger Strafvereitelung", *JZ*(1998), S. 781, 782(범인비호죄를 예로 들어 유추금지의 실질적 의미를 보여 주는 글임); Klatt, a.a.O., S. 365.

179 Klatt, a.a.O., S. 365.

지적이지만 여전히 문제는 클라트의 입장에 따르더라도 아직 그 한계를 넘어선 것인지 여부에 대한 손에 잡힐 만한 기준을 발견하기 어렵다는 것이 본질적인 것이다.

(3) 클라트(Klatt)의 결론

브랜덤의 의미론을 이용하여, 언어철학적 비판과 언어학적 비판에 맞서 '언어적 의미의 규범성'을 지켜 낼 수 있었다는 것이 클라트의 주장이다. 이제 이것을 기초로 해서 의미론적 한계에 대한 하나의 새로운 시스템이 암시되었고, 연방헌법재판소의 금전세탁 판결 분석을 통해 그 의미론적 한계의 한 유형을 설명할 수 있었다는 것이다. 동시에 언어적 의미의 규범성을 위한 고도로 복잡한 언어철학적 고찰들이 분석적 방법론의 도구들과 결합될 수 있고, 법원의 판결들의 분석을 위해 풍성하게 만들어질 수 있다는 것도 보여 주었다고 자평한다.[180]

앞서 지적했듯이, 클라트 자신도 의미론적 한계에 대한 이론도 모든 사례에서 그 의미의 한계가 어디에서 시작하는지를 보여 주지는 못하며, 개별적 개념들에 대한 보편적으로 타당한 진술을 제시할 수는 없다는 것을 인정하고 있다. 언어적 의미는 하나의 전체적인 구조(holistische Struktur)를 가지고 있고, 그것은 개별적 화자와 전체 언어공동체의 배경 확정(Hintergrundfestlegung)에 따라 상대적이기 때문이다. 결국 필요하다면 하나의 언어분석적 담론(sprachanalytischer Diskurs)만이 남아 있다고 한다. 달리 말해 담론·담화를 통해 그 사회의 전체 언어공동체

180 Klatt, a.a.O., S. 365 f.

의 언어 사용 규칙을 확정하는 것에 기댈 수밖에 없다는 것이다. 결국은 언어의 의미의 한계에 대한 토론이 가능하고, 필요하다는 말이기도 하다.[181] 따라서 이러한 담론·논의의 중요한 논증 형태는 단어 사용 규칙들을 지시·제시하는 것임은 당연한 귀결이다. 클라트는 지금까지의 서술에서 소개된 이론의 유용성은 무엇보다 상이한 유형의 의미론적 한계들의 구별을 가능하게 했다는 것이라고 자평한다. 즉 이에 따르면 단어 사용 규칙의 효력 및 법률 개념들의 의미의 구조에 대한 언어분석적 담론이 보다 세분화되고 상세하게 이루어질 수 있다는 것이다.

의미론적 한계에 대한 모든 이론은 의미론의 수행능력(Leistungsfähigkeit)과 조종력(Steuerungskraft)의 가치를 인정하는 것을 그 출발점으로 한다. 달리 말해 의미론의 가치를 인정하지 않는다면 의미론적 한계에 관한 이론도 등장할 수가 없는 것이다. 따라서 동시에 의미론적 한계의 문제는 결국은 의미론적 논증(semantische Argumentation)이 법에서 가지는 위상과 가치(Stellenwert)를 설명해 주는 것이 된다.

하지만 클라트가 보기에는, 정당한 이유가 있으면 의미론적 해석의 결과로부터 벗어날 수 있다는 것이 많은 사람들로 하여금 의미론적 논증의 가치를 사소한 것으로 평가하도록[182] 만들어 버린다. 범주들과 구조

---

181 Klatt, a.a.O., S. 366.

182 이런 의미로는 Bix, *Law, Language, and Legal Determinacy*. Oxford: Clarendon Press(1993), pp. 178-182; Esser, *Vorverständnis und Methodenwahl in der Rechtsfindung*, Frankfurt am Main: Athenäum(1970), S. 103 f.; Arthur Kaufmann, *Analogie und "Natur der Sache". Zugleich ein Beitrag zur Lehre vom Typus*, 2. Aufl., Heidelberg; Hamburg: v. Decker & C. F. Müller(1982), S. 42; Hruschka, *Das Verstehen von Rechtstexten : zur hermeneutischen Transpositivität des positiven Rechts*, München: C. H. Beck(1972), S. 102; Pawlowski, *Methodenlehre für Juristen. Theorie der Norm und des Gesetzes*, 3. Aufl., Heidelberg: C. F. Müller(1999), Rn. 458, 507.

들을 통해 언어적 의미의 연속체(continuum)를 분석하려는 이론적 시도에 대한 격렬한 비판과 의미론적으로 불명확한 경우에 부딪히는 어려움 때문에 의미론적 논증은 법학 방법론에 의해 경시되거나, 점점 불편하게 여겨지기도 했다는 점도 부인할 수 없고, 심지어 극단적 입장에서는 의미론적 논증은 어떠한 고유한 가치를 가지지 않는다는 평가를 받기도 하고, 결국 법률의 의미는 오히려 다른 법적 논증 형태들로부터 나온다고 주장하는 입장들도 있다.[183] 하지만 클라트는 이와 달리 앞서 제시된 의미론의 구조들은 의미론적 해석의 새로운 이론을 위한 주춧돌로 파악될 수 있다고 자찬한다. 따라서 전체적으로 법을 위한 의미론적 해석의 재활·복권이라고 언급될 수 있고, 해석 기준의 순위를 둘러싼 논증에 대해서도 의미가 있다는 것이다.[184]

언어관행(Sprachpraxis)은 마치 해체주의적 입장들이 받아들이고 있는 것과 같이 한계 없는 언어적 자의를 특징으로 하는 비구속적인 말하는 방식(façon de parler)의 의미에서 파악되는 것이 아니라, 오히려 실제 암묵적 규범들이 존재하고, 그 규범들의 구조는 앞서 제시된 용어들로 분석되고 재구성될 수 있다는 것이다. 이런 방식으로 하나의 언어공동체에서 개념적 내용이 형성되는(herausbildet) 구조들에 접근 가능해진다는 것이다. 이 때문에 해석이 어려운 사례와 쉬운 사례들 사이의 법이론적 구별도 정당화될 수 있고, 의미의 확인(Feststellung)과 의미의 확정

---

183 Klatt, a.a.O., S. 366-367; 이러한 입장으로는 Schefer, *Konkretisierung von Grundrechten durch den U.S. -Supreme Court- Zur sprachlichen, historischen und demokratischen Argumentation im Verfassungsrecht*, Berlin: Duncker & Humblot(1997), S. 154 참조.

184 Klatt, a.a.O., S. 367.

(Festsetzung) 사이의 법이론적 구별도 정당화될 수 있다는 것이다. 언어학 진영에서의 비판처럼 언어의 의미, 법문의 의미가 전적으로 그 사용에 좌우된다는 것에 동의할 수 없다는 것이다.

또한 클라트는 법률들의 해석은 전체적으로 볼 때 담론적 성격(Diskurscharakter)을 가지고 있다고 하는 대화이론적 특성을 강조한다. 어떤 언어 사용 규칙이 특정 공동체에서 규범적인 것으로, 즉 상대방도 동의하는 것으로 받아들여질 것인지는 그 주장과 이유를 제시하고 수용하는 과정을 통해서만 가능하다는 것이다. 달리 말해서 해석들은 법률에 의해 사용되는 개념들의 의미에 관한 (당사자들 또는 판사의) 주장들이다. 이러한 주장들은 법 적용자에 의해서 옳다는 주장과 이유들의 제시와 함께 표현되는 것이고, 이러한 일련의 이유들 내에서 의미론적 규범성이 발견된다는 말이다. 그는 법에 대해서는 이러한 의미론적 규범성이 언어의 외부성(Externalität)으로 표현된다고 한다. 이러한 외부성이라는 것은 법률 해석의 영역에서 언어분석적 논의에 등장·활용할 수 있는 논거의 수와 유형은 제한된다는 의미이다.[185] 모든 가능한 의미가 논의에 던져질 수 있는 것은 아니고 의미론(Semantik)에 관련된 이유들만이 허용된다는 말이기도 하다.

끝으로 클라트는 언어분석적 담론은 존재하는 규범들을 명확하게 함으로써 의미를 확인(feststellen)하는 기능을 가지고 있음을 강조한다. 개별 화자들이 확인을 위한 권한이 있는지에 대한 담론과 개별 언어행위의

185 Klatt, a.a.O., S. 367.

규범론적 상태에 관한 담론이 관건이라는 것이다.[186] 입법자의 권한을 행사할 수는 없다는 것이다.

5) 소결

결론적으로 클라트는 법문의 의미 규명·확인(해석)과 확정·결정(법 창조)은 구별할 수 있으며, 아무리 언어가 맥락에 따라 그 의미가 달라진다고 하더라도 일정 범위에서 변하지 않은 의미가 있고, 이를 사실이 아닌 규범이라고 한다면 법문의 의미의 규범성(언어 사용 규칙)을 인정하는 것이 옳다고 주장하고 있는 것이다.

하지만 독일연방대법원의 금전세탁(Geldwäsche) 판결에서 목적론적 축소해석이 법문의 언어 사용 규칙을 어겨 자의적으로 법문의 내용을 바꾸어 버리는 오류를 범했다는 클라트의 분석은 다른 관점에서 보면 의미론적 분석이라기보다는 체계적 논거를 이용한 주장으로 보이기도 한다는 점에서 특별히 그의 주장을 뒷받침하는 기능을 한다고 보기 어렵다.

여하튼 법문의 가능한 의미의 한계라는 표지가 지금까지의 클라트의 설명만으로 언어학자들에게 '주어진 법문의 의미 확인'과 '새로운 의미 창설'을 구별하는 기능을 수행하는 기준으로 수용될 수 있을 것이라고 하기는 쉽지 않아 보인다. 법학에서의 법 해석과 법 창조의 구별 가능성이라는 원칙을 지키기 위한 그의 노력은 다양한 측면으로부터 비판을 받고 있고,[187] 언어이론·언어철학적 관점에서는 여전히 법학자들의 이상

---

186 Klatt, a.a.O., S. 367-368.

187 Christensen / Sokolowski, "Das Schweigen der Wörter oder: warum Matthias Klatts Versuch einer Rehabilitierung der Wortlautgrenze durch einen semantischen

한 정당화를 수용하기 어렵다는 입장을 유지하고 있다고 해야 할 것이기 때문이다.

법문의 가능한 의미라는 기준이 유효하거나 타당하다는 판단을 받기 위해서는 사실상 누구도 어떤 특정의 언어 사용 규칙을 주장할 수 없는 사례에서 어떤 기능을 하는 것인지를 볼 수밖에 없고, 만약 클라트의 기준도, 다툼이 있는 경우는 모두 법의 창조라고 결론 내린다면, 오히려 언어의 사용에 의해서 그 의미가 결정된다는 언어학 진영의 비결정론이 기하급수적으로 변해 가는 세상에서는 법률의 의미에 대한 보다 상식적인 이해가 될 수도 있을 것이다.

그렇다면 현재의 법학, 특히 형법학과 침해행정 영역에서 주장되는 유추금지의 요청은 실질적으로 지켜질 수 있는 요구인 것인지, 적어도 언어학 진영에서의 지적을 수용하는 법학의 태도는 어떠해야 할 것인지를 고민해 볼 필요가 있다.

6. 형법·침해적 행정법에서 법 해석과 법 창조 구별의 함의

형벌, 보안처분, 기타 형사제재를 부과하는 형사법 영역이나 국민의 재산권 침해를 초래할 수 있는 조세행정이나 기타 침해·침익적 행정 영역에서 유추금지는 포기할 수 없는 법치국가적 요청이자 국가권력의 정당화의 조건이라고 하지 않을 수 없다.

Objektivismus von vornherein zum Scheitern verurteilt ist", *SOULL-Sources of Language and Law*, https://legal-linguistics.net(2025. 8. 20. 최종 방문)에도 상세한 비판적 분석이 제시되어 있다.

하지만 크립키나 콰인과 같은 언어학 전문가들인 언어학자, 언어철학자, 다양한 언어학 관련 분야의 전문가들은 인간 사회의 언어의 의미·뜻은 언어의 사용에서 정해지는 것이지, 사전에 규범적으로 '이것이다'라고 정의할 수 있는 의미가 선존한다는 주장을 쉽게 수용하지 못하겠다는 태도를 보인다. 그럼에도 불구하고 법이론과 실무에서는 '법문의 한계', '법문의 가능한 한계', '법문의 의미의 가능한 한계' 등의 표현으로 실정 법률에서 사용된 언어(단어, 자구, 문장 등)에 포함된 의미와 그렇지 않은 의미를 구분할 수 있다는 주장을 굽히지 않는다. 법문은 제정되는 순간부터 구체적인 사례에 적용되기 이전에 이미 정해진 일정한 의미·뜻을 가지고 있는 것이며, 그 뜻을 찾아내는 작업은 법관의 고유한 일이라는 것이 종래 법학 내에 퍼져 있던 인식이다. 최근에는 그러한 의미를 찾아가는 일에 당사자들의 대화가 중요한 기능을 한다는 담론이론·대화이론적인 인식이 득세하고 있는 것도 볼 수 있다.

이러한 언어의 이해에 대한 평행선은 결국 언어에 대한 비전문가인 법률가들의 독단이 낳은 현상으로 보일 수도 있으나, 법률 전문가들은 법학·실무에서는 법학·실무의 고유한 언어 사용의 권리가 있다는 주장으로 대응하기도 한다.

무엇보다 피고인의 처벌과 불처벌의 한계를 긋는 일을 이러한 불안정한 기준에 맡긴다는 것은 우선 법치주의원칙을 정면으로 부인하는 일이 될 수 있다는 점에서 어떤 방식으로든 최소한의 동의를 받을 수 있는 판단기준, 유추와 확장 그리고 해석을 구별하는 판단기준을 제시하는 것이 법학계의 의무라고 하지 않을 수 없다.

의무를 이행하는 방법에 대해서 다양한 생각들이 있을 수 있을 것이고,

필자가 보기에 그 답은 유추가 금지되는 법 영역에서는 사전적·문법적·문리적 해석만을 허용하는 것(최대한 넓혀 본다면 체계적 해석까지만을 허용하는 것)에서 찾아야 할 것으로 보인다.[188] 여기서는 왜 문리적(체계적) 해석에 제한하는 것이 절충적 해법이 될 수 있다는 것인지, 1990년대부터 지금까지 언어학·철학적 관점에서는 법률가들의 해석방법론에 대한 어떤 내용의 비판적 목소리를 내놓고 있는지는 소상히 다루지는 못한다.[189]

다음 장에서는 그렇다면 과연 그 '의미'(meaning, Bedeutung)는 도대체 무엇인지에 관한 중요 논의를 함께 따라가 보자.

---

188 김성룡, "유추의 구조와 유추금지", 『법철학연구』, 제12권 제2호(2009), 35쪽 이하, 특히 75쪽 참조.

189 최근의 언어학자·언어철학자들의 법 해석방법론·법적 의미론에 대한 반론들에 대한 분석은 다른 지면을 이용하기로 한다. Kuntz, "Die Grenze zwischen Auslegung und Rechtfortbildung aus sprachphilosophischer Perspektive", *AcP*, Bd. 215(2015), S. 387-449; Dietrich, "Semantische Regeln und Rechtsnormen. Ein Grundproblem von Gesetzesbindung und Auslegungsmethodik in linguistischer Sicht", in: Rudolf Mellinghoff / Hans-Heinrich Trute(Hrsg.), *Die Leistungsfähigkeit des Rechts-Methodik, Gentechnologie, Internationales Verwaltungsrecht*, Heidelberg: C. F. Müller(1988), S. 23 ff.; Christensen/Sokolowski, a.a.O. 등을 읽어 볼 만한 가치가 있다.

제3장

의미론의 의미

I. 의미에 소홀한 의미론

「법적 의미의 의미와 법 해석론에 미치는 그 함의」(The Meaning of Legal 'Meaning' and Its Implications for Theories of Legal Interpretation)[1]라는 글의 서두에서 팰런(Richard H. Fallon Jr.) 하버드 로스쿨 교수는 법 해석에 관한 논의에서는 종종 법적 '의미'라는 보다 근본적 개념에 대한 논의는 그저 스쳐 지나가거나 아주 짧은 언급으로 그친다고 지적하면서 이러한 흠결을 바로잡기 위해서 자신이 그 '의미의 의미' 또는 '법적 의미의 의미'에 대해서 연구하게 되었다고 밝히고 있다.

대륙법 전통의 독일이나 우리가 사용하는 용어로 고쳐 쓴다면 '법문의 가능한 의미'가 법 해석의 기준이라면 그 '의미'가 무슨 '의미'인지를 먼저 알아야 할 것이 아닌가 하는 관심인 것이다.

이러한 의미(Bedeutung; meaning)는 언어철학과 언어학에서는 기본 개념이고 정보학이나 인공지능 연구 그리고 인지과학 등에서도 중요한 역할을 한다. 이러한 의미에 대한 이론, 즉 의미론(semantics; Semantik)은 앞서 살펴본 언어학과 법학의 의사소통의 불협화음을 만들어 내는 장소이기도 하다는 점에서 조금이나마 그 의미를 바르게 이해하는 것이 필요하다는 것을 굳이 강조할 필요는 없어 보인다. 법률가, 특히 형법학자의 시각에서 볼 때 법·법률과 관련된 영역의 논의에서 필요한 최소한의 내용만을 발췌하여 정리해 보면서 법에서의 언어학의 의미를 생각해 보기로 한다.

---

1 Fallon Jr., "The Meaning of Legal 'Meaning' and Its Implications for Theories of Legal Interpretation", *The University of Chicago Law Review* 82(2015), pp. 1235-1308.

II. 의미의 의미

1. 의미의 개념 정의

의미(意味)는 국어사전적으로 '말이나 글의 뜻', '행위나 현상이 지닌 뜻', 또는 '사물이나 현상의 가치'라는 뜻을 가진 낱말이다. '어떤 말이나 글이 나타내고 있는 내용', '어떤 사물이나 일, 행동 따위가 지니는 가치나 중요성', 또는 '어떤 일이나 행동 따위에 담겨 있는 뜻이나 의도'로도 풀이된다. '뜻', '함의', '중요성', '내용', '가치', '속뜻', '의의', '중요성'과 동의어로 소개되기도 한다. 영어의 'meaning'이나 독일어 'Bedeutung', 'Sinn'과 '의미'라는 뜻에서는 공통의 의미를 가지고 있다.

이와 관련하여 독일의 언어학 분야에서 이해하는 '통상적인 의미의 의미'란 ① 언어공동체 내에서 주어진 특정 맥락에서 하나의 단어나 표현의 통상적 사용에 관한 지식 또는 ② 사람들이 하나의 기호 또는 언어적 표현에 근거하여 이해하는 것이라고 한다. 또한 ③ 하나의 단어로 표현되는 객체를 의미라고 하는 입장을 지시설(referenztheorie)이라고 하고, ④ (국어)사전적 의미론에서는 하나의 개념을 포괄하는 일련의 속성들을 통해 나오는 의미를 의미라고 한다.

이러한 의미론(Bedeutungslehre, theory of meaning, Semantik, semantics)이 모든 유형의 기호를 다루는 경우는 기호학(Semiotik)의 분과학으로 이해되고, 단지 언어적 표시·기호만을 다루는 경우는 언어학(Linguistik)의 한 분과로 이해된다.

2. 의미라는 단어의 사용례

의미에 관한 이론은 기호학의 중요 부분이라고도 하는데, 현재 독일어 언어 사용 관행에 따르면 '의미'라는 단어는 다음과 같은 대충 8가지 유형으로 사용된다고 한다.[2]

① 하나의 개념 정의를 위해서: '총각'의 의미는 결혼하지 않은 젊은 성년 남성이다.
② 하나의 기호체계로부터 다른 하나의 기호체계로의 번역(바꾸어 씀)을 위하여: 영어 단어 'meaning'은 독일어로는 'Bedeutung'이라는 뜻이기도 하고 'meinend'라는 의미이기도 하다.
③ 하나의 고지·통지의 암시적 의미를 위하여: 어떤 부인이 자기 남편에게 '신호등이 빨간색이야!'라고 말함으로써 그 남편에게 즉시 멈출 것을 요구·암시하였다.
④ 암시·함축을 위하여: 그녀에게는 승진이 중요한 경력을 의미한다.
⑤ 무언가 중요성(Bedeutsamkeit)을 표현하기 위하여: 이 경험은 아주 중요한 의미가 있었다.
⑥ 인과적 맥락에서 원인을 야기한 것을 위하여: 연기는 불을 의미한다. '아니 땐 굴뚝에 연기 나랴!', 또는 실수를 많이 한다는 것은 그가 스트레스를 받고 있다는 것을 뜻(의미)한다.
⑦ 누군가가 무엇을 암시한다, 시사하거나, 엿보이거나, 명령하다는 의미에서 행동으로서: 그녀는 그 남자에게 그녀의 양해를 시사(의미)했다(bedeutet).
⑧ 추정된 사실관계를 위하여

2 "Bedeutung(Sprachphilosophie)", 독일어판 위키피디아(Wikipedia – Die freie Enzyklopädie), https://de.wikipedia.org/wiki/Bedeutung_(Sprachphilosophie)(2021. 7. 1. 최종 검색).

이러한 여러 용법의 의미 중에서 특히 ①~④까지의 '의미'가 언어학에서 관심을 가지는 대상이다.[3] 단어의 구조나 문장의 구조가 의미를 결정하는 기준이 된다는 'Syntax'(통사·문장·구문론), 표현의 의미·내용이 의미를 결정하는 중요한 요소라는 'Semantik'(의미론), 그리고 하나의 표현 사용 맥락이 의미결정의 척도라는 'Pragmatik'(화용론)이 관련 언어철학적 분과학이 이와 관련된 의미를 다루는 분과라고 하겠다. 법학에서 해석 기준들도 이러한 의미론, 문장·구문론과 화용론과 밀접한 관계를 가지고 있다는 것은 누구나 쉽게 짐작할 수 있다.

(언어)철학 영역에서도 일반적으로 받아들여져 있다고 할 수 있는 '의미 개념의 해명·상세한 설명'(Explikation)은 존재하지 않는다. 즉 철학 분야에서 '의미'에 대한 이해는 ① 우리의 인식에 고유한 하나의 대상으로 보거나(인지적·인식적 실체), ② 단지 그 사용을 통해 화용적·실천적으로 추론할 수 있는 것이라거나, ③ 상세하게 정의할 수 없다는 입장까지 다양하다.[4] 법적 영역에서는 위의 ③의 입장을 취하게 되면 죄형법정주의나 규범 준수라는 법체계의 전제를 지키지 못하는 문제가 발생할 것이고, 결국 법문의 의미는 ①과 ②의 입장에 연결될 수밖에 없다는 것을 알 수 있다.

---

3 국내에서 이러한 의미에 대한 구별 시도와 용어 사용에 대한 최근 글로는 강범모, "의미론에서 "의미"와 관련된 용어들의 개념과 번역어", 『언어와 정보』, 제15권 제1호(2011), 79쪽 이하를 들 수 있다. 그곳에서는 라이언스(Lyons)의 구별을 소개하고 있는데, 개념 정의의 의미로서의 의미, 가치로서의 의미, 의도라는 뜻의 의미 등 3가지를 소개하고 있다. 위의 ①, ③, ⑤ 등의 의미로 볼 수 있다.

4 "Bedeutung(Sprachphilosophie)", 독일어판 위키피디아(Wikipedia – Die freie Enzyklopädie), https://de.wikipedia.org/wiki/Bedeutung_(Sprachphilosophie)(2021. 6. 23. 최종 검색).

3. 의미에 대한 철학 분야의 이해들

앞의 ①에 속하는 입장은 기호·단어의 의미를 하나의 특정 대상·실존으로 이해하며, 그 대표적 학자로는 프레게(G. Frege), 러셀(B. Russell), 스트로슨(P. Strawson), 크립키(S. Kripke), 퍼트넘(H. Putnam) 등이 있다. 이들은 의미란 지시의 대상이고, 화자가 기호(개념, 단어)로 연상·연결시키는 생각(Vorstellung) 또는 카르납(R. Carnap)의 내포(intention)과 같은 하나의 추상적 대상이라고 보는 것이다.

앞의 ②에 속하는 경우로는 의미란 다름 아니라 특정의 사용이라는 입장으로, 하나의 언어게임에서 하나의 규칙에 의해 정해지는 하나의 기호의 사용이라는 비트겐슈타인(L. Wittgenstein)과 더밋(M. Dummett), 기호가 사용되는 의사소통적 의도라고 보는 그라이스(P. Grice), 설(J. Searle)과 루이스(L. Lewis) 등을 들 수 있다. 의미란 정의 불가능한 개념이라는 ③에 속하는 입장으로는 대표적으로 콰인(W. V. O. Quine)을 들 수 있다.

나아가 "무엇이 하나의 문장의 의미인가?"라는 물음에 대해서도 철학 분야 전문가들의 대답은 일치하지 않는다. 초기 비트겐슈타인과 데이비드슨(D. Davidson)은 그 문장의 진실조건(Wahrheitsbedingungen)으로, 카르납과 더밋은 그 문장의 증명조건(Verifikationsbedingungen)으로, 후기 비트겐슈타인(Wittgenstein)과 맥도웰(J. McDowell)은 그 문장의 사용이라고 보았다.[5]

---

5 "Bedeutung(Sprachphilosophie)", 독일어판 위키피디아(Wikipedia - Die freie Enzyklopädie), https://de.wikipedia.org/wiki/Bedeutung_(Sprachphilosophie)(2021. 6. 23. 최종 검색).

4. 의미를 둘러싼 다양한 개념들

우선, 이해의 편의를 위해 의미와 관련한 철학·언어학적 논의에 사용되는 중요 개념들을 간략히 확인해 보기로 한다.

1) 명사와 술어로서의 기호

언어적 기호의 의미는 그 기호가 어떤 유형에 속하는지에 좌우된다. 그 유형 중 대표적인 것은 고유명사나 정관사로 표현되는 명사와 같은 단수명사·특칭명사(singuläre Termini)로 이것은 하나의 특정 대상을 그 관련 대상으로 취하는 기호를 말하고, (서)술어(Prädikate)는 하나의 대상에게 하나의 특성·속성·특징을 귀속하는 기호를 말하는데, 통상 서술하는 행위, 즉 특정 대상에 어떤 속성을 부여함으로써 개념을 정의하는 행위와 관련이 있다.

2) 생각과 실제를 연결하는 기호로서의 언어

플라톤(Platon)을 시작으로 오캄(Ockham), 로크(J. Locke), 라이프니츠(Leibniz) 등은 언어를 대상들과 생각·사고들 사이를 중재·연결하는 일련의 기호들 또는 기호들의 체계로 파악했다.

이러한 언어-생각-실제(vox-intellectus-res)라는 삼각관계에 대한 논의에서는 언어가 일련의 기호 또는 기호의 체계로서 대상들에 대해 직접적 관계를 가지는 것(상응성·상사성)[6]인지, 즉 기호가 본질적으로 하나의 고

6 'Ikonizität'(상응성), 'Ähnlichkeitsverhältnis'(유사성) 등으로, 피어스의 'icons' 개념에 연관된 것이다. 기호 수단과 기호 대상 간의 유사성을 의미하는 기호를 'icon'이라고 정의한다.

유한 의미를 가지고 있는 것인지, 아니면 언어는 단지 의지적으로 투입되는 것(자의성·임의성)[7]이고 단지 사고의 표현에 불과한 것인지가 쟁점이 되어 왔다.

3) 뜻의 최소 단위로서의 형태소

하나의 언어체계에서 뜻·의미를 가지는 가장 작은 단위를 사전적·언어 어휘상의 형태소(morphem)라고 한다. 형태소는 더 나누어 버리면 그 말의 뜻을 잃어버리게 되는 최소 단위이다. 자립형태소, 의존형태소, 실질형태소 그리고 형식형태소로 구분하기도 한다. 언어는 문장, 절, 구, 어절, 단어, 형태소, 음절, 음운 등으로 나누기도 한다. 형태소가 곧 단어인 경우도 있지만, 의존형태소들이 서로 엮여야 비로소 단어가 되는 경우도 있다. '법'(法), '복'(服)과 같이 하나의 어근으로 된 단어(단일어)는 그 자체가 형태소이기도 하고, 둘 이상의 형태소로 구성되는 복합어('법복')도 단어라는 점에서 형태소와 단어를 대소의 관계로 구분하기는 어렵다.

4) 중요·부수의미, 내포와 외연(표시·암시의미)

밀(J. S. Mill)은 자신의 『논리학의 체계』(A System of Logic, 1843)라는 책에서 하나의 개념의 '중요 의미'(denotation; Denotation)를 '부수적 의미'(connotation; Konnotationen)와 구별했는데, 예를 들어 전자를 '인간'이라고 하면, 후자는 '발이 둘'이고, '언어능력이 있고' 등등으로 표현

---

7 'Arbitrarität'(자의성), 'Willkürlichkeit'(임의성). 자연적 필연성에 대응하는 자의성·임의성으로 옮겨진다. 기표와 기의 사이에는 자연적으로 주어지는 필연적인 법칙성 대신에 인간사회·인간들 사이의 관습이나 합의·약속에 근거하는 관계가 있음을 표현한다.

할 수 있다. 일반 개념의 중요 의미, 즉 'denotation'은 그 개념 범위에 속하는 모든 개별자들이 그 개념으로 표현되는 데 반해, 부수적 의미인 'connotation'은 기본(근본) 개념의 정의를 위해 적합한 그 개념의 모든 속성들을 말한다는 것이다. 'Connotation'[8]은 맥락에 따라 변화할 수 있는 것으로, 달리 표현하자면, 표시된 대상과 필연적으로 결합된 것은 아니다. 물론 이러한 'denotation'과 'connotation'은 술어와 속성들과 관계한 것으로서 대상들의 부류를 정의하는 일반 개념에만 적용 가능하다는 제한이 있다. 개별적인 것들을 표시하기 위한 고유명사는 결국 구체적인 개별(단수의) 대상을 정의하는 데 기여하는 단수 개념들이라는 점에서 차이가 있다.

한편, 이와 유사한 구별로 볼 수 있는 '내포'(intension; Begriffsinhalt)와 '외연'(extension; Begriffsumfang)은 카르납(Rudolf Carnap)에 소급한다. 개념의 내용을 말하는 내포에 따를 때, 개념이란 그 개념을 떠올리면 생각나는 속성들로부터 도출되는 것이고, 개념의 범위를 말하는 외연은 특히 개념의 표지들이 적용되는 모든 대상들을 표시하는 것이라고 말할 수 있다. 예를 들어 형법에서 자주 등장하는 "'재물'(財物)이라는 개념은 어떤 표지들과 결합되어 있는가?"라고 할 때에는 그 재물이라는 개념의 내포를 묻는 것이고, "재물에는 집, 자동차, 수표, 현금 등이 있다."라고 할 때에는 재물의 외연, 즉 그 개념이 미치는 범위(외곽한계)에 포함되는 대상들을 말하는 것이다.

물론 이와 관련하여 국내에서는 'denotation'은 '표시의미'로,

---

8 논리학에서는 개념의 내용을 의미하고, 언어학에서는 부수적인 의미를 뜻한다.

'connotation'(Konnotation)은 '암시의미'라고 번역하여 사용하고 있고, 'extention'은 외연', 'intention'은 내포'라고 하여 이들을 구별하자는 의견도 있다.[9] 'connote'의 사전적 의미가 '암시하다', '내포하다', '의미하다' 등의 의미로 소개되고 있고, 'denote'의 사전적 의미가 '의미하다', '조짐을 보여 주다', '상징·표시이다', '외연을 나타내다', '지시하다' 등으로 정의되고 있다는 점에서 두 단어의 사용 맥락에 따라 표시의미, 암시의미를 나타내거나 '표시하다', '암시하다'는 등으로 이해하는 것이 적절해 보인다.

5) 메타·상위언어와 대상언어

개념의 의미에 관해 말할 때 우리가 어떤 관점에서 하나의 개념을 사용하는지에 따라 메타·상위언어(meta language)와 대상언어(object language)로 구별하기도 한다. "형법이라는 단어는 우리나라의 법률들 중에서 하나의 법률의 이름이다."라는 진술에서는 형법이라는 이름으로 표현되는 대상, 형법이라는 법률에 대한 진술이 등장하고 있다. 즉 여기서는 대상('형법이라는 이름의 법률')언어(object language; Objektsprache)가 문제 되는 것이다. 이에 반해 예를 들어 "형법은 형(刑)과 법(法)이라는 형태소들이 결합된 단어이다."라는 진술에서는 형법이라는 표현이 어떤 대상과 연결·결합된 것인지와 무관하게 형법이라는 단어 자체에 관한 진술이 등장하고 있는 것이다. 쉽게 말해서, 대상언어보다는 고차원의·상위의 언어, 즉 메타언어(metalanguage; Metasprache)가 문제 되는 경우

9 강범모, 앞의 글, 85-86쪽.

이다. 대상언어에 대한 진술, 대상언어의 진위에 대한 진술도 역시 메타 언어라고 할 수 있다.

6) (구문·문장)통사론, 의미론, 그리고 화용론

이미 언급된 바와 같이 언어학에서 구문(통사)론, 의미론, 화용론의 구별은 모리스(C. W. Morris)의 기호론에 소급한다. 통사론(統辭論)으로도 불리는 'Syntax'는 '합치다', '통합하다', '모으다'라는 뜻과 '순서·질서', '차례' 등의 뜻을 가진 고대 그리스어에서 유래한다. 이것은 자연어 또는 기술적 기호체계에서 서로 결합된 기호들을 만들기 위한 기초적인 기호들의 조합을 위한 어떤 규칙체계를 말한다. 문장론의 이러한 결합규칙들은 의미론의 해석 규칙과 대응한다고 말하기도 한다. 모리스의 구별에 따르면 통사론은 하나의 표현 안에서 언어적 기호들의 상호간의 관계를 말한다. '의미론'(semantics)[10]은 '기호를 주다', '표현하다'(σημαίνειν; sēmaínein)는 고대 그리스어에서 유래한 것으로 의미이론(Bedeutungslehre)이라고 부르기도 한다. 표시된 대상들에 대한 관계로서 언어적 표현들의 의미를 제시하는 것이라고도 한다.

화용론(Pragmatics; Pragmalinguistics)은 저마다의 맥락에서 주어진 관계로부터 나오는 하나의 표현의 의미를 중시하는 것으로 고대 그리스어로 '행동'·'행위'라는 의미를 가지고 있다. 저마다의 구체적 상황에서 언어적 표현을 사용할 때 단어적인 의미가 아니라(nicht wörtlich), 맥락에

---

10 'semantics'라고 하는 단어는 프랑스 언어학자 미셸 브레알(Michel Bréal)이 1897년 발간한 책의 이름(*Essai de sémantique*)에서 처음 등장한 것이라고 알려져 있다. 카르납은 화용론, 통사론과 대비하는 개념으로 의미론을 체계적으로 제시한 인물로 볼 수 있다.

의존하는(kontextabhängig) 의미를 찾아내는 것이 관심의 대상이 된다.[11] "저기 있는 키 좀 줄래?"라는 표현에서 '키'라는 단어·개념의 의미가 문을 여닫는 열쇠로서 '키'인지, 배의 방향을 조종하는 장치를 말하는 '키' 인지, 곡식 따위를 까불어 쭉정이를 골라내는 농기구를 뜻하는 것인지, 컴퓨터의 자반에서 떨어져 나온 글자판을 의미하는 '키'인지는 단지 그 단어의 사용 상황, 맥락에 의존한다는 것이 화용론의 관심인 것이다.

7) 화자와 해석자

의미론에서는 첫째, 언어적 의미와 둘째, 화자가 하나의 표현으로 전달하려고 했던 것, 즉, 화자가 의미한 것에서 도출되는 화자의 의미(speaker's meaning; Sprecherbedeutung),[12] 그리고 셋째, 언어적 표현의 수신자가 자신의 해석에 근거하여 그 언어에 부여하는 수신자의 의미가 구별된다. 성공적인 의사소통이 되려면 말하고자 한 의미가 그렇게 이해될 것을 요구한다고 할 수 있고, 따라서 의미이론은 종종 이해이론(Verstehenstheorie)이라고도 불린다.

특정 단어의 언어적·사전적 의미, 그 단어를 사용한 화자가 말하고자 한 의미, 그리고 그 진술을 듣는 수신자가 자신의 해석에 근거하여 이해한 의미가 모두 동일하다는 보장이 있다면 모든 의사소통은 성공적으로

---

11 앞서 법문의 가능한 의미의 한계와 관련하여 언급되었듯이, 맥락에 의존하는 언어와 그렇지 않은 언어의 구별 자체가 명확하게 이루어질 수 없으며, 의미론과 화용론 모두에서 맥락이 작용한다는 점에서 맥락은 의미론과 화용론의 경계지표가 아니라 연결지표로 이해되어야 한다는 주장도 있다. 이에 대해서는 정동규, "의미의 맥락의존성 연구", 한국독어학회, 『독어학』, 제30집(2014), 99쪽 이하 참조.

12 그라이스(P. Grice)에 의해 언어학적 논의에 도입된 것으로 소개된다.

마무리될 것이지만, 그렇지 않다는 점이 바로 언어학이나 법언어학에서 의미론이 관심의 대상이 되는 이유일 것이다.

8) 자연적 의미와 비자연적 의미

1957년 그라이스(H. P. Grice)의 「의미」(“Meaning”)라는 글이 출간된 이후 자연적 의미와 비자연적 의미를 상호 구분하는 관행이 널리 퍼져 있다.

> “이 반점은 홍역을 의미합니다.”[13]
> “이 벨이 세 번 울린 것은 (버스에서) 버스가 만원이라는 의미입니다.”

이 두 문장 중 전자에는 인과적으로, 자연과학적으로 설명 가능한 기호와 그 의미 사이의 관계가 들어 있고, 후자에서 기호는 인간의 의도에 근거한 그 의미를 포함하고 있는 것이다. 달리 말해 전자의 반점이 홍역을 의미한다는 것은 홍역이 반점이 발생하게 된 인과적 원인임을 설명할 수 있다는 것이고, 버스 운전자가 벨을 세 번 울린 의도는 버스가 만원임을 알리기 위한 것이었다는 말이다. 전자는 자연적 의미(인과성), 후자는 비자연적 의미(의도)에 해당한다.

---

13 “저 반점들은 홍역을 뜻해요.”, “저한테는 아무 의미도 없었지만, 의사 선생님께는 홍역을 뜻하는 것이었어요.”, “최근 예산 때문에 올해는 힘든 한 해가 될 것 같아요.” 등은 자연적 의미, 즉 비인지적 의미를 가진 것으로, “벨이 세 번 울리면 버스가 꽉 찼다는 뜻이야.”, “‘스미스는 고난과 갈등 없이는 살아갈 수 없었다.’라는 말은 스미스가 아내를 없어서는 안 될 존재로 여겼다는 뜻이야.” 등은 비자연적 언어, 의사소통적 의미를 가진 예로 사용되었다. Paul Grice, “Meaning”, *The Philosophical Review*, Vol. 66, No. 3. (1957. 7), pp. 377-378.

5. 의미론의 약사(略史)[14]

'의미'(meaning; Bedeutung)는 언어철학이라는 전문 분야의 개념이고, 언어학 자체가 20세기 초에 비로소 독자적 철학 분과로 생겨나기 시작했다는 점에서 그리 오랜 역사를 가진 것은 아니다.

물론 언어는 철학이 생겨난 이래로 그 대상의 하나였고, 예를 들어 플라톤에게는 단어들의 의미가 자연적인 기원을 가지고 있는지, 아니면 단지 관습·관행에 근거하는 것일 뿐인지가 관심사였다고 한다. 이러한 관심은 20세기와 21세기의 논의에서도 유사하게 계속되고 있는 것으로 보인다. 서구철학에 가장 많은 영향을 미친 사조 중의 하나인 스토아 철학에서는 표시·기호, 의미와 관계라는 개념을 구별하였고, 로크(J. Locke)는 기호, 의미의 관계를 연구했고, 생각·표상, 기호와 대상을 상호 연결시켰다. 앞서 소개되었듯이 밀(J. S. Mill)은 'denotation'과 'connotation'을 구별하고 단수·개별명사(singular terms; singuläre Termini) 개념을 관심 대상으로 부각시키기도 했다.

프레게(Gottlob Frege)는 언어에 대한 접근에 새로운 시각을 열었다고 평가되기도 하는데, 사고나 사상은 언어적 표현이기 때문에, 순수한 과학적·학문적 언어를 발전시키기 위해서는 가장 먼저 언어에 대한 관점, 언어를 대하는 시각을 명확하게 하는 것이 필수적임을 강조하였기 때문

---

14 아래의 요약은 "Bedeutung(Sprachphilosophie)", 독일어판 위키피디아(Wikipedia – Die freie Enzyklopädie), https://de.wikipedia.org/wiki/Bedeutung_(Sprachphilosophie)(2022. 6. 23. 최종 검색)을 주로 참고한 것이다.

이다.[15] 프레게의 연구의 기초는 하나의 표현의 의미·뜻(Sinn)과 그 하나의 표현이 관련된 대상들(Bedeutung)[16]을 구분하는 것이었다. 언어철학자들 사이에는 의미란 문장들의 맥락 속에서 비로소 생겨난다는 입장이 광범위하게 퍼져 있지만 여전히 논쟁거리는 개념들이 그 고유한 의미를 가지고 있는가 하는 문제이다.

프레게의 후배이자 자신의 제자 비트겐슈타인과 함께 분석철학의 창시자로 인정받는 러셀은 고유명(사)(proper name; Eigenname)의 의미와 한정기술어구(definite description)에 대해 논구하였고, 비트겐슈타인은 언어와 실제 사이의 모사 이론(Abbildtheorie)을 발전시켰으며, 이 이론은 이상적인 과학·학문언어(Wissenschftssprache)의 기초로 파악되었다.

이에 기초하여 카르납(Paul Rudolf Carnap)은 이론적 개념들을 세밀화하였고, 이상언어(Idealsprache)를 발전시키려 시도했다.[17]

비트겐슈타인(L. Wittgenstein)은 후기 철학에서 규칙들에 따라 이루어지고 언어게임에 의존하는 그 사용으로부터 표현들의 의미가 도출된다는 입장을 펼쳤다. 이를 통해 비트겐슈타인은 '일상 언어철학'(Philosophie der normalen Sprache)의 근거를 마련했다는 평가를 받는다.

---

15 독일의 언어학자이면서 수학자이자 철학자인 프레게(1848-1925)는 논리학 발전에 혁신적인 기여를 한 형식어와 형식적 증명을 발전시킨 사람으로, 현대의 정보학과 컴퓨터공학의 중요한 근거를 마련했을 뿐만 아니라 언어학적 의미론에서 형식적 방법론에 대한 기초를 닦았다는 평가를 받는다.

16 특정 표현의 의미나 뜻을 표현하는 'Sinn'과 이러한 표현이 향해진 대상들(Gegenstände)을 표현하는 'Bedeutung'을 다양하게 옮기고 있다. 전자는 주로 의미·뜻으로 옮겨지고 있고, 후자는 지시·대상·언급 등으로 번역되고 있다. 의미와 지시(체)라고도 하고, 감각과 참조라고도 한다. 'Sinn'을 'sense'로 'Bedeutung'을 'reference'로 옮겨 각각 뜻과 언급으로 구별하는 입장은 최용호, "프레게의 뜻/언급 구별과 일상 언어", 전북대학교 인문학연구소, 『건지인문학』, 제25집, 317쪽 이하.

17 카르납(Paul Rudolf Carnap)은 독일 철학자이면서 논리적 경험주의의 대표자로 인정받고 있다(1891-1970).

스트로슨(P. Strawson)은 진술들은 암묵적·함축된 가정·전제조건(presupposition)을 함유하고 있다고 지적했다.

언어의 사용 이론, 즉 언어의 의미는 사용을 통해 결정된다는 생각은 오스틴(J. L. Austin)에 의해 정초되고 설(J. Searle)에 의해 발전된 언어행위이론(Sprachakttheorie)과 연결되었다. 하버마스(J. Habermas)의 의사소통행위론은 이러한 이론에 대한 독자적인 변형태의 하나로 이해된다.

러셀이 미국의 가장 위대한 사상가로 평가한 퍼스(C. S. Peirce)는 근본적으로 기존 입장에서 일탈적 시도를 한 언어학자로 평가되는데, 대표적으로 그의 실용주의적 격률(pragmatic maxime; maxim of pragmaticism)이라고 불리는 논리학의 격률은 논리학과 같은 규범적 학문에서 규제적 원칙 또는 규범적인 제언들로 기능한다고 하는데, 무엇보다 이 실용주의적 격률의 기능은 다름 아닌 하나의 개념의 의미에 관한 명확성을 획득하는 것이었다. 그 격률의 구체적 내용은 약 30년 동안 끊임없이 수정된 다양한 변형태로 소개되고 있는데, 이러한 실용주의적 격률에서 설명된 의미의 문제는 기호학으로 결합되게 된다. 의미(Bedeutung)에 대한 그의 이해 방식은 개념의 의미는 그 사용에 있다는 입장들의 선구자로 평가받는 근거가 되기도 한다.

퍼스의 입장에서 출발하여 이른바 행동·행태주의적(behavioristisch) 구상을 발전시킨 미국의 모리스(C. W. Morris)의 복안에 따르면, 의미의 설명은 순수하게 관찰 가능한 것에 제한되어야만 한다. 콰인(W. V. O. Quine)은 행동주의를 기본적인 회의주의(scepticism; skepticism)와 결합하면서 도대체 의미라는 것을 설명한다는 것 자체에 대해 의문을 제기했다. 그에 따르면 언어는 전체론적 체계로서 단지 전체로서만 관찰될 수 있는 것이기 때문이다.

언어 표현들의 상황을 특별히 고려하는 것(화용론)은 그라이스(P. Grice)에서 발견되는데 의미(Bedeutung)와 의미한 바(Meinen)[18]의 관계를, 언어·단어의 의미와 이를 표현한 화자가 표현하고자 한 의미를, 화자의 관점에서 고찰하였고, 마찬가지로 루이스(D. K. Lewis)는 사회적 관습의 본성을 분석하기 위해서 게임이론의 개념을 사용하여 화자(話者)의 공동체 내부의 인습(convention)이라는 주제를 발전시켰다.[19]

그간 진전된 논의를 반영하여, 데이비드슨(D. Davidson)은 사실주의적인 입장에 기초한 의미이론을, 더밋(M. Dummett)은 반사실주의적인 입장에 기초한 의미이론을 정초하려 하였다. 사실주의적 입장은 의미를 결정하는 표지로서 진실(truth)이라는 척도를 사용하는 것이고, 반사실주의적 입장은 실증·증명 가능성(verification)이라는 기준을 사용하는 것이다. 이와 달리 맥도웰(J. McDowell)은 비트겐슈타인의 입장처럼 의미는 화자들의 공동체 내에서 사용을 통해 결정되며, 의미의 개념은 의미이론으로 축소할 수 있는 것이 아니라는 주장을 펼쳤다.

크립키(S. A. Kripke)는 이름·고유명사는 엄격한·고정된 지시어라는 명제로 앞서와 다른 관점을 발전시켰다고 평가된다. 크립키는 인식

---

18 영어로는 양자 모두 'mean'으로 표현되고, 독일어로는 언어의 의미는 'Bedeutung', 화자가 그 언어로 표현하고자 한 바는 'meinen'으로 구분할 수 있다. 예를 들어 김성룡 교수가 "오늘 날씨 좋다."라고 말했을 때 "김 교수는 '오늘 날씨 좋다'는 말로 무엇을 말하려 했는가?"와 "'오늘 날씨 좋다'는 말은 무엇을 뜻하는가?"라는 두 가지 물음을 구별할 수 있다. 전자는 화자의 의도를 묻는 'speaker's meaning', 'Sprecher meint'와 관련된 것이고, 후자는 'expression meaning', 'Ausdruck bedeutet'에 관련된 것이다. 이에 더하여 구체적인 발화 상황에서의 구체적인 그 발언의 의미(Äußerungsbeddeutung)도 구별할 수 있다.

19 그가 첫 번째로 발간한 책의 제목도 *Convention: A Philosophical Study*(Cambridge, Massachusetts: Harvard University Press, 1969)였다.

론적 차원에 해당하는 선험(성)(a priori: 후험성[a posteriori]의 반대 개념)과 존재론적 또는 형이상학적 차원에 해당하는 필연성(necessity: 우연성[contingency]의 반대 개념)을 구별하는 것이 중요하다는 입장이었다. 캐플런(D. Kaplan)은 이른바 문맥의존적 지시어(indexicals)와 지시어(형용사·대명사)에 대한 의미론적 분석으로 잘 알려져 있고, 퍼트넘(H. Putnam)은 언어적 분업이라는 개념을 제시함으로써, 개인들은 통상 개념들의 의미 전체를 마음대로 다루지 못하고 의미는 전체 언어공동체와 외적인 상황들에 의존한다는 것을 강조하였다.

이러한 의미론적 외부주의(externalism: 내부주의[internalism]의 반대 개념)에 대한 반작용으로 예를 들면 스탈네이커(Robert Stalnaker)는 의미의 외적 측면은 물론이고 내적 측면도 고려하는 의미론적 콘셉트를 발전시켰다. 앞서도 언급된 브랜덤(R. Brandom)은 자신의 추론적 의미론·추론주의 의미론(inferential theory of meaning; inferentielle Semantik)에서 완전히 다른 관점을 주장했는데, 언어는 추론의 한 과정으로 파악하고, 지시(reference)는 이차적인 것으로 보았다.

압도적으로 언어학의 흐름을 주도하는 분석적 언어철학에 대한 비판적 입장으로는 특히 프랑스를 중심으로 문학에 초점을 맞춘 일단의 학자들이 대표적이다. 포스트 모던을 대표하는 학자로서 리오타르(Jean-François Lyotard)는 비트겐슈타인의 언어게임 이론에 초점을 맞추었고, 데리다(Jacques Derrida)의 해체주의 복안은 숨겨진 함축과 텍스트 의존적 의미의 변동으로 표현되기도 한다. 그에게는 단어와 의미의 고정적 관계를 포함하여 일체적 관계는 존재하지 않고, 의미라는 것이 표현설에서와 같이 기의(Signifikat)와 기표(Signifikant)의 동일성이나 구조주의에서와 같이 두 개의 기호 사이의 안정적인 차이를 통해 생겨나는 것도 아니다.

지금까지의 내용[20]은 언어학 영역에서 특히 의미론의 발전 과정에서 가장 대표적으로 언급되는 인물을 중심으로 아주 간략하게 그 흐름 정도를 정리한 것이다. 아래에서는 법언어학에 대한 이해를 위해 꼭 필요한 내용을 중심으로 의미에 관한 이론의 유형과 내용들을 소개해 보기로 한다.

6. 의미론의 주요 내용[21]

1) 의미론이 해결해야 할 세 가지 물음

무엇이 물질적 세상의 기본적 구성요소들인가, 이러한 요소들 사이에 어떤 조합들이 있는가, 그리고 이러한 결합은 어떻게 생겨났는가 하는 물음이 근현대의 화학 분야에서 중요한 역할을 하는 물음이듯이, 이와 유사하게 의미론에서는 다음과 같은 물음들이 중요한 의미를 갖는다.

> 의미의 기본적인 구성요소들은 무엇인가?
> 이러한 요소들 사이에는 어떤 조합·결합들이 있는가?
> 그리고 이러한 결합은 어떻게 생겨나는가?

---

20 주요 내용은 "Bedeutung(Sprachphilosophie)", 독일어판 위키피디아(Wikipedia – Die freie Enzyklopädie), https://de.wikipedia.org/wiki/Bedeutung_(Sprachphilosophie)(2025. 7. 27. 최종 검색).

21 아래의 내용은 비엔나에서 출생하여 아테네 대학에서 독어독문학과 교수로 재직중인 레흐너(Winfried Lechner) 교수의 수업자료의 내용을 주로 참고한 것이다. 방대한 의미론의 유형과 내용을 아주 간략하게 정리하고 있어서 이 책의 목적에 가장 적절한 자료로 보인다. 원문은 Winfried Lechner, "Theorie der Bedeutung", *Personal Website of Winfried Lechner, National and Kapodistrian University of Athens*, http://users.uoa.gr/~wlechner/Sem2008%2001%20Bedeutungstheorien%20I.pdf(2025. 7. 27. 최종 검색); Winfried Lechner, "Theorien der Bedeutung II: Wahrheitsbedingungen", *Personal Website of Winfried Lechner, National and Kapodistrian University of Athens*, http://users.uoa.gr/~wlechner/Sem2008%2002%20Bedeutungstheorien%20II.pdf(2025. 7. 27. 최종 검색) 참조.

첫 번째 질문은 의미론의 가장 기초적 물음이라고 할 수 있는데, 의미란 무엇인지, 가장 작은 단위, 더 이상 나누어질 수 없는 이러한 의미의 구성요소·부분들은 무엇인가 하는 문제인 것이다. 이러한 구성 부분들을 분리하기 위해서는 가장 먼저 어떻게 하나의 표현의 'denotation'(중요 의미, 표시의미, 외연 등으로 사용되는 개념), 즉 의미론적 가치가 결정될 수 있는지를 밝히는 것이 필요한 것이다. 이것이 바로 의미론의 과제이다. 의미론들은 일반적으로 표현들의 가능한 외연(denotation)들을 상론하고, 어떻게 이 의미가 생성되는 것인지 탐색하는 것을 목적으로 한다. 쉽게 말하자면 언어표현이 가지는 의미, 그러한 의미가 어떻게 생겨났는지를 밝히는 것을 목적으로 하는 것이다.

2) 의미론의 네 가지 중요 유형

일반적으로 의미론의 유형은 적어도 네 가지 정도로 구분될 수 있다고 본다. 첫 번째는 직접적인 지시설(Referenztheorie), 두 번째는 이른바 개념·복안(Konzepte)이라고 하는 추상적 중간 단계의 도움을 통해 간접적으로 의미를 형성하는 정신적 착상들(mentalistische Ansätze), 즉 개념설, 세 번째는 단어 등의 사용에 중점을 두는 행동주의적 사용·용법설(behavioristische Gebrauchstheorie), 그리고 또 다른 대안으로 진실조건(Wahrheitsbedingungen)의 도움을 받아 의미를 정의하는 이론(진리조건설)이 네 번째 유형이다.[22]

---

22 국내에서는 지시설, 개념설, 용법설, 행동설, 진리조건설 등으로 불린다.

(1) 지시설·이론

가. 개요

지시·지시관계(Referenz)[23]라는 것은 언어적 표현들(sprachliche Ausdrücke)과 이 세상의 대상·객체(Objekte)·개별자(Individuen) 사이의 관계를 표현한다. 아주 간단한 사례에서 지시는 개별 단어와 이러한 단어가 기술하는 사람 또는 사물과의 관계를 포착하는 것이다. 예를 들어 고유명사(Eigenname; proper name)의 경우 그 언어적 표현이 대상이 되는 사람 또는 물건을 지시한다는 것이다. '대한민국 현행 형법'이라고 하거나, 대한민국 제1대 대통령이라고 하면 누구나 떠올리는 그 대상(사물 또는 사람)을 지시하는 것이다.

이러한 지시 이론은 단어, 구, 절, 문장들의 의미는 일반적으로 지시 개념으로 소급될 수 있다는 것을 출발점으로 한다. 하나의 단어는 마치 도로명과 도로번호로 구성된 주소가 하는 것과 동일한 목적을 충족한다.[24] 하나의 주소가 통상 하나의 장소를 명확하게 지시·지정하는 것과 같이 저마다의 이름도 통상 정확하게 하나의 개체(Individuum)를 명명한다. 그런 식으로 적어도 모든 고유명사에는 하나의 의미가 지정·할당될 수 있다는 것이다.

물론 여기서는 '통상'·'보통'이라는 부사를 통한 제한은 꼭 필요하다고 보는데, 왜냐하면 주소와 장소 사이의 관계도, 이름과 개체 간의 관계도, 반드시 1:1의 관계를 말하는 것은 아니기 때문이다. 예를 들어 '대학

23 국내에서는 '언급'이라고 옮기는 경우도 있다.

24 Lechner, a.a.O.(*Theorien der Bedeurung*), S. 3.

로 80'이라는 주소는 경북대학교의 소재지를 포함하여 우리나라 안에서만 열 곳이 넘는다. 사람과 이름(고유명사)도 다를 바 없다. '김성룡'이라는 사람은 수백 명이 넘고 '1966년생 말띠인 김성룡'이라는 사람도 수십 명이 넘는다. 이와 반대로 지구상의 모든 장소가 반드시 각각 하나의 주소를 가져야만 하는 것도 아니고, 모든 개체들이—예를 들어 모든 물방울 분자 하나 하나가—하나의 이름으로 정의될 수 있어야만 하는 것은 아닌 것이다. 대부분의 장소는 도로명 주소와 지번 주소를 모두 가지고 있고, 살아 있는 사람들은 이름을 가진 것이 일반적이지만, 이름도 주소도 없는 사람이 있는가 하면, 아호(雅號), 아명, 집에서 부르는 이름 등 여러 개의 이름을 가지고 있는 사람도 있는 것이다. 그런 이유로 '통상, 보통, 일반적으로'라고 하는 제한이 필요하다는 말이다.

지시설은 통상 하나의 언어적 표현의 ('의미론적 가치, 의미, 외연'으로 옮길 수 있는) 'denotation'은 표현이 지시하는—추상적일 수 있는—세상의 개체와 항상 동일하다는 가정에 근거하고 있다. 간략히 줄이면 지시설의 가장 일반적인 표현의 가설은 "언어적 표현 a가 지시하는 것이 a의 의미(외연, denotation)"라는 것이다. 언어적 표현 a의 외연(의미)은 a의 지시 대상이라는 말이다. 이 가설은 지시 이론의 핵심 가설(hypothese)이다.

근대의 지시설 주장자로 대표적인 인물은 영국의 철학자, 정치학자이자 경제학자였던 밀(J. S. Mill)과 오스트리아 제국의 렘베르크의 철학자이자 심리학자였던 마이농(A. Meinong)을 들 수 있다. 이 두 사람은 그들의 이론을 주로 고유명사의 이론으로 이해되기를 원했기 때문에 사람들은 지시설을 밀의 '고유명(사) 이론'으로 부르기도 한다. 이들의 입장은

러셀에 의해 비판되었다.[25]

나. 쟁점

지시설의 문제점은 구체적으로 다음과 같은 질문에 대해 만족할 만한 답을 주지 못한다는 것이다. 예를 들어 레흐너(Lechner)는 무엇보다 앞서 언급한 지시설의 핵심 가설이 부정확한 예측을 하게 만든다고 한다.

첫 번째 문제점은 '지시 대상이 없는 이름들'(Namen ohne Referenten)을 어떻게 설명할 것인가 하는 것이다. 화자로서 우리가 그 이름에 명확한 의미를 할당할 수는 있지만, 그 이름이 이 세상에서 어떤 사실상 존재하는 개체와 관련성이 없는 경우가 있다는 것이다. 예를 들어 제우스, 페가수스, 배트맨, 부활절 토끼, 도원경(Xanadu: 이상향) 등과 같은 이름이 이러한 지시 대상이 없는 이름의 예라고 할 수 있다. 이러한 이름들은 어떤 지시 대상도 가지지 않는다는 관찰과 앞의 가정, 즉 하나의 표현의 외연·의미는 그 표현의 대상과 동일하다는 가정과 합해지면, 결국 이제 이러한 이름은 원래 어떤 외연·표시의미(denotation)를 가질 수 없다는 결론에 이르게 된다는 것이다. 하지만 레흐너는 지시설의 적용 결과, 어떤 의미도 가질 수 없다는 예측은 완전히 잘못된 것이라고 비판한다. 왜냐하면 유능한 화자들은 위에 언급된 모든 표현들에 대해서 어떻게 하든 하나의 의미를 부여할 수 있기 때문이라는 것이다.[26]

나아가 지시설에 따르면, 아래의 문장들도 마찬가지로 어떤 의미도 가

25 Lechner, a.a.O., S. 3.

26 Lechner, a.a.O., S. 3.

질 수 없다는 결과가 도출된다는 지적이 있다.

> 그녀는 페가수스의 역사에 대해 설명했다.
> 제우스는 헤라를 사랑했다.
> 마리아는 부활절 토끼를 믿지 않는다.

레흐너는 이러한 지적도 사실에 맞지 않다고 한다. 왜냐하면 화자는 위의 문장들에서 진술들이 무엇을 의미하는지 알고 있기 때문이라는 것이다. 지시가 아닌 명사구의 다른 유형들을 함유하고 있는 문장들에 대해서도 이와 다를 바 없다고 한다. 예를 들어 아래와 같은 문장의 명사구를 보자.[27]

> 교수는 최대소수를 찾고 있다.
> 의사는 마법의 물약을 만들기 위해 유니콘을 필요로 한다.
> 둥근 사각형이 갑자기 벽에 나타났다.
> 우리는 쇠로 만든 나무집을 지었다.

최대소수, 유니콘, 둥근 사각형, 쇠로 만든 나무집은 존재하지 않는다. 이러한 이유에서, 이러한 표현들에서 형성되는 명사구들은 지시하지 않는다. 즉, 지시하는 대상이 없다. 따라서 적어도 위의 지시설의 가정에 따를 때 의미하는 바가 없는 부분을 함유하고 있는 이러한 문장들에 어떻게 의미가 주어질 수 있는지 불명확하다.[28]

---

27 Lechner, a.a.O., S. 3.

28 Lechner, a.a.O., S. 3-4a.

두 번째 문제점은 어떤 것이 '존재하지 않는다', '없다', '아니다'와 같은 부정적 존재진술(negative Existenzaussagen)을 지시설에서는 어떻게 설명할 것인가 하는 것이다. 즉, 지시가 없는 명사가 등장하는 일련의 특정 맥락들의 분석에서 도출되는 추가적인 결론을 상세하게 고찰한다면 지시설에 대해 제기되는 문제점을 보다 명확하게 알 수 있다. 예를 들면 아래의 표현들은 어떻게 해석될 수 있는지의 문제이다.

페가수스는 없다.
배트맨은 죽었다.

위 두 문장 중 위의 것은 참이다. 페가수스는 고대 신화에서의 존재를 말하는 것이고, 현실에서 존재하는 개체가 문제 되는 것은 아니기 때문이다. 이와 유사하게 아래의 문장도 참인데, 적어도 프랭크 밀러(Frank Miller)의 코믹 시리즈 〈배트맨〉에서는 참인 것이다. 또한 위의 문장은 페가수스에 관해서 무언가를 말하는 문장, 즉 페가수스에게 속성·특징을 부여하는 문장이라는 것은 명확하다. 하지만 사람들은 단지 존재하는 것만이 속성·특징을 가질 수 있는 것이라고 논박할 수 있기 때문에 결과적으로 페가수스도 존재한다는 결론에 이르게 된다는 것이다. 이렇게 되면 다시 위에서 이 문장이 참이라고 했던 생각과 모순이 발생하게 되고 그에 따르면 페가수스는 없는 것이 된다. 따라서 지시설은 옳은 이론이 될 수 없다는 것이다.[29]

이러한 지시설에 던져진 문제점을 극복하기 위한 방법을 제시한 오스

29 Lechner, a.a.O., S. 4.

트리아 태생의 마이농(A. Meinong, Ritter von Handschuchsheim)은 우리의 우주는 단지 실제 존재하는 개별자들로만 채워진 것이 아니고, 추상적이고 존재하지 않는 대상들을 포함한다고 주장했다. 페가수스와 같은 이름은 사실상 이런 이름으로 하나의 대상을 지시하게 되지만 이 대상은 단지 통상 부존재(Nicht-Existenz)와 관련된 모든 속성을 가지게 된다. 사람들은 그것을 보고, 냄새 맡고, 맛보고 할 수가 없다. 그것은 어떤 질량도 없고, 넓이도 없고, 어떠한 구성요소도 없다. 이러한 방식으로 마이농은 위의 문장도 참인 진술로 해석될 수 있다고 주장한 것이다. 그 진술에는 단순히 '존재하지 않는' 개별자인 페가수스(Individuum Pegasus)가 주장되고 있다는 것이다.

이러한 변형된 지시설은 오늘날 유지될 수 없는 것으로 취급되고 있다.[30] 무엇보다 이 유형의 지시설을 가장 설득력이 떨어지게 만든 것은, 만약 마이농이 옳다면, 우리가 사는 이 세상은 존재하지 않는 것들로 가득 차 있다고 할 수밖에 없다는 지적이다. 콰인(Quine)과 러셀(Russell)이 그 대표적인 비판자들이다. 예를 들어 마이농에 따르면 페가수스는 두 개의 상호 모순적인 속성을 가지고 있음이 분명하다는 것이다. 페가수스는 그렇게 '팽창된 우주'에서 한편으로는 존재하고, 다른 한편으로는, 위 가정이 진실이기 때문에, 동시에 존재하지 않는 것이어야만 한다는 것이다. 이것은 결국 논리적 모순에 이르게 되는 것이고, 어떤 이론도 이러한 모순을 함유해서는 안 되기 때문이다.[31]

---

30 Lechner, a.a.O., S. 4.

31 이러한 이론은 결국 "(성모) 마리아는 임산부이고 마리아는 산모가 아니다."라는 하나의 문장이 참이라는 논리적 모순을 보인다는 것이다(Lechner, a.a.O., S. 5).

세 번째 문제점은 이른바 정체성(동일성) 진술(Identitätsaussagen)의 문제이다. 러셀이 마이농과 밀의 지시설뿐만 아니라 프레게의 지시설에 대해서 제기한 가장 치명적인 문제는 이른바 동일성 진술에 근거하고 있다고 한다.

김성룡은 명수 스님이었다.
김성룡은 김성룡이었다.

위 문장은 이른바 '정보적' 진술(informative Aussage)이라고 한다. 이 문장을 읽는 사람들에서 김성룡은 명수 스님과 같은 사람이라는 정보를 주기 위하여 사용될 수 있는 진술이라는 것이다. 잠재적으로 새로운 정보를 가지고 있기 때문에 정보적 진술이라고 한다. 김성룡을 아는 사람이라고 해서 그 사람이 명수 스님이기도 하다는 것을 당연히 알 수 있는 것이 아니다. 하지만 아래의 문장은 한국어를 아는 사람이라면, 김성룡이 어떤 사람인지, 누구인지를 전혀 몰라도 당연히 그 진술은 참일 수 밖에 없다는 것을 알 수 있다. 전자의 문장은 종합적 진술(synthetische Aussage)이라고 표현하고 아래의 문장은 분석적 진술(analytische Aussage)이라고도 말한다.

배트맨은 브루스 웨인(Bruce Wayne)이다.
배트맨은 배트맨이다.

배트맨이라는 가공의 인물에 관한 진술이지만, 이 경우도 전자는 종합적, 후자는 분석적 진술로, 전자의 경우 정보적 진술이라고 할 수 있다.[32]

---

32 Lechner, a.a.O., S. 5.

김성룡과 명수 스님이라는 두 개 이름은 단일·동일한 사람인 하나의 개체를 지시하고 있는 것이다. 두 개의 명사구는 동일한 지시 대상을 가진 표현이라거나 또는 지시동일적 표현이라고 말할 수 있다. 지시설은 이제 고찰 가능한 사실과 부합하지 않는 또 다른 예측을 한다. 즉, 또 다른 문제를 지니고 있다. 지시 이론은 명사적 표현의 의미를 단순히 그의 지시 대상과 동일시하기 때문에, 지시 대상이 동일한 표현들도 동의어, 즉 의미가 동일한 것이라는 말이다. 따라서 앞서 본 김성룡과 명수 스님은 정확하게 동일한 의미를 가진 것이어야만 한다는 것이 된다.

이로부터 지시설에 따르면 종합적인, 정보(제공)적인 진술("김성룡은 명수 스님이었다.")은 분석적인 진술("김성룡은 김성룡이었다.")과 같이 동일한 지위를 가져야만 한다는 결론이 도출된다. 달리 말해 전자의 진술은 후자의 진술과 같이 비정보적인 진술, 진부한 동어반복이어야 한다는 것이다. 하지만 이미 위에서 본 바와 같이 꼭 그렇지는 않은 것이다. 왜냐하면 두 문장들은 단지 한정 계사인 '이었다'(war, was)에 뒤따르는 명사구의 형태에서만 차이가 나기 때문에 김성룡은 김성룡이었다는 문장의 두 명사구는 동의어가 아니라는 결론이 도출될 수 있는 것이다. 이러한 관찰은 동일한 대상을 가진 표현들이 동의어라는 것이 필수적 속성인 지시설에 다시 반한다는 것이다. 이러한 러셀의 동일성 논증은 지시설은 틀린 예측을 하는 것이고, 따라서 옳을 수 없다는 것을 보여 주는 것이다.[33]

네 번째 문제점은 지시 대상이 없는 명사구의 문제이다. 구체적인 개체 또는 개체의 유형을 지시하지 않는 표현들의 의미는 도대체 무엇인가

---

33 Lechner, a.a.O., S. 5-6.

하는 물음이 지시설이 극복해야 할 또 하나의 난제로 언급되고 있다.[34]

> 플라스틱으로 만들어진 책상은 없었다.
> 남학생의 절반 미만이 시험에 합격했다.

위 문장들은 양화된 명사구를 사용하여 존재하지 않는 책상과 남학생의 절반보다 적은 수를 말하고 있다. 이러한 표현들에서 개별자를 지시한다고 하는 것은 아마 이상한 소리로 들릴 수도 있을 것이다. 먼저 무엇이 개체이며, 무엇이 개인의 집합이라는 것인지 불명확해 보인다. 아무것도 없는 것이 집합인가 하는 물음이기도 하다. 두 번째 문장에서는 주어의 의미·외연의 의미는 무엇인지도 명확하지가 않다.

다음으로, 존재하지 않는 책상(Kein Tisch)은 양이 없는 것(die leere Menge)을 지시하는 것이라고 할 수는 없다는 것이다. 만약 그것이 그렇다면 "플라스틱으로 만들어진 책상은 없었다."라는 문장과 "플라스틱으로 된 소파는 없었다."라는 문장은 동일한 것을 의미하는 것이 된다. 왜냐하면 두 개의 진술에서 주어는 양이 없는 것(leere Menge)을 지시하고 있기 때문이다. 하지만 그렇지 않다는 것은 분명하다.

또한 다음과 같은 이른바 부류·종류적 문장들(generische Sätze)에 대해서는 그렇다면 도대체 무엇이 정확한 주체의 의미(denotation)라는 것인가 하는 문제가 제기된다.[35]

---

34 Lechner, a.a.O., S. 6.

35 Lechner, a.a.O., S. 6.

불가리아인들은 훌륭한 역도 선수들이다.

위 문장의 불가리아인들이 모든 불가리아인을 지시하는 것일 수는 없다. 왜냐하면 그 문장은, 다른 국가의 훌륭한 역도 선수들보다 더 많은 수의 훌륭한 불가리안 역도 선수들이 있는 한, 단지 불가리아인들 중에 아주 적은 수의 사람들만 훌륭한 역도 선수라고 하더라도, 참이기 때문이라는 것이다.[36]

다섯 번째 문제는 비명사적 표현(nicht nominale Ausdrücke)의 외연·표시의미의 문제이다. 즉 술어들은 지시적으로 해석되지 않는다는 관찰로부터 제시되는 의문이다. 그렇다면 술어들은 도대체 무엇을 지시하는가? 지시설에 따르면 술어들은 (적어도 첫인상에는) 어떤 의미도 가지지 않는다. 달리 말해 아무런 것도 의미하지 않는다. 물론 그것은 옳지 않다.

Hans <u>läßt</u> Peter den Wagen <u>waschen.</u>
영희는 철수에게 차를 <u>세차하도록 한다.</u>

위 문장에서 독일인이나 한국인은 밑줄 친 동사 술어의 의미론적 기여를 알고 있다는 것이다. "세차하도록 한다."라는 술어에 의미가 없다는 주장이 쉽게 받아들여질 수는 없을 듯하다.

나아가 한정사, 부사, 전치사 또는 조사들과 같은 의미론적으로 복잡하고 문장론적으로 단순한 표현들은 무엇을 의미하는 것인지도 불명확하다. 또한 이런 표현들도 지시하는 것이 없다는 것은 명확한 듯한데, 그

---

36 Lechner, a.a.O., S. 6.

럼에도 불구하고 이러한 표현들에는 하나의 안정적인 의미들이 부여될 수 있다는 것도 부인하기 어려워 보이기 때문이다.[37]

요약하자면 표현들은 개별자들을 의미한다는 지시설은 단지 매우 제한된 범위의 표현들만을 포착하는 한계가 있다고 평가된다. 따라서 지시설은 의미의 일반이론으로서 수용되기 위해서는 충분하지 않다는 것이 대체적 인식이라고 할 수 있겠다.

(2) 개념설/사고·관념설/심리주의적 이론[38]

가. 개요

앞의 지시설에 따르면 표현의 표시의미(denotation)는 직접적으로 지시 대상을 통해 결정된다. 이것은 아래의 시추 강아지의 예를 통해 도식적으로 이해할 수 있다.

단어 ——— 지시하다 ———→ 대상(지시 대상)

시추 ——— 지시하다 ———→ 

이에 반해, 개념(형상)설 또는 정신·심리적 이론에서는 그 의미가 간접적(indirect)으로 결정된다고 본다는 것이다. 말하자면 화자의 머릿속에 있는 정신적 개념·구상(Begriff· Konzept)이라는 우회로를 거쳐 간접적으로 결정된다는 것이다. 이러한 개념은 다시 지시(Referenz)를 확정한다.

---

37 Lechner, a.a.O., S. 7.

38 Lechner, a.a.O., S. 7-11.

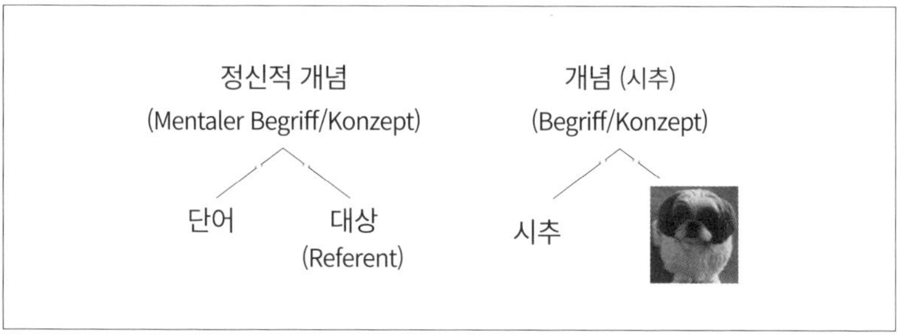

퍼스(C. S. Peirce)와 오그던(C. K. Ogden)·리처즈(I. A. Richards)는 기호학적 삼각형을 사용하여 이들의 관계를 서술했다. 단어들은 이제 개념들(Begriffe, Konzepte)을 의미(denotation)하고, 이 개념들은 다시 대상을 확정한다(festlegen)는 것이다. 단어와 대상과의 관계는 그런 이유로 이른바 간접적이라는 것이다.[39]

정신적 매개를 말하는 이러한 유형의 이른바 심리적 이론은 역사적으로 로크(J. Locke)에 소급한다고 한다. 로크에 따르면 사상·이념·생각은 사실을 표현하고, 단어들은 이러한 생각의 이름이다. 생각들은 저마다의 개별자에서 독자적으로 떠오르는 것이기 때문에 그 생각들은 의사소통이 가능하기 위해서는 반드시 외부화되어야만 한다. 단어들은 바로 이러한 역할을 넘겨받는다고 한다. 이러한 유형의 이론의 새로운 변형태는 특히 포더(J. Fodor), 포스털(P. Postal), 잭켄도프(R. Jackendoff) 등에 의해 주장되었다. 그들에게 표현들은 정신적 개념을 의미하는 것이다("의미들은 머릿속에 있다").[40]

---

39 Lechner, a.a.O., S. 7.

40 Lechner, a.a.O., S. 8.

나. 자연 의미론적 메타언어 이론

특히 잘 연구된 정신적 이론의 한 유형은 폴란드의 비르츠비카(A. Wierzbicka)에 의해 발전된 자연 의미론적 메타언어(Natural Semantic Metalanguage) 이론이다. 이 체계에서는 모든 단어 형태들이 약 60개의 이른바 의미소 또는 의미론적 기본요소(Bedeutungsprimitiva, semantic primes/primitiva)로 환원된다. 의미들이 보다 단순한 기초의미들로 소급될 수 있다는 사고는 이미 17세기에 데카르트와 라이프니츠에게서 발견된다고 한다.

예를 들어 독일어의 'Lügen'(속이다)이라는 동사는 예를 들어 아래와 같이 분해된다.

X lügt Y an =
X sagt etwas zu Y und
X weiß, daß das Gesagte nicht wahr ist und
X sagt es, da X wollte, daß Y es glaubt und
die Leute glauben das es schlecht ist, wenn jemand so etwas tut.

X는 Y에게 거짓말을 한다. =
X는 Y에게 무언가를 말한다. 그리고
X는 말한 것이 진실이 아니라는 것을 알고 있다. 그리고
X는 Y가 그것을 믿기를 원했기 때문에 말했다. 그리고
사람들은 누군가가 그렇게 무언가를 한다면 그것은 나쁜 것이라고 믿는다.

심리적 이론·개념설들은 앞서 지시설의 설득력이 떨어지게 만든 동일한 문제 중의 2개의 문제점과 충돌하는 것으로 보인다. 구체적으로는 앞

서 언급한 네 번째와 다섯 번째의 문제이다. 그 이론들은 대부분의 구와 형태소들—'kein Hund' 또는 '읽다'와 같은 간단한 동사와 같은 수량사—에 단순히 어떤 의미도 부여할 수 없다. 이 문제는 앞서 지시설에서 다룬 것이므로 상론을 생략한다. 개념설이 가진 고유한 문제점들은 주로 다음과 같은 내용으로 다루어지고 있다.[41]

다. 쟁점

첫 번째 문제는 현실과의 관련성이 결여되었다는 것이다. 개념설의 기본적 문제점은 의미들이 단지 다른 의미들과 관련이 있으나 결코 현실과는 관련성이 없다는 것에 있다. 따라서 어떻게 언어적 표현들이 세상에 관계를 가질 수 있는지는 완전히 불명확하다. 다(多)언어사전에서와 같이 표현들은 하나의 언어에서 다른 언어(메타언어)로 번역되지만, 그것은 결코 비언어적인 개념들로는 정의되지 않는다. 바로 이러한 언어의 특성{현실에 연결하는(지시하는) 그 역량}은 언어의 가장 중요한 특성에 속한다는 것이다. 따라서 심리적 이론, 즉 개념설은 의미의 발견을 위하여 하나의 기여를 할 수는 있겠지만, 어떤 완전한 의미론적 이론을 제공하지는 못한다는 것이다.[42]

두 번째 문제는 무엇이 생각(Ideen), 사고, 심리, 개념(Begriffe) 또는 구상·복안(Konzepte)인가 하는 문제이다. 무엇이 정확하게 생각·사고·심리(Idee)인지, 정신적 형상, 심리적 형상(mentale Bilder)인가 하는 문제이

41 Lechner, a.a.O., S. 8.

42 Lechner, a.a.O., S. 9.

다. 동물 애호, 불신 또는 여름 휴양과 같은 추상적인 단어들의 상(Bild)은 어떤 것인가? 이것들은 개념들인가? 이것들은 기술하기 어렵다는 것은 누구나 동의할 수 있다. 예를 들어 새(Vogel)의 개념도 키위, 닭, 펭귄, 타조를 포괄해야만 하는 것임을 생각해 보면 그 어려움을 짐작할 수 있다.

특히 하나의 단어가 단지 머릿속에만 존재하는 생각(Idee)을 얼마나 정확하게 공공연하게(öffentlich) 만들 수 있는 것인지, 즉 생각을 중재·전달할 수 있는 것인지 불명확하다는 것이다. 사람들은 단지 단어를 듣는다. 그런데 어떤 메커니즘으로 생각이 외부화되는 것인가? 이러한 모든 문제에 대해 심리적 이론은 지금까지 만족스러운 답을 제공하지 못하고 있다고 평가된다.[43]

세 번째 문제는 쌍둥이 지구(twin earth; Zwillingserde) 논쟁이다.[44] 1975년 퍼트넘(H. Putnam)에 의해 등장한 것으로 모든 세부적인 면에서 지구라는 행성과 동일한 쌍둥이 지구가 있다고 하면, 그곳에 있는 모든 것들은 우리 지구의 것과 같을 것이라는 것이다. 쌍둥이 지구라는 사고실험에서는 동일한 대륙이 있고, 같은 국가들이 있고, 그곳에는 우리와 동일한 언어를 말하고 살아가는 사람들이 있다는 것이다.

우리 지구에 사는 모든 개별 지구인(earthling; Erdling)들에 상응하게 그곳에서는 쌍둥이 지구의 주민(twin earth- ling; Zwillingserdling)들이 살고 있다. 쌍둥이 지구에서도 다른 것은 아무것도 없다. 지구에서와 같이 또한 쌍둥이 지구별도 대부분이 물로 덮여 있고 삶의 기초도 그곳과

43 Lechner, a.a.O., S. 9.

44 간략한 내용은 “Zwillingserde”, 독일어판 위키피디아(Wikipedia – Die freie Enzyklopädie), https://de.wikipedia.org/wiki/Zwillingserde(2025. 7. 29. 최종 검색).

다를 바 없다. 쌍둥이 별에 사는 사람은 지구인과 마찬가지로 그들의 언어로 '물'은 '물'로 표현한다.

그런데 우리의 지구와 유일한 차이는 물의 화학적 구조이다. 우리 지구에서는 물의 화학적 구조가 H_2O라면, 쌍둥이 지구별에서는 XYZ의 형식에 해당한다. H_2O와 같이 XYZ도 동일하게 무색, 무취, 무미이며 갈증을 해소해 준다. 화학적 구조는 사실 다르지만 화학반응은 동일하고, 두 물은 서로 전혀 차이가 없다. 이제 다음과 같은 가정을 해 보자.[45]

① 2050년 지구에서 간 우주인은 쌍둥이 지구를 발견했고 그곳에서 물의 구조를 발견했다. 그들은 쌍둥이 지구별에서 지구로 쌍둥이 별의 물은 화학식이 XYZ라고 무전으로 회신했다. 그 반대로 쌍둥이 별에서 온 우주인은 지구에서 물의 화학식은 H_2O라고 무전 연락을 했다.
② 1750년 물의 화학적 구조는 아직도 알려지지 않았다. 지구와 쌍둥이 지구의 주민을 바꿔치기 한다면 그 구별은 아마 불가능할 것이다. 물이라는 개념은 두 개의 완전히 상이한 소재를 의미하지만, 누구도 그것을 알지 못한다.

위와 같은 쌍둥이 지구 논증은 하나의 단일하고 동일한 '물'이라는 단어가 어떤 세계에서 그것이 표현되는지에 따라 상이한 의미들(H_2O 또는 XYZ)을 가질 수 있다는 것을 보여 준다. 무엇이 예를 들어 "그것은 물이다."라는 것과 같은 구체적인 문장에서 '물'의 구체적인 의미를 알기 위해서 화자는 어떻게 그 세상이 만들어졌는지도 알아야만 한다. 하지만 그렇다면 이것은 의미는 단지 정신적인 구성물일 뿐이고, 달리 말해 화

45 Lechner, a.a.O., S. 10-11.

자의 머릿속에서만 존재하는 것이라는 생각과 양립할 수 없다. 이로부터 의미들은 배타적으로 화자의 머릿속에 있을 수는 없고, 그것을 둘러싸고 있는 세상의 한 부분이어야만 한다는 결론이 도출된다. 하지만 그렇다면 의미들은 단지 머릿속에만 존재한다는 심리적 이론으로부터는 어떤 적절한 의미론적 이론이 획득될 수 없다는 결론이 도출된다.[46]

라. 하나의 단어가 가지는 의미의 수

'하나의 단어는 몇 개의 의미를 가질 수 있는가' 하는 것은 특히 퍼트넘(Putnam)의 이론에서 제기되는 문제이다. 퍼트넘의 논증은 하나의 단일하고 동일한 단어(ein und das selbe Wort)는 항상 하나의 의미(eine Bedeutung)를 가질 수 있다는 것을 전제한다. 만약 그렇지 않고, 물은 H_2O는 물론이고 XYZ와도 관련될 수 있다면, 물은 두 세계에서 동일한 것을 의미할 수 있을 것이다. 사람들은 이제 구체적으로 우리 세상에서는 물을 H_2O를 지시하기 위해 사용할 수 있고, 동시에 쌍둥이 별에서는 XYZ를 지시하기 위해 사용할 수도 있는 것이다.

그런데 만약 그렇다면, 하나의 단일·동일한 단어는 하나의 의미 이상을 가질 수 있다는 가정은 그럼에도 옳지 않을 수 있다는 반론도 가능하다. 이것은 애매한 표현들을 예로 들어 설명할 수 있는데, 그 애매한 표현들에서는 하나의 형태가 하나 이상의 의미와 관련된 것으로 보이는 경우이다. 독일어의 예로는 '소나무' 또는 '턱'이라는 의미를 가지고 있는

---

46 Lechner, a.a.O., S. 10.

'Kiefer', '열쇠' 또는 '성'이라는 의미를 가진 'Schloss'를 들 수 있다.[47]

Kiefer: der Kiefer = 얼굴에 있는 뼈(턱)
die Kiefer = 소나무
Schloß: das Schloß = 크고, 웅장한 건물
das Schloß = 잠그기 위한 장치(자물쇠)

국어의 예로 '나무의 열매'인 '과실'과 '부주의'를 의미하는 '과실'을 들 수 있다.

과실 = 나무의 열매(果實)
과실 = 부주의나 태만 따위로 비롯된 잘못(過失)

'자신의 생각'이라는 '자의'(自意)와 '자신의 마음대로'라는 '자의'(恣意)도 그런 예가 될 수 있다.

자의 = 자의(恣意: 제멋대로 하는 생각)
자의 = 자의(自意: 자기의 생각이나 의견)

이러한 동음이어의 경우들에서 제기되는 문제는 여기서 하나의 동일한 단어가 동시에 두 개의 의미를 가지는 것인지, 아니면 두 개의 단어들이 동시에 우연히 같은 소리가 나는 것인가이다.

'과실'(果實)과 '과실'(過失), '자의'(恣意)와 '자의'(自意)처럼 한글 표현으

47 Lechner, a.a.O., S. 10.

로 동일한 단어가 그 의미를 나타내는 한자와 병기하면 동음이의어는 모두 다른 뜻을 가진 다른 단어임이 명확하게 드러난다. 하지만 독일의 'Schloß'는 우리와는 조금 다른 방식으로 그 의미의 상이성을 증명해야만 한다.

즉, 'Schloß'라는 하나의 동일·단일한 단어는 아래와 같이 두 가지의 사전적 의미가 있다.[48]

Schloß	1. 크고 웅장한 건물
	2. 잠그기 위한 장치(자물쇠)

Schloß_1	크고 웅장한 건물
Schloß_2	잠그기 위한 장치(자물쇠)

여기서 'Schloß'는 하나의 단어가 두 개의 의미를 가지는 것인지(만약 그렇다면 하나의 단어는 하나의 의미를 가진다는 가설은 유효하지 못하게 된다), 두 개의 다른 단어가 각각 다른 의미를 가지는데, 우연히 동일한 소리가 나는 것인지는 어떻게 판단해야 하는가?

찜머만(E. Zimmermann)은 'Schloß'라는 하나의 단어가 두 가지 의미를 가질 수 있다는 것은 옳지 않고, 아래와 같이 두 개의 다른 단어가 있다는 것이 옳을 수 있다는 것을 보여 주고 있다(우리의 '과실', '자의'의 예와 같은 결론이다). 어떤 근거인지 다음의 예를 보자.

48 Lechner, Theorien der Bedeutung, S. 10

Hans besitzt zwei Schlösser
한스는 두 개의 Schloß를 가지고 있다.

a. Hans besitzt zwei Schlösser_1 (= Hans besitzt zwei Gebäude)
한스는 두 개의 성(건물)을 가지고 있다.

b. Hans besitzt zwei Schlösser_2 (= Hans besitzt zwei Schließvorrichtungen)
한스는 두 개의 열쇠를 가지고 있다.

c. Hans besitzt ein Schloß_1, und ein Schloß_2
한스는 성 하나와 열쇠 하나를 가지고 있다.

어떤 화자가 맨 위의 문장을 말했다고 하자. 이 경우 위의 a 또는 b를 의미한 것일 수는 있지만, c를 말한 것은 아니라는 것이다.[49] 'Schloß', 즉 '성'(城) 또는 '자물쇠'라는 단어는 건물을 지시하거나 아니면 문의 자물쇠를 표시할 수 있는 것이지만, 동시에 양자를 표시할 수는 없는 것이다. 이로부터 일반적으로 하나의 언어적 표현은 저마다의 시점에서 항상 단지 하나의 유일한 의미를 가질 수 있다는 결론이 도출된다. 저마다의 형태는 정확하게 하나의 의미와 연결이 된다는 것이다. 퍼트넘의 사고실험에 있어서 하나의 단어는 다수의 의미를 가질 수 있다는 것은 옳지 않다는 결과가 도출된다. 따라서 쌍둥이 지구 논증은 유지될 수 있다는 것이다.

(3) 사용·용법설/행동설[50]

가. 개요

비트겐슈타인은 "한 단어의 의미는 언어에서 그 사용(관행)이다."(Die

49 Lechner, a.a.O., S. 11.

50 Lechner, a.a.O., S. 11-12.

Bedeutung eines Wortes ist sein Gebrauch in der Sprache)라는 말로 유명하다. 이러한 사용·관행(慣行)설은 한편으로 오스틴(J. Austin), 설(J. Searle)과 그라이스(P. Grice) 등의 옥스퍼드 일상언어학파에 의해 1950년대에 주장되었고, 다른 한편으로는 왓슨(J. Watson)과 스키너(B.F. Skinner) 등의 행동주의자들이 따르고 있다.

사용·관행설은 언어는 동물적 행동 중 하나의 특수한 형태(구술적 행동)로 파악된다는 가설을 주장한다. 하나의 문장의 의미는 특히 관습·관행(Konvention) 및 자극과 반응의 연속이라는 행동주의(behaviorism)적 원리를 통해 정해진다는 것이다.[51]

예를 들어 "맥주잔 하나 줘!"라는 진술은 맥주잔을 가진다는 욕구에 있는 하나의 자극에 대한 구술의 반응으로서 이해될 수 있다는 것이다. 따라서 "맥주잔 하나 줘!"라는 문장의 의미는 "나는 맥주잔을 원한다"라는 바람과 동일시할 수 있다는 것이다.

구술적 행위의 행동주의자의 이론은 스키너에 대한 촘스키(N. Chomsky)의 비판 이후에 아무도 진지하게 주장하는 사람이 없다고 한다. 사용설의 문제점은 아래와 같이 크게 2가지로 지적된다.

나. 쟁점

첫째, 모든 문장에서 행동주의자들이 말하는 자극이 있다고 할 수 있는가 하는 물음이다.

---

51 Lechner, a.a.O., S. 12.

① 0으로 나누어지는 수는 없다(어떤 수도 0으로 나누어질 수 없다).

② 책을 아는 사람은 영화도 알지만, 그 반대는 아니다.

③ 프란시스 베이컨이 죽지 않았다면 그는 삼부작을 그렸을 것이다.

위 세 문장에서 '무엇이 자극(Stimulus)인가?' 하고 묻는 것이다. 무엇이 구들과 개별 단어들의 의미일 수 있는지 완전히 불명확하다는 지적이다.

둘째, 사용·관행(Gebrauch)이라는 것은 하나의 표현의 모든 발생을 종합한 것을 말하는 것이고, 이론은 이런 관찰들로부터 그 표현들의 모든 발현들을 설명할 수 있는 규칙성을 도출해야만 하는 것이고, 관찰 자체를(관행을) 이론으로 하는 것은 아니라는 비판이 가능할 것이다.[52] 관행이 이론이 되기 위해서는 반복된 관행에서 도출된 규칙성이 제시될 수 있어야 한다는 것은 당연한 요구일 것이다.

(4) 진실조건설[53]

가. 진리조건의 의미

지금까지의 내용은 한정사구(Determiner Phrases, DPs)의 의미에 대한 것이었다. 이런 맥락에서 앞에서 제시된 3가지 이론(지시설, 개념설, 관행설) 중 어느 것도 옳은 결과를 제공하지 못했다는 것이 진실조건설의 출발점이라고 할 수 있다. 한정사구들의 고찰은 자연언어의 표현들의 의미에 대한 옳은 정의를 모색하는 목적에는 특별히 도움이 되지 않는 것으로 확인되었기 때문에 하나의 다른 언어적 단위(Einheit)를 보다 상세히

---

52 Lechner, a.a.O., S. 12.

53 Lechner, a.a.O.(Theorien der Bedeutung Ⅱ: Wahrheitsbedingungen), S. 1 ff.

연구하는 것이 필요하다는 생각에 이르게 되었고, 결국 화자에게 그 해석이 직관적이고 상대적으로 간단히 도출 가능한 문장(sentence; Satz)이 그 대상이 된 것이다.

그렇다면 이제 "문장들 자체의 의미는 무엇인가?", "그것은 무엇을 지시하는가?" 등의 물음에 대한 설득력 있는 대답은 "문장은 저마다의 상황에 따라서 참 또는 거짓으로 해석될 수 있기 때문에 문장들은 참(1) 또는 거짓(0)을 의미한다(denotieren)."가 될 수 있다는 것이다. 이러한 두 가지 가능한 가치, 즉 참과 거짓, 1과 0은 문장의 진실·진리값(Wahrheitswerte)이라고 불리기도 한다.[54]

ⓐ 김수한은 오일러를 안다. = 1
ⓑ 김수한은 푸앵카레를 알지 못한다. = 0

우선 아래에서는 위와 같은 모든 문장을 참 또는 거짓이라고 가정하기로 한다. 물론 위 첫 번째의 문장은 참이고, 두 번째의 문장은 거짓이라는 것이 항상 그렇다는 것은 아니다. 대부분의 상황에서 이것이 맞을 수도 있고, 다른 상황에서는 그렇지 않을 수도 있는 것이다. 위의 예에서 김수한이 8세가 되기 전에는 푸앵카레는 물론 오일러도 몰랐다고 하면 그 상황하에서는 1과 0이 아니라 0과 1이 옳은 진리값이 될 것이다.

하나의 특정 문장이 어떤 구체적인 진리값을 가지는지는 상황들에 의존하고, 세상이 어떻게 구조되어 있는지 그 방법에 좌우되는 것, 즉 현실에 좌우되는 것이다. 위의 문장들 중 ⓐ가 참이라는 것은 전적으로 특수

54 Lechner, a.a.O., S. 1.

한 조건에 연결되어 있는 것이다. '김수한'이라는 이름을 가진 개체(개인)는 그 문장·명제가 표현되는 그 상황에서는 '오일러'라는 이름을 가진 개체(개인)을 알고 있는 것이 분명하다. ⓑ의 문장도, 현재는 너무나 잘 알고 있다고 하더라도, 그 문장이 표현되는 그 상태에서는 알지 못했다는 것일 수 있다.

이처럼 언어적 표현들을 세상과 결합하는 그러한 조건들을 우리는 그 문장의 '진리조건'(Wahrheitsbedingungen, truth condition of a sentence)이라고 표현한다. 즉,

하나의 문장 Σ의 진실·진리조건은
문장 Σ가 참이기 위한
필요·충분조건이다.

라고 표현할 수 있다.

표현들의 의미가 일반적으로 진실일 조건을 통해 규제되는 이론은 여하튼 '진리조건설'(Wahrheitsbedingungstheorie)이라고 불리고 있다.

이제 무엇이 하나의 문장(문장 ⓐ)이 참이기 위해 필요충분조건인가? 한편으로는 '김수한'이라고 불리는 개별자가 '오일러'라고 불리는 개별자를 안다는 것이 필요하다(필요조건이다). 만약 이것이 아니라면 ⓐ는 거짓이다. 다른 한편 김수한이 오일러를 안다는 것으로 충분하다(충분조건이다). 예를 들어 ⓐ가 참이 되기 위해서 김수한은 오일러를 '잘 안다'거나 김수한은 오일러를 '알 뿐만 아니라 아주 좋아한다'는 것과 같은 추가적인 조건이 있을 필요는 없다. 따라서 문장 ⓐ는 김수한이 오일러를 안다는 것이 사실인 경우 정확히 참이 된다는 것이다. 필요충분조건, 즉 동

치(Äquivalenz)라는 말이다. 세상의 다른 특성들은 ⓐ 문장의 해석을 위해 중요하지 않다. 우리는 또 위에서 요약한 것과 같은 그러한 유형의 상황들에서 문장 ⓐ의 진실조건·진리조건이 충족되었다고 말한다.[55]

나. 의미론적 역량

그런데 우리는 어떻게 이러한 진실조건들이 화자의 머릿속에 자리 잡는 것을 생각할 수 있는지, 진실조건들은 인간의 언어능력에서 어떤 역할을 하는지가 문제인 것이다. 가장 기본형태의 진리조건설에 따르면 역량 있는 화자는 그들의 언어의 모든 문장에 올바른 의미를 부여할 수 있는 능력을 주는 의미론적 역량(semantische Kompetenz)이라고 불리는 자질을 지니고 있다. 문장들은 진리가치를 표시한다(의미한다)는 것과 이러한 진리값은 진리조건들에 의존한다는 두 가지 가정들로부터 역량 있는 화자(kompetente Sprecher)는 하나의 문장이 진실로 해석되는 조건들을 제시할 수 있다는 추론이 가능하다. 화자가 언어를 이해하는 능력을 가지게 하는 의미론적 지식은 따라서 진실조건들에 대한 지식과 동일한 것이 된다.

만약 화자가 한 문장의 의미를 안다면
이 화자는 이 문장의 진실조건들을 아는 것이다.

이러한 기본적 인식은 비트겐슈타인에 의해서 다음과 같이 표현되었다.

한 문장을 이해한다는 것은

55 Lechner, a.a.O., S. 1-2.

그 문장이 참인 경우는 어떤 경우인지를 아는 것이다
(우리는 그 문장이 참인지 아닌지를 알지 않고도
그 문장을 이해할 수 있는 것이다).[56]

여기서 특히 중요한 것은 사람들은 그 문장이 사실 참 또는 거짓인지를 알지 못해도 저마다의 문장의 의미를 알 수 있다는 제한이다. 의미론의 과제는 말하자면 하나의 문장이 참인지 아니면 거짓인지를 보여 주는 것에 있는 것이 아니고, 어떤 조건들 아래에서 해당 문장이 참 또는 거짓인지를 말하는 것이 된다. 의미론은 어떻게 세상이 사실상 만들어져 있는지의 문제를 파악하는 것이 아니라(그것은 물리학의 과제이다) 오히려 언어적 표현들의 다양한 의미들 사이에 어떤 관련성(Beziehung)이 지배하고 있는지를 밝히려고 하는 것이다. 이상 개괄적인 소개에 이어서 진리조건들의 일반 이론의 세부 내용 중 몇 가지 중요한 내용을 간추려 본다.

다. 타르스키의 T 도식

문장들의 의미를 진실조건들과 같이 보는 의미론은 폴란드 태생의 타르스키(Alfred Tarski), 독일의 프레게(Gottlob Frege), 그리고 비트겐슈타인 등의 작업에 소급한다. 이러한 진리조건을 공식화한 것은 무엇보다 폴란드의 논리학자인 타르스키(A. Tarski)의 노력 결과였다.[57] 타르스키는 진실조건의 연산을 위해서 다음과 같은 알고리즘을 제안했다.

---

56 Wittgenstein, *Tractatus Logico-Philosophicus, London: Kegan Paul*, Trench, Trubner & Co.(1922), Nr. 4.024: "Einen Satz verstehen, heißt, wissen, was der Fall ist, wenn er wahr ist(Man kann ihn also verstehen, ohne zu wissen, ob er wahr ist)."

57 Tarski, "Der Wahrheitsbegriff in den Formalisierten Sprachen", Studia Philosophica, Bd. 1(1935), S. 261–405.

Tarski의 T 도식(Schema)

임의의 문장 Σ에 대해서:

Für jeden beliebigen Satz Σ gilt:

Σ는 p라면 항상 언어 L에서는 진실이다.

Σ ist wahr in einer Sprache L, genau dann wenn p.

(여기서 p는 Σ가 참인 조건이다 - 마찬가지로 Σ의 진실조건이다)

(wobei p für die Bedingungen steht, unter denen Σ wahr ist – eben die Wahrheitsbedingungen von Σ)

타르스키는 자신의 이론을 명시적으로 형식어, 특히 논리학과 수학에 제한하였다. 하지만 1950년대 데이비드슨(D. Davidson)이 보여 준 바와 같이 언어학에도 직접적으로 전이가능한 것으로 평가된다. 데이비드슨에 따르면 저마다의 자연어 문장들의 진실조건은 아래의 공식을 통해 계산할 수 있다는 것이다.

문장의 진실조건(제1형)

Für jeden beliebigen Satz **Σ** gilt: [**Σ**] $=_{Def}$ 1gdw. **Σ**[58]

$=_{Def}$ und 0

andernfalls.

등식의 왼쪽 [Σ]는 대상언어적 표현이고, 등식의 오른쪽의 Σ는 메타언어적 표현이며, 대상언어 [Σ]의 진실조건을 제공한다. 진한 [**Σ**]는 대상언어를 표시한다.

58 'gdw'는 'genau dann, wenn'의 약어로 필요충분조건을 말한다.

앞의 T 도식은 얼핏 보기와 같이 그렇게 평범한 것은 결코 아니라고 한다. 이것은 이 도식에서 대상언어와 메타언어의 사용 사이의 차이에서 나오는 결과이다.

구체적인 예를 들면 다음과 같다.

[눈은 흰색이다] = 1 눈이 흰색인 경우에는 항상
눈이 흰색이라는 것이 필요충분조건이라면
= 0 그렇지 않은 경우

[Snow is white] = 1 gdw. Schnee weiß ist
= 0 andernfalls

위의 예에서 T 도식은 진부한 것이 아니라는 것을 명확히 볼 수 있다고 한다. 왜냐하면 위 등식이 우선 영어를 잘 모르는 사람에게는 당연히 새로운 정보를 함유하고 있기 때문이라는 것이다. 아래의 예를 보면 이러한 주장이 더욱 설득력이 생긴다고 한다.

a. [**Inu wa neko o aisuru**][59] = 1 gdw. der Hund die Katze mag
= 0 andernfalls

b. [**$\exists$x.Kritiker$_x$.$\forall$y.Film$_y$.$\neg$mag$_{y,x}$**] = 1 gdw. es einen Kritiker gibt, der keinen Film mag
= 0 andernfalls

59 犬は猫をおあいする.

a의 표시의미 괄호 속에 있는 문장은 일본어에서 나온 것이고, b에서 표현된 것은 형식어에서 나온 표현이다. 두 문장에서 대상언어적 표현(독일어 문법의 부분이 아님)의 의미는 메타언어인 독일어를 통해 정의되고 있다. 두 문장에서는 새로운 정보가 전달되고 있다는 것이다. 나중에는 등식의 왼쪽에는 자연어, 오른쪽에는 메타언어로 된 체계가 제안되게 된다.

진실조건설은 이제 의미를 정확하게 파악할 수 있고, 다른 3개의 이론들이 당면했던 문제들의 대부분을 피해 갈 수 있다는 것이다. 하지만 그럼에도 불구하고 2가지의 문제점이 지적된다.

라. 쟁점

첫 번째의 문제는 등가성·동가치(Äquivalenz)의 문제이다. 문장들은 진실가치·진리값을 표현(의미)한다는 가정하에, 그리고 의미는 결국 표시의미(denotation)를 통해 고정된다는 가정하에 모든 참인 문장들은 동의어(문장)이어야만 하고, 마찬가지로 모든 거짓의 진술들은 동일한 의미를 가져야만 하는 것이다. 이것은 명확하게 우리의 직관(intuition)에 반한다.

ⓐ **오늘은 목요일이다.**	=	1
ⓑ **바이든은 미국 대통령이다.**	=	1
ⓒ **2+3=5**	=	1

위의 3가지 문장은 모두 참인 결과 또는 상태를 보여 주지만 당연히 이 모든 문장이 동일한 의미, 즉 의미에서 동가치는 아니다. 이들을 모두 동의어라고 보는 것이 이 이론의 현재상태의 문제점이라는 것이다.[60]

두 번째의 문제는 우연성·우발성(Kontingenz)의 문제이다. 문장들의 대부분은 상이한 조건들하에서는 상이한 진리값을 가진다. 진리값이 세상의 존재 방식에 의존하는 진술을 우리는 논리학에서는 우발적(kontigente) 명제 또는 합성명제(synthetische Propositionen)라고 부른다. 아래의 문장에서는 시간, 장소 또는 사람에 의존하는 진술들, 예를 들어 '오늘', '저곳', '나' 등과 같은 표현을 함유하고 있는 진술들이 우연성을 잘 보여 준다.

> 오늘은 토요일이다.
> 저곳에 개가 있다.
> 나는 김대박이고, 김대박은 나다.

2022년 7월 16일에 "오늘 토요일이다."라고 발언했다면 참이다. 하지만 7월 17일에 그렇게 표현했다면 거짓이다. 표현된 시간에 의존적인(deiktisch) 진술이므로, 그 진술의 참 또는 거짓이 시간에 좌우되는 것이다.

마. 문장의 표현의미로서 상황들

가) 문장 의미의 새로운 이론

진리조건설에 있어서 위에서 언급한 2가지 문제들은 우리가 문장의 의미들을 단지 두 개의 가치(참 또는 거짓)에 축소하지 않고 세상에서 발생한 사건의 결과 및 상태들과 결합한다면 저절로 풀린다고 한다. 소여들(Ereignisse)과 상태들(Zustände) 그리고 그에 참여하는 대상들(Objekte)과 개체들(Individuen)은 철학과 언어학에서 상황(situation)이

---

60 Lechner, a.a.O., S. 4.

라는 개념 아래 포함될 수 있다. 직관적으로 보면 하나의 상황이란 단순히 임의의 수의 개체, 소여들 그리고 상태들을 포함할 수 있는 세상에서 하나의 작은 단면이다.[61]

이러한 입장에 따르면 문장들은 더 이상 진실가치를 나타내지 않지만 그 문장들이 참으로 해석되는 상황들의 전체를 뜻하는(의미하는·표시하는) 것이 된다. 집합론적으로 표현하면 문장의 의미들은 다음과 같이 파악될 수 있다.

문장들은 상황들의 집합을 나타낸다(의미한다; denotieren)

상황의 집합은 또한 명제로 표현되고, 만약 우리가 문장들과 의미들의 관계를 조금 더 정확하게 특정하려고 한다면 우리는 문장들은 명제들을 표현한다고 말한다.

이러한 내용을 앞서 언급한 타르스키의 T 도식에 포함시키면 문장의 의미를 포착하는 공식의 최종적인 개념 정의를 가질 수 있다.

[문장들의 진실조건들]

Für jeden Satz Σ gilt: $[\Sigma] =_{Def} \{s | \Sigma \text{ ist wahr in } s\}$

s는 상황을 의미한다.

61 Lechner, a.a.O., S. 5.

이제 앞서 문제점으로 언급된 등가성·동치성의 문제가 해소된다. 문장의 의미로서 진리값에서부터 상황의 집합으로의 변경은 왜 앞의 ⓐ ~ ⓒ 문장들이 상이한 의미들을 가지는지 그 이유를 설명해 준다. 문장들은 상이한 상황들의 집합들을 표시한다. 이것은 우리가 앞에서 언급한(아래의 ⓐ ~ ⓒ) 세 개의 진술에 대한 새로운 의미를 고찰하는 순간 분명해진다는 것이다.[62]

ⓐ 오늘은 목요일이다. = {s|es ist Donnerstag in s}
= {s|s findet Donnerstags statt}
ⓑ 바이든은 미국 대통령이다. = {s|Biden ist Präsident der USA in s}
ⓒ 2+3=5 = {s|2+3=5 in s}
= Menge aller Situationen

하나의 문장은 상황들의 집합을 표현·의미한다는 말을 조금 더 구체적으로 표현한다면 문장의 진실 여부는 그 조건의 집합이 표현한다고 할 수 있다. 상황이 고려된 문장의 진실, 상황들의 집합의 차이가 바로 문장의 의미의 차이를 말해 주는 것이다.

나) '진실'의 개념 정의

따라서 한 문장은 상황들의 집합을 의미한다. 그 문장은 정확하게 그 문장이 참이 되는 그 상황들의 집합을 구체적으로 특징짓는다.

62 Lechner, a.a.O., S. 6.

$$[\Sigma] =_{Def} \{s|\Sigma \text{ ist wahr in } s\}$$

이제 이것으로부터 하나의 진술의 진실 내용을 심사하기 위한 단순한 전략이 도출될 수 있다는 것이다. 아래에서 볼 수 있듯이, 4개의 상이한 정의들은 정확하게 동일한 것을 말하고 있고, 단지 형식화의 정도에서만 차이가 난다.

Für jeden Satz Σ und für jede Situation s gilt:

a. Σ ist wahr in s gdw. s ein Element der Denotation von Σ ist.

b. Σ ist wahr in s gdw. s ∈ {s| Σ ist wahr in s}

c. [Σ] = 1 in s gdw. s ∈ Σ

d. [Σ] = 1 in s gdw. s ∈ {s| Σ ist wahr in s}

이 개념 정의들에서 새로운 것은 하나의 상황에 대해(위에서 밑줄 친 'in s', 즉 상황 s에서) 상대적으로 진실이 도입되고 있다는 것이다. 한 문장은 이제, 어떤 상황에서 그것이 표현되었는가와는 무관하게, 더 이상 참 또는 거짓이 아니고, 저마다의 표현의 상황에 따라서, 그 진실의 내용이 변화하는 것이다.

문장의 의미는 그 의미가 표현되는 상황에 의존한다.

이 특성은 우연성 문제 해결의 기초를 제공한다고 한다. 바로 위의 단락에서 고찰한 내용은 직접적으로 두 번째 문제, 문장들의 우발성 문제를 해결해 준다는 것이다.

s_1: 민혁이는 2008년 11월 8일 수영하러 갔다.
s_2: 수한이는 2008년 11월 9일 로또에 당첨되었다.
s_3: 수한이와 민혁이는 2008년 11월 15일 영화 보러 갔다.

세상은 단지 위의 3가지 기술된 상황으로만 존재한다고 가정해 보자. 그러한 상황들을 모으는 것은 모델 또는 시나리오라고 표현된다. 물론 양자는 동의어는 아니다. 나아가 이러한 상황들 중에서 2개는 목요일에 설정되어 있다고 하자.

"오늘은 목요일이다."라는 문장이 이 모델에서 해석된다면, 우리는 아래의 문장에서와 같은 방정식을 만들 수 있다. 이 방정식은 위의 모델에서 문장의 의미는 집합{s_1, s_3}에 부합한다는 것을 표현한다.

[**오늘은 목요일이다**] = {s|es ist Donnerstag in s} = {s_1, s_3}

이제 우리가 앞에서 살펴본 진실의 정의로 눈을 돌리면, 모델의 저마다의 개별적 상황에서 문장의 구체적인 진리값을 알 수 있다. 이러한 진리값은 어떤 상황에서 그 문장이 표현되었는지에 따라 변화한다는 것이다.

Für jede Situation s gilt:

a. [Heute ist Donnerstag] = 1 in s gdw. s∈{s|es ist Donnerstag in s}

b. [Heute ist Donnerstag] = 1 in s gdw. s∈{s_1, s_3}

I. [Heute ist Donnerstag] = 1 in s_1 da s_1∈{s_1, s_3}

ii. [Heute ist Donnerstag] = 0 in s_2 da s_2∉{s_1, s_3}

iii. [Heute ist Donnerstag] = 1 in s_3 da s_3∈{s_1, s_3}

위의 수식은 다음과 같이 읽을 수 있다. 위의 문장 "**[오늘은 목요일이다]** = {s|es ist Donnerstag in s} = {s_1, s_3}"은 만약 그 문장이 s_1과 s_3 상황에서 표현되었다면 참이다. 그 문장이 s_2에서 표현되었다면 그 문장은 거짓이 된다.[63]

다) 미해결의 2가지 문제

많은 영역에서 진실조건설이 적절하다고 하더라도 (모든 경험적 이론들에서 그러하듯이) 몇몇 약점은 존재할 수밖에 없다. 이 중에서 많이 언급되는 2개의 문제를 간략히 검토해 보기로 한다.[64]

첫 번째 문제는 표현상황(Äusserungssituation)의 추가적인 의존성이라고 하는데, 지금까지의 설명들은 아직도 맥락에 대한 다른 의존성을

63 Lechner, a.a.O., S. 7.

64 Lechner, a.a.O., S. 8 f.

포착하는 데 이르지 못한 점이 있다. 예를 들어 문장들은 누가 이 문장을 표현하는지에 따라 상이한 진리값을 가질 수도 있는 것이다. 서로 다른 화자들은 예를 들어 아래와 같은 문장을 진실로 또는 거짓으로 만들 수 있는 것이다.

아아(Ice Americano)는 정말 맛있다.

따뜻한 아메리카노만 먹는 사람이라면 위 문장은 자신에게는 참이 아니라고 할 것이기 때문이다.

여기서는 단순히 문장의 의미는 상황의 집합(Menge von Situationen)으로 구성된다는 것을 근거로 하는 것은 도움이 되지 못한다. 여기서 결여된 것은 화자들의 다양한 입장이나 의도 등이 의미에 함께 고려될 수 있는 가능성이다.

두 번째 문제는 초의도성(Hyperintensionalität)으로 불리는 문제에 관한 것이다.

김이박은 죽었거나 죽지 않았다. (순환논증)
15+14=30-1 (순환논증)

김이박은 죽었고, 죽지 않았다. (모순)
15+14=30+1 (모순)

위의 예에서 알 수 있듯이, 문장이 표현되는 상황과 무관하게 항상 참이거나 또는 항상 거짓인 진술은 순환논법적이거나 모순적인 진술이다. 위의 진술은 항상 참이고, 아래의 진술은 항상 거짓이다. 위의 진술을 순환논법(Tautologie)이고 아래의 진술은 모순(Kontradiktion)이다. 순환논법과 모순은 모두 이미 앞서 다루어진 분석적 진술의 유형을 구성한다.[65]

만약 문장들이 진리값을 표시하고, 의미는 결국 표현을 통해 고정된다면, 모든 분석적인 문장들은 동일한 의미를 가져야만 한다는 추가적인 문제가 생겨난다. 모든 순환논법은 예외 없이 모두 참을 표현하게 되고, 모순진술은 항상 거짓을 의미하게 된다. 하지만 그렇지 않다는 것은 주지의 사실이다. 아래의 3개의 진술은 진리조건설에 따르면 모두 동의적(synonym)인 것임에도 불구하고 그것들은 직관적으로 볼 때 세 개의 상이한 명제를 표현하고 있는 것이다.

[A]

츄츄는 츄츄다.	= 1
$e^{i\pi}+1=0$	= 1
2+3=5	= 1

아래의 예를 보면 위의 3가지 진술이 '안다'(wissen)라는 동사 아래 부문장으로 들어간 경우인데, 그 세 문장을 보면 조금 더 명확해진다.

[B]

김성룡은 강아지 츄츄는 츄츄라는 것을 안다.	≠
김성룡은 **$e^{i\pi}+1=0$**이라는 것을 안다.	≠
김성룡은 **2+3=5**임을 안다.	

65 Lechner, a.a.O., S. 8.

만약 김성룡이 강아지 츄츄는 츄츄라는 것을 아는 경우 그럼에도 아직은 김성룡이 $e^{i\pi}+1=0$ 공식이 참이라는 것을 반드시 안다고 할 수는 없다. 김성룡이 수학자나 수학에 깊은 지식을 가지고 있지 않는 한, 이러한 공식(오일러의 항등식: Eulersche Identität)은 아직까지 한 번도 본 적이 없었을 개연성이 크며, 이것이 무슨 말인지를 전혀 알 수도 없을 것이므로, 오일러의 항등식이 참인지 아니면 거짓인지는 아예 판단 불가라고 해야 할 것이다. 위의 3문장은 단지 부문장으로 들어 있는 그 형태에서만 차이가 나기 때문에 이것이 세 진술의 의미 차이의 원인이 되었음이 분명한 것이다. 따라서 위의 3문장들은 동의어가 아닐 수 있는 것이다. 진리조건설은 그럼에도 위의 [A]의 진술들뿐만 아니라 [B]의 각각의 진술들도 모두 동일한 의미를 가지고 있다고 잘못 예측하고 있는 것이다.

한편 [B]와 같이 의도나 복안의 사용을 통해 분석될 수 없는 예들을 사람들은 이러한 이유로 초의도적 맥락들(hyperintensionale Kontexte)이라고 부른다. 이러한 초의도적 맥락의 분석은 의미가 표현의 형식에 의존할 수 있다는 것을 전제한다. 이러한 해결은 상대적으로 아주 복잡한 형식주의(Formalismen)를 요구한다는 점에서 초의도성에 대한 분석은 여기서 중단하기로 한다.[66]

라) 요약

앞서 언급한 바와 같이 의미론의 과제는 의미의 기본적 구성요소들이 무엇이며, 이들 요소들 사이에 어떤 조합·결합이 존재하는지, 어떻게 이

---

66 Lechner, a.a.O., S. 9.

런 결속이 생겨나는지에 답하는 것이라고 볼 수 있다.

진리조건설을 해결책으로 보는 아테네 대학의 레흐너(Winfried Lechner)의 요약을 통해, 의미론의 주요 이론을 살펴본 중요한 결론은 지금까지의 검토 내용만으로도 이미 의미의 기본 구성요소는 무엇인지에 대한 답이 제시되고 있음을 알 수 있다는 것이다. 다수의 지지를 받는 진리조건설에 따르면, 구체적으로 의미는 진리조건을 통해 정의되는 것이라는 것이 확인되었고, 이것은 다시 진리값이라는 개념에 기초하고 있다는 것이다. 진리값, 진실가치, 즉 참과 거짓이라는 1과 0은 자연언어적 의미의 가장 기초적인 기본구성요소(Grundbestandteile)라는 것이다.

나아가 우리는 하나의 문장의 의미는 저마다 이러한 문장이 표현되는 상황에 의존한다는 것을 보았다. 달리 말해 우리는 반드시 상황도 의미의 기본적인 구성요소들에 포함시켜야만 한다는 것을 알 수 있었다.[67]

끝으로 동일성 문제를 다룸에 있어서 진리조건설은 의미의 구성요소는 무엇인가 하는 질문에 대한 답이 녹아 있는 추가적인 긍정적 효과를 가지고 있다는 것도 명확하게 되었다. 보다 정확하게 말한다면, 김성룡, 바이든, 배트맨과 같은 단순한 고유명사는 마치 지시설에서 애당초 논구되었던 것과 같이 해석될 수 있다는 것이다. 달리 말해 지시설이 모든 부분에서 잘못된 이론이라는 것은 아니라는 말이다. 지시설이 작동하는 곳이 분명히 있다는 것이고, 예를 들면 고유명사가 그런 예라는 것이다. 잘못된 것은 단지 지시설이 모든 표현들에 이를 일반화시키고 의미의 모든 측면들을 그것으로부터 도출하려고 하기 때문이었음을 확인할 수 있었다.

---

67 Lechner, a.a.O., S. 9-10.

이로부터 구체적으로 고유명사의 의미는 사실상 그것의 지시 대상을 통해 주어진다는 결과가 도출된다. 고유명사는 달리 말해 개별자를 표시·의미하는 것이다. 개별자들은 진리값·진실가치로도, 상황으로도 소급될 수 없는 것으로, 의미의 제3의 주춧돌(Grundbaustein)이 된다는 것이다.[68]

요약하자면 다음과 같은 형상이 도출된다. 의미들은 3개의 기초적인 부분들로 이루어져 있다. 진리값, 상황들 그리고 개별자들이다. 의미의 이러한 원소들은 기초(적) 유형(elementare Typen)으로 불린다. 이제 사람들은 의미론의 과제와 관련한 두 번째의 물음, 즉 기초적인 구성요소들 사이에 어떤 결속·결합이 있는가 하는 물음과 관련해서는, 이러한 유형들이 상호 조합될 수 있다는 것을 암시한다는 것에 주목하게 된다. 그리고 이것은, 아래에서 기술되어 있듯이, 우리가 의미론적으로 복잡한 표현들, 예를 들어 동사 또는 명제의 의미를 결정할 수 있도록 도움을 주는 처방전인 셈이다. 지금까지 언급된 것을 일반화해서 표현한다면 다음과 같은 내용이 될 것이다.

> 모든 저마다의 언어적 표현은 진리값, 상황들,
> 개체들이라는 세 가지의 기본유형의 하나를 표현하거나
> 이러한 기본유형들로 구성된 하나의 조합을 표현한다.

의미들과 특히 의미들의 가능한 조합들을 가시적으로 보여 주기 위해서 사람들은 의미론에서 통상 세 가지 유형을 단순한 문자로 줄여서(약

68 Lechner, a.a.O., S. 10.

어로) 표현하는 관습을 따른다. 진리값을 표현하는 약어로는 전통적으로 't'(truth value)라는 기호를 사용하고, 사정·상황은 's'(situation)로 줄이고, 개체·개별·개인 등은 'entity'의 약자로 'e'를 사용한다.[69]

구분	의미론적 유형	도메인	(3가지) 도메인의 가능한 가치
진리값	t	D_t	{0,1}
상황들	s	D_s	$\{s_1, s_2, \cdots s_n\}$
개별자	e	D_e	{김성룡, 바이든, 배트맨}

저마다의 유형에 귀속된 요소들의 총합은 특정 유형의 도메인이라고 불린다. 모든 개별자·개체들을 합하면 모든 개별자의 도메인(영역), 또는 개별자 영역(Individuendomäne)이 형성되고 약어는 D_e로 표기한다. 우리가 3가지 유형에 특유한 범위들의 모든 가능한 의미들을 모두 하나의 집합에 모으면, 이제 전체 도메인 'D'를 확보하게 되는 것이다.

원칙적으로 우리는 표현적 의미·외연(Denotationen)도 위의 도표에서처럼 명시적으로 셀 수 있다. 즉, 진리값의 경우에는 단지 1과 0의 두 가지뿐이므로 간단하다. 상황이나 개체들에서 우리는 항상 구체적이고, 한정적인 모델 또는 시나리오에서 존재하는 요소들을 제시할 수 있다.

끝으로 앞서 기본적인 첫 번째 질문의 답은 의미의 기초적인 구성부분들은 진리값, 상황 그리고 개별자이다. 이러한 표현·의미들은 세 가지 유형 t, s, e의 하나에 귀속되고 3개의 구분된 영역에 모인다.

---

69 Lechner, a.a.O., S. 10.

바. 의미들의 가능한 조합

가) 의미의 3가지 요소

의미론의 두 번째 과제로 언급된 의미들의 가능한 조합이라는 물음에 답하기 위해서는 가장 먼저 어떻게 더 복잡한 의미들이 생겨나는 것인지를 확정하는 것이 필요하다.[70]

첫 번째 단계에서는 복잡한 의미들의 구성에 포함되어 있는 요소들을 고립시키는 것이 도움이 된다. 일반적으로 여기서는 문장의 전체 의미에 영향을 미치는 3개의 상이한 요소들이 구별된다. 그중 첫 번째의 것은 이미 위에서 상세하게 논의되었다. 나머지 2개의 요소는 다음과 같다.[71]

> 문장 Σ의 의미는 다음의 3가지 요소에 의존한다.
> 요소 1: 표현의 상황, 즉 문장 Σ가 표현되는 상황
> 요소 2: 문장 Σ 구성요소들의 의미들
> 요소 3: 문장 Σ의 구성 부분들이 결합되는 방식

〈요소 2〉의 경우, 예를 들어 "영희는 철수를 사랑한다."라는 문장과 "순희는 철수를 사랑한다."라는 문장은 주어 부분이 달라진 이유로 문장의 의미가 달라지게 된다. "영희는 철수를 본다."와 "영희는 철수를 사랑한다."의 경우 동사가 바뀌자 문장의 의미가 완전히 달라진 것이다. 구성요소 하나의 변경이 문장의 뜻을 완전히 바꿀 수 있는 것이다. 달리 말해 문장 전체의 의미는 모든 구성 부분의 의미에 좌우된다는 결론이 된다.

세 번째 요소와 관련해서는 문장의 의미는 문장의 구성요소들이

70 Lechner, a.a.O., S. 11.

71 Lechner, a.a.O., S. 11.

어떻게 결합되는가 하는 방식에 따라 정해진다는 것을 읽을 수 있다. 이를 언어학이나 철학 서적에서는 합성·조합성(compositionality; Kompositionalität)이라는 개념으로 다루고 있다.

아래의 문장들은 표현들이 조합되는 순서가 의미에 체계적 영향을 미친다는 것을 보여 준다. 단어의 위치 변경으로 다른 의미의 문장이 된다.[72]

a. Die Theorie wird generell nicht anerkannt.
b. Die Theorie wird nicht generell anerkannt.
a. 그 이론은 일반적으로 승인되지 않는다.
b. 그 이론은 일반적으로 승인된 것은 아니다.

전적으로 동일한 표현들(Ausdrücke)로 구성이 되어 있지만 a와 b는 동의(同義)의 문장이 아니고 상이한 명제를 표현하고 있는데, 그 원인은 다름이 아니라 문장 구성의 방법(단어의 순서: Wortfolge)이 다르기 때문이라는 것이다. 단어의 순서가 'generell nicht'인지, 아니면 'nicht generell'인지의 차이, 즉 **단어의 결합 순서**가 다르기 때문에 생긴 의미 차이인 것이다.

a. 덕만이보다 젊은 남자가 문제를 풀었다.
b. 영애보다 더 젊은 남자가 문제를 풀었다.

여기서 덕만은 남자, 영애는 여자라고 할 때, a는 남자와 남자를 비교한 것이지만, b는 여자와 남자를 비교한 것이라는 점에서 화용론적으로 바른 표현이 아니라고 할 수 있다.

---

72 Lechner, a.a.O., S. 12.

나) 의미의 조합

앞의 〈요소 2〉와 〈요소 3〉은 하나의 표현의 전체 의미는 부분요소의 의미들과 표현의 형태로 결정된다는 관찰을 부여 준다. 이러한 관찰은 조합·합성원칙으로부터 도출되며, 그 원칙은 간략하게 다음과 같이 설명할 수 있다.[73]

> Der österreichische Ingenieur Hanns Hörbinger begründete 1912 aufgrund eines Traumes eine Welteislehre genannte Theorie, die von der Annahme ausging, daß Sterne aus Eis bestehen.
>
> 오스트리아 기술자 한스 회르빈거는 1912년 꿈을 근거로 세상빙하(얼음) 이론이라고 불리는 이론을 창설했는데, 그것은 별은 얼음으로 구성되었다고 하는 가정에 기초한 것이었다.

위의 문장에서와 같이 한 문장이 무엇을 의미하는지에 대해 독일어를 잘하는 사람 또는 한국어를 잘하는 사람은, 그 문장을 이전에 한 번도 들어보지 않아도 알고, 그 문장이 참인지 아닌지를 알지 못해도 그 뜻은 안다.

위 문장과 같은 문장을 말하는 자는 위 문장을 배우지 않았을 수 있기 때문에, 그 의미를 위해 문장 부분들의 의미들로부터 문장의 의미들을 예측할 수 있는 일반적인 구성원칙들이 있어야만 한다. 이것을 조합·합성성의 원칙(das Prinzip der Kompositionalität)이라고 한다. 보다 정확하게 말한다면 합성원칙은 화자에게 전체의 문장들의 의미를 두 개의 속성들(구성요소들의 의미들 및 이러한 부분 의미들이 서로 결합되는 방법들)로부터

73 Lechner, a.a.O., S. 14.

도출하는 방법을 활용할 수 있게 해 준다. 여기서 결합의 가능한 종류들을 합성·조합의 원칙이라고 부르기도 한다.

합성·조합의 의미는 19세기 말에 처음으로 독일 예나(Jena)의 수학자이자 철학자였던 프레게(G. Frege)에 의해 알려졌기 때문에 이러한 일반화를 프레게 원칙이라고도 부른다.[74]

프레게 원칙
합성성의 원칙

복잡한 표현들의 의미는 전적으로
(1) 그 직접적 구성부분들의 의미와
(2) 합성의 원칙으로부터 도출될 수 있다.

합성성은 의미론적 원칙의 가장 중요한 원칙이라고 평가되기도 하는데, 그 원칙이 의미의 작은 부분들을 체계적으로 확장하고, 복잡화하고, 요약·합성하는 것을 가능하게 하기 때문이다. 이러한 전략으로써 비로소 사전에 주어진 단어의 의미들로부터 잠재적으로 무한정적으로 가능한 모든 문장의 의미들을 만들어 내는 것이 가능한 것이다. 합성성·조합성은 달리 말해 의미론적 역량(semantische Kompetenz)을 설명하는 데 가장 핵심적 역할을 하는 것이다.

다) 요약

요약하자면 조합·합성성의 원칙은 저마다의 개별 문장 부분은 체계적

74 Lechner, a.a.O., S. 13.

으로 하나의 문장의 전체 의미에 기여한다는 통찰을 표현하는 것이다. 문장의 전체 의미는 따라서 전체의 구성부분에, 그리고 그 결합의 유형과 방법에 의존하는 것임을 강조하는 것이다.[75]

합성·조합은 부분의 의미로부터 더 복잡한 의미의 도출이 가능하게 하는 것이기 때문에 이 원칙은 나아가 의미론적 역량의 설명을 위해서도 매우 중요한 의미가 있다. 단지 합성·조합을 통해서만 한정적인 수단들(단어의 의미)로부터 복잡하고, 잠재적으로 무한한 표현들(문장들과 그 의미들의 집합)이 창설될 수 있는 것이다.

언어학·철학에서 논의되는 의미·의미론(Semantics)의 주요 내용, 의미론 영역에서 주장되는 이론의 유형과 핵심 내용에 대한 접근은 여기서 중단하기로 하고, 다시 우리의 관심사인 법에서의 의미, 법적 의미론에서 의미에 대한 논의로 돌아가 보자.

III. 법적 의미의 의미

1. 개요

'법적 의미'의 '의미'가 무엇인지 의문을 제기한 팰런(Richard H. Fallon Jr.)은 미국의 법학 잡지나 법원의 법리가 제시된 모든 서면에서는 법적 해석에 관한 이론에 대한 논쟁으로 가득 차 있고, 법률 해석에 있어서 유

75 Lechner, a.a.O., S. 16.

명한 이론들[76]로는 문언주의(textualism), 입법자의 의도주의(legislative intentionalism), 그리고 목적주의(Purposivism) 등이 주장되고 있으며,[77] 헌법과 관련해서는 원본주의(originalism)와 다양한 형태의 살아 있는 헌법주의자(living constitutionalism)들이 서로의 우월함을 내세우고 있지만,[78] 그들이 주장하는 옳은 해석의 배후에는 모두 '의미'(meaning)가 버티고 서 있음을 지적한다. 법과 법률의 해석에 관련된 일을 하는 대부분의 사람들이 당연하게 생각하듯이, 의미는 대상이고, 적어도 법률 해석과 헌법 해석은 그 의미를 발견하려는 것이라는 생각이 널리 퍼져 있다는 것이다. 달리 말해 다양한 해석론을 둘러싼 논쟁의 핵심 대상은 해석이 문제 되는 법령의 내용, 즉 '법문의 의미'라고 생각한다는 것이다.[79] 하지만 무엇이 의미인지, 의미는 무엇을 의미하는 것인지에 대해서는 그 중요성에 부합하는 제대로 된 관심도 주어지지 않았으며, 나아가 관련 연구도 이루어지지 않았음을 지적하고 있는 것이다.

그렇다면, 문언주의자들, 입법자의 의도를 중시하는 사람들, 목적적 해

76 우리나라와 독일, 일본, 스위스, 오스트리아, 프랑스 등 대륙법 전통의 영향을 받고 있는 국가에서는 독일의 v. Savigny 이후의 분류법, 예를 들어 문리적(사전적·문법적) 해석, 체계적 해석, 역사적 해석, 목적(론)적 해석, 헌법합치적 해석 등의 방법이 대부분의 학자들에 의해 해석의 기본틀로 받아들여져 있다. 오스트리아 민법학자 비들린스키는 ① 문언(문법)적 해석, ② 체계적·논리적 해석, ③ 역사(주관)적 해석, ④ 객관적·목적론적 해석, ⑤ 유럽법에 부합하는 해석방법 등을 소개하고 있다{이에 대해서는 프란츠 비드린스키(F. Bydlinski)/페터 비드린스키(P. Bydlinski)·김성룡 옮김, 『법적 방법론 강요』, 제3판(2021), 16쪽 이하 참조}.

77 이에 대해서는 Fallon Jr. et al, *Hart and Weschler's The Federal Courts and the Federal System*, 6th ed., New York: Foundation Press(2009), pp. 622-626; Fallon Jr., "The Meaning of Legal "Meaning" and Its Implications for Theories of Legal Interpretation", *The University of Chicago Law Review* 82(2015), p. 1236 참조.

78 Fallon Jr., ibid., p. 1237.

79 Fallon Jr., ibid., p. 1237.

석론자들 또는 원문·원본주의와 살아 있는 헌법을 주장하는 자들 모두가 법적 의미의 본질에 대해서는 명확하고 공유된 이해를 하고 있는 것인지, 아니면 그들은 의미가 무엇인지에 대해서조차 의견을 달리하고 있는지 궁금하다는 것이다. 물론 팰런의 생각은 후자이다.[80]

팰런은 만약 법(률) 해석자들이 법적 의미의 본질(nature)에 대해 명확성을 획득하지 못하고 있는 상태라면 그들은 마치 단지 가로등 밑이라서 불빛이 밝다는 이유로 그곳에서 자신의 차량의 열쇠를 찾겠다고 결심한 사람의 실수와 비슷한 그런 오류 속으로 빠져들 위험에 노출되어 있다고 평가한다. 따라서 팰런은 이러한 상황에서 '법적 의미'라는 개념을 탐구의 중심에 놓고 해석에 관한 논의를 분명히 해 보겠다는 의욕을 밝힌 것이다.

가장 중요한 질문은 무엇보다 법 이전의 언어학적 사실, 즉 법률 이전에 언어적 사실로서 존재하는 어떤 정확한 의미가 있는 것인가 하는 물음이다.[81] 규범인지 사실인지의 문제이기도 한 이 질문의 대답은 규범 쪽으로 기울어져 있는 것이 법률가들의 지배적인 생각이라는 것은 앞서 이미 살펴본 대륙법 전통의 독일은 물론, 팰런이 보여 주는 영미법적 사고에서도 다를 바 없다. 두 번째의 질문이기도 하고 첫 번째의 질문의 연장이기도 한 물음은 언어학적 규범 또는 언어학적 의미의 이해가 법적 문제의 해결에 도움을 주는가 하는 것이다. 일상 언어에 대한 언어학적 의미 결정의 방법이 특별히 어떤 의미 이해가 정통이라거나 결정적인 의

80 Fallon Jr., ibid., p. 1239.

81 Fallon Jr., ibid., p. 1239.

미가 된다는 답을 내어놓지 못한다면, 그 언어학적·언어철학적 논의의 결과물이 법적 논의의 문제 해결에 기준이 되지 못한다는 말을 하고 싶은 것이다.[82]

팰런의 결론처럼 법문의 의미가 개별 사례에 맞는 의사결정(case by case decisionmaking)이라면, 즉흥적인 규범적 판단(ad hoc normative judgement)에 좌우된다면, 결국은 언어학적 성과물의 결론과 다를 바 없는 것이고, 그럼에도 불구하고 죄형법정주의, 확장과 유추해석 금지를 도구로 형법의 존재와 적용을 정당화하는 논리는 비판에 직면할 수밖에 없을 것이다.

팰런의 영미법적 사고를 잠시 따라가며 대륙법적 사고와 어떤 차이를 느낄 수 있는지 보기로 한다.

2. 법적 의미의 다양성

영미에서 법적 의미와 해석에 대한 논쟁에 참여하는 자들이 법적 의미라고 내세우는 것으로 익히 알려진 유형만도 ① 의미론적 또는 문언적(사전적) 의미(semantic or literal meaning), ② 화자와 청자 사이에 (적용과 적용 불가에 관한 전제를 포함한) 공유된 전제에 의해 틀이 잡힌 것으로 맥락·문맥적 의미(contextual meaning), ③ 실제(현실의) 개념적 의미(real conceptual meaning), ④ (입법자에 의해) 의도된 의미(intended meaning), ⑤ (법률의) 이성적·합리적 의미(reasonable meaning), ⑥ (선례에서) 해석

82 Fallon Jr., ibid., p. 1241.

된 의미(interpreted meaning) 등이 있다.[83] 그 내용을 간단히 보자.

1) 의미론적 또는 문언적 의미

의미론적 또는 문리적 의미(semantic or literal meaning)는 사전적 정의,[84] 문법의 원칙, 그리고 문장의 의미가 이러한 요소들의 조합으로 어떻게 나타나는지 등에 관한 다른 일반적 명제로 작업하는 경우를 말한다. 법적 논박에 참가하는 자들은 흔히 법규의 의미론적 또는 문언적인 의미가 법적 의미를 결정한다고 전제하거나 주장하곤 한다. 법문의 평이한·일상적 의미, 문언적 의미가 법적 의미를 구성한다는 입장[85]이나 법규의 적절한 해석에 영향을 미치는 다른 요소들도 해당 법규의 평이한 의미·문언적 의미에 반할 수는 없다는 입장[86] 등이 이러한 의미론적·문언적 의미를 법적 의미로 내세우는 문언주의자(textualist)들이라고 할 수 있다.[87]

---

83 Fallon Jr., ibid., pp. 1244-1245.

84 물론 이러한 사전적 정의들(dictionary definitions)은 사실상 전혀 정의라고 할 수 없고, 단지 그 사용법(usage)을 알려 주는 것이고 그것도 상당히 애매모호한 가이드일 뿐이라는 지적이 있다. 오코너(O'Connor) 대법관과 스칼리아(Scalia) 대법관의 법률 해석과 관련하여 이러한 문제를 지적하고 있는 글로는 예를 들어 Geis, "The Meaning of Meaning in the Law", *Washington University Law Quarterly* 73(1995), at 1134; Solan, *The Language of Judges*, Chicago: Univeristy of Chicago Press(1993) 등 참조.

85 예를 들어 존 F. 매닝(John F. Manning), 프레더릭 샤워(Frederick Schauer)가 이에 속한다. 참고할 만한 글로는 Manning, "Second-Generation Textualism", *California Law Review* 98(2010), at 1287, 1288; John F. Manning, "Competing Presumptions about Statutory Coherence", *Fordham Law Review* 74(2006): at 2009, 2010; Schauer, "Statutory Construction and the Coordinating Function of Plain Meaning", *Supreme Court Review* 1990(1990): at 231–256 등이 있다.

86 예를 들어 스칼리아(A. Scalia) 대법관이 이에 속한다.

87 상세는 Fallon Jr., op. cit., p. 1245.

2) 맥락·문맥적 의미

적용과 비적용(nonapplication)에 관한 공유된 전제조건을 포함하여 화자와 청자 사이에 공유된 전제조건에 의해 틀이 짜인 의미로서 문맥적 의미를 주장하기도 한다.

언어철학자들은 때때로 단어, 구, 절, 문장의 맥락과 무관한 의미에 관련된 의미론과 특정한 상황·맥락에서 발언의 의미를 포함하는 화용론을 구별한다. 심지어 어휘가 익숙하지 않더라도 문장의 문언적 의미와 그 문장을 특정 상황에서 발화하는 경우 문맥적 의미 사이의 구별은 논쟁을 불러일으켜서는 안 된다고 한다. 또한 법적 의미는 때때로, 아마 전형적으로, 의미론적 의미보다는 맥락적 의미에 의해 결정된다는 것도 논쟁거리가 아니라고 한다.

스칼리아(A. Scalia) 대법관은 'Nail'이라는 단어가 미용실을 규제하는 규정에서 등장하는 경우와 지역의 빌딩을 규제하는 규정에 등장하는 경우는 다른 의미를 가진다고 지적한 바 있다.[88] 이런 사안에서 맥락[89]은 애매모호한 용어를 명확하게 해 준다는 것이다.

또 다른 문언주의자인 이스터브룩(F. Easterbrook)은 맥락이 법령의 문언적 의미의 의사소통적 중요성을 제한할 수 있다고 하였다. 그 예로 정당방위를 위한 예외를 명시하지 않은 형사법규를 들었다.[90] 영미법 전

---

88 Scalia / Garner, *Reading Law: The Interpretaton of Legal Texts,* St. Paul, MN: Thomson/West(2012), p. 20; 상세는 Fallon, op. cit., p. 1246.

89 여기서의 맥락은 우리나라와 독일의 법학에서는 넓은 의미의 '문리적 해석'에 포함된다고 볼 수도 있고, 체계적 해석'의 범주에 포함할 수도 있을 것이다. 동일한 '사람' 또는 '재물'이라는 법문(단어)이 어느 구성요건에서 사용되었는지에 따라 그 의미가 달리 해석될 수 있는 경우로 볼 수 있기 때문이다.

90 Easterbrook, "The Case of the Speluncean Explorers: Revisited", *Harvard Law Review* 112(1999), at 1913-1914; 상세는 Fallon Jr., ibid., p. 1246.

통의 맥락에서는 그러한 예외는 암묵적(implicitly: 불문의 묵시적)으로 이해되고, 명시적으로 말할 필요가 없다는 것이다. 달리 보면 법문에 표현되지 않는 경우는 사전적·문언적 의미라고 말할 근거조차 없지만 맥락에 따라 의미가 정해질 수 있다는 말이다. 팰런은 이스터브룩 판사의 주장이 옳다고 해서 그것이 법령이 미치는 범위에 대한 암묵적인 이해라는 것이 반드시 입법자와 그에 대한 직접적 청자들이 그 법령이 통제할 것으로 예견한 그런 사례들에만 그 적용이 제한되기 때문인 것은 아님을 지적한다. 오히려 법령들은 통상 누구도 특별히 예상하지 않은 사실적 상황들(factual situations)에 적용되지만, 그럼에도 불구하고, 그 적용과 비적용과 관련하여 공유된 배경적 전제들은 법령의 의미를 구성(frame)하거나 제한(limit)할 수 있다는 것이다.[91]

의미론적 의미와 맥락·문맥적 의미의 관계를 명확하게 하기 위해 제시된 또 하나의 예로는 '마약 거래에서 마약과 맞바꾸기 위해 총기를 들고 간 범인' 사례가 있다.

스미스 대(對) 미합중국(Smith v. United States)[92] 사건에서 피고인은 마약을 사기 위해 총을 매매하려고(trade a gun for drugs) 시도했는데, 이 피고인도 '마약 거래 시에 총기를 사용하거나 휴대한'(use or carries a firearm in the course of drug trafficking) 자에 포함되어 가중 처벌하는 규정에 포함되는 것인지가 문제 된 것이다. 다수 의견은 처벌을 가중한 규정을 적용해야 된다는 입장이었고, 그 이유는 주로 법문의 문언적 의미였다.[93]

91 Fallon Jr., ibid., p. 1247.

92 508 US 223(1993); Fallon Jr., ibid., p. 1247.

93 Smith, 508 US 227-31.

하나의 물품을 거래하는 것은 그 물품을 문언적 의미에서 사용하는 것의 한 유형이라는 것이었다.[94] 스칼리아는 이러한 다수의 의견에 동의하지 않았다.[95] 그에 따르면 해석은 일상적 의미(ordinary meaning)[96]를 반영해야만 하며 '총기를 사용'한다는 통상의 의미는 그것을 거래 품목으로 사용하는 것을 포함하지는 않는다는 것이었다. 팰런은 이와 관련하여 만약 스칼리아의 입장이 논쟁의 여지가 있는 것이라고 한다면, 그것은 사전 또는 문법 책에서 나타나는 '사용' 또는 '총기를 사용하다'의 의미에 관한 것 때문이 아니라, 법문의 의미를 화자와 청자가 공유하고 있는 전제들에 의해 구성된 맥락적 의미와 동일시하는 것이 더욱 적절하기 때문이라고 한다.[97] 맥락·문맥상의 의미는 물론 그 자체는 애매하거나 논쟁거리일 수 있지만, 법문의 의미론적 의미와 (적용과 비적용에 관한 명제를 포함하기도 하는 공유된 명제에 의해 구성되는) 그것의 맥락상의 의미의 구분은 가능하다는 것이다.[98]

3) 현실·실제 개념적 의미

화자와 청자 사이에 공유된 조건들에 의해 구성되는 맥락적 의미가 부

---

94 Smith, 508 US 230.

95 물론 스칼리아는 나중에 자신의 문언주의적 해석철학(interpretive philosophy)의 전형을 보여 주는 사례로 인용하기도 했다.

96 일상적 의미라는 것은 문언적 의미가 아니라 상투적인 의미, 전형적인 의미(prototypical meaning)에 근거한 것이라고 지적하는 경우도 있다. Solan, "The New Texualists' New Text", *Loyola of Los Angeles Law Review* 38(2005), at 2027, 2039-44 참조.

97 솔란(L. M. Solan) 교수에 따르면, 맥락에서 언어의 통상의 의미는 종종 전형 또는 문언적 의미보다는 전형적인 의미에 뿌리를 두고 있다고 한다(Solan, ibid., at 2027, 2039-44; Fallon, ibid., p. 1247.

98 Fallon Jr., ibid., p. 1248.

분적으로는 광범위하게 이해되는 적용과 비적용에 의존하는 것이라고 하더라도, 판사나 법률가들은 종종 법적 규정의 의미는 그 법률을 제정한 사람은 물론이고 그들과 동시대를 살아가는 대부분의 사람을 놀라게 하는 방법으로 적용되어야만 한다고 주장하기도 한다. 그 예로는 미국 헌법 수정 제14조의 평등보호조항(Equal Protectionn Clause)이 자주 언급된다.

해당 조항이 비준된 시점에 그 평등원칙이 여성에 대한 차별을 금지하는 것이라고는 거의 아무도 생각하지 않았다고 한다. 그럼에도 불구하고 일부는 만약 법 규정들이 평등 개념과 같은 도덕적 개념들을 사용하는 경우라면 그 법적 의미는 도덕적 의미, 진실 또는 현실·실제에 의존한다고 주장한다. 만약 그렇다면 평등보호조항은 비록 조항을 비준한 세대는 그렇게 인정하지 않았다고 하더라도 성별에 근거한 차별을 막을 수 있다는 것이다.[99]

사형제도가 수정 제8조에서 규정한 '잔인하고 특이한 처벌'인지의 문제와 관련하여 이와 유사한 논리를 주장하는 경우도 있다. 동 조항을 채택한 당시 세대들은 사형을 잔인하고 특이한 형벌로 간주하지 않았다고 하더라도 도덕적 사실의 문제로서 잔인하고 특이한 것일 수 있고, 만약 그렇다면 동 조항의 금지가 적용되어야만 한다고 주장할 수 있다는 것이다.[100] 법의 적용 여부, 법문의 의미가 문제 되는 바로 그 시점의 도덕적 의

---

99 Calabresi / Rickert, "Originalism and Sex Discrimination", *Texas Law Review* 90(2011), at 1, 2-15; Fallon Jr., op. cit., p. 1248.

100 Fallon Jr., ibid., p. 1248; Greenberg / Litman, "The Meaning of Original Meaning", *Georgetown Law Journal* 86(1998), at 569, 603-13. 현재 사회의 도덕적 신념과 정치적 신념을 언급하고 있는데, 이런 식의 실제·현실적 의미의 강조는 결국 목적적 해석이나 입법자의 의도를 근거로 하는 해석과의 구별을 어렵게 만들게 될 것이다.

미, 진실 또는 현실·실제가 법문의 의미 이해의 기준이 된다는 것이다.[101]

4) 의도된 의미

법령의 해석에 관한 논쟁에서 법령의 의미를 결정하는 시금석(touchstone)은 입법자의 의도(the intent of the legislature)라는 주장도 자주 등장한다.[102] 물론 입법자의 의도라는 생각은, 팰런의 지적처럼, 복잡하고 여러 면에서 애매하다는 것은 주지의 사실이다.[103] 다양한 진영의 저자들이 입법부의 구성원들이 말로 표현한(illocutionary) 의도를 법령이 말하는 것이라고 주장하기 위해 사용하기도 하고, (입법 역사에 의해 드러나는) 특별한 방식으로 법을 변경하거나, 변경하지 않으려는 입법자의 심리적 의사, 입법자가 성취하려고 했던 목적, 또는 법령 또는 헌법적 언어를 채용함으로써 법에서 이성적인 변화들에 영향을 미치려고 하는 집합적인 의도 등을 법률이 말한 것으로 등장시키곤 한다. 현재 미국의 법정에서는 언급한 모든 것들이 판결문에 등장한다는 사실만으로 그 의미를 소개하기에 충분해 보인다는 것이다. 특히 법원들은 때때로 애매하거나 모호한 개념에 의미를 부여하기 위하여 위원회의 보고서와 유명한 지지자의 진술을 포함하여 입법의 역사를 소상하게 묘사하기도 하기도 한다는 것이다. 예를

---

101 이러한 해석 방법은 법의 이성(ratio)에 호소하는 방법 또는 목적(론)적 해석으로 볼 수도 있다.

102 대표적인 예로 Posner, "Statutory Interpretation — in the Classroom and in the Courtroom", *University of Chicago Law Review* 50(1983), at 800, 817; Fish, "There Is No Textualist Position", *San Diego Law Review* 42(2005), at 629; Fish, "Intention Is All There Is: A Critical Analysis of Aharon Barak's Purposive Interpretation in Law", Cardozo Law Review 29(2008), at 1109; Fallon Jr., op. cit., p. 1249.

103 미국에서도 예를 들어 Ekins, *The Nature of Legislative Intent*, Oxford: Oxford University Press(2012), at 13, 15-47, 218-243.

들어 헌법 영역에서 일련의 원본주의자들[104]은 헌법적 의미를 정의하기 위해서 헌법을 기초한 사람들의 의도를 언급하기도 한다.[105]

5) 합리적·이성적 의미

아주 유명한 『법적 절차』(*Legal Process*)라고 하는 책자의 저자인 하트(H. Hart)와 색스(A. Sacks)는 법률을 해석하는 사람들에게 합리적 수단을 통해 합리적인 목적들을 증진하려고 하는 합리적인 입법자(reasonable legislaters)의 생산물로서 법령(statutes)을 바라보라고 조언한다. 즉 입법자는 이성·합리적 목적을 이성적 방법들로 추구하는 이성적인 사람들로 구성된 것으로 추정하라는 것이다.[106] 이성적인 의미와 법령의 의미를 동일시하는 이러한 입장은 미국에서도 논쟁의 대상이 되어 왔다. 물론 미국에서도 법규에 대해 이성적 의미를 부여해야 할 책임을 지는 판사가, 법규가 실제 반영하는 정책적 판단에 대신하여, 그의 개인적이고 규범적으로 채워진 합리성 이해(신념)를 대체한다는 지적도 있다.[107] 달리 말해 해석과 적용의 주체인 법관의 개인적 의도에 따라 얼마든지 언제든지 조작될 수 있는 것임을 지적하는 것이다. 그럼에도 불구하고 미국의

---

104 샌디에이고 대학 알렉산더(Alexander) 교수의 글 Alexander, "Originalism, the Why and the What", *Fordham Law Review* 82(2013), at 539에서는 입법자의 의도, 이른바 원본주의의 원론적인 이해를 읽을 수 있다.

105 Alexander, ibid., p. 540; Fallon Jr., ibid., p. 1250.

106 Hart / Sacks, *The Legal Process: Basic Problems in the Making and Application of Law*(1994), p. 1378(re-cited in Fallon Jr., ibid., p. 1250); Hart / Sacks, ibid.(Fallon Jr., ibid., p. 1250 재인용).

107 이른바 목적적 해석으로 옮길 수 있는 이성적·합리적인 입법자의 의사를 해석의 기준으로 제시하는 입장에 대한 비판적인 글로는 Frickey, "From the Big Sleep to the Big Heat: The Revival of Theory in Statutory Interpretation", Minnesota Law Review 77(1992), at 241, 251을 참조할 만하다.

판사나 변호사들은 법규나 헌법의 의미가 합리적인 입법자가 의도했었을 의미 또는 이성적인 인간이 가질 것으로 이해할 수 있는 그런 의미라고 주장하고 있다는 것이다.

물론 때때로 이러한 이성적인 의미가 이성적·합리적인 입법자의 목적들이라는 용어로 정의되지만, 이것은 (경험적인) 실제 입법자가 의도한 의미와는 다른 것이다. 합리적·이성적 입법자라는 가상의 주체가 선택했을 의미로 역사적 과거의 실제 입법자의 의사를 말하는 것은 아니다.

6) 해석된 의미

선례구속의 원칙(stare decisis)으로 소개되는 영미법 지역의 전통적인 법원리는 설령 법규와 헌법 규정에 대한 이전의 해석이 잘못된 것으로 판단되는 경우라도 이를 고수해야 한다고 한다.[108] 미합중국 대(對) 쇼네시(United State v. Shaughnessy) 사건에서 언급하고 있듯이 선례구속의 원칙은 법원의 선례에서 이전 해석이 옳지 않다거나 공정하지 않다거나 현명하지 못했다고 판단됨에도 불구하고 이를 고수해야 한다는 압박을 준다는 점에서 오히려 가치가 있다는 것이다.

최근까지 미연방대법원이 확인하고 있는 바와 같이,[109] 선례를 고수하는 방법이 선호되는 것은 선례를 고수하는 것이 공평하고, 예견가능하며, 일관된 법원칙의 발전을 장려하기 때문이고, 법원의 판단에 대한 신

---

108 United States v. Shaughnessy, 234 F2d 715, 719(2d Cir 1955); Alexander, “Constrained by Precedent”, *Southern California Law Review* 63(1989), at 1, 4; Schauer, “Precedent”, *Stanford Law Review* 39(1987), at 571, 575; 상세는 Fallon Jr., ibid., p. 1251.

109 Michigan v. Bay Mills Indian Community, 134 S. Ct. 2024, 2036(2014); 이에 대해서는 Fallon Jr., ibid., p. 1251.

뢰성을 높이고 법적 절차에 대한 일관성과 염결성의 사실적 인식 향상에 기여하기 때문이라는 것이다.

이러한 선례구속의 원칙을 적용함에 있어서 판사나 변호사들은 종종 법적 의미를 이러한 해석된 의미와 동일시한다. 물론 이 원칙도 예외에 열려 있는 것은 당연하다.

7) 의미 대상의 불일치 / 동일 의미의 다른 이해

팰런은 언급한 유형의 의미 차이에 앞서 보다 본질적인 문제는 해석자 모두가 언급하는 그 의미의 대상에 대한 의견 불일치와 무엇이 문언적 의미인지 의도된 의미인지 또는 합리적 의미인지는 몰라도, 동일하게 문언적 의미를 말하는 사람들 사이에도, 동일한 의도적 의미, 또는 합리적 의미라고 주장되는 의미들 사이에서도, 그 의미가 동일하지 않다는 점이라고 지적한다.[110] 우리의 법적 논의에서도 자주 등장하듯이, '이것이 합리적인 입법자가 의도했을 목적'이라며 법문의 의미를 주장하는 사람들 사이에도 그 의미가 다른 경우가 다반사라는 말이다.

3. 법적 의미에 대한 지침으로서의 대화적 의미와 그 한계

법 해석을 둘러싼 논쟁, 즉 법적 의미에 대한 논쟁에 참여하는 자들은 일상적(ordinary)·비법률적(nonlegal) 논의에서 '의미'가 무엇을 의미하는지를 밝힘으로써 다양한 의미이론들의 이론적 주장과 쟁점이 무엇인지를

---

110 Fallon Jr., ibid., p. 1252.

명확하게 하고, 가능하다면 이를 해소할 수 있는 방법들을 모색해 왔다.

예를 들어 스칼리아 대법관과 같은 문언·원문주의자(textualist)들은 때때로 그 반대의 의미로 결론을 내려야 할 특별한 이유가 존재하지 않으면 대화적 의미(conversational meaning)와 같은 법적 의미가 보통의 사람들(ordinary people)이 일상의 맥락(ordinary contexts)에서 단어들을 사용하고 이해하는 방법을 반영한다고 주장했다.[111] 통상의 의미가 아닌 의미로 사용되었다는 특별히 확실한 이유가 없다면 일반인들이 사용하는 의미로 이해하는 것이 옳다는 것이다.[112] 원문주의자(orginalist)의 일부는 법 규정의 의미는 언어가 어떻게 작동하는지에 관한 일반적 사실 때문에 변경될 수는 없다고 주장하기도 한다. 환언하면, 발언의 의사소통적 내용은 그 발언이 이루어지는 해당 시점에 확정된 것이라는 말이다.

최근 언어철학자 솜스(S. Soames)는 언어철학과 법률 해석을 연결하는[113] 후기 원문주의(post-orginalism)라고도 불리는 '존중주의'(deferentialism)라는 법 해석의 새로운 개념을 제안하였는데, 우리가 일상의 담화(ordinary speech)에서 의미를 확인하는 방법에 대한 일반적 주장에 기초하고 있다고 한다. 솜스의 표현에 따르면 원문의 의미(original meaning)와 원래의 의도(original intent)라는 두 가지 측면에 관심을 두는 것이다.[114] 달리 말해 원문의 의미와 원문에서 의도된 바를 '존중'(deference)

---

111 Fallon Jr., ibid., p. 1253; Scalia/Garner, ibid., p. 15.

112 Chisom v. Roemer, 501 US 380, 410(1991). Scalis의 반대의견 참고. 상세는 Fallon Jr., ibid., p. 1253.

113 Solum, Book Review - Deferentialism: Soames on Legal Interpretation, Philosophical Studies, Vol. 179(2022), p. 2097.

114 Pojanowski, "Deferentialism: A Post-Originalist Theory of Legal Interpretation", *Fordham Law Review* 82, no. 2(2013), pp. 597-650.

하라는 것이다.[115]

이와 관련하여 팰런은 통상의 대화에서 의미의 결정에 대한 언어규범들이 법적 의미에 관한 논쟁적 질문을 해결할 수 있는지, 그리고 특별한 주장을 근거 짓기 위해 필요한 증명의 유형과 무게에 관한 답을 제시할 수 있는가 하는 물음을 제기한다. 물론 그의 답은 그렇지 않다는 것인데 그 이유는 주로 다음과 같은 것들이다.

1) 대화적 의미의 몇 가지 의미

팰런은 법령 해석에 관한 논쟁에서 사용되는 "No vehicle in the park."라는 표지판을 유추하여, 명령문의 형식을 버리고, 어떤 부유한 사람이 자신의 정원을 개방하면서 "No vehicles are allowed in the park."라고 게시한 경우를 상정해 보자고 한다. 그 부자는 이에 추가하여 "People of good character only."라는 금지 문구를 추가로 포스트로 내걸었다고 가정하자고 한다. 팰런은 일상의 대화에서 평범한 사람들은 이러한 금지의 의미에 대하여 자연스럽고 적절하게 대화할 것인데, 법에서와 마찬가지로, 우리가 그것들의 의미에 대해서 말할 때, 우리는 무엇을 말하는가(refer) 하는 의문이 제기된다고 한다.

(1) 의미론적 또는 문언적 의미

"No vehicles in the park." 또는 "People of good character only."

---

115 미국 조세법원(Tax Court)의 전통적 두 가지 입장, 즉 존중주의적 심사(deferential review)를 원칙으로 하는 종래 입장과 처음부터 다시 심사(De Novo Review)하는 최근의 입장을 분석하고 후자의 문제점을 지적하는 글로는 예를 들어 Shores, "Deferential Review of Tax Court Decisions: Taking Institutional Choice Seriously," *The Tax Lawyer* 55(2002), at 667.

이라는 명령문은 의미론적 의미 또는 문언적·사전적 의미를 가지고 있고, 법 규정의 의미론적 또는 사전적 의미와 동일한 방식으로 결정될 수 있다. 규정의 문언적 의미는 물론 "No vehicles in the park."와 같이 모호하거나 애매할 수 있다. 사전에서는 'vehicle'이라는 단어에 유모차가 포함되는지, 또는 세발자전거도 그에 속하는지 여부를 결정적으로 밝히고 있지 않는 경우가 일반적이기 때문이라는 것이다. 하지만 보다 중요한 것은 명령문 또는 주장의 문언적 의미는 종종 그 언어에 대한 역량 있는 화자가 그것이 발화되는 상황의 맥락에서 실제로 이해하는 의미가 아니라는 것이다. 예를 들어 응급실에서 자신이 병에 대해 걱정하는 환자에게 의사가 "안 죽습니다."라고 말했다고 해서 그것이 영원히 산다는 것을 약속한 것이 아니고 단지 짧은 시간 내에 일어날 일에 대한 진단을 제공한 것뿐이라는 것이다.[116]

(2) 맥락·문맥적 의미

일상 대화에서 맥락의 특징들과 그 맥락 안에서 기대되는 단어와 구의 적용들은 언어철학자들이 '화용론적 풍부화·확충'[117](pragmatic enrichment)이라고 부르는 아주 중요한 역할을 한다. 예를 들어 'bay'라는 단어는 암갈색 말(馬)을 지시할 수도 있고, 바다의 만(灣)을 지시할 수도 있다. 하지만 통상 'bay'를 지시하는 맥락이 모든 모호성을 제거해 준다. 만을 보

116 Fallon Jr., op. cit., p. 1256.

117 이러한 용어 사용의 예로는 정지문, "스탠리의 과잉 생성 반론으로부터 자유로운 풍부화 옹호", 『철학적 분석』, 제22권(2010), pp. 69-92; 이정민, "부정의 모습: 상위언어적 부정은 실험상 어떻게 다른가?", 『언어와 정보』, 제19권 제2호(2015), 127쪽 이하 참고.

고 'bay'라고 했는지, 말을 보고 'bay'라고 하는지를 맥락에서 구별이 된다면 전혀 혼동의 여지가 없다는 말이다. "공원 안에 차량 금지"(No vehicles in the park.)라고 쓰인 지시판에서도 그 공원이 어떤 공원인지(시내 도로 한가운데 공원인지, 애들이 뛰어노는 공원인지 등)를 맥락의 특징을 알려 준다면 오해의 소지가 없어진다는 것이다. 예를 들어 앞서 자신의 정원을 공원으로 제공한 사람이 추가로 그 표지판 옆에 "모든 연령의 어린이 대환영"(Children of all ages welcome.)이라는 표지판을 세워 두었다면, 여기서 그 맥락은 유모자, 세발자전거 등은 금지된 차량(vehicles)에 포함되지 않는다는 것을 표시하는 것으로 볼 수 있다는 말이다. 유모차를 타거나 세발자전거를 이용하는 어린이도 모든 연령의 어린이에 당연히 포함되기 때문이다.

그런데 앞서 예시한 "성격 좋은 사람만"(People of good character only.)이라는 명령문은 조금 복잡해진다. 미국의 짐 크로 법(Jim Crow Law)의 예에서처럼 특정 맥락에서는 단지 코카서스 인종만 들어오라는 것으로 이해될 수도 있는 것이다. 또는 이 지시문의 저자는 모든 아프리칸-아메리칸, 즉 흑인을 배제하기 위해 이런 문구를 사용했을 수도 있다. 아마도 이 지침을 직접 접하게 되는 대부분의 사람도 그렇게 예측했을 수도 있을 것이다.

이러한 예에서, 화자와 청자가 공유하는 전제에 따라 형성되는 발화의 맥락적 의미는 그 의미를 제공할 수 있는 후보의 하나이지만, 그런 방식으로 법문의 맥락적 의미를 기대되거나 이해되는 사용의 관점에서 정의하게 되면 (위의 인종차별적 사례에서는) 분개를 불러일으킬 수도 있다는 것이다. 따라서 맥락적 의미가 항상 그렇게 제한적일 수 있는지에 대

해서는 의문이 제기될 수 있다고 주장하는 것이다.[118]

(3) 현실·실제 개념적 의미

만약 나무랄 데 없이 좋은 인성의 아프리카계 미국인이 좋은 성격의 사람만 입장하라는 표지판이 있는 공원 입구에 도착했다고 하자. 입장하려고 하는 순간, 좋은 성격의 사람만 들어오라는 표시의 맥락적 의미는 모든 흑인은 입장 불가라는 말이라는 소리를 들었다. 이 흑인은 다음과 같이 항변했다고 하자. "이 주변의 대부분의 백인들이 '좋은 인성의 사람들만'이라는 표시는 좋은 성격을 가진 모든 흑인들을 배제하는 의미로 적용되어야만 한다고 생각하더라도 그 표시판이 말하는 것은 인종과는 전혀 무관한 것이다. 만약 지시문의 의미가 정확하게 이해된다면 나는 입장할 수 있다." 팰런은 이렇게 말한 흑인은 앞서 응급실에서의 환자가 한 것과 같은 오해를 한 것인지를 묻는다. 앞에서 예시한 의사의 말을 영원히 산다고 오해한 것과 같은 것이냐 하는 것이다.[119] 또 하나의 예로, 만약 어떤 부모가 자식을 교육하면서 "잔인하게 굴지 마!"라고 가르칠 때, 그 부모가 잔인하다고 생각하는 것은 어떤 것이라도 하지 말라는 의미로 이해하는 것은 오해가 아닌가 하고 묻는다. 잔인하게 굴지 말라는 지시는 사실상—그 맥락에서도—실제로 잔인한 것은 하지 말라는 의미가 아닌가 하는 질문이다. 이것을 좋은 인격의 사람만 들어갈 수 있다는 사례와 동일하다고 볼 수 있는가 하는 것이 팰런의 물음이다.

---

118 Fallon Jr., ibid., p. 1256.

119 Fallon Jr., ibid., p. 1257.

언어철학자들은 어떤 개념의 일상 사용법(ordinary usage)은, 대부분의 사람들이 현재 그 개념의 외연에 대해 어떤 것이라고 받아들이는 것보다는, 실제 사용되는 것에 따라 그 개념들의 적절한 사용이 결정된다는 것에 동의하는 것으로 보인다는 것이 팰런의 생각이다. 즉, 실제 사용이 기준이 된다는 것이다. 금(gold)을 예로 들면, 사람들이 어떤 것을 금이라고 하건 간에 금이라고 말하면 그것은 진짜 금인 것을 말한다는 것이다. 달리 말하면 '금'의 의미는 특정 개체에 대한 또는 물질에 대한 누군가가 기대하는 그 개념의 적용에 의존하지 않고, 오히려 무엇이 사실·실제(really) 금인지에 의존한다는 것이다.[120]

몇몇 철학자들이 믿고 있듯이, 만약 도덕적 개념들도 이와 유사한 방법으로 작동한다고 하면, '좋은 성격'이라는 개념의 바른 이해 또는 적용도 좋은 성격이 '실제 무엇인가'(what good character really is)에 의존하거나, 좋은 성격이라는 개념에 대한 도덕적으로 '가장 최선의 해석'(the morally best interpretation of the concept)에 의존한다는 것이다.[121]

(4) 의도된 의미

환자에게 "죽지 않습니다."라고 말한 응급실 의사 사례에서 중요한 것으로 보이는 것은 의사가 전달하고자 한 메시지, 정보, 내용일 것이다. 만약 그 환자가 "의사 선생님이 뭐라고 한 것입니까?"라고 묻는다면 그 환자는 그 의사가 자신에게 말하려고 한 것이 무엇인지를 알고 싶어하는

120 Fallon Jr., ibid., pp. 1257-1258.

121 Fallon Jr., ibid., p. 1258.

것이라고 할 수 있을 것이다. 그라이스(P. Grice)가 화자가 의도한 의미(intended meaning)가 발언의 의미(meaning of an utterance)라고 한 주장과 유사한 것이다.

물론 어떤 사람이 말한 것과 그 사람이 뜻한 것 사이에는 간극이 있을 수 있고, 화자가 의도한 의미는 그렇지 않으면 불명확할 발언의 의미를 제공하기 위하여 통상의 대화에서 좋은 후보자가 될 수 있는 것이다.[122] 화자가 의도한 의미를 발언의 맥락적 의미와는 다른 것으로 다루는 것보다는 우리가 확실하게 말할 수 있는 것은 화자(speaker)의 의도들은 합리적인 청자가, 예견된 적용과 부적용을 포함하여 화자와 청자 사이에 공유된 전제들에 의해 틀이 짜인, 발언의 맥락적 의미라고 부르는 것을 결정할 때 고려하게 되는 다양한 요소들 중의 하나(one factor, out of many)라는 것이다. 요약하자면, 화자의 의도도 맥락적 의미 결정에서 고려되는 한 요소일 뿐이라는 말이다.[123]

하지만 팰런은 그러한 접근법에 저항한다. 즉 적어도 일정 사례에서 우리는 발언의 의미를 제공하기 위하여 화자가 의도한 의미를 하나의 독립적인 후보자로 선별해 낼 수 있다는 것이다. 예를 들어 응급실 사례에서 환자가 알려고 한 것은 바로 의사가 전달하려고 의도한 내용이라

---

122 Fallon Jr., ibid., p. 1250.

123 여기서 상세히 다루지는 못하지만 앞서 언급된 존중주의의 대표적인 저자, 솜스(Soames)도 “입법자들이 의미한 것(말하고자 의도한 것), 그들의 단어들, 공적으로 사용한 사실들, 입법과정의 맥락에서 최근 역사 그리고 새로운 규정이 들어 맞을 것으로 기대되는 현행법의 배경을 이해하는 이성적·합리적인 사람들이라면 그들(입법자들)이 의미했을 것이라고 생각할 만한 것”을 찾고, 존중하는 것이 존중주의의 기본 사고임을 밝히고 있다. 이것이 바로 제정된 법의 의미·내용이라는 것이다{Soames, “Deferentialism: A Post-Originalist Theory of Legal Interpretation”, *Fordham Law Review* 82(2013), p. 598}.

는 것이다. 나아가 설령 우리가 화자가 의도한 의미가 궁극적으로 화자와 청자가 공유한 전제들에 의해 구성된 발언의 맥락적 의미를 함유하는 단지 하나의 요소라고 받아들이더라도, 화자의 의도된 의미와 맥락적 의미를 담고 있는 그 밖의 가능한 요소들이 대비되거나 심지어 양자가 충돌하는 경우 때문에, 화자의 발언의 의미를 결정하는 잠재적 인자로서 화자의 의도된 의미를 선별해 내는 것은 발견술적 가치(heuristic value)도 있음을 강조한다.[124]

만약 어떤 사람이 "No vehicles in the park."라는 말에, 발언의 화자가 그렇게 의도한 것이기 때문에, 세발자전거도 포함된다고 말한다면, 또는 "좋은 인격의 사람만"이라는 표식은 화자가 그렇게 의사소통하려는 의사였기 때문에 '코커서스 인종이 아닌 사람은 출입 금지'를 의미하는 것이라고 말하는데, 누군가가 이와 달리 "하지만 그것은 그가 말한 것이 아니고, 화자의 개인적 의도들은 그의 명령문이 의미한 것을 결정하는 것이 아니다."라고 반박할 때 나타나는 의견의 불일치를 완전하게 이해할 수 있다는 것이다. 결국 Fallon은, 때로는 매우 현실적일 수도 있는, 화자의 의도의 중요성이라는 논점은 우리가 화자의 의도된 의미를 일상의 대화에서 발언의 의미를 제공하기 위한 하나의 독립된 후보자로서 개념화하는 경우에 가장 명확하게 드러난다고 한다.[125] 즉, 화자의 의도는 독립된 하나의 해석기준으로 작용할 수 있다는 것이다.

---

124 Fallon Jr., ibid., pp. 1259-1260.

125 Fallon Jr., ibid., p. 1260.

(5) 합리적·이성적 의미

이제 그 공원에서 사고가 발생하여 사고를 당한 사람이 심한 상처를 입고 심장마비까지 겪게 되었다고 가정해 보자. 신속한 구조 요청 전화를 받은 119 응급구조대가 공원 입구에 도착했다. "No vehicles in the park."라는 명령문은 생명이 위급한 응급상황임에도 불구하고 응급차량을 들어오지 못하게 하는 것인가 하고 물으면 우리는 아마도 "문지기는 어쨌든 응급차를 공원에 들어오게 해야만 하지만 그렇게 한다면 또한 문지기는 어쨌든 공원의 규정을 위반하게 될 것이다."라고 답할 것 같다는 것이 팰런의 주장이다.[126]

물론, 꼭 그렇게 답할 필요가 있는가 하고 반문하며, 만약 응급차가 공원에 들어오지 못했고, 사고를 당한 사람이 구조가 늦어져 사망했고, 공원의 주인이 이 사정을 알고 급히 공원으로 달려왔고, 문지기는 "나는 당신이 지시한 대로(명령문에 적어 놓은 대로) 했습니다."라고 보고했다고 할 때, 공원의 주인은 어떻게 반응할 것인가 생각해 보자고 한다.

"응급차량까지 들여보내지 말라고 한 것은 내가 의도한 의미가 아니었네!"라고 말할 수도 있겠지만, "대화를 해석하는 통상적 원칙들은 우리로 하여금 (맥락에 관해서 무언가가 다른 것을 지시하지 않는 한) 규정들과 그 밖의 다른 발언들에 대해 합리적인 의미(reasonable meaning)를 부여할 것을 요구한다."라고 말할 수도 있다는 것이다. 쉽게 말해서 발언을 주어진 상황에서 합리적으로 해석해야 하는 것이 상식 아니냐고

126 Marmor, The Language of Law, New York: Oxford University Press(2014), pp. 33-34에서는 판사는 만약 그렇게 하지 않으면 아주 나쁜 결과를 가져올 경우라면 법률이 말하고 있는 것을 무시할 도덕적 의무를 가진다고 말한다. Fallon Jr., ibid., p. 1260.

질책할 수도 있다는 말이다.

"이성적인 사람이라면 이렇게 이해할 것이다."라는 말은 사실 한편으로는 '매락'을 보고 이해한다거나, ㄱ 말이 적용되는 암묵적인 영역·범위 제한(implicit domain restriction)이 있다는 등으로 표현될 수도 있는 것이다. "내 생일파티에 모든 사람을 초대합니다."라고 친구들에게 메시지를 돌린 사람이 '이 세상의 모든 사람'을 초대한 것은 아니라는 것은, 그의 친구들에게 초청장을 보냈다는 맥락을 통해서, 암묵적으로 '그 메시지를 받은 사람 모두'라는 적용 범위의 제한이 있다는 것을 통해서 상호 이해 가능한 것이다. 그 말을 두고 이 세상 누구나 모두 초대받았다고 이해하는 사람은 제정신(이성적)이 아니라고 평가하는 것도 그러한 배경이 작용한 것으로 볼 수 있다.[127]

팰런처럼 이성적인 의미를 이성적·합리적인 사람이 특정한 맥락에서 해당 발언에 부여하는 의미에 따라 결정되는 것으로 본다면, 이성적·합리적 의미도 입법자의 의도된 의미와 같이 맥락적 의미의 하부 유형으로 이해될 수도 있을 듯하다. 도덕적 이성·합리성(moral reasonableness)이 특별히 중요한 의미를 가진다는 팰런은, 공원에 들어올 수 없는 차량에 응급차도 포함된다고 하는 것이 특별히 기대된 적용인 것도 아니고, 앰뷸런스가 포함되지 않는다고 하는 경우도 그것이 화자나 청자가 그 말을 할 당시에 포함되지 않는 것으로 이해했기 때문인 것은 아니라는 것이다.[128]

127 Fallon Jr., ibid., p. 1261.

128 Fallon Jr., ibid., pp. 1261-1262.

(6) 해석된 의미

만약에 그 공원에 아이스크림과 과자를 파는 차량이 들어오는 것은 어떤가? 공원의 문지기가 공원 이용객들의 요청을 생각해서 매일 오후에 아이스크림과 과자를 파는 차량을 공원에 입장하게 했고, 그에 대해 공원의 주인도 특별한 언급이 없이 그런 관행이 지속되자, 아이스크림 차량 운전자도 당연히 자신은 공원에 들어갈 수 있다고 생각하게 되었다고 하자. 이 경우 우리는 "No vehicles in the park."라는 지시문이 이제 '해석된 의미'를 획득하게 되었다고 말한다. 그 명령문은 이제 '아이스크림 차량과 응급차량을 제외하고'라는 의미를 가지게 되었다는 것이다. 달리 말해 팰런은 지시문의 원래의 의미, 맥락의 의미는 물론이고 이렇게 해석된 의미도 일상의 대화에서 시간이 지나가면서 당연히 획득될 수 있는 의미라고 한다.[129]

2) 다양한 이해관계·관심사, 의미론적 차이와 실질적 차이

지금까지 다양한 의미에 대한 논의에서 보았듯이, 팰런은 만약 우리가 일상 대화에서 규범적 진술(법문)의 의미를 지시·언급하는 경우에 우리가 그 의미의 후보자로 생각할 수 있는 다양한 의미들을 생각한다면, 각자가 가지는 언어적 직관에 따라 그중 어느 것이 유일하게 옳은 의미라고 단언할 수 있을 것인지를 묻는다. 누구나 예상할 수 있듯이 그의 대답은 언급한 최소 6가지의 다양한 의미의 후보자들 각각이 가장 옳은 의미라고 주장할 수 있는 상황들을 생각해 볼 수 있다는 것이다. 법적 의미에

---

129 Fallon Jr., ibid., pp. 1262-1263.

관한 주장의 다양한 가능성을 말하는 것이다.[130]

가능한 의미의 다양한 유형이 있다는 것(the multiplicity of different kinds of possible meaning)에 대한 인식이 없다면 일상 대화에서 의미를 찾는 우리의 노력은 종종 이유·근거들, 이해관계들 또는 목적들에 의해 결정되게 된다. 여러 가지 목적 중에서, 예를 들어 사업주의 지시를 따르려는 노동자는 무엇보다 화자의 의도, 화자가 전하려고 한 의미를 찾는 데 주력할 것이다. 하지만 우리는 일반적으로 화자의 의도에 직접적으로 접근하기는 어렵다. 이에 더하여 언어의 의미는 관습이나 광범위하게 공유된 이해에 상당히 많이 의존한다. 만약 우리가 예를 들어 공원에 차량 금지라는 규정을 알고 있는 경우 우리의 직접적 관심은 자신이 자전거를 타고 가도 입장이 금지될 것인지, 유모차를 끌고 가면 들어갈 수 없는 것인지 하는 문제일 수 있다는 것이다. 이런 사례와 같은 사안에서 우리의 관심사, 즉 실용적 이해는 우리의 초점을 화자의 의도된 의미에서 벗어나, 정보를 잘 알고 있는 사람들의 기대된 적용에 의해 구성된 문맥적 의미로 향해 가거나 해석된 의미로 향하게 된다는 것이다. 달리 말해 해석하는 자 또는 의미를 이해해야 하는 자의 이해관계에 따라 서로 다른 의미들이 제각각 정확하고 옳은 의미로 부각될 수 있다는 것이다.[131]

물론 다양한 의미 주장에서 보이는 외관상 충돌은 기껏해야 외견상 그리 보이는 경우라는 반론도 당연히 가능하다. 예를 들어 공원의 출입 금지 표지판을 보고 한 사람이 그 의미는 화자와 청자가 공유하는 전제에

130 Fallon Jr., ibid., p. 1263.

131 Fallon Jr., ibid., p. 1264.

기초하여 구성된 것으로 발언의 맥락적 의미라고 하고, 두 번째 사람은 화자가 의도한 의미라고, 세 번째 사람은 지시문의 해석된 의미라고 하는 식으로 의견이 불일치하는 경우에도, 사실상 그것은 단지 의미론적 차이일 뿐, 실질적 차이가 아니라는 것이 팰런의 생각이다. 이러한 외관상의 의견 불일치는 단지 서로 다른 사람들이 서로 다른 것을 말하고 있기 때문이라는 것이다. 만약 그들이 그렇게 인정하고, 각자 무엇을 염두에 두고 있는지를 정확하고 명확하게 외부적으로 표현한다면, 그들 모두 실제 무엇이 의미론적 의미였는지, 무엇이 맥락적 의미였는지, 무엇이 해석된 의미였는지 등등에 대해 사실상 동의하리라는 것이다.

그렇지만 법적 의미에 대한 논쟁에서는 종종 의미론적인 것을 실체적인 것(substantive)과 분리하는 것 자체가 어렵다는 것이 문제라는 것인데, 그 이유는 궁극적인 의견 차이는 (의미 중 어떤 것이 맥락에 특수한 이해관계 또는 관심사의 관점에서 하나의 특유한 사례에서 문제 되는 규정의 법적 의미를 제공하는 것으로서 포함되어야만 하는지를 암시하는) 중요성(salience)에 대한 판단을 포함하기 때문이라는 것이다.[132]

3) 의미에 대한 근본적 의미의 존부

팰런은 법 해석에 흥미가 있는 일련의 언어철학자들과 철학적인 지식을 가진 일련의 법학 교수들은 법적 의미 또는 대화적 의미의 공급을 위한 다중의 후보자들 중에서 선택할 필요가 있다는 자신의 입장에 동의하지 않는 경우가 있음을 인정한다. 대표적으로 언어철학자 솜스(S.

132 Fallon Jr., ibid., p. 1265.

Soames)와 법학자 솔럼(L. Solum)과 같이 반대 입장을 가진 사람들도 의미라는 개념은 다중적 의미(multiple senses)를 가질 수 있다는 점은 동의하지만, 고유하게 근본적인(uniqucly fundamcntal) '의미에 대한 하나의 의미'(one sense of meaning)가 있다는 주장을 유지한다는 것이다. 즉 법적 규정들에 대해서, 그리고 대화적 발언에 대해서도 마찬가지로, 적정한 의미를 부여하는 모든 판단에 기반을 제공하는 언어적 사실(linguistic fact)을 표현하는 근본적인 하나의 의미가 있다는 것이다. 양자의 관점에서 이른바 문제의 언어적 사실(purported linguistic fact of the matter)은 팰런 자신이 앞서 살펴본 어떤 의미와도 부합하지 않는다는 것이다. 예를 들어 솜스는 이른바 후기 원문(문언)주의 이론(post-orignialist theory)이라고 불리는 자신의 '존중주의'(deferentialism)의 의미를 설명하는 곳에서 입법자가 '주장하거나 규정하려고 의도한 내용'(asserted or stipulated content)이 바로 법률이 주장하거나 규정하려고 한 내용이라는 것을 강조한다.

> 화자가 주어진 맥락에서 주장하거나 규정하기 위하여 문장 S를 사용한 것은 S의 언어학적 의미를 알고 발화의 맥락에서 중요한 모든 상호주관적으로 가용한 특성들을 알고 있는 합리적인 청자 또는 독자도 화자의 S라는 문장의 사용은 화자가 전달하려고 의도한 것으로 받아들이는 것이 합리적인 것이다.[133]

한편, 솔럼의 입장도 솜스의 입장과 유사해 보인다. 솔럼은 언어적 의

133 Soames, ibid., at 598; Fallon Jr., ibid., p. 1266.

미의 가장 중요한 의미를 그가 '의사소통적 내용'(communicative content)이라고 부르는 것과 같은 것으로 보았는데, 그것을 의미론적 의미의 기능과 언어철학자들의 '화용론적으로 풍성하게 만드는 것'(pragmatic enrichment)이라고 부르는 것이 생기게 하는 문맥적 사실의 기능으로 간주했다.

이와 관련하여 팰런은 솜스의 (입법자에 의해) 주장된 내용이나 솔럼의 의사소통적(대화적) 내용도 엄격히 말해 제약이 없다(open-ended)는 점을 강조한다. 솜스의 개념에서는 주장된 내용이란 발화된 문장의 의미론적 내용을 포함하여 화자의 의사소통적 의도들, 화자와 청자 사이에 공유된 전제들, 발화 맥락에서의 명확한 특성 등 다양한 요소에 의해 결정되는 것이고, 솔럼의 의사소통적 내용도 이와 다를 바 없어 보이기 때문이다. 따라서 팰런은 상황에 따라서 어떤 의미를 부여하는 것이 가장 적절한 것이 우리가 판단을 내려야 한다는 것이고,[134] 피할 수 없는 의미의 불확실성과 다양성에 직면할 때에 문제가 되는 것은 다른 사람들은 어떻게 생각할 것인지를 충분히 고려하여 합리적인 사람이라면 어떻게 스스로 문제를 해결할 것인지가 될 수밖에 없다는 것이다.[135]

4. 법적 의미에 대한 논쟁 주제의 해법(절충적 방법론)

1) 개요

팰런은 장황한 분석을 통해 결론적으로 법적 의미에 관한 논쟁에 참가

134 Fallon Jr., ibid., p. 1267.

135 Fallon Jr., ibid., p. 1268.

하는 사람이라면 그곳에는 '의미'에 대한 다양한 의미들(senses)이 있을 수 있다는 것을 인정해야만 하고, 따라서 법률규정이나 헌법규정들에 법적 의미를 부여하는 일을 재개념화해야(reconceptualize) 한다고 주장한다.[136] 특히 현재 호황기를 맞고 있는 대화론적 의미론에 대해서도 그런 제한된 접근으로 법적 의미의 실제를 파악하기는 어렵다고 지적한다.

그렇다면 이른바 '절충적 접근법'(eclectic approach)이라고 부르는 팰런의 해법은 무엇인지 궁금해진다. 먼저 법적 해석 영역에 등장하는 이론들도 다양한 의미 중에 선택하는 기준을 제공하거나 의사결정의 구조를 제공하는데, 그 유형은 단정적·범주적 기초(categorical basis)와 개별 사례마다의 판단(case by case judgement)의 두 가지로 나눌 수 있고, 그는 두 번째의 방법이 정답이라고 주장한다. 여기서 이미 그의 복안은 개별 사례마다 그 특징에 맞는 의미의 유형이 선택되어야 한다는 것이 명백해 보인다. 여하튼 그는 자신의 주장을 받아들이지 않더라도 다음과 같은 자신의 지금까지의 논거는 일단 거부할 명분이 없다고 주장한다.[137]

① 법적 의미의 주장에 대해서는 복수의 가능한 의미들(multiple possible senses)이 있다. 대화적 의미의 경우에도 다를 바 없다.
② 법적으로 논쟁이 되는 사례들에서, 법규 또는 헌법규정이 무엇을 의미하는지 또는 어떻게 그것이 적용되는지를 결정할 수 있는 법이전의(prelegal), 언어(학)적인 사실(linguistic fact)은 존재하지 않는 경우가 흔하다.
③ 모든 규범적 법 해석 이론의 핵심 과제는 언어적 비결정성(languistic

136 Fallon Jr., ibid., p. 1297.

137 Fallon Jr., ibid., p. 1298.

indeterminacy)을 인정하고 그것을 해결할 수 있는 메커니즘을 제공하는 것에 있다.

④ 현재 다수의 법령 해석과 헌법 해석을 이끄는 이론들은 다양한 가능한 의미들 사이에 선택할 필요성을 적절히 감안하지 못한다.

2) 선택을 위한 문맥

미국연방대법원에서 2013년 선고된 판결 들 중에서 약 64%의 사건에서는 법률·헌법의 해석에 대하여 참여 법관의 만장일치가 이루어졌다고 한다. 달리 말해 대부분의 사건에서는 해석이 전혀 문제 되지 않는다는 말이기도 하다.[138] 우리나라도 이와 특별히 다르지 않다. 여러 가지 이론들의 도움 없이도 법적 의미에 관한 많은 문제들은 모두의 동의에 의해 처리된다는 것이다. 그렇다면 지금까지 살펴본 여러 해석론은 사실상 대안적 성격을 가진 것이고, 모두가 동의하는 사안에서는 특별한 기능을 찾기 어렵다는 것이다. 이렇게 보면 엄격한 원문주의나 문언주의가 하나의 의미를 주장한다면 오히려 다수의 이해를 흔든다는 비판도 가능해 보인다.

나아가 설령 동의된 해석 이론이 없더라도 현재의 실무는 판사가 반복적으로 자신들의 이데올로기적 선호에 가장 잘 부합하는 산출물을 선택하는 그런 자유로운 형태의 권한 행사와는 사뭇 다르다는 것도 강조한다.[139]

---

138 Fallon Jr., ibid., p. 1298; The Supreme Court 2013 Term: The Statistics, 128 Harv. L. Rev. 401, 406(2014).

139 Fallon Jr., ibid., p. 1299.

3) 이론 선택을 위한 일반 기준

팰런은 규범적인 헌법 이론들 사이에 무엇을 선택할 때에는 3가지의 규범적 기준(normative criteria)을 반영해야만 한다고 주장한다. 즉, 예견 가능성(predictability), 안정성(stability)과 같은 법의 지배(rule of law)라는 가치를 고양하고, 정치적 민주주의(political democracy)를 가능하게 하며, 도덕적으로 방어 가능한 일련의 개인적 권리를 정의함에 있어서 다양한 후보(의미의 해석)들이 가진 강점과 약점들을 형량하라는 것이다.[140] 이러한 고려들은 당연히 법규의 해석 이론을 선택할 때도 작동해야 하고, 법의 지배의 가치가 더욱더 중요한 만큼, 법원들은 해석적 방법론들의 적용을 통하여, 입법자의 입법 특권의 효과적인 행사를 허용하는 해석적 판단에 도달해야만 한다는 것도 강조한다. 입법부의 의사를 존중하는 것이 법률 해석의 중요 기준이 되어야 한다는 것이다.[141] 이렇게 보면 법적 해석에 대한 건전하지 못한 접근방법은 그 자체가 이미 그 해석의 도덕적·실천적 수용성을 해치는 결과를 가져오게 될 것이다.

4) 범주적·단정적 접근의 흠결과 위험

다양하고 유명한 해석 이론들 중에서도 특히 문언·텍스트주의(textualism)와 원문주의(originalism)로 불리는 이론들이 유일하게 옳은 해석이 있다고 하는 이른바 단정적 접근법의 대표적인 유형이다. 이러한 해석방법론을 지지하는 사람들은 자신들의 방법론의 장점일 뿐만 아

140 Fallon Jr., "How to Choose a Constitutional Theory," *California Law Review* 87(1999), at 535, 558-59; Fallon, ibid., p. 1300.

141 Fallon Jr., ibid., p. 1300.

니라 그들에 대한 공격을 방어하는 방법으로서, 텍스트·원문주의야말로 법의 지배와 민주주의 이론에 가장 부합하는 접근법임을 강조한다. 즉 그 방법론은 유일하게 법의 지배를 증진하는 데 장점을 가지고 있고, 법률 해석에서 사법적 가치판단을 최소화하고, 미래의 해석을 관장하는 기준들에 대해 입법자에게 명확한 예고·경고를 줌으로써 입법부에 대하여 그들의 의사를 제대로 반영한 법률을 만들기 위해서 필요한 것이 무엇인지에 대해 일종의 사전 주의사항을 알려 주어, 종국적으로 민주주의의 가치를 고양하는 것에도 우월한 이론이라고 주장한다.[142] 나아가 장래에도 이러한 일련의 범주적 기준들을 일관되게 유지함으로써 입법자들에게 해석적 결론들을 미리 알고 입법하도록 힘을 주고, 민주주의적으로 예측 가능한 입법을 가능하게 한다고 주장한다.[143]

하지만 팰런은 사실상 원문주의나 텍스트주의는 의미론적 의미, 맥락적 의미, 현실 개념적 의미, 화자의 의도된 의미, 합리적 의미, 해석된 의미 중에서 무엇을 선택할 것인지에 대한 결정적인 기준을 제시하지 못한다고 비판한다. 그가 보기에는 문언주의와 원문주의 또는 양자가 결합한 이른바 문언주의자의 원문주의(textualist orginalism)마저도 결국은 사례중심적 해석방법의 선택을 부정하는 한 다양한 법문의 의미를 반영하지 못하는 치명적인 결론에 이를 수 있을 것이라고 비판한다.[144] 문언의 의

---

142 이러한 내용은 대표적으로 Easterbrook, "Text, History, and Structure in Statutory Interpretation," *George Washington Law Review* 66(1998), at 1120–1121 참조. 상세는 Fallon Jr., ibid., pp. 1300-1321 참조.

143 Fallon Jr., ibid., pp. 1300-1301.

144 Fallon Jr., ibid., p. 1301. 여기서 상론하지 못하지만 근본적인 항변으로 볼 수 있고, 이유를 물음으로 답하는 논리구조로 보인다.

미에 충실한 해석이 권력 분립과 사법의 역할에 충실한 법률 해석이라고 보는 입장에서는 순환논증에 불과하다는 비판으로 보인다.

5) 사례별 접근법의 장점

법적으로 그리고 언어학적으로 법적 의미라고 주장할 수 있는 여러 의미 중에서 사례마다 그것에 적절한 것을 선택하는 것이 바람직하다는 생각을 가진 팰런은 무엇보다 이러한 선택을 필요로 하는 사건·사례들은 예외일 뿐 그것이 일반적인 것이 아님을 강조한다. 나아가 그 선택이라는 것도 자기 선호에 따라 임의로 선택하는 법관을 택할 것인지, 아니면 통제받지 않는 법관의 주관성에 대응하는 유일한 피난처를 제공한다고 하는 문언주의·원본주의의 엄격함을 택할 것인가 하는 양자택일의 문제는 아니라는 것이다.

또한 법문을 해석하고 적용하는 판사의 입장을 볼 때, 비록 범주적 결정성이 소수의 중요한 범주의 사건들에서는 예견 가능성을 높이는 장점이 있을지라도, 개별 사례에 맞게 무엇이 가장 최선인지를 판단을 내리는 것이 자신에게 요구되는 기술의 관점에서는 보다 더 적합하다는 것이다.[145] 현실적이고 가능하고 쉬운 방법을 판사에게 요구해야 한다는 말이기도 하다. 당연히 이러한 사례 중심적 해석방법에 대한 반론은 다양한 방향에서 가능할 것이다.

팰런 스스로 예상하는 첫 번째 반론은 법적 의미에 대한 사례별 접근방식은 결국 판사의 개인적인 견해가 개입되어서는 안 되는 판결 절차를

145 Fallon Jr., ibid., pp. 1303-1304.

정치화하게 된다는 지적이다.

이러한 반론에 대해서 팰런은 오히려 그 전제를 공격하는 방식으로 대응한다. 즉, 법률 조항의 의미에 대한 어떤 주장에 대해 언어적으로 가능한 지시 대상이 여러 개 존재할 때, 가치 중립적인 선택 방식(no value free way to choose)은 사실상 존재하지 않는다는 것이다. 유일한 질문은 선택이 범주적 수준에서 이루어져야 하는지, 아니면 개별 사례 수준에서 이루어져야 하는지일 뿐이라는 것이다. 물론 그의 답은 후자이다.

법의 지배라는 원칙은 판사의 즉흥적이고 임시방편적인 사례 중심적 판결을 금지한다는 이상을 내세우는 것도 반론의 한 유형인데, 이런 입장은 결국 해석론의 선택과 관련한 다른 가치들을 무시하는 것은 물론이고 중요한 두 가지 오류를 내재하고 있다고 비판한다.

첫째, 법의 지배라는 개념이 결코 필수적인 것은 아니며, 그에 대한 가장 명확한 반대 사례는 보통법 국가의 판사들(common-law judges)은 역사적으로 엄격한 방법론적 제약을 받아들이지 않고 법을 발전시켜 왔다는 사실을 제시한다.[146] 판례법 국가의 법 적용과 창조의 현실을 내세워 법의 지배라는 규범적 원리의 필요불가결성을 공격하는 모습이다. 사실과 규범을 섞어 놓는 뒤죽박죽 전략으로 보이기도 한다.

둘째, 설령 모든 판사들이 텍스트주의나 원본·원문주의와 같은 자기 제약적인 해석방법을 선택하는 것이 보다 나은 것이라고 하더라도, 그것을 근거로 다른 사람이 하지 않는 그런 상황에서 개별 판사가 그렇게 해야만 한다는 결론이 나오지는 않는다는 것이다. 피장파장의 오류로 들리

146 Fallon Jr., ibid., p. 1304.

기도 하지만, 결국 개인에게 남들이 하지 않는 것을 요구할 수는 없다는 것이다. 법적 안정성이나 결과의 예측 가능성을 포함하여 법의 지배를 최대한 향상시킬 수 있는 접근법은 결론적으로 다른 판사들이 과거에 어떻게 했으며, 지금 어떻게 하고 있고, 미래에 어떻게 할 것으로 보이는지에 달려 있다는 것이다.[147] 그런 의미에서 만약 다른 대법관이나 판사들이 취하지 않는 원문주의나 텍스트주의를 택한다면 그것이 오히려 판결 전체의 일관성 흠결을 야기할 수 있고, 미래에도 아무도 하지 않은 일을 특정 판사가 하는 것은 해석론과 판결의 개선이라는 관점에서도 무용한 일이라는 것이다.

만약 법적 안정성과 예측 가능성이 강조되어야 할 필요가 있다면 원본·원문주의나 텍스트주의를 전면적으로 수용(cross-the-board commitment)하는 그런 방법을 택하기보다는 개별 사례에서 그것을 강조해서 판결하는 정도로 족하다는 것이다.[148] 개별 사례를 기초로 하여 가장 적절한 방법론을 선택하면 된다는 것의 의미가 무엇인지를 잘 보여 주는 반박들이다.

드워킨(Dworkin)과 포스너(Posner)의 사례별·사례 중심 접근방법에 향해진 비판[149]과 같이 팰런은 자신의 생각에 대한 비판도 그와 크게 다를 바 없겠지만, 스스로의 생각을 규범적 이론으로 말해 보라고 한다면 이렇게 대답하겠다고 한다.

---

147 Fallon Jr., ibid., pp. 1304-1305.

148 Fallon Jr., ibid., p. 1305.

149 Easterbrook, "Textualism and the Dead Head", *George Washington Law Review* 66(1998), at 1119, 1120.

> 1개 이상의 언어적이고 법적으로 설득력 있는 법적 의미에 대한 주장이 있으면 해석자는 해당 해석의 결과가 실질적으로 바람직한 것인지, 법의 지배 원칙과 조화되는지, 정치적 민주주의를 향상시키는지와 같은 규범적 요구사항에 비추어, 즉 모든 것들을 고려하여 가장 최선의 것을 선택해야만 한다.[150]

이러한 기준은 드워킨의 접근법보다 판사로 하여금 더 광범위한 고려 사항들을 반영할 수 있도록 허용해 준다고 자평한다. 사법적 판단(판결)은 종종 실용적이고 신중하며, 비용에 민감한 계산을 요구하는데 이를 크게 고려하지 않는 다분히 이상주의적인 드워킨이나, 판사들이 고려해야 할 가치와 법적 결정에 도달할 때 추구해야 할 목표와 관련하여 판사의 인격에 내재한 권리를 인정하지 않는 포스너의 해석적 실용주의(interpretive pragmatism)를 채우고 있는 생각과 자신의 생각은 차이가 있다는 점도 강조한다.[151]

논쟁되는 법적 의미에 대한 주장들이 법 이전의 사실, 언어적 사실에 기대어 해소될 수 없는 경우라면, 법적으로 제약된 규범적 판단을 행하는 것 외에 다른 대안이 없고, 사례에 기반한 판단을 필요로 하는 해석 이론은 도덕적 논쟁을 피할 수 없다는 것이다.

5. 소결

언어·법문의 의미에 대한 언어학·철학 그리고 법학 분야에서의 접근

150 Fallon Jr., ibid., p. 1305.

151 Fallon Jr., ibid., p. 1306.

방법과 현황에 대한 분석, 그리고 팰런이 생각하기에 가장 합리적인 의미의 도출 방법에 대한 생각들은 결국 개별 사례에서 가장 적절한 의미를 선택하는 것이 최선이라는 결론에 이르게 한다.

요약하자면, 영미법적 표현으로, 선례가 없는 사례들에서(in hard cases) 법규나 헌법규정의 의미는 법 이전의 언어적 사실(prelegal linguistic fact)로서 존재하지는 않으며, 법적 의미는 실제 주로 법률 내부의 기준에 의존한다.

이러한 내부적 기준이 불확실한 경우(해석에 대한 논란이 있는 경우), 법률을 해석하는 자, 즉 판사는 제한된 규범적 선택을 할 수밖에 없다.

이 경우 판사는 앞서 살펴본 의미론적·문언적 의미, 화자와 청자가 공유하는 전제에 따라 형성된 맥락적 의미, 현실 개념적 의미, 화자가 의도한 의미, 합리적(이성적) 의미, 선례에서 해석된 의미 등 다양한 선택지가 존재할 수 있다는 점을 제대로 인식하고, 나아가 누구도 상대적으로 임시방편적인(ad hoc) 규범적 판단에 의존하지 않고 법적 의미에 대한 주장에 대해 일관되고 유일하게 정확한 지시 대상을 결정할 수 있는 자원을 가지고 있는 사람은 없다는 것을 인식하여야 한다. 선례가 없는 사안에서 해석자가 만나게 되는 문제를 제대로 이해한다면, 결국 범주적 이해가 아니라, 사례별·사례 중심적인 이해가 필연적이다. 이것을 해석적 절충주의(interpretive eclecticism)라고 부른다.[152]

대륙법 전통의 법학 방법론에서 등장하는 해석(방법)론과 유사한 점과 상이한 점이 혼재된 영미의 법문의 의미, 그 의미의 도출 방법에 대한

152 Fallon Jr., ibid., p. 1307.

비교적 최근의 팰런의 주장을 보면, 의미론적·문언적 의미나 문리·문법적 해석으로 도출되는 의미는 오히려 일관된 법문의 의미의 이해에 장애가 되기도 한다는 자극적인 목소리를 담고 있다.

주지하다시피 법률주의, 죄형법정주의, 유추금지가 강조되는 형사법적 관점이 영미의 법률 해석에서는 그리 중요하게 다루어지지 않고 있는 점[153]이 그 하나의 이유일 수 있겠으나, 어쩌면 법률·헌법규정의 의미가 무엇인지가 가장 심각한 쟁점으로 등장하는 영역이 형법이나 조세법 등 국가가 국민의 권리를 침해하거나 의무를 부과하는 영역이라는 점에서 법 영역마다 법문의 의미 이해나 해석의 방법론이 달라질 수밖에 없을 것이라는 점도 언급해 둘 필요가 있을 듯하다.

언어(철)학과 법학에서의 언어·법문의 의미가 무엇인지, 그 의미를 어떤 절차와 방법으로 확인·제시할 수 있는지에 대한 최근까지의 논의에 대한 소개는 여기서 줄이기로 하고, 이제 법과 언어의 접점에서 또 하나의 중요한 관심 대상인 '법에서의 진실'이라는 주제로 관심을 옮겨 보기로 한다.

153 영미법상 죄형법정주의·유추금지원칙 등에 대해서는 강우예, "영미법의 유추적 방법에 대한 분석적 고찰", 한국법철학회, 『법철학연구』, 제23권 제1호(2020), 287쪽 이하; 이경재, "영미법상 죄형법정주의", 충북대학교 법학연구소, 『법학연구』, 제21권 제3호(2010), 159쪽 이하 참조.

제4장

법문의 진리값

Ⅰ. 개요

Ⅱ. 권고문의 명제적 요소

Ⅲ. 법(률)에서 진실 여부 평가가 가능한 내용

Ⅳ. 명령하는 사람 없는 명령문의 가능성

Ⅴ. 루이스 오류

Ⅵ. 규범논리와 규범문의 진리값에 대한 관심의 의미

I. 개요

코넬 대학의 마모어(Andrei Marmor)는 '법에서의 진실'(Truth in Law)이라는 주제의 글에서[1] 우리가 흔히 실정 법률들이나 다른 유형의 어떤 법적 명령·지시들에서 발견하게 되는 그런 법 규정(legal prescription)들이 진실을 평가할 수 있는 내용(truth-evaluable contents)을 진술하거나 주장하는 언어행위라고 할 수 있는가 하는 규범이론의 핵심 질문 중 하나를 다루고 있다.[2]

판사나 변호사, 검사 등 법조인들은 법적 추론을 직업적으로, 즉 일상으로 하는 사람들이고, 판결문, 기소장, 준비서면, 항소장 등 서류에서는 물론이고, 법정에서 또는 사무실에서 하는 그들의 말에서는 통상의 삼단논법으로 보이는 형태의 추론들이 난무하고, 결국 이러한 추론을 통해 당연한, 달리 말해 피할 수 없는 어떤 결론이 내려진다는 것을 보여 주려고 한다. 달리 말해 그들의 추론 결과는 법의 규범적 내용에 관한 어떤 전제(명제)들과 사실 또는 사건을 기술하는 진술로부터 논리적으로 도출되는 것임을 보여 주려고 하는 것이다.

---

1 안드레이 마모어(Andrei Marmor)의 관련 저술 중 예를 들어 "Truth in Law", in *Law and Language, Current Legal Issues*, Vol. 15, Oxford University Press(2013), p. 45; *The Language of Law*, Oxford: Oxford University Press(2014), pp. 61-87을 참고한 것이다. 두 글은 동일한 내용이므로 아래에서는 2014년 글을 기준으로 한다.

2 불가리아 소피아 대학의 알렉세이 바호노프(Alexey Bahonov)의 저술, "Truth in Legal Norms", *Philosophy*, Vol. 29, no. 4(2020), pp. 391-405에서도 규범을 참·거짓으로 평가할 수 있는지, 그럴 수 있다면 어떻게 진리값이 특정 규범문에 부여될 수 있는지를 다루고 있는데, 여기서 사용된 주요 방법론은 의무논리학(deontic logic)과 가능한 세계이론(theory of possible world) 및 의미론적 반사실주의(semantic anti-realism)였다.

그런데 만약 그들의 추론에 등장하는 명제나 주장이 진실 또는 허위라고 말하기에 적절하지 않다면, 달리 말해 그 법적 규정들이 진실 여부를 평가할 수 있는 내용을 가진 것이 아니라면[3] 그 추론 자체가 타당한 것이라고 할 수 있는지, 어떤 조건에서 그런 평가가 가능한 것인지가 문제 될 수 있을 것이다. 이러한 문제는 예를 들어 한스 켈젠(Hans Kelsen)이 '규범의 일반 이론'[4] 등의 저술을 통해 천착한 대표적 주제의 하나이기도 하다.

법률이 말하는 것에 진실가치, 즉 진리값(truth-value)을 부여할 수 있는지, 그렇게 하기 위해 필요한 것이 무엇인가 하는 규범논리학·규범언어학의 기초 문제에 대한 마모어(Andrei Marmor)의 생각을 확인해 보기로 한다.

우선 마모어는 두 개의 주제를 분리하는데, 그중 첫 번째 당면한 과제일 뿐만 아니라 명백한 관심사는 법 규정들이 어떤 명제적 내용을 가진 진술들이라고 할 수 있는지에 관한 것이다. 진리값(truth-value)이 할당될 수 있는가 하는 문제이다. 두 번째의 문제는 법적 삼단논법의 몇몇 구조적 측면들에 대한 분석인데 이를 통해 법에서의 진실과 허구(fiction)에서의 진실 사이에는 흥미로운 유사점이 있다는 것을 밝혀 보겠다는 것이다.

---

3 "사람을 살해한 자는 사형, 무기징역 또는 5년 이상의 징역에 처한다."라는 형법 규범이나 "고의 또는 과실로 인한 위법행위로 타인에게 손해를 가한 자는 그 손해를 배상할 책임이 있다."라는 민법 규범 또는 법 규정에서 등장하는 진술이 참 또는 거짓을 판단할 수 있는 명제인가 하는 물음이기도 하다.

4 이에 대해서는 한스 켈젠(Hans Kelsen) 지음·김성룡 옮김, 『규범의 일반이론』 1· 2, 아카넷(2016) 참조.

Ⅱ. 권고문의 명제적 요소

1. 법문·법률문장의 특징

그 전제들의 진실이 그 결론의 진실도 보장하는 경우에만 해당 추론이 유효하다는 것은 모두에게 이미 익숙한 논리(학)의 기초개념이다. 따라서 만약 그 전제들이 명제적 내용, 달리 말해 진실을 평가할 수 있는 내용(truth-evaluable content)을 표현하지 않는 문장이나 언어적 표현으로 구성된 경우라면 추론의 유효성 또는 타당성의 문제는 애당초 생겨나지 않는다[5]는 마모어의 정의는 통상의 이해와 다를 바 없다.

그런데 마모어의 지적처럼, 특정 법적 내용들의 언어적 표현을 표면적으로 보면 명제가 아닌 것으로 보인다. 예를 들어 헌법 규정, 법률의 여러 규정들, 법원의 판결, 국가기관의 규정들은 대부분 세상의 어떤 측면을 기술·묘사하는(describe) 것을 목적으로 하는 것이 아니라는 말이다. 이러한 표현들은 사물의 상태가 어떠한지, 무엇이 어떠한지를 말하기보다는 우리가 무엇을 해야만 하는지 또는 해서는 안 되는지를 말하곤 한다. 즉, 무엇을 하거나 하지 않는 경우에 어떤 법적 효과가 주어지는지를 말하는 것이라고 할 수 있다.

예를 들어 헌법 제12조 제2항의 "모든 국민은 고문을 받지 아니하며, 형사상 자기에게 불리한 진술을 강요당하지 아니한다."라거나, 형법 제329조의 "타인의 재물을 절취한 자는 6년 이하의 징역 또는 1천만 원 이

---

5 Marmor, ibid.(2014), pp. 61-62.

하의 벌금에 처한다."라는 헌법·법률규정에서는 '국민을 고문하지 말라', '자신에게 불리한 진술을 강요하지 말라', '타인의 재물을 절취하지 말라'는 명령이 배후에 버티고 있다고 보면, 규범의 수신자인 우리가 어떻게 행위해야 하는지, 무엇은 할 수 있고 무엇은 하지 말아야 하는지를 말해 주는 것임을 알 수 있다.

따라서 결국 앞서 언급한 첫 번째 문제에서는 우리가 법 규정에서 볼 수 있는 이러한 유형의 규정 내용이 대관절 진실 여부를 평가할 수 있는 내용의 것인지가 문제 되는 것이다. 만약 그렇지 않다면 그러한 규정들을 전제로 한 추론은 유효할 수 없다는 것이 마모어의 생각이다.

물론 모든 법 규범의 규정들이 위와 같이 '무엇을 하라', '무엇을 하지 말라'는 것은 아니다. 예를 들어 헌법 제1조 "대한민국은 민주공화국이다."라거나 제3조에서 "대한민국의 영토는 한반도와 그 부속도서로 한다."라는 규정은 이른바 개념 정의 규정으로서, 한편으로 그 진술이 참인지 거짓인지를 말하기 어려운 문장이라고 할 수 있으나, 다른 한편으로는, 이 규정을 기준으로 할 때, 즉 이 규정들에서 파생된 진술들에 대해서는 적어도 참과 거짓을 평가할 수 있다고도 할 수 있다.

뿐만 아니라 형법 제346조의 "본장의 죄에 있어서 관리할 수 있는 동력은 재물로 간주한다."라거나 제237조의2에서 "이 장의 죄에 있어서 전자복사기, 모사전송기 기타 이와 유사한 기기를 사용하여 복사한 문서 또는 도화의 사본도 문서 또는 도화로 본다."라거나, 민법 제4조 "사람은 19세로 성년에 이르게 된다." 또는 제726조 "종신정기금은 일수로 계산한다."라는 규정이 앞서 언급한 특성을 가진 법 규정인지는 관점에 따라 달리 판단될 수 있다.

2. 규범논리학 적용의 전제로서 법 명제의 특징

여기서 잠시 마모어는 분명히 정리하고 논의를 진행해야 할 몇 가지 쟁점을 확인하고 있는데, 먼저 법적 추론을 위한 논리적 틀을 제공하기 위해서 반드시 우리가 표준적인 명제 연산(standard propositional calculus)에 우리를 가둬 놓을 필요는 없다는 것이다. 달리 말해 논리학자들은 이른바 의무·규범논리학(deontic logic)의 체계를 발전시켰고, 이러한 논리학은 의무론적·규범적 연산자(deontic operators), 즉 허용, 금지, 의무 등의 내용을 함유하고 있는 명제들 사이의 논리적 관계를 공식화하는 것을 도와주지만, 규범논리학은 (물론 그러한 표현을 다루기 위하여 변경이 가능한 다른 공리적 체계도 다를 바 없이) 지금 우리가 살펴보고자 하는 문제의 해결책이 될 수는 없고, 단지 우리가 나중에 사용할 수 있는 도구라는 점을 분명히 하자는 것이다.

규범논리학은 우리에게 규범적(규정적, prescriptive) 문장들을 다루는 하나의 공식화·형식화된 체계(formalized system)를 제공하는 것이고, 그곳에서는 어떤 의미에서 그 문장들이 참 또는 거짓일 수도 있다는 것이다.[6] 그런데 무엇보다 중요한 것은 이러한 논리적 도구들이 우리에게 무엇이 규정들 또는 의무론적·규범적 진술들을 진실 여부의 평가가 가능한 것으로 만들어 주는 것인지에 대한 해석은 제공하지 않는다는 것이다. 그 도구들은 단지 그러한 하나의 해석이 가능하다는 것을 가정하고 있다는 말이다. 바로 선결문제, 즉 어떻게 법규가 그러한 참 또는 거짓

6 Marmor, ibid., p. 62.

으로 평가 가능한 내용을 가질 수는 있는지를 보여 주겠다는 것이 마모어의 목적인 것이다. 이러한 해석을 하게 되면 이제 규범논리학(deontic logic)을 관련 진술들 사이의 논리적 관련성(logical relations between the relevant statements)을 평가하기 위해 투입할 수 있다는 말이 된다.[7] 환언하면, 법률규정도 참 또는 거짓이라고 평가할 수 있는 명제가 될 수 있다는 것이고 그렇게 만들 수 있는 조건을 밝혀 보겠다는 것이다.

1) 명령문과 권고문의 특징

우선 명령문 형태를 보면, 예를 들어 "창문을 닫아라!", "저쪽에 서 있어라!", "밥을 꼭꼭 씹어서 먹어라!"라는 명령적 표현들은 무언가를 서술하는(descriptive) 표현이 아니라는 것은 누구나 쉽게 알 수 있다. 이러한 문장·표현들의 기능이나 목적은 어떤 행동의 동기를 자극하는 것, 어떤 행동을 하게 하는 것이지, 주장된 명제 또는 표현된 문장의 참 또는 거짓을 판단할 수 있는 내용을 담고 있는 것은 아니다. 앞서 언급한 바와 같이 마모어도 모든 법률 문장, 법규가 이러한 명령의 형태인 것은 아님을 인정한다. 하지만 그런 규범들도 언어적 기능 또는 의사소통적 기능이라는 측면에서 보면 매우 유사하다는 것이다. 그 유사점이란 구체적으로는 다음과 같은 두 가지 점에서 나타난다고 한다.

첫째, 법률들은 행위의 방식·양식(mode)들을 기술할 뿐 '무엇이 어떠하다'는 것을 서술하지는 않는다는 것이다. 물론 법률이 구성·표현되는 방식은 아주 다양한데, 매우 소수의 경우에만 명확한 명령문의 형식을

---

7 Marmor, ibid., p. 62.

취하고 있다는 것이다. 또한 법률들은 다양한 유형의 권리를 보장하고, 의무들을 부과하고, 다양한 사람들에게 법률의 변경이나 규정·규칙의 개정의 권한도 부여한다. 여기서 통일적 요소는 행위를 유도하는 것, 즉 행동지침(conduct guidance)을 준다는 것이다. 법 규범들이건 법적 판단(판결, 결정)들이건 이런 또는 저런 목적으로 이런 또는 저런 행동을 유도하는 목적을 가진 것이라는 말이다.[8]

둘째, 법률이 우리에게 무언가를 하도록 요구할 때, 말하자면 C(circumstance)라는 상황에서 a(action)라는 행위를 해야만 한다(ought to do)고 할 때, 그것은 '당신은 a를 해야만 한다. *그리고* 법률이 그렇게 말*하기 때문에* 그것을 해야만 한다'고 말하려는 목적이 있다는 것이다. 법적 요구들은 단순히 그 행위의 주체들에게 그들이 그렇게 행위해야 하는 것에 대한 이유(reasons)를 언급하는 것이 아니라, 관련된 요구들을 표현함으로써 그런 요구들의 이유를 창설해 내거나 부과하는 것(create or impose)을 목적으로 한다는 것이다. 법이 그렇게 하라고 말하고 있기 때문에 그렇게 해야만 한다는 것이다. 이러한 점에서 법률은 일반적인 명령문과 매우 유사하다는 주장이다.[9] 그렇다면 아래의 두 문장의 예에서 차이점은 무엇인가?

① 갑이 을에게 말하기를: "너는 병에게 100만 원을 주어야만 한다."

② 갑이 을에게 말하기를: "병에게 100만 원을 줘라!"

---

8 Marmor, ibid., pp. 62-63.

9 Marmor, ibid., p. 63.

①에서는 을에게 적용되는 행위의 이유가 표현되는데, 그것은 갑이 그렇게 말하는 것과는 무관한 것이라는 말이다. 갑은 ①에서와 같이 말함으로써 을이 병에게, 100만 원을 주기로 약속했기 때문이건 또는 다른 이유에서건, 을에게 그 내용을 지적하거나 환기시킨다는 것이다. 이 언어행위 자체는 을이 그렇게 행위해야 하는 이유에 어떤 영향을 미치는 것은 아니라는 뜻이다. 또는 ②의 진리값에 어떤 영향도 미치지 않는다고 할 수 있는 것이다. 갑의 언어행위·언어적 표현과 무관하게 이미 존재하고 있었던 이유로 주장되거나 가정되는 것이다.

다른 한편 ②와 같은 명령적 표현, 즉 명령문(imperative expressions)에서는 필연적으로 을이 갑의 명령적 표현을 자신의 행위 이유로 여길 것이라는 기대(expectation)를 포함하고 있다는 것이다. 갑이 ②에서처럼 말한 사실은 을의 행위 이유에 영향을 미칠 의도라는 것이다.

언어행위 이론가들(speech act theorists)[10]은 통상 청자가 어떤 특정 행위를 수행하도록 유도하거나 또는 하지 못하게 하기 위하여 표현되는 광범위한 언어행위가 존재한다는 것을 오래전부터 인정해 왔고, 언어행위 자체를 명령된 것 또는 요구된 것과 같은 행위를 할 이유로 인정해 왔다고 한다.[11] 이러한 행위의 이유이자 행위 수행의 유인이라고 하는 언어행위로는 명령(commands), 지시(orders), 요구(requests), 부탁(pleadings), 초대(invitations), 질문(questions) 등[12] 다양한 유형을 들 수

---

10 국내의 언어행위와 법 적용에 관련한 최근 글로는 예를 들어 김기영, “언어행위 이론과 법 적용 - 법의 화용론적 차원에 관하여 -”, 『안암법학』, 제62호(2021), 475쪽 이하 참조.

11 Marmor, ibid., pp. 63-64.

12 바흐/하니시(Bach/Harnish)는 설(Searle)의 ‘directive’를 차용한 개념에 속하는 행동 유형을 총 6개로 나누고 있다. ‘Requestives’(요구, 주장, 청원, 소환 등), ‘Questions’(물음, 신문, 질문 등),

있는데, 마모어는 이러한 유형의 수행적 언어행위에 대해 오스틴(J. L. Austin)의 의견을 약간 개량하여 '권고적 언어행위'(exhortative speech acts) 또는 '권고'(exhortatives)라고 이름을 붙인다. 이 권고라는 용어는 바흐/하니시(Bach/Harnish)의 'directive'라는 개념[13]이 너무 권위적·명령적 성격이 강하여 적절하지 않다고 보고, 더 넓은 범주로, 반드시 명령의 형태가 아닌 경우도 포함하기 위해서, 오스틴의 'exercitive'(행위와 관련하여 결정이 내려지는 언어행위)라는 개념을 변형한 것이라고 한다.[14]

여하튼, 그러한 언어행위는 청자의 입장에서 행위를 하고자 하는 동인(動因)을 생기게 하는 것을 목적으로 하는 것이고, 그 방법은 바로 관련된 언어를 표현하는 바로 그 행위에 의한 것이고, 이 언어적 행위를, 표현을, 말을 들은 청자는 그 언어적 표현, 즉 그 말을 자신의 행위 이유로서 승인할 것을 기대하며 하는 언어행위라는 것이다. 다른 수행적 언어행위와 마찬가지로, 이 권고적 언어행위도 문제 되는 언어행위의 성공 또는 적절한 조건들을 확보하기 위하여 필요할 수 있는 몇몇 배경이 되는 조건들이 필요할 수 있다는 점을 언급하면서 때때로 이러한 배경이 되는 조건들은 하나의 제도의 사회적 관습들이나 규칙들로 구성되기도 하지만 마모어는 그것이 꼭 필요한 것은 아니라는 입장이다.[15]

법적 명령이나 지시(legal instructions)는 전형적으로 권고적·훈계적·

'Requirements'(명령, 요구, 지시, 교육 등), 'Prohibitives'(금지, 제한 등), 'Permissives'(허용, 동의, 면제 등), 'Advisories'(충고, 조언, 제언 등)가 그것이다{Bach / Harnish, *Linguistic communication and speech act*, Cambridge, MA: The MIT Press(1982), pp. 47-48}.

13 Bach/Harnish, ibid., p. 47. 바흐/하니시는 오스틴의 'exercitive'라는 개념이 다소 그 범위가 제한적이라고 평가하고 설의 'directive'라는 개념을 차용한다고 밝히고 있다.

14 Marmor, ibid., p. 64 및 Fn. 4.

15 Marmor, ibid., p. 64.

촉구적(exhortative)이라고 하는 마모어의 생각은 누구나 동의할 수 있을 것이다. 법적 요구, 또는 법원이나 행정관청에 의해 법적 규정(법규)을 공식적으로 표현하는 것은 일종의 언어행위이고, 이 언어행위는 수신자, 즉 청자들이 자신들에게 행위를 할 이유들을 제공하는 언어적 행위로 인정함으로써 행위의 동기를 부여하는 것을 의도하는 언어행위라고 할 수 있다.

물론 그렇다고 해서, 앞서 잠시 언급한 바와 같이, 모든 법규들이 명령법으로, 명령문의 형태로 구성·표현된다는 것은 아니며, 또는 심지어 규정의 형식으로만 표현된다는 것도 아니라는 것도 적절한 언급이다. 하나의 표현(expression)은 심지어 단순한 기술·서술문으로 표현되는 경우에조차 권고적일 수 있다는 말이다.[16]

"착실하게 공부하는 너의 모습이 아름답다."라는 서술문에서도 착실히 공부할 것을 권고하는 내용을 충분히 찾아낼 수 있기 때문이다. "여기는 정말 춥네."라는 평서문의 진술에서도 맞은편에 있는 애인에게 "창문을 좀 닫아 줄래?", "히터 좀 틀어 줄래!"라거나 "나의 가까이 와서 좀 안아 줘!"라는 명령이나 권고가 들어 있을 수 있다는 말이다. 물론 그러한 권고나 부탁의 내용을 도출할 수 있는 것은 대화의 배경(conversational background)과 상호간 관련 상황에 대한 인식(mutual knowledge)의 공유와 같은 것들에 의존하는 것이라는 것도 쉽게 이해할 수 있다. 따라서 예를 들어 "C라는 상황에서 a를 하는 것은 위법이다."라는 진술문(descriptive statement)에서도 우리는, 즉 수범자는 이 진술이 세상이 이러이러하다는 서술·진술·묘사(description)를 하는 것이 아니라, 하나의

16 Marmor, ibid., p. 64.

규정(prescription)이라는 것을 알 수 있고, 만약 법률에서 "당신은 a를 해서는 안 된다."라고 말하고 있는 경우라면, 그것은 항상, 적어도 부분적으로는, 법률이 그렇게 말하고 있기 때문에 당신은 a를 하면 안 된다는 것을 암시하는 것으로(imply) 받아들이는 것이다.[17]

2) 명령문과 권고문의 진실 여부 판단 가능성

이제 마모어의 생각처럼 법률은 전형적으로 권고적 성격을 가진 언어행위라고 가정한다면 관련 문제로서 등장하는 것은 그러한 권고의 진실 여부를 판단할 수 있는 것인가 하는 것이 될 것이다. 마모어는 추론의 목적을 위해서 관련된 권고문의 내용을 명령문을 표시하는 연산자 뒤에 규정하는 식으로 표시해 보자고 한다.[18] 즉, 예를 들어서,

③ (갑이 을에게) "문을 닫아라!"
(갑 to 을): "Close the door."

라는 것을 다음과 같이 표현하면 ③에 진리값을 부여할 수 있다는 것이다.

(을이 문을 닫는다)는 것은 반드시 해야 하는 (것이다) 또는
(을이 문을 닫는다)는 것이 명령되었다.
imperative that (을 closes the door).

여기서 중요한 것은 참 또는 거짓 값이 부여되는 것은 괄호 안의 문장

17 Marmor, ibid., p. 64.
18 Marmor, ibid., p. 64.

또는 내용에 대해서가 아니라는 것이다.[19] 왜냐하면 을이 문을 닫으면 그 명령(문)은 참이고, 그렇지 않으면 거짓이라는 것이 모두 함유되어 있기 때문이다. 하지만 그것은 우리가 추구하는 것이 아니고, 하나의 명령문의 진리값(truth value)은 그 명령을 이행하는지에 좌우될 수는 없다는 것이다. 무엇을 '해야만 한다(ought)'는 연산자와 같은 것은, 명령문은 설령 누군가 지시받은 대로 하였다는 것이 거짓인 경우에도 그 자체는 참일 수 있기 때문에, 사용하기 어렵다는 것도 지적하고 있다. 따라서 그 아이디어는 우리가 '(…)라는 것이 명령되었다'라는 것에 진리값을 부여한다는 것이고, 만약 그 연산자에 후속하는 내용의 명령이 제시되거나 표현된 경우라면 참이고, 그렇지 않은 경우에는 거짓이라는 그런 식인 것이다. 달리 말해 논리적 추론의 목적을 위해서는 이렇게 작업할 수밖에 없다는 것이다.

하지만 그렇다면 무엇이 관련 명제를 참으로 만드는 것인지 또는 거짓으로 만드는 것인지에 대해서 여전히 우리는 해석을 필요로 한다는 것도 이해할 수 있다. 즉, 그것을 참으로 만든 것이 단지 그 명령이 표현되었다는 사실 자체인 것인지, 만약 그렇다면, 어떤 전제하에서 그런 것인지에 대한 해석도 필요하다는 것이 마모어의 생각이다.[20] 환언하면 우리는 그러한 진술들의 진리조건들이 무엇인지에 대한 해석을 필요로 하는 것이다. 그러한 진술이 참이 될 수 있는 조건(전제)이 무엇인지에 대한 해석이 필요하다는 것이다. 무엇이 다양한 유형의 권고문에 진실 또는 거짓

19 Marmor, ibid., p. 65.

20 Marmor, ibid., p. 65.

이라는 진리값을 할당·부여하는 것을 보증하는(warrant) 것인지를 알아야 할 필요가 있다는 것이다.

논의를 단순하게 하기 위해서 마모어는 명령문에서 표현되는 지시(order) 또는 명령(command)과 같은 몇몇 단순한 권고문에 초점을 맞춘다. 만약 우리가 명령문에 진리값을 부여하는 해석을 할 수 있다면, 적절한 수정을 거쳐서 다른 유형의 권고문의 경우도 유사하게 다룰 수 있다는 것을 가정할 수 있기 때문이다.[21] 명령문을 예로 한 마모어의 논리는 아래와 같다.[22]

명령문의 명제적 내용을 해석하는 자연스런 하나의 방법은 그러한 내용을 자기 언급·지시적(self-referential)이라고 가정하는 것이다. 달리 말해 예를 들어 갑이 을에게 "문 닫아!"라고 말한 경우(명령한 경우), 이 명령에서 표현된 명제의 내용은 갑의 바람(wish)에 관한 것이다. 그것은 화자의 어떤 정신적 상태를 표현하는 것인데, 예를 들어 갑은 을이 문을 닫기를 원한다·기대한다, 을이 이러한 바람의 표현을 을이 따라야 할 이유로 인정하는 것을 원한다·기대한다는 것으로 이해할 수 있다. 이것은 의심할 바 없이 표준적인 기술적 유형(standard descriptive kind)의 명제적 내용이다. "나는 네가 문을 닫기를 바란다."라는 진술은 내가 그런 바람을 가지고 있다면 참이고, 그렇지 않다면 거짓인 지극히 평범한 전형적인 서술·기술적 명제인 것이다. 여기서 명제는 바로 화자의 마음상태(state of mind)를 지시하는 것이고, 환언하면, 사람들이 요구나 명령 또는 그런

---

21 Marmor, ibid., p. 65.

22 Marmor, ibid., p. 65-66.

것들을 표현하는 경우, 그것들은 통상 무엇이 일어나기를 원함이나 기대함을 표현하는 것이고, 수신자가 그 요구의 표현이나 지시 명령을 이른바 특정 방식으로 행위할 동기적 이유로 볼 것을 기대하는 것이다.[23] 적어도 통상 그렇다는 점은 동의해야 할 듯하다.

마모어는 자기 지시적 내용(self-referential content)은 명령문이 의미론적으로 의미하는(semantically means) 것이 아니고, 명령적 진술은 "문을 닫아라." 또는 "소금을 좀 건네줘!"와 같이 그것이 말한 것(it states)을 의미하는 것이라고 한다. 달리 말해 명령문들은 의미론적으로 그 각각의 자기 지시적 명제적 내용(self-referential propositional contents)으로 환원될 수 없다는 것이다.[24] 작동하는 명제적 내용은 경우에 따라서 그 명령문을 참 또는 거짓으로 만드는 것이다. 하지만 문제는 그것이 거짓일 수 있는가 하는 것이다. 만약 하나의 명령문이 자기 지시적 명제적 내용을 표현한다면 모든 진정한(sincere) 명령적 표현은 참인 명제를 구성하게 된다는 것이다. 달리 말해 만약 내가 "문을 닫아라."라고 말한다면, 나는 '나는 네가 문을 닫기를 원한다'는 명제를 표현하는 것(나는 네가 나의 이러한 지시의 표현을 네가 그렇게 해야만 하는 이유로 인정할 것을 바란다는 것)이라면, 그러한 명제적 내용이 어떻게 거짓이 될 수 있는가 하고 묻는 것이다. 장난이나 거짓으로 명령한 것이 아니라 진심으로 명령한 명령문은 모두 참이 된다는 말이다. 하지만 마모어는 이를 두고 특별히 걱정할 일은 아니라고 한다. 우선 일반적 대화라는 전제와 진실성에 대한 몇 가지

---

23 Marmor, ibid., pp. 65-66.

24 Marmor, ibid., p. 66.

전제조건하에서는 그럴 수 없다는 것이고, 이와 유사한 현상이 다른 문장들에서도 나타나기도 한다는 것이다. 예를 들어"나는 너에게 바로 지금 말하고 있다."라는 진술과 같이 그 표현 자체만으로 이미 진실이 되는 문장에서도 유사한 현상이 보이고, 약속을 표현하는 문장의 경우도 그렇다는 것이다.[25] 만약 화자가 통상의 조건 아래에서 "나는 a를 할 것을 약속한다."라고 말했다면 화자는 참인 진술을 한 것이고, 바로 그것이 발언·발화되었다는 사실 자체 때문에 참인 것이다.[26] 심지어 화자가 사실 그 약속을 지킬 의도가 없었다고 하더라도 그것은 거짓일 수 없다는 것이다.

이에 덧붙여 마모어는 물론 이러한 자신의 이해가 실패하는 경우가 없다는 뜻은 아니라는 것도 확인하고 있다. 명령문의 표현은 그것이 발화되는 상황에서 명제적 내용을 전달하는 데 실패할 수도 있는 것이다. 문을 닫으라는 명령이나 지시는 근처에 닫힐 문이 있는 경우를 전제하는 것인데, 만약 그 전제가 명확하게 잘못된 경우라면, 사정이 달라진다는 것이다, 예를 들어 친구 둘이서 광활한 목초지를 걸으면서 그 주변 10km 이내에는 건물이라고는 없는 상태임에도 '문을 닫아라'고 하는 경우라면, 발언·명령은 명백하게 어떤 유의미한 명제적 내용을 전달할 수 없는 것이 당연하다. 이러한 실패를 마모어는 관련성의 결여(lack of relevance), 즉 대화적 상황에 무관한 무엇을 언급하는 화용론적 실수(pragmatic failure)라고 보고 있다.[27]

---

25 약속에 대한 특징을 분석한 글로는 Lemmon, "On Sentences Verifiable by Their Use", *Analysis* 22, no. 4(1962), pp. 86-89 참조.

26 Marmor, ibid., p. 66.

27 Marmor, ibid., p. 67.

지금까지의 마모어의 생각을 요약하자면,[28] 일반적인 경우에는 명령문적 진술·명령을 담은 진술의 경우에도 어떤 명제적 내용, 즉 참 또는 거짓을 구별할 수 있는 내용을 표현할 수 있고, 그 명제적 내용이라는 것은 화자의 의도(intentions), 바람(wishes), 또는 욕구(desires)와 같은 전형적으로 그 표현 자체에 의해서 참이 될 수 있는 그런 명제를 담고 있는 것이다. 따라서 앞서 말한 바와 같이 거꾸로 여기에 약간의 변형을 가한다면 권고적 진술 일반(exhortatives in general)에 대해서도 같은 분석이 가능한 것이다. 권고문은 그것을 통해서 화자가 청자에게 그 행동을 동기화하는 이유로서 그 표현을 인정하게 함으로써 어떤 행위(action) 또는 부작위(inaction)를 하도록 동기화하려고 의도하는 언어행위의 일종이라는 말이다.

또한 일인칭 대명사(first-person pronoun)가 항상 권고문의 표현에서 암묵적으로 들어 있다는 것이 아주 중요한 권고문의 특징이다. 말하자면, 그것이 바로 누가 화자인지의 차이를 만든다는 것이다. 만약 '내'가 요구(request)를 한다면 그것은 '나'의 요구라는 것을 표현하는 본질적 특징이며, '나'의 바람, '나'의 의도 같은 것을 표현한다는 것이다. 비록 거의 명시적으로는 표현되지 않는다고 해도, 1인칭 대명사는 말하자면 권고문이 말하는 것이고, 그것은 화자의 마음의 상태에 대한 유사 기술문(quasi-descriptive statement), 즉 기술문과 유사한 진술을 만들게 된다는 것이다. 마모어는 아래의 예시와 같이 전달된 명제적 내용(conveyed propositional content)을 부정하는 권고문을 해당 권고문에 병치함으로써 이를 증명할 수 있다고 한다.[29]

---

28 Marmor, ibid., p. 67.

29 Marmor, ibid., pp. 67-68; Marmor, ibid.(2013), pp. 49-50.

ⓐ "문을 닫아라."*와* "내는 네가 문을 닫기를 원한다고 표현한 것은 진실이 아니다."

ⓑ "10만 원만 빌려줘."*와* "내가 너에게 10만 원을 빌리길 원한다고 표현한다는 것은 거짓이다."

ⓒ "너는 지금 이 방을 떠날 수 있다."*와* "내가 너를 지금 이 방에서 떠나게 한다는 의도를 표현한다는 것은 참이 아니다."

위와 같이 두 문장을 결합하는 각 쌍의 예들이 보여 주듯이, 표현된 화자의 의사·마음상태를 지시하는 것으로 하나의 권고문과 전달된 명제적 내용의 부정문을 병치(juxtaposition)하는 것은 도대체 말이 안 되는 것으로 보인다. 여기서 '그리고'(와: and)라는 접속사(conjunction)들을 사용하는 것도 비논리적이고, 기껏해야 혼란만 야기한다고 한다. 권고문의 표현은, 그 권고문이 진실되게 표현된 것이 아니라고 가정하지 않고서는 모순될 수 없는 특정 명제적 내용을 전달하는 것이라는 말이다. 누군가 하나의 권고문을 표현했다면, *통상의 조건하에서 그리고 진실하게 말했다면*, 그 표현 자체만으로 참이 되는 어떤 명제적 내용을 표현한 것이 된다는 것이다. 앞서 언급한 것과 같이 마모어는 권고문은 의미론적으로 그것이 표현한 명제적 내용으로 환원되는 것이 아님을 재차 강조한다. 이러한 자신의 추정은 권고문이라고 하는 언어행위의 유형과 그 의사소통적 기능으로부터 도출된다고 본다. 이러한 권고문이 중요한 것은 청자에게 화자의 마음상태를 인정하게 하고, 그렇게 함으로써 청자로 하여금 특정 방식으로 행위하도록 동기를 부여한다는 것이다. 물론 이러한 권고문들은 화자의 의도 또는 바람 등이 행위의 이유로 받아들여지는 방법들에서 그리고 이유의 유형들에서 차이가 난다고 본다. 물론 다른 측면에서도 권고문들은 개별적으로 차이가 나는데, 예를 들어 권고적 언어행위(exhortative speech acts) 중 명령 또는 금지와 같은 것은 전형적으로 청자에 대한 화자의 특정한 지위(particuar standing)를 전제지만, 다른 권고문의 경우에는 이를 요구·전제하지 않고도 가능하다는 것이다.[30]

3) 비표준적·비통상적 사례의 문제

언급된 모든 내용은 통상적·표준적인 사례들(standard cases)에서는 참이다. 즉, 권고적 진술이 진심으로 표현되었고, 화자가 그가 말한 것을 실제로 의미하고자 한 경우에는 참이다. 하지만 마모어는 항상 그런 것은 아니라는 것을 인정한다. 권고적 언어행위에 의해서 의사소통된 내용이 그것이 말한 것과는 무언가 다른 것을 암시하는(또는 암시하기를 의도한) 비표준·비통상적인 사례(nonstandard cases)들이 있기 때문이다.

예를 들어서 영희가 남편 철수에게 "당신 오늘도 밤에 스크린 골프 치러 가는 거지. 그래 마음대로 해, 나는 신경 쓰지 않아!"라고 말했다고 하자. 하지만 영희는 사실상 예민한 상태로 철수가 오늘 밤에는 자신과 집에 있기를 바라는 마음이 절실했다는 것을 대부분의 독자는 짐작할 수도 있을 것이다. 마모어는 이러한 사례를 다루는 두 가지 방법이 있다고 하였는데, 그것은 대화적 맥락의 뉘앙스(the nuances of the conversational context)와 유사한 화용론적 요소들(pragmatic factors)에 좌우된다는 것이다.[31]

---

30 Marmor, ibid.(2014), p. 68, fn. 10 참조.

31 Marmor, ibid., p. 68.

여기서 하나의 가능성은 진실성의 조건이 충족되지 않았다고 보는 것이다. 영희의 표현은 진실이 아니라는 말이다. 영희는 관용 표현, 즉 외출을 허용하는 표현(permissive speech)을 하긴 했지만, 필요한 정지성이 결여되었다고 보는 것이다. 다른 하나의 가능성은 대화의 맥락에서 관련 당사자의 배경지식이 있다고 할 때, 그 표현이 그 문장의 문언적 의미와는 다른(사실상 그 반대의) 내용을 전달하는 것으로 보는 것이다. 물론 마모어의 언급처럼 이것은 권고적 언어행위에만 독특한 것은 아니다. 이러한 현상은 다른 언어적 표현 형태에서도 대화적 상황에 따라 흔히 일어나는 것이고, 사람들이 문리적으로 말한 것과 다른 무엇을 주장할 의도를 가진 경우가 있고, 이 경우도 통상 청자들에 의해 그 의도가 쉽게 이해되곤 한다.[32] 영희와 철수 사례에서 영희의 말과 유사한 반어적인 표현을 듣고 영희의 속내를 알아채지 못하는 사람이 오히려 상대방에 대한 이해나 사회성이 부족한 예외적인 경우라고 해도 별 무리는 없을 것이기 때문이다.

물론 아주 복잡한 사례도 있다. 위의 예에서 영희가 철수에게 스크린 골프장에 가는 것을 허가했다는 것은 그 문자 그대로의 의미를 주장한 것이고, 따라서 그것은 철수가 골프장에 가게 한다는 영희의 의도를 전달한 것이지만, 사실상 영희는 철수가 가지 않기를 기대한 것이다. 친구 사이에 싸움이 일어나 "야, 때려 봐, 때려 봐." 하는 사람의 진의가 진정으로 때리기를 기대하지 않는 것과 같다는 말이다.[33]

---

32 Marmor, ibid., pp. 68-69.

33 Marmor, ibid., p. 69 및 fn. 11.

여하튼 '우리는 영희의 위와 같은 허용적 언어행위를 그녀가 진정으로 철수가 골프 치러 가는 것을 희망했거나 의도한 것이라고 말할 수 있는가?' 하는 물음에 대해서, 마모어는 우리가 영희는 사실상 철수가 가지 않기를 희망하거나 그런 바람을 품고 있었다고 전제했기 때문에 그렇다고 답할 수는 없고, 그래서 결국 복잡한 문제이기는 하지만, 여기서의 해결 방법이 있다면 결국 영희의 의사소통의 의도는 그녀의 바람이나 기대와는 충돌한다는 것을 그대로 유지하는 것이라고 답한다. 달리 말해 영희의 권고적 언어행위는 철수가 골프장에 가기를 의도한다는 명제적 내용을 표현하고는 있지만 사실 그 반대의 일이 일어나기를 희망하고 있다고 인정하는 것이다. 그리고 그렇다고 해서 이것이 전적으로 비이성적이라고 할 수도 없는 것이고, 권고적 언어행위에만 독특하게 나타나는 현상도 아니라는 것이다.[34]

예를 들어 어떤 사람이 자신이 할 수 없는 일인 줄 알면서도 시도하거나, 무언가를 하도록 지시를 받고서 자신은 그것을 할 수 없다는 것을 보여 주기 위해서 그것을 하려고 시도하는 사례에서도 유사한 문제가 있다는 것이다. 즉 무언가를 하려고 시도하는 것이 반드시 그것을 실현·달성하려는 의도를 함유하고 있다고 생각하는 사람들에게는 앞서와 같은 충돌 문제가 발생한다는 것이다. 이런 현상이 반드시 비합리적인 것은 아니라는 점을 강조하고 있는 마모어의 언급처럼,[35] 우리의 일상 경험에서도 이런 사례는 어렵지 않게 만날 수 있다. 애인에게 선물을 받고 싶

34 Marmor, ibid., p. 69.

35 Marmor, ibid., p. 69.

지만 속내를 보이기 싫은 경우에는 "이번 내 생일에는 절대 루이○○백은 선물하지 마!"라고 말하기도 한다. 순진한 애인이 그 말을 듣고 정말로 '루이○○백은 제외하고 골라봐야겠군!'이라고 판단했다면, 다른 비싼 생일 선물을 하고서도 그녀로부터 버림받는 일이 벌어질 수도 있는 것이다. 사실은 그 백을 받고 싶지만, 그것을 원치 않는다고 하는 표현도 중요한 의사소통 방식이라는 것을 부인하기 어려운 것이다. 하지만 여기서 중요한 또 하나의 마모어의 주장은 명제의 내용은 표현에 수반되는 기대나 희망에 의해 결정되는 것은 아니라는 것이다.[36] 쉽게 말해 화자가 말한 자구대로의 주장이나 권고가 그 자의 희망이나 바람과는 차이가 있다는 사실 자체가 그가 전달한 (진실 여부의 평가가 가능한) 명제 내용에 영향을 미치는 것은 아니라는 말이다.[37]

III. 법(률)에서 진실 여부 평가가 가능한 내용

1. 법적 지시·명령에서 명제적 내용의 특징

법적 영역, 즉 법과 관련된 맥락에서 지금까지 소개한 내용을 검토해 보면, 먼저 만약 갑이 을에게 '문을 닫아!'라고 요구했다면 갑은 하나의 복합적인 바람을 표현한 것이 된다. 즉, '나'는 '당신이 그 문을 닫는다'는

36 Marmor, ibid., pp. 69-70.

37 법 영역에서는 '과실교사'의 문제도 이러한 관점에서 분석해 볼 가치가 있다.

'나'의 바람을 표현하는 것이고, '당신'이 이러한 '나'의 바람의 표현을 '그것(문을 닫는 행위)을 할 이유로 인정한다'는 '나'의 바람을 표현하는 것이 된다. 이렇게 본다면 권고적 진술의 명제적 내용은 이러한 복합적인 마음의 상태를 적절하게 기술하는 것에 있다는 것이 마모어의 주장이다.[38]

그는 약간 다른 맥락에서 우리가 살고 있는 아파트의 관리 사무실의 출입문에 "오후 6시 이후 출입 금지"라는 문구가 게시되어 있는 사례를 제시한다. 이 문구를 법적 지시(legal instruction) 또는 법과 유사한 명령(quasi-legal instruction)으로 가정해 보자는 것이다. 이러한 게시글을 법적 지시의 유형으로 만드는 요소는 가장 먼저 그 게시글을 올린 사람이 그렇게 할 권한을 가지고 있는 사람이라는 사실일 것이다. 그 사람이 아파트 관리소장이라고 가정하면, 그 게시글 또는 금지 명령의 명제적 내용의 측면에서는 출입문에 게시된 글에 의해 전달되는 관리소장의 지시와 모든 사람 각자에게 구술로 표현되는 관리소장의 출입 금지는 서로 차이가 없다.[39] 게시글을 문에 붙이지 않고, 관리소장이 그곳에 서서, 동일한 금지 사항을 모든 사람에게 각각 구술로 전달하는 경우도 전달 내용의 차이는 없을 것이기 때문이다. 명제적 내용은 게시글의 경우와 다를 바 없이 같은 것이다. 물론 그 효율성이라는 측면에서 본다면, 게시글을 게시하는 것보다는 훨씬 높다고 할 수도 있을 것이다.[40]

관리소장은 개인적으로 누가 6시 이후에 사무실에 들어올 수 있는지에 대해서는 거의 신경을 쓰지 않을 수도 있다. 그 금지 지시(instruction)

---

38 Marmor, ibid., p. 70.

39 Marmor, ibid., p. 70.

40 Marmor, ibid., p. 70.

는 사실 그의 공식적인 바람, 즉 그가 관리소장이라는 지위에서 한 공적 지시를 반영하는 것이지, 당연히 개인적 바람이라고도 할 수는 없다는 것이다. 이러한 모습은 일상에서 다반사이고 누구라도 자신이 개인적으로 믿거나 바라는 것을 표현하는 것이 아니라, 자신의 공적 지위에서 특정 내용을 표현하는 경우가 있을 것이기 때문이다. 이러한 현상이 권고적 역할이나 권위적인 역할에 특이한 것은 아닌 것이다. 예를 들어 우리가 어느 회사의 소비자상담센터에 전화를 걸면 담당 상담사는 우리에게 '연락을 주셔서 감사하고 거래에 대해 감사드린다'는 등의 표현을 한다. 이들 상담사의 말은 상담사 자신들의 생각을 말하는 것이 아니라 그들의 대표하는 회사를 대신해서(위해서!) 하는 것이 일반적이다.[41] 물론 자신이 상담사로 직장을 유지할 수 있도록 해 주는 고객에게 개인적으로도 감사한 마음일 수도 있지만, 전화가 너무 많이 와서 짜증 난 상태일 수도 있는 것이다. 법적 관계자나 그 밖의 관공서의 권한 있는 자의 경우도 매 한가지라는 것이다. 그들의 말이 모두 그 사람의 개인적인 생각을 말하는 것은 아니다.

공식적 권고문은 그 공식적 지위(공식적 지위와 유사한 지위)에 있는 사람들이 그 지위에서의 바람들과 의도들을 표현하는 것이고, 이것은 통상 우리가 그러한 어구·발화행위(locution)를 이해하는 방법이기도 하다는 것이다.[42]

이제 한 단계 더 나아가 마모어의 사례를 조금 변경해서 이런 사례도 생각해 보자.

---

41 Marmor, ibid., p. 70.

42 Marmor, ibid., pp. 70-71.

코로나19 사태의 심각성으로 인해 법학전문대학원 건물의 출입자를 통제해야 하지 않는가 하는 문제가 제기되었고, 그에 대한 학과 교수들의 의견이 분분한 상황이었다. 학장은 교수회의를 소집하였고, 결론이 쉽게 나지 않는 지루한 토론 끝에 저녁 6시 이후에는 건물 출입을 막는 것으로 결정이 내려졌다. 물론 투표는 만장일치가 아니었고, 교수회의 구성원 다수의 의견이었다. 이제 학장은 '6시 이후 출입 금지'라는 문구를 1층 출입문에 게시했다고 하자.

앞서 살펴본 사례들과 비교할 때 '이 금지 문구를 담은 학장의 지시의 명제적 내용과 관련하여 어떤 차이점이 있는가? 그 지시는 한 사람의 입법자(학장)의 관점을 표현하는가, 아니면 다수인의 집합(교수회)의 결정을 표현하는가?' 하는 것은 무엇이 명제적 내용인지에 어떤 영향을 미칠 수 없는 것으로 보인다. 하지만 마모어는 만약 교수회의 다른 구성원들이 그 해법에 대해 투표를 할 때 약간 다른 것을 의미했다면 어떻게 되는지를 생각해 보자고 한다.

예를 들어 교수들 중의 일부는 그 지시가 단지 학생들에게만 적용된다고 생각했을 수 있고, 다른 교수들은 그 지시는 학생뿐만 아니라 교수들에게도 당연히 적용된다고 생각하고 투표했을 수도 있는 것이다. 두 개의 다른 내용이 있고, 그 각각은 관련된 상황하에서 그 지시의 통상적인 이해와 부합한다고 할 때 그중 어느 것이라고 우리가 말할 수 있는가 하는 것이다. 마모어는 다른 통상의 명제와 마찬가지로 권고적 진술도 그 발화의 맥락에서 관련된 표현에 의해서 결정되는 어떤 명제적 내용을 가질 수 있는 것이고, 어떤 내용은 결정되지 않은 상태이거나 특정되지 않은 채일 수 있다고 한다.[43]

예를 들어 어떤 사람이 건물 내의 특정 창문 하나를 가리키면서

④ "저 문은 열 수 없다!"

라고 했다고 하자. 이것은 마모어의 생각처럼 두말할 필요도 없이 참 또는 거짓인 명제적 내용을 가지고 있는 기술적 문장(descriptive sentence)이다. 하지만 그 말, 그 문장에서는 어떤 내용이 결정되지 않은 상태로 있다는 특징이 보인다는 것이다. 즉, 그 창문이 잠겨 있다는 것인지. 고장이 나서 움직이지를 않는다는 것인지 알 수 없다는 말이다. 그 명제는 이러한 두 가지의 선택지와 모두 어울릴 수 있고, 그 자체만으로는 그중 어느 하나를 선택하는 것도 아니라는 것이다. 달리 말해 발화의 맥락·문맥이 건물주와 시공업자가 그 건물의 문제점을 말하는 상황이었다고 한다면, 이 경우는 문이 고장 나서 열리지 않는다는 것일 가능성이 높아질 것이다. 그리고 통상 대화에서 표현되는 대부분의 말은 이런 경우이고, 그것이 직접적인 명제인지 명령인지 또는 그 밖의 다른 유형의 표현인지는 차이가 없다는 것이다. 전형적으로 몇몇 내용은 발화의 맥락에서 표현에 의해 결정되고, 몇몇 내용은 특정되지 않은 채 남을 수도 있는 것이다.

2. 화자의 의도와 명제적 내용의 관련성

지금까지의 논의에서 아직 답하지 않은 물음, 즉 화자의 의도의 관련성(relevance of the intentions of the speakers)에 관한 물음에 대해서 마모

---

43 Marmor, ibid., p. 71.

어는 개인들로 구성된 집단의 의사표현을 예로 들어 답하고 있다. 앞에서 살펴본 법학전문대학원 학과교수회의의 결정 사례에서 우리가 본 것은, 입법의 전형적 사례에서처럼, 하나의 집단적 화법(collective speech)의 한 형태였고, 그곳에서는 상이한 참여자들이 집합적 표현의 내용에 관하여 서로 다소간 다른 의사소통적 의도들을 가졌던 경우였다. 이제 이러한 서로 다른 마음의 상태가 집단적인 발화의 명제적 내용에 영향을 미치는지 여부인데, 마모어는 여기서 우리는 조금 곤란한 문제를 만날 수 있다고 한다.

일반적인 명제적 진술에서 표현된 명제의 내용은 전형적으로 발화된 단어, 구문론의 의미, 관련된 맥락적 배경, 전제들, 대화를 지배하는 척도들과 같은 몇몇 화용론적 결정인자들의 조합에 의해 결정된다. 하지만 앞서 살펴본 바와 같이 화자의 의도 또는 마음의 상태 그 자체는 그가 말한 것을 반드시 결정하는 것은 아니라는 특성이 있다는 것이다. 앞의 ④의 예에서 화자는 그 문이 잠겼다고 말할 의도였을 수도 있지만, 어떤 특정 맥락적 배경이 그가 주장한 것이 그것이라는 것을 명확하게 하는 경우가 아니라면, 그것은 꼭 그런 것은 아니라는 것이다. 하지만 권고적 발화의 경우에는 다를 수 있다고 한다. 만약 권고문의 명제적 내용이, 화자의 마음 상태를 기술함으로써 자기 지시적이라면 우리는 마음의 관련 상태는 주장된 명제적 내용을 결정하는 것이라고 결론을 내려야만 할 것이기 때문이다. 그런데 이러한 결론은 문제가 있을 수 있다는 것이다. 예를 들어 앞의 집단적 발화의 예에서와 같이 서로 다른 참여자들이 다소간 다른 의도나 바람을 가지고 있었던 사례에서 명제적 내용은 그에 관여한 참여자들에 따라 다양할 수 있고, 결국 뭐가 뭔지 엉망진창으로 보

일 수도 있는 것이다.[44]

하지만 마모어는 그런 결론이 되지는 않는다고 단언한다. 사람들이 보통의 명제적 진술에서도 그들의 의사소통적 의도의 정확한 내용을 표현하는 것에 실패할 수 있는 것과 마찬가지로, 권고적 진술에서도 그들이 표현하려고 했던 내용을 표현하는 데 실패할 수 있다는 것이다. 진실 평가가 가능한 명제적 내용은 주어진 맥락에서 화자가 말한 것 또는 주장한 것(said or asserted)에 있지 화자가 말하려고 의도한 것(intended to say)에 있는 것은 아니라는 것이다.[45]

물론 그렇다고 마모어가 의사소통의 의도들이 상관없다거나 무관하다고 하는 것은 전혀 아니고, 통상적 사정하에서, 일반적 대화의 맥락에서, 그것은 정확하게 우리가 화자가 말한 것(또는 암시된 것)을 파악하여 포착하고자 하는 화자의 의사소통적 의도(communication intentions)라고 한다. 하지만 발언에서 주장하는 내용은 관련된 의사소통적 배경과 맥락을 알고 있는 합리적 청자(a reasonable hearer)가, 그 맥락에서 발언된 단어와 문장으로부터 화자의 의사소통적 의도들에 관해 추론하게 되는 것에 의해 결정된다는 것이다. 주장된 내용이 무엇인지를 설득력 있게 파악하는 개념이라면 반드시 화자가 그의 말에 의해 전달하려고 의도한 모든 것을 주장하는 데 실패할 수 있다는 가능성에 대한 여지를 남겨 두어야만 한다는 것이다.[46]

---

44 Marmor, ibid., p. 72.

45 Marmor, ibid., p. 72.

46 Marmor, ibid., p. 73.

3. 주장된 내용 파악을 위한 화자의 의도의 필요불가결성

그렇다면 이제 문제는 지금까지 살펴보고 있는 권고적 진술의 경우는 이와 다른가 하는 것이다. 만약 권고적 진술의 명제적 내용이 화자의 마음 상태의 적절한 기술에 있다면, 마모어의 질문은 권고적인 진술을 표현함에 있어서 화자의 전체적 의도들이 발화의 그 특수한 맥락에서 그것에 의해 주장된 내용을 구성하는 요소인가 하는 것이다. 물론 그에 대한 마모어의 대답은 부정적이다. 달리 말해 그는 몇몇 의도들은 구성적이기는 하지만 모든 경우가 그런 것은 아니라고 주장한다.[47]

예를 들어 자신의 연구실에 들어오는 학생에게 "자네, 뒤의 문을 닫아줄래?"(Please close the door behind you.)라고 말한 교수의 의도가 설령 정확하게 그 문을 잠그라는(lock) 것이었다고 하더라도, 그 학생이 교수의 요구를 자신이 문을 잠그는 것이라고 판단하였다면, 어떤 이상한 이유 때문이었다고 하더라도, 그것은 놀라운 일일 수밖에 없을 것이라는 것이 마모어의 생각이다. 만약 그 교수가 그런 의도를 가졌다면 그는 그것을 전달하는 데 실패한 것이다. 왜냐하면 그 교수는 'lock'이 아니라 'close'라고 말했기 때문이다. 권고문의 표현은 청자로 하여금 화자가 무엇을 의도했는지를 알아맞혀 보라고 유혹하는 것은 아니다. 그것은 바람의 표현이며, 다른 표현과 다를 바 없이, 그것은 화자에 의해 의도된 완전한 내용을 전달하는 데 실패할 수 있다는 말이기도 하다. 달리 말해 늘 자신의 의도를 전달하는 데 성공하는 것은 아니라는 것은 권고적 진술

47 Marmor, ibid., p. 73.

의 경우에도 다를 바 없다는 것이다.

4. 집단·단체 진술의 명제적 내용

집단·단체의 말(collective speech)의 경우에도 이와 다를 바 없다는 것이 마모어의 주장이다. 상식적 관점에서 보더라도, 모든 세세한 부분에 대해 만장일치가 이루어진 경우를 제외한다면, 집단의 발언에 참여하는 사람들이 그 내용과 관련하여 품은 모든 의도들이 집단적 표현에 의해 주장된 내용의 결정요소들이 될 수는 없는 것이고, 그것은 그 표현이 권고적 진술인지 여부와 무관하다. 앞서 살펴본 개인의 표현에서와 마찬가지로 집단적 표현에서도 어떤 관련 의도들을 결정되지 않은 채로 남겨둘 수 있는 것이다. 이러한 관점에서 권고적 언어행위는 사실 대부분 해당 명제들을 직접적으로 언급하는 것과 다를 바 없다는 마모어의 생각을 이해할 수 있다.[48]

[개인의 의도가 전혀 포함되지 않은 집단적 표현]

물론 마모어와 달리 집단적 언어(collective speech)는 앞서 살펴본 경우와 다르다는 견해도 있다. 집단적인 언행에서는 어떤 개인의 실제 의사도 반영하지 못하는 경우들이 있다는 것이다. 예를 들어 대통령 선거에 출마할 수 있는 연령을 개정하려는 입법 논의에서 몇몇 국회의원들은 30세 이상

48 Marmor, ibid., p. 73.

으로 하자고 하고, 몇몇 국회의원들은 35세 이상으로 하자는 의견으로 대립했다. 논의 과정에서 절충적으로 33세로 하자는 중재안이 도출되었고, 이 안을 대상으로 전체 위원의 의견을 확인한 결과, 다수가 이를 지지하는 결과가 나왔다. 결국 대통령 피선거권자의 연령이 만 33세 이상으로 하는 법률이 공포되었다고 하자. 이 경우 마모어와 다른 입장에서는 "어느 누구도 33세 이상을 지지한 국회의원은 없었으므로 어떤 개인도 가지지 않은 의사가 표현된 것이 된다. 30세 아니면 35세였지, 33세로 하자는 의견을 가진 국회의원은 없었다."라고 반박할 수 있을 것이다.

하지만 마모어는 논의 끝에 33세 이상으로 하는 개정안이 제안되었고, 그에 대해 다수가 동의하였다는 것은, 그것이 바로 다수를 구성하는 개개인의 의견일 뿐, 처음의 의견과 다르다는 것을 이유로 그 법안을 지지하는 개인은 없다는 주장은 잘못된 것이라고 말하는 것이다.[49]

마모어의 생각처럼 최초의 의견은 아니지만 논의 과정에서 의견이 변경되어 새로운 안에 동의하는 다수 의원의 의사가 동 법안에 반영된 것으로 볼 수도 있는 것이다. 그와 반대로 최초의 의견이 각자의 진의(眞意)였고, 타협된 안은 진정한 의사가 아니라고 보면 앞선 주장도 원론적으로 잘못된 것이라고 하기도 어려워 보인다.

법적 책임 귀속의 문제와도 밀접하게 연결된 위 사례에서 개인의 의도와 집단적 표현의 내용과 그 귀속의 문제를 생각한다면,[50] 33세를 주장

49 Marmor, ibid., p. 73.

50 특히 형사법상 제조물 책임 영역에서 부각되기 시작한 위원회의 의사결정의 법적 책임 귀속의 문제와 관련하여 아직 해결은커녕 제대로 된 질문조차 제기되지 않은 쟁점들이 적지 않다. 이에 대해서는 김성룡, "부작위범 사이의 공동정범", 한국형사판례연구회, 『형사판례연구』, 제17호(2009), 26쪽 이하; 김성룡, "부진정부작위범에 있어서 객관적 귀속:, 경북대학교, 『법학논고』, 제30집(2009), 645쪽 이하; 김성룡, "다수인의 공동의 의사결정에서의 형법 해석학적 문제점 - 과실범에 있어서 부작위의 공동정범", 한국비교형사법학회, 『비교형사법연구』, 제4권 제1호(2002), 135쪽 이하 참조.

한 사람은 아무도 없었다는 입장을 취하게 되면 집단 무책임이라는 심각한 문제가 발생할 수도 있을 것이다.

5. 표현의 해석과 관련한 청자의 이해관계

지금까지 검토한 내용들은 권고문에서 주장된 것이 무엇인지, 권고문에서 진실을 평가할 수 있는 내용이 무엇인지 등의 문제에 집중된 것이었다. 법규나 명령, 권고적 진술에서 등장하는 표현에 대해 진리값을 말할 수 있는지에 대해 긍정적인 답을 할 수 있다고 하더라도, 권고문이나 법문에서 그 표현의 내용에 관한 의문이 제기되거나, 문제가 되는 사례에 그 표현을 적용할 수 있는지에 대한 의문이 제기되는 경우라면 어떻게 그러한 표현들을 해석해야 하는지의 문제와는 직접적 관련이 없는 것이다. 즉, 후자의 문제는 결정적으로 청자의 관련된 이해관계에 좌우되는 특징이 있다는 것이다. 조금 더 정확하게 표현한다면, 그 발언에 대한 주의를 기울이는 청자 측의 이유에 좌우된다는 것이다. 심지어 발언의 맥락에서 볼 때 화자가 주장하지 않은 것임에도, 심지어 암시한 것이라고 볼 수도 없는 것임에도, 그 화자의 의도, 희망, 기대 등을 도출해야 할 이유가 있거나, 그것들에 어떤 이해관계를 가질 수 있다는 것은 당연히 가능한 것이다. 우리는 종종 화자가 말한 것, 주장한 것, 또는 암시한 것 이상을 알려고 한다는 말이기도 하다. 심지어 법적 맥락에서도 그것에 대한 지식은 법의 정확한 해석에 꽤 중요한 관계가 있음을 지적하고 있는데,[51] 사실 이

51 Marmor, ibid., p. 74.

러한 숨겨진 의도를 모색한 결과를 제시하는 것은 결국 판사를 포함한, 청자이자 해석자인 사람(들)의 의도를 화자의 의도로 포장하는 것일 수도 있다는 점에서 의미론·해석론의 중요 쟁점의 하나이기도 하다.

IV. 명령하는 사람 없는 명령문의 가능성

1. 법률 해석, 법문의 주장적 명제, 그리고 입법자의 의도

일단의 법철학자와 법학자들은 법의 내용(the content of the law)은 입법자의 의도들에 의해 결정된다는 관점을 거부하고 있고, 물론 그러한 관점들 안에서도 다양한 변형태들이 있으나, 특히 그들 중에서는 현재 여기서의 논의와는 무관한 것들도 있다. 예를 들어 법률 혹은 헌법의 해석에 있어서 입법자의 의도의 잠재적 관련성에 관한 오래된 논쟁은 우리가 여기서 다루는 무엇이 법적 규범의 명제적 내용을 구성하는가 하는 논의와는 무관한 것이다. 전자는 어떤 관련된 주제·쟁점이 문제 되는 해당 법적 규범에 의해 결정되지 않은 채 또는 특정되지 않은 상태인 경우에 법률·법문을 어떻게 해석하는가 하는 방법의 문제, 즉 그 법률을 어떻게 완전하게 할 것인가에 관한 논쟁인 것이고, 우리가 여기서 논의하는 주제와는 무관하다는 것이 마모어의 이해이다.[52]

본 장의 제목이 말해 주듯이, 여기서는 법·법규·법문·법적 진술에 대

52 Marmor, ibid., p. 74.

해 참 또는 거짓이라는 진리값을 부여할 수 있는지, 있다면 그 조건은 무엇인지, 해당 법문에서 주장된 명제적 내용은 무엇인지에 대한 논의가 관심사이다.

무엇이 법적 규정들의 진실을 평가할 수 있는 내용을 구성하는 것인지의 논제와 관련하여, 마모어가 보기에는 일부 법철학자들은 설령 법 규범의 내용이 충분히 명확한 경우라고 하더라도, 입법자가 전달하려고 의도한 것이 무엇인지를 우리가 알기 때문에 그 내용이 명확하지 않다고 주장한다는 것이다. 그들은 법의 내용은 그 입법자의 의사소통적 의도들에 의해 결정되는 것은 아니라고 주장하지만, 마모어는 여기서 두 가지 서로 아주 다른, 정반대의 주장을 구별하는 것이 중요하다고 강조한다.[53]

말하자면, 일부 사람들은 법의 전체 내용은 권위 있는 자의 언어행위로부터 나오는 규범에 국한되는 것이 아니라고 주장한다. 어떤 권위자도 공포한 적이 없는 규범들과 요구들도 법적으로 유효할 수 있고 법의 일부를 형성할 수 있기 때문이라는 것이다. 이런 주장은 특히 드워킨(R. M. Dworkin)에 의해 지지되는 입장이기도 하다.

하지만 다른 쪽에서는 법은 항상 권위자의 선포(proclamations)에 의한 결과이지만, 이러한 공포의 내용이 입법자의 의사소통적 의도들에 의해 결정되는 것은 아니라고 주장한다. 만약 양측의 주장이 옳다면 지금까지 살펴본 마모어의 생각과 충돌하게 된다.[54]

---

53 Marmor, ibid., p. 75

54 Marmor, ibid., p. 75

2. 도덕적 규범과 법 규범의 차이

영미법의 문언주의(textualism), 즉 텍스트의 문리적 해석을 법률 해석의 원칙으로 보는 입장에서는 법의 내용은 법이 말하는 것(what the law says)에 의해 결정되는 것으로 본다. 입법자가 말하려 의도한 것(what the lawmakers intended to say)에 의해 법률의 내용이 결정되는 것은 아니라는 것이다. 이러한 문언주의에 대해 마모어는 법률 텍스트의 주장적 내용(assertive content)은 그 규정을 제정한 권한 있는 자의 의사소통적 의도로부터 분리될 수 있다는 주장을 수용하기 어렵다고 반박한다. 일반적으로 말해서, 누군가가 말한 것(what someone said)을 이해하는 것은 정확하게 그 사람이 의사소통하려고 의도한 것(what he/she intended to communicate)을 이해하려는 시도라는 것이다.[55]

물론 이러한 비판에 대해서 문언주의자들은 그 의도가 법률의 내용을 채우는 것이 아니라 입법자가 공포한 법률은 그 자체 고유하고 독자적인 생명력을 가지며, 그것은 바로 법문 자체의 문언적 의미라고 재차 원론적으로 반박할 것이 분명해 보인다.

여하튼 마모어는 문언주의자(textualist)들이라면 법문에서 주장된 내용은 부분적으로 대화적 상황의 몇몇 객관적 특성에 의해 결정된다는 입장을 유지하는 것이 꽤 옳은 방법이 될 것이라고 한다. 달리 말해 말·발화(utterance)에 의해 표현된 것은, 중요한 배경지식 등을 공유하고 있는 합리적·이성적인 청자가 그 표현의 맥락에서 그 말로부터 추론할 수 있

55 Marmor, ibid., p. 75.

는 일련의 내용으로 구성된다는 것이다. 하지만 문언주의의 핵심 의미는 무엇이 주장적 내용을 구성하는지의 문제에 관한 것도 아니며, 무엇이 법적 규정들을 참으로 만드는 것인지에 관한 문제에 대한 것도 아니라는 것이다. 문언·원문주의의 요지는 관련된 표현이 불완전하거나, 어떤 내용이 불특정인 채로 있는 경우에, 법적 내용이 합법적으로 (판사들에 의해서) 보완될 수 있는 그 방법에 관한 것임을 강조한다.[56]

마모어는 이런 논의의 다른 한쪽에서는 법은 법적 권위자·기관들에 의해 공표된 규범들과 규정들에 국한된다는 것을 거부하는 입장들도 찾을 수 있는데, 앞서 잠시 언급된 바와 같이 예를 들어 드워킨에 따르면, 어떤 특정 규범적 내용은 그것이 권위자의 선언에서 나온 것이 아닌 경우임에도 법의 일부를 구성할 수 있다는 것이다.

하지만 여기서는 상론하지 못하지만, 마모어는 단지 권위 있는 기관의 결정만이 법을 만든다는 입장이고, 드워킨의 입장과는 달리, 권위 있는 기관에 의해 입법되지 않고서 법적 유효성을 얻을 수 있는 규범이 있다고 주장하는 것은 설득력이 없다고 본다.

하지만 지금 여기서 다루는 문제와 관련해서 필요한 범위 내에서만 간략하게 그 논쟁을 검토해 본다면,[57] 무엇이 행해져야만 하는지에 관한 누군가의 관점을 표현하지 않는 권고적 내용이 있을 수 있는지가 문제이다. 즉, 명령자가 없는 명령문이 있을 수 있는지의 문제라고도 할 수 있겠다. 이러한 물음에 대해 우리는 그렇다고 대답하는 것이 옳다고 생각

56 Marmor는 위의 책 제5장에서 다루고 있다.

57 Marmor, ibid., pp. 75-76.

할 수 있는데, 예를 들어 우리는 무엇이 행해져야만 하는 것인지에 대한 도덕적 규범 또는 도덕적 요청들을 어떤 사람의 바람을 표현하는 규정의 한 유형으로서 생각하지는 않기 때문이다. 많은 철학자들도 그렇게 생각한다는 마모어도 그에 대해 논쟁할 생각이 없지만 그리 쉽게 답할 수 있는 문제가 아니라고 항변한다. 예를 들어 특정 규범적 내용(prescriptive content)을 취해서, 다음과 같이 말했다고 하자.

⑤ 갑은 상황 C에서 a를 할 것을 요구받았다.

이것을 법적 요구인 경우, 그리고 도덕적 요구인 경우라고 가정해 보자. 즉, 정확하게 동일한 행위가 도덕적으로 요구되고, 동시에 주어진 법체계 내에서 법적 권위자(기관)에 의해서 법규정으로도 마련되어 있다고 생각해 보자는 것이다.

이제 마모어는 이러한 두 가지의 요구의 진실 여부를 평가할 수 있는 명제적 내용이, 즉 법적 요구와 도덕적 요청의 명제적 내용(propositional content)이 정확하게 동일하다고 볼 수 있는가 하는 물음에 어떻게 답할 것인지를 묻는다. 요구되는 행동(conducts)은 가정한 바에 따라(ex hypothesi) 동일하다는 것은 분명하다.[58]

하지만 그 대답은 부정적이어야만 한다는 것이 마모어의 주장이다. 도덕 규정의 명제적 내용은 본질적으로 법적 규정의 그것과는 다르다는 것이 그 이유이다. 설령 문제 되는 두 개의 규정이 위 예시와 같이 정확하게 동일한 유형의 행위를 기술하고 있다고 해도 마찬가지라는 말이다.

58 Marmor, ibid., p. 76.

우선 도덕적 요구의 진실성은 그것을 표현하는 사람의 관점, 의도들, 또는 바람과는 무관한 것임을 강조한다. 갑이 a를 하도록 요청받았다, 명령, 요구되었다, a를 해야만 한다고 말하는 경우에, 혹자는 전형적으로 갑은 a를 할 이유를 가지고 있다는 사실을, a를 하는 것을 유리한 것으로 계산하게 하는 어떤 사실을 지적하지만, 이것은 법적 요청의 진실을 평가할 수 있게 하는 내용이라는 관점에서는 그렇지 않다는 것이다. 권고적 표현은 결정적으로 차이가 있다는 것이고, 그곳에서는 항상, 비록 암시적인 경우라고 하더라도, 언급되는 것이 1인칭 대명사(the first-person pronoun)임을 강조한다. 누가 화자인지가 중요하다는 말이다. 법률이 당신에게 무엇을 하라고 하는 경우라면 그것은 또한 당신에게 그 법률(the law)이 그렇게 말하고 있기 때문에 당신은 그것을 해야만 한다고 말한다는 것이다. 그리고 이것은 법적 규정들이 권고적 언어행위의 패러다임적인 예들임을 보여 준다는 것이 마모어의 주장이다.

자신의 주장의 설득력을 높이기 위해 마모어는 다음과 같은 추가적인 예를 들고 있다. 즉 앞의 ⑤에서 도덕적 요구는 참이라고 하고, 동일 내용의 법적 요구는 S_1이라는 법적 체계에서는 그 대응관계에 있는 법적 규범(counterpart legal norm)이지만, S_2라는 다른 법체계에서는 그렇지 않은 경우를 상정해 보자고 한다.

이제 만약 S_1이 지배한다면 ⑤의 법적 규범은 어떤 의미에서 참이고, 만약 S_2가 지배하는 경우에는 어떤 의미에서 거짓이라는 것을 설명할 수 있어야만 한다는 것이다. 비록 ⑤의 도덕규범은 두 경우(S_1 또는 S_2에서) 모두 참임에도 불구하고 말이다. 다른 말로 하자면, ⑤의 도덕규범을 참으로 만드는 것이 무엇이건 간에 그것을 표현하는 화자와는 무관하다는 것이다. 그에 반해 ⑤의 법적 규범이 참인지 아닌지를 말하는 것은, 어떤 맥락에서, 그 ⑤의 법적 규범을 누가 명령한 것인지를 알지 못한다면 불가능하다는 말인 것이다.[59]

여기서 마모어의 관심은 도덕규범의 분석이라거나 진실의 조건들을 분석하는 것과 같은 문제들이 아니라 단지 법적 규범으로서 규범의 기원이나 특성에 대한 언급·제시(reference) 없이는 법적 규범들의 진실을 평가하는 내용을 설명하기 어렵다는 것을 지적하고 싶은 것이다.

말하자면 동일한 규정적 내용이 하나의 법체계에서는 참일 수 있고, 다른 체계에서나 다른 시점, 다른 장소에서는 그렇지 않을 수 있다는 것을 고려하지 않고는 설명할 수 없다는 것이다. (적절한 상황하에서 적절한 자에 의하여) *그렇게 말하면 그렇게 된다*는 그런 영역의 하나라는 것이다.[60]

마지막으로 마모어는 자신의 주장을 법적 삼단논법의 구조적 측면과 관련하여 설명하려고 한다.

V. 루이스 오류

1. 법문의 진실 여부와 접두어의 의미

법적 삼단논법의 구조적 측면과 관련하여 마모어는 '허구 속에서 진실

59 Marmor, ibid., p. 77.

60 Marmor, ibid., p. 77.

로부터의 유추'(analogy from truth in fiction)를 이용하여 논의를 시작한다.

셜록 홈스(Sherlock Holmes)는 런던 베이커가(Baker Street) 221B에 살았다는 것을 일단 참이라고 가정한다.

⑥ 셜록 홈스는 런던 베이커가 221B에 살았다.

데이비드 루이스는 그 시점에 221B에 있던 빌딩에는 은행이 있었다고 말했고,[61] 그 관련 시점에는 그러했다고 가정해 보자. 즉,

⑦ 런던 베이컨가 221B의 빌딩은 은행이다.

라는 진술도 참이라고 가정하자.

그렇다면 ⑥과 ⑦로부터 추론할 수 있는 것은

⑧ 셜록 홈스는 은행에서 살았다.

가 될 것이다.

하지만 ⑧은 물론 분명히 거짓이다. 여기서 잘못된 것은 어디인가? 루이스는 우리에게 우리가 앞에 무언가가 붙어야 하는 맥락(prefixed context)에서 앞에 아무것도 붙지 않는(un-prefixed) 맥락으로 옮겨 가는 오류를 범했다고 말한다. 달리 말해 ⑥은 단지 그것이 "가상의 F에서"와

61 Lewis, "Truth in Fiction", *American Philosophical Quarterly* 15, no. 1(1978), p. 37.

같은 연산자(operator such as "in the fiction F")가 붙어야만 참이고, 반면에 ⑦은 단지 단서가 붙지 않은 것(실제 세계에서 그랬던 것처럼)으로 간주되어야만 참인 것이다. 따라서 ⑦에 "가상의 F에서"와 같은 동일한 연산자가 붙여지지 않는다면 우리는 가상에서 ⑧을 참이라고 결론 내릴 수 없고, 단지 조건이 붙은 경우에만 ⑥은 참이기 때문에, 조건이 붙지 않은 의미에서 ⑧은 참이라고 추론할 수도 없다는 것이다.[62] 마모어는 이것을 루이스 오류(Lewis Fallacy)라고 부르면서 이에 동의하고 있다. 그런데 이제 법적 사례를 검토해 보자고 한다.[63]

⑨★ 핸즈프리 장비 없이 운전 중에 휴대폰을 사용하는 것은 20만 원 이하의 벌금이나 구류 또는 과료에 처하는 범죄행위이다.[64]

⑩★ 갑은 그의 차를 운전하는 동안, 핸즈프리 장비 없이 그의 무선전화로 통화를 하고 있었다.

⑨★와 ⑩★로부터 추론하면,

⑪★ 갑은 벌금 20만 원 이하, 구류 또는 과료에 처하는 죄를 범했다.

이제 ⑨★에서 사용된 표현, 즉 "a를 하는 것은 범죄이다."라는 표현을 마모어는 여기서는 권고적 표현으로 읽어야 한다고 생각한다. 실제로 수범자는 'a를 하면 안 된다'거나 '이런 유형의 무언가를 하면 안 된다'고

62 Marmor, op. cit., p. 78; Lewis, ibid., p. 37; Lewis, "Truth in Fiction", in *Philosophical Papers*, Vol. 1, Oxford: Oxford University Press(1983), p. 262.

63 Marmor, ibid., p. 78.

64 현행(2021. 6. 29. 현재) 도로교통법 제156조 및 제49조 참조.

하는 규범적 내용을 표현하는 것이다. 그렇다고 하더라도 그 추론은 완전히 유효한 것으로 보인다는 것이다. 사실상, 이것은 무수한 법적 삼단논법(legal syllogisms)의 특징인 추론(inference)의 유형인 것이다. 하지만 외형만 보더라도 우리는 접두어가 붙은 맥락에서 접두어가 없는 맥락으로 이동하는 루이스 오류를 범하고 있다는 지적이다.[65]

⑨★는 "L이라는 법체계에서 (시간 t, 장소 l 등등)…"라는 연산자에 의해 접두어, 즉 조건이 앞에 붙어야 하지만, 반면에 ⑩★는 접두어, 즉 앞에 붙여야 할 조건이 필요 없는 것으로 보인다는 것이다. 이것은 현실 세계에서 일어난 일을 직접적으로 기술한 것이다. 어떻게 그렇다면 우리는 정확하게 ⑪★를 추론할 수 있는 것인가?

마모어는 ⑪★ 자체를 조건이 붙은 것으로 또는 'L이라는 법체계에서'라는 조건하에 포함되어 있는 것같이 해석하는 것은 도움이 되지 않는다고 지적한다.[66] 셜록 홈스는 접두어가 붙은, 즉 가상의 세계에서("가상의 F에서")도, 현실의 세계에서도, 은행에 살지 않았었다. 따라서 만약 홈스의 주거에 관한 추론이 보증되지 않았다면, ⑪★와 같은 법적 결과에 관한 추론도 당연히, 그 결과에 접두어가 붙었는지 여부와 무관하게, 그와 같이 보증되지 않아야만 한다는 것이다.[67]

그렇다면 왜 우리는 ⑪★는 접두어가 붙은 것으로 생각해야만 하는가 하는 의문이 자연스럽게 등장한다. 마모어는 비록 접두어 또는 조건이 붙은 등과 같은 개념으로 표현되지는 않았지만, 법적 규범의 내용을 표

---

65 Marmor, ibid., p. 78.

66 Marmor, ibid., p. 78.

67 Marmor, ibid., p. 79.

현하는 문장들은 참인 무언가를 지시한다는 생각은 (만약 그것이 참이라고 한다면, 단지 하나의 특정한 관점으로부터, 즉 주어진 법 체계의 관점으로부터) 법학에서 광범위하게 수용된 상태라고 주장한다. 물론 그 시기는 늦어도 켈젠(H. Kelsen)이 그것을 우리의 관심 대상으로 만든 이래로 그렇다는 것이다.[68]

다른 말로 하자면, ⑨★와 같은 문장은 발화되는 그 자리에 유효한 하나의 특정 법체계에서의 요구 또는 규정들인 특정한 법률적 요구 또는 규정을 표현하고 있다는 것이다. 만약 사람들이 "X는 법이다."라고 말한다면, 그들은 필연적으로 X는 '주어진 시간', '주어진 장소'에서 '이런 또는 저런 법체계의 법'이라고 말한다는 의미이다. 주어진 규범이 만약 특정 법체계의 부분을 형성한다면, 그것이 적용되는 장소와 그 시간에, 그 체계의 일부로서만, 법적 규범인 것이다. 따라서 어떤 진술이건 특정 법적 요구의 내용을 표현하는 진술은 "*t라는 시간에 S라는 법체계에 따르면*"이라는 것이 앞의 접두어로 이루어진 형식을 준수해야만 한다는 것이다. 어떤 법 규범이건 법적 내용이건 그것이 위와 같은 접두어가 붙지 않은 상태라면 특정 법적 요청 또는 법적 내용에 관해 말한다는 것은 무의미하다는 것이다.[69]

요약하면, 법적 규범의 내용에 관한 진실은 필연적으로 어떤 체계 또는 다른 체계와 관련한 것이다. 이를 두고 "법적 진술은 필연적으로 접두어를 필요로 한다."[70]라고 말하는 것이다.

---

68 Marmor, ibid., p. 79.

69 Marmor, ibid., p. 80.

70 Marmor, ibid., p. 80.

2. 열린 접두어와 닫힌 접두어

여기까지의 마모어의 생각을 따라가면, 루이스 오류를 만드는 접두어들이 있고, 그렇지 않은 접두어들이 있을 듯하다. 이를 폐쇄된 접두어(closed prefixes) 또는 개방된 접두어(open prefixes)라고 부른다.[71] 즉, 열린 접두어는 접두어가 없는 진술을 가진 유효한 논거에서 사용되어 타당한 결론을 도출할 수 있는 경우를 말한다. 예를 들어 "자연의 법칙들에 따를 때…"(according to the laws of nature)와 같은 접두어이다. 달리 말해 접두어가 특별한 시간과 공간을 제한하는 것이 아닌 경우라고 할 수도 있다. 그렇다면 자연스레 루이스 오류를 만드는 닫힌 접두어는 무엇이며, 왜 오류를 발생시키는가 하는 의문이 생긴다.

마모어는 이와 관련하여 접두어의 의미론(Semantics)을 살펴보자고 제안한다.[72] 아마도 "자연의 법칙에 따라서"와 같은 과학적인 접두어(scientific prefixes)의 의미론에서는, 그 접두어들이 접두어가 없는 진술·명제에 적용해도 유효한 추론을 도출한다는 것이 암묵적으로 받아들여지고 있는 것으로 보인다는 것이다. 그에 비해서 "가상 F에 따르면…"과 같은 접두어의 경우는, 가상의 세계 F라는 접두어에 의해 한계 설정된 하나의 세상에 포함된 진술·명제의 진리값을 구속하는 것이 그 접두어의 의미의 일부라는 것이다. 물론 이러한 이해에 대해 마모어는 참일 개연성이 높지만 충분한 것 같지는 않다고 평가한다. 여전히 독자들에게는

---

71 Marmor, ibid., p. 80.

72 Marmor, ibid., p. 80.

무엇이 어떤 접두어를 닫힌 것으로 만드는가 하는 의문이 남을 것이라며, 또다시 제안한다.[73]

먼저 쉽게 예상할 수 있듯이 적어도 어떤 핵심적 사례들에서 접두어들이 그 접두어가 붙은 진술의 진실 값에 대하여 *구성적 관계(constitutive relation)*를 표시하는 경우이다. 하나의 진술은, 하나의 허구·가상(fiction)에서는 그 가상이 그것을 언급하고 있기 때문에 참인 것이다. 달리 말해서 그렇게 말하니까(가정·구성하니까) 그것은 참이라는 말이다. 예를 들어 만약 허구적 텍스트가 "달은 초록이다."라고 말한다면, 그 허구에서는 달이 초록이라는 것은 진실이고, 그리고 달이 초록이라고 그 텍스트가 그렇게 말하기 때문에 진실이라는 것이다. 이와 유사한 예로 하나의 게임의 접두어가 "체스의 규칙에 따르면 그것은 p이다."라고 말하고 있으면, 그 접두어('체스의 규칙에 따르면')가 그 게임에서 p를 사실로 만들거나 p를 참으로 만든다는 것이다. 물론 p는 체스 게임에서는 참이라고 할 수 있는데, 왜냐하면 그 진실은 게임의 규칙에 의해서 구성된 것이기 때문이라는 말이다.[74]

요약하자면, 마모어에게 닫힌 접두어는 (아마 그런 경우만은 아니겠지만) 접두어에 의해 표시(지명)된 세상·맥락의 어떤 본질적 특성과 그 세상·맥락에 관해 표현된 진술의 진실들 사이에 구성적 관계가 존재하는 그런 것을 의미한다. 그렇다면 법적 접두어도 역시 닫혀 있다고 보아야 하는 것은 아닌가 하는 생각에 이르게 된다.[75] 즉 어떤 특정 법적 내용은

73 Marmor, ibid., p. 80.

74 Marmor, ibid., p. 80.

75 Marmor, ibid., p. 81.

주어진 법적 체계 S에서 (t라는 시간 등에서) 만약 그렇다면 S라는 법체계에서 법이 *그렇게 말하기(say so)* 때문에 참이 되는 것이라고 할 수 있을 것이다. 달리 표현하면, 법적 접두어는 그것에 의해 접두어가 붙은 진술들의 진리값을 접두어 그 자체에 의해서 표시된 세상에 결속하기 때문에 닫힌 것이라는 말이다. 이러한 관점에서 법(law)은 가상·허구(fiction)과 매우 유사하고, 또는 구조화된 게임(structured games)과 매우 유사하다고 보는 것이다.[76]

3. 법적 사례에서 루이스 오류의 해결 방법

결국 법적 사례에서 루이스 오류를 자연스럽게 해결하는 방법(natural solution)은 전체의 추론(⑨★부터 ⑪★까지)이 접두어가 붙은 문맥 내에 제한되어(contained) 있는 것으로 보는 것일 수 있고, 그것이 추론을 유효하게 만든다고 할 수 있다. 이러한 생각은 소전제(⑩★)도 역시 접두어가 붙은 것이라는 것이다. 환언하면, ⑩★가 다른 연산자에 의해 접두어('체계 S에서의 법에 따르면…')가 붙은 것으로 이해되는 경우에만 ⑩★가 유효한 결론으로 도출된다는 것이다. 단지 갑에 의해 행해진 행위가 법적 관점에서, 법의 시각에서 볼 때, 또는 그런 관점에서 볼 때 '운전 중에 무선전화기를 사용한 것'으로 설명될 수 있는 경우에만 ⑩★가 도출되는 것이다.[77]

---

76 Marmor, ibid., p. 81.

77 Marmor, ibid., p. 81.

⑫ 셜록 홈스는 런던에 살았다.

⑬ 런던은 영국의 도시이다.

⑭ 셜록 홈스는 영국에서 살았다.

여기의 셜록 홈스 사례에서[78] 마모어는 앞서 살펴본 추론 ⑨부터 ⑪까지와 동일한 구조를 볼 수 있지만 아주 상이한 결론이 도출된다고 본다. 즉, ⑫는 명백하게 "가상 F에서…"라는 접두어가 붙어 있는 데 비해, ⑬은 접두어가 붙지 않은 것으로 보인다. 바로 런던이 영연방에 있다고 하는 것은 실제 세상의 사실이다. 하지만 결론은 옳다. 코난 도일의 작품을 읽은 예민한 독자라면 누구라도 셜록 홈스의 엉뚱한 장난은 영국에서 일어났다는 것을 추정할 수 있고, 그것이 맞다. 그리고 결정적으로 이것은 심지어 영국, 영연방, 잉글랜드 등이 그 글에서 결코 언급된 적이 없다고 하더라도 다를 바 없다는 것이다. 그렇다면 ⑨에서 ⑪로의 추론과는 반대로 ⑫에서 ⑭로의 추론을 유효하게 만드는 것은 무엇인가 하는 물음이 따라온다.[79]

이에 대해 마모어는 비록 ⑬이 접두어가 붙지 않은 명제인 것처럼 보이지만, 이 추론의 맥락에서는(in the context of this inference) 그렇지 않다는 것에서 그 답을 찾을 수 있다고 본다. ⑬은 암시·함축(implication)에 의해 허구에 편입되었다는 것이다. 여기서 그 허구·가상들(fictions)은 전형적으로 암시·함축에 의해서 세상에 관한 불확정의(제한적이라고 하더라도) 수의 사실들(혹은 사실적 가정들)을, 적어도 관련이 있는 것들을 포함

78 아래의 내용은 Marmor, ibid., p. 81 참조.

79 Marmor, ibid., p. 81.

하고, 잠재적 독자들에게 중요한 것으로, 그리고 잘 알려진 것이라고 가정할 수 있다는 것이다. 따라서 『셜록 홈스』를 읽은 모든 합리적인 독자들은 런던은 영국에 있는 도시라는 것을 알고 있으리라고 기대할 수 있고, 따라서 심지어 그 텍스트에서 이러한 것이 명시적으로 언급되지 않았다고 하더라도, 암시에 의해 그것을 포함하고 있는 것으로 간주될 수 있다는 것이다(물론 그 글 속에서 그와 다른 것이 암시되지 않았다는 것을 가정할 때라는 조건하에서). 이런 식으로 우리는 루이스의 오류를 피할 수 있다는 것이다.[80] ⑫부터 ⑭까지의 전체 추론은 접두어가 붙은 맥락 안에 들어 있는 것으로 간주되어야만 한다는 것이다.

유사하게 심지어 그 소설이 셜록 홈스의 코(nose)에 대해서 전혀 언급한 바 없음에도 불구하고, 우리는 그가 남자라는 가상·허구의 사실 때문에, 그가 단 하나의 코만 가지고 있다는 것을 추정할 수 있다는 것이다.[81] 셜록 홈스는 남자라는 것, 20세가 넘은 성년이라는 것 등도 전혀 언급되지 않았지만 누구도 이에 대해 의심치 않는다면, 이러한 유형의 언급되지 않은 사실들은 암시에 의해서 가상·허구 속으로 들어온 것이라고 말할 수 있는 것이다. 따라서 추론의 목적을 위해, 그것들은 접두어가 붙은 진술들로 간주할 수 있다는 것이다.

그렇다면 이제 법적 사례에서도 이와 유사하게 말할 수 있는지를 검토해 볼 필요가 있다. ⑨★에서부터 ⑪★까지의 추론도 ⑩★가 암시에 의해서 법적 맥락으로 들어왔기 때문에 유효하다고 말할 수 있는 것인지,

80 Marmor, ibid., p. 82.

81 Marmor, ibid., p. 82.

그리고 그런 이유로 전체 추론이 접두어가 붙은 맥락 안에 포함되어 있는 것인지 등의 물음에 대해 마모어는 이러한 해법이 가지고 있는 난점은 그것이 우리들에게 세상에 있는 모든 사실들이 암시에 의해서 법으로 들어온 것이고, 접두어가 달린 맥락 안에서 포함된 것으로 추정하도록 요구하게 될 것이라고 지적한다. 세상에 있는 어떤 사실 또는 사건도 이런 법적 추론 또는 저런 법적 추론에 관련성이 있을 수 있기 때문에, 접두어가 붙은 법의 맥락 내에 포함되는 사실의 종류에 대한 어떤 제한도 가능하지 않다는 것이다.[82] 상식, 중요성, 관련성, 글에서 반대되는 표시가 없다는 등의 조건은 허구나 가상의 사실에서는 기능하지만 법적 사례에서는 그런 제한 설정이 어렵다는 것이다. 법은 암묵적으로 세상의 모든 실제 사실을 포함한다고 가정해야만 한다는 것을 암시하는 것이 된다.

4. 소결

법적 삼단논법의 실례를 가지고 마모어의 주장을 정리해 보자.

ⓐ S라는 시스템 안에서의 법에 따르면(시간 t 등등), {만약 X(사실)라면, 그렇다면 Y(법적 결과)이다.}
ⓑ X이다.
ⓒ S라는 시스템에서 법에 따르면, {Y}이다.

위와 같은 추론에서 원칙적으로, 관련 법률의 관점에서 E(세상에서의 행

82 Marmor, ibid., p. 82.

위 또는 사건)는 X(법에 의해 요구되는 것으로서의 사실)로 간주될 수 없는 것이라고 주장함으로써 주장된 사실(E)을 삼단논법에 포함시키는 것에 반론을 제기하는 것은 항상 가능하다.[83]

여기서 소전제 ⓑ는 말하자면 조건이 붙은, 접두어가 붙은 것이다. 전형적으로 우리는 그렇다고 가정하는 것이다. 우리는 통상 관련 대화적 맥락에서는 당연한 것으로 본다. 하지만 그 가정·전제는 필수적인 것이다. 달리 말하면 여기서 완전한 추론은 종종 숨겨진(가려진·추정된) 다른 전제를 가지고 있는데, 이 세상에서 행동 또는 사건은 (즉, 접두어 없이) 법적으로 말하면 X에 속하는 것으로 간주된다(*count as X*)는 것이다. 이에 따르면 완전한 추론은 다음과 같은 형태가 될 것이다.[84]

ⓐ S라는 시스템에서 법에 따르면(시간 t 등등), {만약 X(사실)라면 Y(법적 결과)이다}

ⓑ-1 E(세상에서 일어난 무엇이다)

ⓑ-2 S라는 시스템에서 법에 따르면 E는 X로 여겨진다. 따라서 X이다.

ⓒ S라는 시스템에서 법에 따르면, {Y}이다.

앞의 소전제 ⓑ는 사실 ⓑ-1과 ⓑ-2를 포괄하고 있는 것이다. 앞서 언급한 운전 중에 휴대전화를 사용한 운전자 갑의 사례를 적용해 보면, ⑨★라는 법적 요구가 존재한다고 할 때, 사람들은 그가 그렇게 행위했다는 것이 권위적으로 결정되었는지 여부와 관계없이, 설령 잡히지 않았다고 하더라도, 그 범행을 저질렀다고 말하려고 한다는 것이다. 반드시 기

83 Marmor, ibid., p. 83.

84 Marmor, ibid., p. 84.

억해야 할 것은 단지 우리가 그러한 주장을 할 때 우리는 소전제가 법적 맥락으로 포함되었다는 것을 가정하고 있다는 점이다. 말하자면 법적 관점에서, 그가 운전 중에 전화를 사용하였다고(그리고 따라서 죄를 범했다고) 가정하고 있는 것이다. 그러나 바로 그 가정은 항상 원칙적으로 논쟁 가능하다는 것을 반드시 기억해야만 한다는 것이 마모어의 경고이다. 항상 갑의 행위, 그것이 무엇이었건 간에, 법의 관점에서 X에 포함되지 않는다는 법적 주장 가능성이 있다는 것이다. 환언하면, ⑨★와 관련 사실들로부터 추론은 단지 ⑩★가 법적으로 가정되는 경우에만 ⑪★를 포함할 수 있다는 것이다. 달리 말해 접두어가 붙은 맥락 안에서 포함된다는 것이다.[85]

VI. 규범논리와 규범문의 진리값에 대한 관심의 의미

법(률)을 현실 사안에 적용하는 사고 작업을 이른바 법적 삼단논법이라고 하며, 여기서는 대전제인 법 규범, 소전제인 사실관계가 주어지면, 그 결론으로 법 효과의 발생 여부가 결정된다고 한다. 삼단논법은 일반적으로 결론이 이미 전제에 포함(함축)되어 있다는 점에서 전제의 참이 결론의 참으로 전이된다거나 참을 보장한다고 한다. 이런 관점에서 보면 삼단논법의 대전제인 법문이 참 또는 거짓으로 평가할 수 있는 진술·명제인가 하는 것은 법학과 언어학이 만나는 접점이자 법학의 학문성과도

85 Marmor, ibid., p. 84.

연결된 중요한 주제라고 할 수 있다.

마모어는 한편으로는 규범논리학이 논리학의 한 분과이면서 진술의 진리값을 말할 수 있는 분과학이라고 할 수 있는 근거가 어디에 있는지를 보여 주고 있고, 다른 한편으로는 그러한 평가가 오류가 아니기 위해서는 사실관계를 표현하는 소전제가 어떤 전제를 충족해야 하는지에 대해서도 중요한 착안점을 제공하고 있다고 하겠다.

접두어를 포함한 권고문의 진리값은 결국 접두어의 정확성과 명확성에 영향을 받을 수밖에 없는 것이고, 그 접두어가 사실 법학 분야에서는 가장 다양한 쟁점으로 등장하는 의견 대립의 원천이 되기도 한다는 점에서 법에서의 진실 개념의 특징과 한계가 드러난다고 할 수 있을 것이다.

법 규범이 과연 참·거짓의 평가 대상이 될 수 있는지, 그런 자격을 갖추기 위해 어떤 조건들이 충족되어야 하는지에 대한 몇 가지 쟁점들에 대한 소개는 여기서 줄이고, 다음 장에서는 마지막으로 법에서 추구하는 진실, 특히 형사소송 절차에서 발견하고자 하는 진실은 우리의 일상에서 등장하는 '진실'과는 어떤 차이가 있는지, 그러한 '진실'을 진정한 의미의 '진실'이라고 할 수 있을 것인지를 독일과 우리나라의 관련 논의를 중심으로 살펴보기로 한다.

제5장

형사절차에서의 진실

Ⅰ. 서언

Ⅱ. 형사절차에서의 진실 개념

Ⅲ. 절대적 진실과 실체적 진실

I. 서언

형사소송·절차를 통해 우리는 무엇을 밝히려고 하는가? 형사소송은 어떤 목표를 가지고 있으며, 그것에 도달하기 위해 어떤 목적을, 어떤 수단으로 달성하려고 하는가?

형사절차에서 '진실' 개념, 형사소송에서 '실체적 진실', 민주적 형사절차에서 '절차적 정의와 진실'의 관계 등 학문적 논의나 실무적 대화에서 익숙하게 사용되는 '진실'(Wahrheit) 개념이 도리어 대한민국 형사소송법에서는 찾아보기조차 어렵다.[1] 현행 형사소송법에서는 구속사유뿐만 아니라 증거결정의 기준에서도 '진실'이라는 개념이 등장하지 않는다. 재판장은 직권으로 소송관계인이 제출한 서류나 물건을 공판정에서 조사할 수 있는 권한을 가지고 있지만, 무엇을 위해서 그런 권한을 재판장에게 인정하고 있는지에 대한 이유는 찾을 수 없다.

우리 형사소송법의 입법과 해석에서 중요한 의미가 있는 독일 형사소송법[2] 제112조는 구속사유(Haftgründe), 수사단계의 구속요건(Voraussetzungen der Untersuchungshaft)을 규정하고 있는데, 그 사유에는 '진실 발견'이 어려워질 위험이 있는가(die Gefahr droht, daß 'die Ermittlung de Wahrheit' erschwert werde) 하는 요건도 포함되어 있다. 또한 동법 제244조는 증거조사(Beweisaufnahme), 수사의 원칙과 증거

---

1 현행 형사소송법에서 '진실'이라는 개념은 동법 제328조 제1항 제4호의 공소 기각의 사유로서 "공소장에 기재된 사실이 **진실**하다 하더라도 범죄가 될 만한 사실이 포함되지 아니하는 때"라는 법문에서 한 번 등장한다.

2 아래의 서술 중 독일 형사사송법에서의 진실 개념에 대한 내용은 주로 Metz, "Wahrheit im Strafverfahren", *ZSTW*(2021), S. 447 ff.를 참고한 것이다.

신청 기각 등을 규정하면서, 제2항에서 "법원은 진실의 발견을 위하여 (zur Erforschung der Wahrheit) 직권으로 판결을 위해 중요한 모든 사실과 증거방법에 대해 증거조사를 하여야 한다."라고 규정하고 있다. 요약하자면, 직권으로 모든 사실과 증거방법을 조사하여 진실을 발견한다는 구조를 보여 주고 있다. 그렇다면 그 진실을 발견하려는 이유는 무엇인지 궁금해진다. 개괄적으로 볼 때, 범인으로 의심받는 자를 국가의 형사절차를 통해 진범인지 여부를 밝혀 형법에서 예정한, 그의 책임에 맞는 형벌을 부과하는 것이 형사 사법을 독점한 국가의 권한이자 의무라고 보면, 종국적인 목표는 바로 범인에게 정의로운 형벌을 부과하는 것이라고 할 수 있다. 여전히 형사책임·형벌의 전제가 행위자의 (형사·법적) 책임이라면, 그의 행위가 범죄라는 것이 진실로 밝혀진 경우에만 처벌할 수 있다는 원칙에 따른 당연한 요구라고 할 것이다. 이에 수반하여 법질서의 권위의 회복, 정의감의 회복, 사회의 평화와 안정의 회복, 범죄억지력의 강화, 기타 형사정책적 다양한 파급 효과 등이 부수적인 목표가 될 수도 있을 것이다.

이와 달리 우리 형사소송법의 입법자는 왜 증거조사를 하는 것인지, 어떤 이유로 공개된 법정에서 형사절차를 진행하고 반대신문권을 보장하는 것인지를 추론할 수 있는 내용을 찾아보기 어렵고, 이와 관련성이 있는 대부분의 조항에서는 '사실'이라는 개념을 사용하고 있다.

증인에게는 '사실 그대로 말'할 의무를 부과하고(형사소송법 제157조), 검사나 사법경찰관의 수사대상으로 "범인, 범죄사실과 증거를 수사한다."(동법 제196조 및 제197조)라고 하며, 법원은 "사실의 인정은 증거에 의하여야 한다."(동법 제307조)라고 하여, '사실'의 인정이 법원의 형사소송 절차의 중간목적으로 설정되어 있음을 추단할 수 있다.

나아가, 이러한 범죄사실의 인정은 동법 제307조 제2항에서 명시하고 있듯이 "합리적인 의심이 없는 정도의 증명에 이르러야 한다."라고 하여, 형사소송 절차에서 확정되는 '사실'은 절대적인 의미의 역사적 과거 사실의 확정, 즉 진실의 확정이 아니라 진실일 것이라고 믿는 데 합리적인 의심이 들지 않는 정도의 '사실의 확정'임을 명확하게 밝히고 있다.[3] 이를 대법원의 언어관용에 비추어 보면[4] '객관적 사실'이 아닌 '진실한 사실'의 확정이라고 표현할 수 있을 것이다.

---

3 우리와 크게 다를 바 없는 현행 일본 형사소송법도 제317조에서 사실의 인정은 증거에 의한다고 하고, 검찰관과 검찰사무관, 사법경찰직원의 수사는 범인 또는 증거를 대상으로 하여(동법 제189조 제2항: 犯人及び証拠を捜査するものとする), 우리의 경우 범죄사실을 포함시키고 있는 것과 대비된다. 하지만 일본은 형사소송법 제1조에서 "이 법률은 형사사건에 대하여 공공복지의 유지와 개인의 기본적 인권의 보장을 완수하면서 사안의 진상을 밝히고 형벌법령을 적정하고 신속하게 적용·실현하는 것을 목적으로 한다."라고 하여 '사안의 진상(事案の真相)을 밝히는 것'을 목적의 하나로 명시하고 있다. 여기서 독일 형사소송법의 진실 개념과 같은 복안을 읽을 수도 있다.

4 대법원은 그들 나름의 진실과 사실에 대한 개념적 이해를 표현해 오고 있다. 예를 들어 방송법과 관련해서는 "'진실한 사실'은 그 내용 전체의 취지를 살펴볼 때 중요한 부분이 객관적 사실과 합치되는 사실이라는 의미로서 세부에서 진실과 약간 차이가 나거나 다소 과장된 표현이 있더라도 무방하다."(대법원 2019. 11. 21. 선고 2015두49474 전원합의체판결)라고 한다. 진실, 진실한 사실, 객관적 사실 등의 개념이 등장하는데, 객관적 사실=진실로 보는 듯하고, 중요한 부분이 객관적 사실과 합치하거나 진실과 합치되는 경우는 진실한 사실이라고 표현하고 있다. 형법 제307조 이하의 명예훼손과 관련해서도 '진실한 사실', '객관적 사실', '진실' 등의 개념을 구분하여 사용하고 있고(대법원 2023. 2. 2. 선고 2022도13425 판결), 명예훼손과 관련한 민사상 손해배상사건과 관련해서도 '사실', '허위사실', '진실', '진실한 사실' 등의 개념을 사용하고 있다(대법원 2023. 11. 16. 선고 2020다296741, 296758 판결). 특히 형법 제307조 제1항의 '사실'의 의미에 대해서 대법원 전심재판부(주심 박병대, 재판장 권순일, 박보형, 김재형 대법관)에서는 "제307조 제1항의 '사실'은 제2항의 '허위의 사실'과 반대되는 '진실한 사실'을 말하는 것이 아니라 가치판단이나 평가를 내용으로 하는 '의견'에 대치되는 개념이라고 보아야 한다."(대법원 2017. 4. 26. 선고 2016도18024 판결)라고 하여, 사실은 평가와 개념짝이며 진실인 사실과 허위인 사실을 모두 포괄하는 의미로 이해하고 있다. 그렇다면 형사소송 절차에서 사실의 인정은 진실인 사실과 함께 허위인 사실도 모두 확정한다는 것인가, 아니면 소송법에서의 이 사실은 단지 진실한 사실을 말하는 것인가? 후자로 이해할 때 이미 절차법에서의 진실이 객관적 사실과 완전히 일치하는 사실을 의미하는 것은 아닐 수밖에 없다는 결론이 도출된다.

정리하자면, 형사소송법에서는 국가가 형사법원을 설치하여 소송 절차를 유지하는 목표(目標: Goal; Zweck) 또는 그러한 목표를 실현하기 위해 직접적으로 달성하려는 목적(目的: Purpose; Ziel)으로 단지 (범죄) '사실'이라는 개념만을 사용하고 있을 뿐, 이것이 진실과 어떤 관계인지, 실체적 진실,[5] 형식적 진실 또는 절차적 정의·진실과는 어떤 차이가 있는지를 추단할 수 있게 하는 어떠한 명확한 개념 정의도 두고 있지 않다.[6]

형사소송을 통해 발견하고자 하는 이 '사실'은 무엇인지, 이러한 사실 발견이 형사소송의 최종 목표일 수는 없을 것이니 단지 하나의 중간목적

---

5 실체적 진실 발견은 법의 목적으로 지양되어야 하고, 실체적 진실의 개념짝은 절차적 진실이라고 하며, 기본권 보호를 위해, 법적 평화를 이루기 위해 사법의 절차적 정당성과 민주적 정당성의 성취가 형사소송법의 목적이자 지표라는 입장은 김혜경, "'실체적 진실 발견'은 형사소송법의 목적인가? - 형사소송법의 제·개정 흐름을 중심으로 -", 한국형사법학회, 『형사법연구』, 제26권 제2호(2014), 161쪽 이하. 사회적 분쟁 해결과 법적 평화 회복을 최상의 목적으로 이해하는 경우로는 노명선/이완규, 『형사소송법』, 성균관대학교출판부, 제4판(2015), 30쪽. 실체적 진실 또는 객관적 진실은 판사에 의해 지각되는 사실, 지각의 내용, 인식의 내용을 표현하기에 적절하지 않은 표현이고, 판사의 지각은 진실과 무관하다는 비판은 변종필, "형사소송의 목적과 '실체적 진실' 원칙", 안암법학회, 『안암법학』, 제4권(1996), 1쪽 이하. 한편, 형사절차상 진실 개념은 객관적 진실 개념을 전제로 할 수밖에 없고 논리적·경험적 진실 개념은 객관적 진실의 개념 아래 그것을 판단하는 자료가 되므로 객관적 진실의 개념을 염두에 두고 피고인의 인권보호가 이루어지는 적법한 절차하에서 실체적 진실을 발견하기 위한 작업이 이루어질 수밖에 없는 것이 가장 적절하다는 절충적 입장으로는 하태인/최성진, "형사절차와 진실", 부산대학교 『법학연구』, 제588권 제1호(2017), 105쪽 이하. 이와 유사한 취지의 글은 조국, "형사절차의 근저에서 대립하는 두 가지 가치체계에 관한 소고 - 영미법학에서의 논의를 중심으로 -", 『저스티스』, 제32권(1999), 172쪽 이하; 홍영기, "형사소송법, 그 독자적인 법 목적에 대한 이해", 『저스티스』, 제100호(2007), 267쪽; 양천수, "형사소송법상 실체 진실주의와 적정절차에 대한 비판적 고찰", 『경남법학』, 제23집(2008), 140쪽 이하는 허용된 절차를 통한 사실관계의 재구성이라거나 절차적 진실주의의 재구성을 형사소송의 목적으로 보아야 한다는 입장으로 절차적 요건을 준수한 상태에서 발견되는 상대적 진실이 인간의 법정에서 모색할 수 있는 진실로 보는 입장이다. 나아가 규범적 진실 개념, 규범적으로 승인된 진실 탐구라고 하여 실체적 진실과 대비시키는 입장으로는 류전철, "형사소송의 목적", 한국형사소송법학회, 『형사소송 이론과 실무』, 제8권 제1호(2016), 1쪽 이하.

6 사실, 진실, 실체적 진실에 대한 이해와 형사소송에서 실체적 진실 발견의 의미와 기능에 대한 분석으로는 권오걸, "형사절차상 진실·사실·실체적 진실의 관계와 그 발견", 『형사법연구』, 제25권 제4호(2013), 153쪽 이하 참조.

정도로 보는 듯한데, 그렇다면 이러한 목적을 통해 무엇을 종국적으로 모색·실현하고자 하는 목표로 삼고 있는 것인지를 명확히 해 보는 것이, 우리나라 형사소송 전체를 이해하기 위해서도 중요한 선이해가 될 뿐만 아니라, 형사소송에서 진실 개념을 둘러싼 지금까지 논의의 실체가 무엇인지도 가늠할 수 있게 하는 중요한 인식·평가의 도구가 될 수 있을 것이다.

민주주의와 법치주의를 근간으로 하는 국가들의 형사소송제도에서 '진실' 또는 '사실'의 발견이 제도의 목표·목적이거나 이상이라고 하더라도, 실제 피의자·피고인의 절차적 권리, 수사상 다양한 강제처분의 법치국가적 제한, 그리고 지금까지 뒤편으로 물러나 있었던 피해자에 대한 관심 확대와 이를 통한 피해자 보호의 강화라는 가치들이 함께 작동함으로써 진실·사실 발견의 의미도 그 순수성을 주장하기 어려운 상태라고 할 수 있다. 그렇다면 과연 현대 국가의 형사소송의 목적으로 진실 발견·사실 규명을 언급하는 것은 시대에 부합하는 적절한 인식에 기초한 것인가 하는 의문에 직면할 수 있다. 이와 관련한 모든 문제를 다루기는 어려우므로 중요한 몇 가지 기본적인 논의의 대상이자 쟁점을 중심으로 살펴보기로 한다.

II. 형사절차에서의 진실 개념

1. 법률 개념으로서의 진실

형사소송에서의 진실 개념은, 앞서 보았듯이, 우리 형사소송법에서는 낯선 개념이다.[7] 그럼에도 현재 국내의 모든 형사소송법 교재나 최고법원들의 판결에서도[8] 실체적 '진실'의 규명·발견'[9]은 형사절차법의 한 기둥인 원칙으로 자연스럽게 언급되고 있다. 헌법적 원리에서부터 하위 법령의 근간으로 여겨지는 다양한 형사법 원칙들까지, 사실 우리 헌법·법률 어디에서도 발견되지 않음에도 불구하고, 마치 지고지순하여 세상 어느 곳에서도 타당한 불문가지의 보편적 원리인 듯 여겨지는 경우들과 크게 다르지 않아 보인다.

따라서 일단 법 전문가들의 언어관용에 따라 논의를 시작하기로 한다.

2. 진실 발견의 대상과 한계

앞서 언급했던 독일 형사소송법에서는 진실이라는 개념이 크게 두 가지 측면에서 사용되는데 그중 하나는 증인의 진술이 진실이어야 한다는 요청으로, 다른 하나는 전체 수사활동의 결과 또는 법원의 직권 증거조사의 목적이라고 할 수 있는 전체 절차의 목적으로서 진실의 발견이라

---

7 물론 이에 반해 민사소송법에서는 '진실'이라는 자구가 자주 등장한다. 대표적으로 제202조에 자유심증주의는 "법원은 변론 전체의 취지와 증거조사의 결과를 참작하여 자유로운 심증으로 사회정의와 형평의 이념에 입각하여 논리와 경험의 법칙에 따라 사실주장이 **진실**한지 아닌지를 판단한다."라고 규정하고 있다. 동법 제288조(불요증사실)에서는"법원에서 당사자가 자백한 사실과 현저한 사실은 증명을 필요로 하지 아니한다. 다만, **진실**에 어긋나는 자백은 그것이 착오로 말미암은 것임을 증명한 때에는 취소할 수 있다."라는 등 진실 개념을 자주 사용하고 있다. 법원도 실체적 진실의 탐지라는 등의 표현을 즐겨 사용하고 있다(헌법재판소 2025. 6. 27. 선고 2023헌바425 전원재판부 결정 등).

8 대법원 2025. 4. 24. 선고 2024도19106 판결; 대법원 2025. 4. 10. 선고 2024도15789 판결 등.

9 헌법재판소 2009. 11. 26. 선고 2008헌바25 전원재판부 결정; 헌법재판소 2024. 8. 29. 선고 2021헌바146 전원재판부 결정 등.

는 측면이다.[10] 우선 증인의 증언, 즉 진술이 진실이라는 것은 그의 진술이 역사적 사실·실제(實際: Wirklichkeit), 사실적 사건·실제 일어난 것에 일치해야만 한다는 의미이다. 이와 달리 수사기관이나 법원의 수사·증거조사는 전체적으로 발생한 사실과 유무죄 판단과 양형 판단 등에 중요한 사실과 관련한 진실을 발견하는 것이다. 역사적으로 과거에 발생한 사건·사실을 밝히는 것이고, 그 사실에 기초하여 이에 참여한 자들의 가벌성과 처벌이 결정되는 것이다. 이 두 가지 진실의 측면은 서로 밀접히 연결되어 있는데, 증인은 그가 경험한 사건에 대한 증거방법으로서 사실의 재구성을 위한 하나의 구성요소이고, 증인의 진술이 진실이라는 것은 단지 규명될 전체 진실의 한 부분에 해당할 뿐이다. 하지만 그와 동시에 그 진술들이 참이라는 것은 그 자체로 전체로서 진실을 위해 불가결한 전제조건이라는 상호 관계가 있는 것이다.[11]

1) 진실과 사실

진실(Wahrheit)을 규명하기 위한 직권 증거조사를 인정하는 독일, 범죄사실의 인정은 증거를 통해서 하라는 우리나라 형사소송법의 태도는, 피상적으로 보면, 전자는 진실을, 후자는 역사적으로 일어난 과거의 사실(과거의 실제)을 확인의 대상으로 하는 것으로 보인다.

최근까지도 여러 분야에서 호황을 누렸던 합의 이론(Konsenstheorie)의 지지자들은 상대방의 동의로 옳은 것으로 간주되는 것이 참이자 진

10 Metz, a.a.O, S. 447 f.

11 Metz, a.a.O., S. 448.

실이라고 이해한다. 이러한 입장에 따르면 형사소송 영역에서는 그 절차에 참여한 자들이 공정한 논의의 결과로서 합의한 것이 형사소송에서의 진실이 될 것이다. 그런데 이러한 논의 또는 담론(Diskurs)이 법원과 검찰에게만 제한되는 것이 아니고, 피고인·변호인도 정당한 참가자로 인정해야 한다면, 결국 진술의무를 포함하여 피의자·피고인이 적극적으로 절차에 참여할 것을 요구하게 된다는 말이기도 하다. 이것은 결국 피의자·피고인의 일반적인 행위의 자유라는 측면에서 볼 때, 단순히 소극적인 출석의무나 수인의무에 비교할 때, 중요한 권리 제약을 의미하는 것이라는 반박도 있다. 나아가 특히 중요한 근본적 의문은 피의자나 피고인의 입장에서 볼 때 해당 절차에서 어떤 결과를 도출하는 일에 구성적으로 참여하는 것은 그 자체가 자신들을 위협하는 법 효과를 스스로 도출하는 것이 될 수 있다는 점에서 중요 증언을 거부하는 태도나 위증하거나 약화하려는 의도의 행동이 충분히 예견된다는 점에서 과연 이러한 모습이 국가가 관리하는 형사절차의 모습일 수 있는가 하는 의문이 표현되기도 한다. 소송 결과와 그에 근거가 되는 사실관계의 해명에 대해 잠재적으로 이해관계를 가지고 있는 사람들이 참가한다는 것 자체에 대해서도 비판이 적지 않다. 판사의 경우 법적으로 제척, 기피, 회피 사유를 둔 것이 당연히 이유가 있는 것이고, 증인이나 변호인 등에게도 증언거부권을 행사할 수 있도록 하고 있는데, 피고인의 적극적 참여를 전제하는 이론이 형사소송의 본질을 제대로 이해하고 있는지를 문제 삼는 것이다. 끝으로 소송참여자들의 평등한 참여를 목적으로 한 그 결과가 과연 시민들에게 그러한 소송 절차를 신뢰하게 만들 수 있을 것인지, 그리하여 법적 평화를 다시 회복할 수 있을 것인지에 대한 본질적인 의문도 제

기되고 있다.[12]

한편, 아리스토텔레스에게 소급한다고 이해되는 지배적인 이론인 소위 '진리대응이론'(Korrespondenztheorie)은 하나의 대상, 과정, 또는 상태 등에 관한 진술이 실제와 일치하는 경우를 진실이라고 본다. 사실(Wirklichkeit; reality)·실제는 사실상 발생한 것과 같은 사건을 의미하는 것이고, 이러한 한에서 '절대적 진실'이라고 부르기도 한다.[13] 진리대응이론이 생각하는 진실은 사실 일반 시민들이 생각하는 일상적인 이해에 부합하는 것이기도 하고, 독일 형사소송법이 실체적 진실이라고 생각하는 것과 같다는 것이 독일에서의 통상적인 이해이다.[14]

진실과 사실·실제를 구별하는 것은 형사소송에서는 단지 형법적으로 중요한·유의미한 사실관계만을 가능한 최대한으로 재구성하려는 시도가 관심사라는 인식에 배후로 작용하고 있다고 할 수 있다.[15] 검사와 판사 모두 직접적으로 문제 되는 사실관계를 인식할 수는 없고, 자신들만의 고유한 인식을 가질 수도 없다. 그들의 인식은 증인이나 증거물 등을 통해 간접적으로 전달·중재되는 인식인 것이다. 그들의 이러한 인식은 사실상 일어난 것과 최대한 동일하게 사후에 모사되는, 이미 지난 사건에 의존하고 있는 것이다.

가장 최선의 사례에서는 이러한 재구성이 성공하고 그 확정들이 역사

---

12 Weigend, "Unverzichtbares im Strafverfahrensrecht", *ZStW* 113(2001), S. 271-304; Metz, a.a.O., S. 449.

13 앞서 살펴본 대법원의 언어관용에 비추어 본다면 '객관적 사실'의 의미로 이해할 수 있을 것이다.

14 Metz, a.a.O., S. 449.

15 RGSt. 66, 163, 164; BGHSt. 10, 208, 209; Krehl, in: Karlsruher Kommentar StPO, 8. Aufl. 2019, § 244 Rdn. 28; Eschelbach, in: Beck'scher Online Kommentar StPO, 37. Ed. 1. 7. 2020, § 261 Rdn. 6.

적 실제에 가장 광범위하게 근접하는 것이다. 이것이 수사활동의 목적이라고 할 수 있다. 형법에서 진실을 발견한다는 것은 실제 일어난 사건에 최대한 가장 가깝게 접근한다는 것을 의미하는 것이다.[16]

2) 진실 발견의 한계

(1) 제도적·사실적 제약

그러한 결과는 한편으로는, 예를 들어 증거방법들의 존재나 부존재, 그 질과 유형과 같이 사실상의 소여, 즉 영향을 미칠 수 없는 소여에 좌우된다. 예를 들어 증인의 증언만 하더라도 그들에게 주관적·개인적으로 각인된 것에 근거한 진술이며, 자신의 능력과 인식과 경험에 따라, 즉 사실을 자신의 기준으로 작업해 낸 모사를 진술로 제공하는 것일 뿐이며, 그들의 인지, 저장 그리고 체험한 것의 재현에 있어서 잠재적 오류가능성은 항상 비판적으로 심사될 필요가 있는 증거방법인 것이다.[17] 증인은 현실에 대한 자신의 능력, 인식, 경험 등에 따라 작업한 모사를 진술로 제공하는 것일 뿐 객관적 사실을 제공해 주는 것은 아닌 것이다.

한편, 범행 장면을 녹화한 것은, 적어도 사후의 조작이 없었다고 한다면, 이와 달리 과거에 일어난 사건에 대한 객관적 시각을 허락한다. 하지만 그 외에 규범적이고 자의적인 진실 발견에 대한 제한들도 존재한

---

16 Metz, a.a.O., S. 449.

17 Metz, a.a.O., S. 456; Bender / Nack / Treuer, *Tatsachenfeststellungen vor Gericht*, 4. Aufl., München: C. H. Beck(2014), Rn. 3, 6 ff.; Börner, *Legitimation durch Strafverfahren*, Baden-Baden: Nomos Verlagsgesellschaft(2014), S. 125 ff.

다. 민주주의에 기초한 법치국가 체계를 가진 국가의 형사절차에서는 다양한 형식과 방법으로 위법하거나 적법절차를 위반하여 수집한 증거를 법정에 들어 오지 못하도록 제한하고 있다. 미국, 독일, 그리고 우리나라의 형사소송법과 실무에서 어떤 유형의 증거수집이나 특정 증거방법들이 증거로 사용될 수 없는지를 비교하면 적지 않은 차이가 있다. 피상적으로 보면 우리나라, 독일, 미국 순으로 엄격한 증거금지원칙을 운영하고 있다. 이러한 제약도 결국 진실 발견에 대한 제도적 한계이며, 특히 절차참여자들의 행위는 진실 규명의 성공 여부에 큰 영향을 미친다고 하겠다.[18]

만약 진실 발견이 실제·사실(객관적 사실)의 모색이라면 그것은 불가피하게 객관적이며 결과에 대한 선취 없이 이루어져야만 한다. 사건이 사실상 일어난 것과 같이 밝혀져야만 하는 것이다. 형사소송 절차에서 사실의 모색은, 예를 들어 피의자·피고인이 범인이 아니었다면, 이제 그들은 정범성은 부인되고, 형사책임을 지지 않는다는 결론으로 연결된다. 동시에 공동정범이건 공범이건 피고인의 범행이 확인되면, 즉 사실로 밝혀지면, 무고한 다른 사람은 처벌 대상에서 제외된다. 달리 말해서 형사절차에서의 진실 모색은 항상 형사 책임을 모색하는 것이며, 마찬가지로 무책임을 찾아나서는 것이기도 한 것이다.[19] 편면적으로 유죄의 사실만을

---

18 예를 들어 배심제도를 운영하는 국가의 국민들이 배심제도와 배심으로 절차에 참여하는 것을 어떻게 생각하는지, 형사사건의 참고인으로 수사기관의 출석요구를 받고 출석하여 자신이 아는 바를 범인 검거를 위해 소상히 진술하는 것을 의무로 생각하는지, 누군가의 범죄행위를 목격했을 때 얼마나 국가기관에 신고·제보를 적극적으로 하는지 등 해당 국가의 시민들의 관련 인식과 의식도 절차의 목적·목표 달성에 중요한 영향을 미치는 인자라고 할 수 있다.

19 AG Düsseldorf Beschl. v. 16.8.2012 - 314 OWi-20 Js 118/12-13/12, BeckRS 2013, 649.

모색하거나, 무죄의 사실만을 찾아내는 것이 목적이 아닌 것이다.

따라서 형사절차에서의 진실 탐색, 즉 역사적 사실의 재구성에 있어서 절차적 제한도 양쪽 방향으로 작동하도록 제도를 갖추는 것이 일반적이다.[20] 예를 들자면 증언거부권은 기소 측은 물론 변호 측도 제약하고, 형사소송법 제149조 및 제160조나 독일 형사소송법 제53조에 따라 직업상의 비밀을 유지해야 하는 자는 피고인에게 유리한 상황에 대해서도 증언을 거부할 수 있고, 불리한 사정도 묵비할 수 있다. 위법수집증거라는 이유로 증거능력이 부인되거나, 독일의 증거평가금지의 대상이 된 경우, 그 증거방법에 포함된 피고인에게 유리한 부분도 모두 포함하여 증거방법 전체의 사용이 금지되는 것이 원칙인 것도[21] 그런 취지가 반영된 것이다. 모든 수사의 방향을 사실에 맞추는 것은 무고한 자의 보호에도 중요하다. 모든 수사처분은 유책자의 확증뿐만 아니라 동시에 책임 없는 자의 배제에도 기여하는 것이기 때문이다. 진실을 찾는 데 있어서 모든 장애들은 결국 무고한 자를 위험에 빠뜨리고 유책한 자 대신에 그자가 범죄의 수사와 기소의 수신자가 됨으로써 이들의 권리에 대한 잠재적인 부담이 되기 때문이다.

(2) 유죄판단의 조건으로서의 법원의 확신

진실과 사실·실제의 또 다른 괴리는 유죄판결을 위해서는, 진실을 확인하는 것이 아니라, '진실에 대한 법원의 확신'으로 족하다는 것에서도

20 Metz, a.a.O., S. 450; BVerfGE 77, 65, 76.

21 Metz, a.a.O., S. 450.

도출된다.[22] 형사절차의 증명이 실패하지 않도록 옳은 증명 결과를 도출하기 위해서는 사실에 부합할 고도의 개연성을 기대할 수 있는 수용 가능한 증거를 기초로 해야 한다는 객관적 요구가 가능한 실제에 가까운 사태의 재구성을 가능하게 도와주겠지만, 결국 이런저런 증거사용의 제약을 통해 온전한 진실 발견이 불가능할 수 있는 한계를 내재한 증거 결과에 더하여, 법원이 주관적으로 그것이 진실에 가깝다는 확신을 가지는 것으로 족하다고 봄으로써[23] 다시 한번 역사적 사실과 거리가 멀어질 수 있다는 것이다. 구조적으로 볼 때, '객관적 진실에 대한 법관의 주관적 확신'이 유죄판결에 요구되는 법원의 확신이라는 점에서 이미 객관적 사실과의 사이에 괴리가 두 번 일어나고 있는 것이다.

그런데 잠시, 이러한 법관의 유죄에 대한 심증 형성과 관련하여 법관의 확신을 요구하는 근거는 무엇인지를 짧게 확인해 보기로 한다.[24]

법관의 유죄선고가 가능하기 위해서는 증거능력 있는 증거에 대한 증거조사 결과 도출된 증거결과·증명력의 평가를 통해 판사가 공소 제기된 범죄사실이 진실한 것일 것이라는 확신을 가져야만 한다는 취지의 유사한 법리를 가지고 있는 우리나라, 독일, 그리고 일본의 형사소송법 관련 규정을 보면 어느 나라의 법률도 정확하게 그 내용을 명문화하고 있는 경우는 보이지 않고, 구체적인 내용에서 서로 적지 않은 차이를 보인다.

---

22 Metz, a.a.O., S. 451.

23 독일의 경우도 BVerfG NJW 2003, 2444, 2445; Metz, a.a.O., S. 451.

24 교과서 수준에서는 자유심증주의의 내용으로 다루고 있다. 예를 들어 이창현, 『형사소송법』, 제10판, 정독(2024), 1003쪽.

국가	관련 현행법 규정
대한민국	第307조(증거재판주의) ① 사실의 인정은 증거에 의하여야 한다. ② 범죄사실의 인정은 합리적인 의심이 없는 정도의 증명에 이르러야 한다. 第308조(자유심증주의) 증거의 증명력은 법관의 자유판단에 의한다.
독일	第261조(법관의 자유로운 증거평가원칙) 법원은 자유로운, 공판의 총체에서 형성된 확신에 따라서 증거조사의 결과에 관하여 판단한다.
일본	第317조 사실의 인정은 증거에 의한다.[25] 第318조 증거의 증명력은 재판관의 자유로운 판단에 맡긴다.

독일 형사소송법에서 유일하게 '확신'(Überzeugung)이라는 개념이 등장하고 있고, '합리적인 의심'을 넘어서야 한다는 것은 우리 형사소송법에서 유일하게 등장한다. 이 두 규정을 종합하면 합리적 의심을 넘어서는 확신이 법률에서 명문으로 요청되는 심증 형성의 수준이라고 할 수 있겠으나, 어느 나라 형사소송법도 현재 실무의 법리와 해석론에서 통용되는 이론과 정확하게 부합하는 규정을 두고 있다고 하기는 어려워 보인다.

여하튼 대법원은 형사소송법 제307조와 제308조를 참고 조문으로 제시하면서 형사재판에서의 유죄선고의 조건을 다음과 같이 판시해 왔다.

---

25 第三百十七条 事実の認定は、証拠による。第三百十八条 証拠の証明力は、裁判官の自由な判断に委ねる。

> 형사재판에서 유죄의 인정은 법관으로 하여금 합리적인 의심을 할 여지가 없을 정도로 공소사실이 **진정**하다는 확신을 가지게 할 수 있는 증명력을 가진 증거에 의하여야 하므로(대법원 2024. 8. 1. 선고 2024도3061 판결)
>
> 유죄로 인정하려면 법관이 합리적인 의심을 할 여지가 없을 정도로 공소사실이 **진실**한 것이라고 확신할 수 있는 증명력을 가진 증거가 있어야 한다(대법원 2018. 2. 13. 선고 2014도11441 판결)
>
> 형사재판에서 유죄의 인정은 법관으로 하여금 합리적인 의심을 할 여지가 없을 정도의 확신을 갖게 할 만한 증명력을 지닌 엄격한 증거에 의하여야 할 것인바(대법원 1991. 3. 22. 선고 91도235 판결)
>
> 형사재판에서의 유죄인정은 법관으로 하여금 합리적인 의심을 할 여지가 없을 정도의 확신을 생기게 하는 증명력을 가진 엄격한 증거에 의하여야 할 것이고(대법원 1986. 12. 23. 선고 86도2041 판결)

결국, 형사소송법 제307조 제2항에서 합리적 의심을 넘어설 정도로 증명되었다는 것은 판사의 주관적 판단·심증형성·확신에 의해 결정된다는 것이다.

이렇게 공판을 통해 획득한 판사의 진실상(Wahrheitsbild)은 판결의 기초가 된다.[26] 확신은 객관적 진실에 대한 법관의 주관적 확신이다. 독일 형사소송법 제261조나 우리 형사소송법 제307조와 제308조는 객관적인 실제와 그에 대한 인간의, 법관의 생각(판단) 사이의 필연적인 결합을 창

26 Gössel, *Ermittlung oder Herstellung von Wahrheit im Strafprozeß?*, Berlin/New York: De Gruyter(2000), S. 9.

설한 것으로 볼 수 있다.[27] 그 규범들은 절대적인 진실(absolute Wahrheit) 자체가 판결의 근거일 수는 없고, 그 진실에 최대한 접근한 것에 기초한 인간의 인식이 하나의 판결의 근거인 경우라면, 법원의 판단을 허용하고 있는 것이다. 인간의 법정의 본질적 한계가 반영된 것으로 볼 수 있을 것이다. 여기서 사실관계에 대한 규명이 보다 세심하게 행해지고 진실이 사실에 더욱 접근한다면 진실에 대한 그 주관적인 확신도 실제·사실에 더욱 근접하게 될 것임은 분명하다. 따라서 (정도의 차이는 있지만 앞의 3개국에서 모두 인정되는) 직권조사원칙(Amtsermittlungsgrundsatz)은 법관의 확신 형성을 위해 가능한 최대로 신뢰할 만한 사실적 기초를 만들어 내려는 의도로 고안된 제도라고 하겠다.

3) 실체적 진실과 형식적 진실

실체적·실질적 진실과 형식적 진실은 대비되는 하나의 개념짝으로 사용된다. 민사소송은 형식적 진실에, 형사절차는 실체적 진실에 초점을 맞추고 있다고 이해하기도 한다.[28] 달리 말해 이러한 개념짝은 독일은 물론이고 우리나라의 전문가들 사이에서도 민사와 형사절차에서의 진실에 대한 상이한 이해를 표현한다고 본다. 이러한 구별에 따르면 형사절차에서는 실체적·실질적 진실을 찾으려고 하는 것이다. 즉 사실상 발

27 Metz, a.a.O., S. 451.

28 실체적 진실에 대해 '절차적 진실'이 형사소송에서 가능한 진실이라는 주장들이 있는데, 여기서 절차적 진실이라는 개념은 실체적 진실과 형식적 진실의 개념짝과 달리, 형사소송에서 발견된 결론이 무엇을 통해 정당화될 수 있는가 하는 물음에 대하여 절차적 정당성에서 그 답을 찾아야 한다는 것으로 형식적 진실을 소송의 산출로 인정하는 사고적 도구가 될 수 있을 것이다. 절차적 진실 개념에 대한 쉬운 설명은 하태인/최성진, 앞의 논문, 2쪽 참조.

생한 것과 같은 진실한 사실관계의 조사·규명이 실체적인 진실을 밝히는 것이라는 의미이다.

실체적·실질적 진실과 실제 사실을 개념적으로 구분하는 것도 제한된 인식 가능성과 진실 모색의 제약들에 대한 인식을 표현하는 것이다. 실체적 진실·실질적 진실은 독일에서는 'forensische Wahrheit', 즉 '법정의 진실', '재판에 의한 진실'이라고 표현하기도 한다.[29] 형사절차에서 발견된 진실, 보다 좁게는 공판정에서 발견된 진실이 실체적 진실이라는 말이다.

민사소송에서는 형사소송과 달리 형식적 진실이 관건이 되는데, 민사소송에서는 우선 당사자 스스로가 법원에 대해서 또는 상대방 당사자에 대해서 무엇을 진실인 것으로 전제할 것인지를 결정할 수 있다. 이런 내용을 민사소송에서는 처분권주의(Verhandlungsgrundsatz·Beibringungsgrundsatz)가 적용된다고 표현하기도 한다.[30] 우리 민사소송법 제203조는 처분권주의라는 표제 아래 "법원은 당사자가 신청하지 아니한 사항에 대하여는 판결하지 못한다."라고 규정하고 있다. 독일 민사소송법에서는 제288조가 이러한 원칙을 표현하고 있는데, 해당 조문 표제어는 '재판상 자백'(Gerichtliche Geständnis)이라 하고, 동조 제1항에서는 "당사자 일방에 의해 주장된 사실들은 그것이 법적 분쟁 과정 중에 구술절차에서 반대 당사자에 의해, 또는 수임 또는 수탁판사의 조서에서 인정한 범위 내에서는 증명을 요하지 않는다."라고 풀어 쓰고 있다. 동조 제2항에서는 "재판상 자백의 효력을 위해 그 자백의 인정을 필요로 하지 않

---

29 Metz, a.a.O., S. 451; Börner, a.a.O., S. 102.

30 Metz, a.a.O., S. 452.

는다."라고 보충하고 있다.

비교적 상세히 규정하고 있는 독일 민사소송법상 처분권주의의 내용은, 자백한 것, 다투지 않거나 적기(適期)에 다투지 않은 것은 원칙적으로 증명이 필요하지 않고, 진실한 것으로 보며, 설령 그것이 실제에 일치하지 않는 경우, 즉 실질적으로 진실이 아닌 경우에도 유효하다는 것으로 이해된다. 즉, 여기서는 합의가 진실에 우선하는 것이다. 지금까지 형사절차에서 동의 모델을 주장한 사람들의 생각은 민사소송에서는 이미 법제도적으로 수용되어 있는 것이라고 할 수 있다. 단, 허위의 자백이 있었다는 착안점이 있는 경우에만, 또는 쟁점이 되는 사정에 대한 증거가 제출된 경우에는 법원은 (증거주제의 범위 내에서) 사실을 재구성해야만 한다.[31] 이런 경우라면 민사소송에서도 '실체적 진실' 발견이 관건이 되는 것이다. 형식적 진실과 실체적 진실의 차이는 왜 형사법관은 민사법원의 판단에 구속되어서 안 되는지 그 이유를 설명해 주는 대표적인 근거가 되는 것이다.[32]

3. 형사소송에서의 진실의 의미

1) 중간목적으로서의 진실

흔히 말하듯이, 형사절차가 실체적 진실 발견을 최종 목표로 하는 것은 아니다. 실체적 진실 발견 자체가 절차의 최종 목표가 아니라, 이른바

---

31 민사소송에서 변론주의가 적용된다고 해서 실체적 진실 발견주의를 버리고 형식적 진실로서 만족하는 것은 아니라는 대법원 1959. 7. 2. 선고 4291민상336 판결에서 판시하고 있듯이, 석명권 행사나 직권 증거조사 규정이 국가의 민사소송 절차의 의미를 유지하게 하는 중요한 요소라고 할 것이다.

32 Metz, a.a.O., S. 452.

형사절차의 중간목적으로 이해되기도 한다. 다른 목적, 즉 유책한 사람을 형사처벌하고 무고한 자를 자유롭게 해 주는 최종 목표, 또는 이러한 범인의 치벌을 통한 정의 실현과 법적 평화의 회복이라는 최종 목표에 기여하기 위한 중간목적이라는 것이다.

독일 형사절차에서도 진실 규명·발견이 고유한 목적이 아니라 단지 형사절차에서 기대되는 여러 가지 과제 중의 하나이거나 형사절차의 중간목적(Zwischenziel)이라고 정의된다.[33] 만약 그렇지 않다면 실체적 진실을 발견할 때까지 절차는 계속되어야 할 것이고, 실체적 진실이 발견되면 모든 것이 종결되므로, 증거조사를 끝으로 소송 절차도 끝나야 할 것이다. 하지만 이러한 형사절차를 통해 발견된 실체적 진실에 대하여 이제 법적 평가가 행해지고, 그 결과 피고인의 유죄가 확정되면, 형법에서 예정한 국가의 형벌청구권·요구권을 관철하기 위한 목적의 양형이 이루어지게 된다. 이러한 국가형벌권의 정당한 행사는 법치국가의 실현에 기여한다고 한다.[34] 왜냐하면 법치국가의 과제는 그 안에 살고 있는 시민들의 평화, 안전, 자유를 보장하는 것이기도 하기 때문이다.[35] 그러한 과제 수행을 위한 전제는 국가의 (형사 사법) 권력 독점에 있다. 법 위반에 대한 비난과 처벌은 개인의 자의에 넘겨진 것이 아니다. 사적 구제·자구행위는 국가형벌권 행사로 인해 제한된다. 사전에 확정된 법률과 명

---

33 Metz, a.a.O., S. 452; Kudlich, Münchener Kommentar zur Strafprozessordnung(StPO), Band 1: Einleitung, 2. Aufl., München: C. H. Beck(2023), Einl., Rn. 5, 11, 139.

34 이러한 입장으로 Roxin / Schünemann, Strafverfahrensrecht, 29. Aufl., München: C. H. Beck(2017), § 1 Rn. 8; Metz, a.a.O., S. 452.

35 Landau, "Die Pflicht des Staates zum Erhalt einer funktionstüchtigen Strafrechtspflege", *NStZ* 27(2007), S. 121, 127.

령 같은 윤곽 규범(Rahmensbedingungen) 내에서 국가는, 그들의 시민들이 자력구제·자구행위를 포기한 것에 대한 대가로서, 그들의 법익을 보호하고, 법 위반을 방지하고, 법 침해를 처벌하는 과제를 넘겨받은 것이다.[36] 이러한 정의는 사회계약설의 세부 내용을 따지지 않아도 소박한 국가형벌권의 근거와 내용에 대한 상식적 이해에 따른 것이라고 할 수 있다.

자력구제·자기사법(Selbstjustiz)을 포기하는 것은 평화로운 공동생활을 위한 필수적인 전제조건이다. 그에 반해 자기사법은 종종 자의에 의해 좌우되게 된다. 그 자기사법을 행사하는 자는 법치국가적인 원칙을 유지하는 것에 신경을 쓰기보다는 오히려 자신의 수단 선택과 사용을 임의로 선택할 수 있는 것이다. 그의 반응은 예측 가능하지도 않을 뿐만 아니라 비례성의 원칙에 구속되지도 않는다. 자기사법이 무고한 자에 대해 부당하게 행사되는 것을 막을 어떤 안전조치도 존중될 수 없기 때문에 자기사법이 잘못된 대상에게 행사될 심각한 위험도 존재하게 된다.[37]

그러한 임의적인 반응·보복을 피하기 위해서 형사 사법의 목표는 잠재적인 가벌적 행위를 규명하고 처벌하기 위한 질서정연한 절차를 사용하는 것에 있고, 여기서는 참여자들의 권리와 의무가 사전에 정확하게 확정되어 있어야 한다.

국가적인 사법보장의무(Justizgewährungspflicht), 즉 재판을 받을 권리나 자신의 권리를 다툴 수 있는 길을 보장하는 의무는 시민들의 국가의 권력 독점에 대한 신뢰와 자력구제 금지를 지속적으로 수용하게 하

---

36 Landau, a.a.O., S. 127; Hammer, “Private Sicherheitsdienste, staatliches Gewaltmonopol, Rechtsstaatsprinzip und ‘schlanker Staat’”, *DÖV*(2000), S. 613, 617; Metz, a.a.O., S. 453.

37 Metz, a.a.O., S. 453.

고, 그들의 평화로운 공동 삶을 보장하기 위한 법치국가를 실현하는 데 기여하는 것이다.[38] 그런데 바로 이것은 진실의 조사·수사를 전제한다는 것이 중요한 것이다.

한편으로는 시민들은 만약 국가가 진지하게, 책임 있는 자를 그의 행위에 대한 국가의 제재를 받도록 하기 위해서 정범과 범죄상황을 해명하려고 노력하지 않는다면, 지속적으로 자기사법을 포기하려고 하지는 않을 것이다. 다른 한편으로는 무고한 자를 부당한 형사소추로부터 보호하는 것도 중요하다. 책임 없는 자에 대한 유죄판결만이 아니라, 이미 자신이 불법하게 소추당하여 처벌되는 것에 대한—이유 있는—두려움은 시민들의 법치국가에 대한 믿음을 해치게 되는 것이다. 이러한 두려움은 국가의 권력 독점을 약화시킨다.

따라서 시민들은, 자신뿐만 아니라 공동체의 구성원인 모든 사람에 대해, 유죄이건 아니면 무죄이건, 단지 사실상 일어난 일이 처벌의 기초가 된다는 것에 대하여 신뢰할 수 있어야만 한다는 것은 바뀔 수 없다.[39] 단지 실체적 진실 발견만이 국가의 고권적 형사 사법에 대한 그 신뢰를 정당화하는 것이다.[40]

나아가 진실의 수사·진실의 발견은 특히 형벌의 목적들이 달성되기 위한 필요불가결한 전제조건이다. 불법·부당하게 유죄판결을 받은 무고한 사람들은 그 판결이 잘못된 것이기 때문에 그 판단을 승인하지 않

---

38 Landau, a.a.O., S. 121, 127; Metz, a.a.O., S. 453.

39 Lammer, “Zeugenschutz versus Aufklärungspflicht”, in: E. W. Hanack, et. al.(Hrsg.), FS für Riess, Berlin/New York: de Gruyter(2002), S. 289 ff., 294.

40 Metz, a.a.O., S. 453; 독일 민법 영역에서는 Giesen, “Dashcam-Aufnahme im Zivilprozess”, *NZV*(2002), S. 70, 74.

는다. 그렇다면 결국 모든 유형의 특별 예방은 공허한 말이 된다. 동시에 폐기할 수 없는 형벌의 본질적 기능이라고 해야 할 피해자와 공동체의 '응보요구'(Vergeltungsbedürfnins)도 충족되지 못한다. 유죄판결에 오류가 발생한 것이건, 아니면 이미 진실을 진지하게 찾으려 노력하지 않고, 따라서 유죄판결을 받은 자의 책임이 있는지에 대해 의심이 존재하기 때문이건, 다를 바 없다. 또한 일반 예방의 효과도 발생하지 않는다. 부당한 형벌은 어떠한 법인식도 키우지 못하며, 이를 강화하지도 못한다. 진범은 결국 아무런 영향도 받지 않으며, 그의 법 위반은 처벌받지 않는다. 처벌을 통해 그 진범에게도 향후 법적 신뢰를 기대할 수 있을 것이라는 기대는 전혀 채워지지 않는 것이다.

2) 진실과 정의

진실이 무엇인지에 대한 개념 정의를 발견하기 어렵다면 (실질적인) 정의에 대한 개념 정의는 더욱 어려워진다. 이미 일반적인 언어이해에 따르면 정의(正義)에는 국가적인 행위 또는 사회적인 행위의 원칙이 들어 있다고도 하는데, 그 말은 각자에게 동일하게 그의 권리를 보장하는 그런 원칙이 정의의 핵심이라는 것이다. 공정, 객관성, 무당파성과 같은 개념들이 동의어로 언급되기도 하는데,[41] 이것들은 단지 정의의 한 단면을 표현하는 것이라고 할 수 있겠다.

형법과 관련하여 실질적 정의는 특히 단지 사실적으로 책임 있는 자가 그의 책임에 상응하게 처벌되고, 반면에 무고한 자는 가능한 한 신속하

---

41 Metz, a.a.O., S. 454.

게 절차로부터 풀려나야 한다는 것에서 표현되며, 다른 한편으로는 수범자들은 모두 평등하다는 것에 있다. 또한 형법 구성요건과 법 효과는 정의의 사고의 표현으로서 사안에 맞게, 즉 적절하게 상호 일치(상응)해야만 하고, 형벌은 범죄의 경중 및 범인의 책임과 정당한 관계에 있어야만 하는 것이다.

달리 말해 실질적 정의(materielle Gerechtigkeit)에는 범죄의 규명과 처벌에 있어서 동등하게, 자의에서 자유롭게, 인간적으로 취급되어야 하는 그들의 시민의 (잠재적인) 가벌적 행위에 대한 국가의 적절하고 선입견 없는 대응이 중요한 것이다. 자의로부터 자유롭다는 것은 사전에 확정된 조건들에, 사전에 규정된 변경 불가능한 한계 내에서 움직이고, 법 위반과 그 원인 및 효과들에 대해 적절한 비례관계에 있는 법 효과들이 결합하는 경우를 뜻한다. 범죄와 형벌에 대하여 실질적 법치국가의 원리, 즉 비례성을 유지한 상태에서의 예견 가능성이 보장된다는 의미이다.

어떤 행위가 어느 정도의 형벌로 처벌되는지가 반드시 예견 가능하고 신뢰할 수 있어야만 하고, 시민들이 그들의 행위를 그 기준에 정향(定向) 할 수 있어야 한다.

이러한 요청들을 충족하는 정당한 국가의 반응·제재라고 할 수 있으려면 필요불가결하게 사건에 대한 진실이 무엇인지를 조사하는 것이 전제될 수밖에 없는 것이다. 절대적 정의(absolute Gerechtigkeit)가 모든 것을 알 것을 요구한다면, 최선의 정의(bestmögliche Gerechtigkeit)는 가능한 최선의 사실에 대한 인식(Sachwissen)을 필요로 하는 것이다. 왜냐하면 범하지 않은 죄나 그렇게 범하지는 않은 죄를 그렇게 처벌하는 것은, 그 처벌받는 자 자신이 실현하지 않은 전제조건으로 처벌받게 함으로써 항상 불평등하고 자의적인 것이 되기 때문이다. 그는 불법하게 자의적으로 무가치판단을 받게 되는 것이다. 그와 반대로 사실상 죄를 범했지만, 밝혀지지 않은 책임 있는 자는, 상응한 제재를 받는 범인들과 비교하면. 자신이 받아야 할 지위보다 더 좋은 지위를 누리는 것이 될 뿐만 아니라, 범인에 비교할 때 재정적, 성적, 심리적 또는 그 밖의 범죄로부터 어떤 이익도 누리지 못하면서 유효한 법률을 준수한 일반인에 비교해서도 이익을 보는 것이다.

결국 한 사회에서 정의가 실현되기 위해서는 공동체의 질서를 침해하고 범죄를 저지른 자에 대한 예고된 적정한 형벌 부과가 필수적인데, 이를 위해서는 진실한 사실관계가 무엇인지, 역사적으로 어떤 일이 일어난 것인지를 있었던 대로 또는 그와 가장 근접하게 재구성할 수 있어야 하는 것이고, 그것이 바로 형사절차에서의 진실 규명의 의미이자 가치인 것이다.

3) 진실 모색의 헌법적 근거

실질적 정의를 찾는 것에는 무엇보다 두 가지 의미, 즉, 개인적 의미와 집단적 의미가 있다. 정당한 형벌을 위한 필수적인 전제조건으로서 실체적 진실 발견은 가장 먼저 형사소추의 목적인 개인에게 중요한 의미를 가진다. 하지만 실질적 진실의 발견은 또한 법공동체의 모든 구성원 전체의 집단적 이해와도 관련이 있다. 즉 실체적 진실 발견은 자기사법(自己司法)을 포기하고 국가형법청구권을 내용적이고 올바르게 관철할 수 있는 기초이자 법적 평화의 재창출과 법치국가의 보장을 위한 기초를 형성하게 되는 것이다.

이러한 이중성은 책임원칙과 법치국가원리로 헌법에 녹아 있다고 보는

입장들은 이 양대 원칙의 지주가 바로 진실 규명에 있다고 보기 때문이다.[42]

조금 더 부연하자면, 진실을 밝히는 것은 책임원칙을 충족시키기 위한 전제조건이다. 왜냐하면 '형벌은 책임을 전제'하기 때문이다. 물론 국내 헌법과 형법 어디에도 형벌은 책임을 전제한다는 선언은 없다. 이에 비해 독일 형법 제46조 제1항은 형벌은 책임을 전제한다고 밝히고 있다.[43] 국내 학계와 실무에서는 독일 형법과 같은 조항을 두고 있지 않아도 당연히 형벌은 책임을 전제한다는 것을 형사법의 대원칙으로 수용하고 있다.

또한 책임은 진실한 책임(wahre Schuld)만을 의미하는 것이다. 어떤 형벌이 책임에 정당하며, 어느 정도의 형벌을 책임에 결합할 수 있을 것인지 확정하기 위해서는 진실한 책임의 확정은 불가결한 전제인 것이다. 이에 대한 기초로서 형법 제51조, 법원조직법 제81조의6, 독일 형법 제46조 제2항 등에 등장하는 범행, 정범성 그리고 양형에 중요한 관점들에 관한 진실은 반드시 규명되어야만 하는 것이다.[44] 환언하면 책임을 이루는 모든 사실을 밝혀야만 하는 것이다.

책임원칙(Schuldprinzip)은 여기서 단지 헌법 제10조의 인간의 존엄성 규정과 기본권 목록에 열거된 개인의 기본권에만 뿌리를 두고 있는 것이 아니라, 헌법 제12조와 제13조 등에서 표현된 법치국가원리에도 근거를

42 Metz, a.a.O., S. 456.

43 독일 형법 제46조(양형의 원칙) 제1항에서는 "범인의 책임은 양형을 위한 기초이다."라고 밝히고 있다. 우리 형법 제51조 양형의 조건에는 책임이라는 말은 등장하지 않는다. 단지 2007년 사법개혁의 일환으로 도입된 양형위원회(법원조직법 제81조의6[양형기준의 설정 등]) 관련 규정에서 '책임의 정도'를 양형에 반영하도록 의무조항으로 두고 있다. 동조 제2항은 아래와 같다. "② 위원회는 양형기준을 설정·변경할 때 다음 각 호의 원칙을 준수하여야 한다. 1. 범죄의 죄질, 범정(犯情) 및 피고인의 책임의 정도를 반영할 것"(이하 생략). 죄질, 범정, 책임이 병렬적인 양형인자로 나열되어 있는데, 책임주의와 관련하여 이를 어떻게 이해해야 할지도 명확하지 않다.

44 Metz, a.a.O., S. 456.

두고 있다.[45] 국가가 자의적으로 선별한 자를 형벌로 처벌하고, 책임 있는 자를 부적절하게(강하게 또는 약하게) 처벌하는 가장 최악의 형태로 불법국가(Unrechtsstaat)에 대한 반대 개념이 법치국가(Rechtsstaat)라고 표현되는 것은 단지 사실상 책임 있는 자만을 자신의 범행과 그 사정들에 부합하게 처벌하는 것에 있는 것이다. 이러한 원칙을 관철하기 위해서는 가장 최선의 진실 발견을 요구할 수밖에 없는 것이다. 결국 이러한 진실 발견은 법치국가의 실현에 기여하는 것이다. 이 외에도 공정한 재판을 받을 권리의 실질적인 완성은 재판을 통해 수용 가능한 형벌의 기초를 형성하는 것이라고 한다면, 실체적 진실의 발견은 인간의 존엄성과 법치국가원리 실현의 실질적 요소라고 하지 않을 수 없는 것이다. 책임원칙과 법치국가원리는 동일하게 정당한 법 적용과 처벌의 근거로서 진실의 발견을 요구하는 것이다.[46]

4) 형사소송의 다른 원칙들과의 조화 가능성

쿠들리히(Kudlich)의 지적처럼 형사절차의 다른 원칙들도 진실의 발견을 지지한다.[47] 예를 들어 신속한 재판의 원칙도 진실 발견의 요청을 촉진하며 상호 조화를 이룬다. 점증하는 절차의 장기화와 지연은 증거방법의 상태 악화로 인해 증명의 기초가 왜곡되게 할 수 있고, 경우에 따라서는 증거의 완전한 소실을 초래하기도 하기 때문에 신속한 재판의 요구·

---

45 독일 기본법 제2조 제1항과 제2항의 자유권뿐만 아니라 법치국가원리에도 뿌리를 두고 있는 것으로 해석한다(BVerfGE 133, 168, 197, BGHSt 50, 40, 49; Metz, a.a.O., S. 456).

46 Metz, a.a.O., S. 456.

47 Kudlich, a.a.O., Einl. Rdn. 139; Metz, a.a.O., S. 456.

신속원칙(Beschleunigungsprinzip)은 진실 발견을 지지·촉진하는 기능을 하는 것이다.[48]

진실이 무엇인지 확인하는 것은 기능하는 형사 사법을 요구한다. 실질적인 직접주의(Unmittelbarkeit)[49]는 사안에 근접한 증거방법의 우선적 사용을 보장해야만 한다는 것이다. 그 이유는 이것이 인식의 사슬에서 단순한 그 중간 단계를 사용하는 것보다는 더 나은 사실관계 규명을 약속하기 때문이다. 하지만 간접적인 증거방법을 통한 직접적인 보충도 금지되는 것은 아니다. 그러한 추가적인 인식 소재들은 사안 규명을 위해 보다 넓은 기초를 제공하기 때문이다. 물론 형사사건의 실제를 보면 간접증거만으로 유죄판결이 선고된 경우도 허다하다.

4. 형사소송에서의 실체적 진실 발견 원칙의 구현과 그 한계

1) 진실 발견의 효력 범위

실체적 진실을 발견할 의무는, 시간상으로 볼 때는, 기판력 있는 판결로 해당 피고사건의 절차가 종결될 때까지 형사절차의 모든 단계에서 존재한다.[50] 상소절차 중에서 이러한 진실 발견 의무는 항소심의 경우 새로운 사실심인 항소법원(형사소송법 제361조의5 제14호)[51]에 있지만, 상고

---

48 BVerfGE 57, 250, 280.

49 직접주의의 실체에 관한 국내 연구로는 예를 들어 김성룡, "직접성 원칙의 비교법적 검토를 통해 본 향후 개정 과제", 한국형사소송법학회, 『형사소송 이론과 실무』, 제14권 제3호(2022), 29쪽 이하 참조.

50 Eisenberg, Beweisrecht, Rdn. 1; Stamp, Wahrheit, S. 17; 집행절차에 관하여 BVerfG NJW 2020, 1501; OLG Hamm Beschl. v. 25.8.1988 - 1 Vollz(Ws) 230/88, BeckRS 1988, 07270.

51 독일 형사소송법 제332조 및 제244조 제2항 참조.

심에서는 원칙적으로[52] 하급심에서 확정된 사실을 이미 진실로 전제하고 그에 대한 법률 적용의 문제를 심사하는 것이므로 공소사실의 진실 여부는 그들의 심사 대상이라고 할 수 없다(형사소송법 제383조, 독일 형사소송법 제337조 제2항).[53]

인적 관점에서 볼 때에는 최대한의 진실 발견에 대한 의무는 검사(형사소송법 제196조), 사법경찰관(제197조), 그리고 법원에게 동일하게 부여되는 것이고 절차의 어느 단계에서 활동하는지와 무관한 것이다. 물론 이러한 해석은 직권주의적 요소가 강한 독일 형사소송법제에서는 자연스런 이해일 수 있으나, 우리 형사소송법규의 해석으로도 이러한 의무 이해가 가능한지 의문을 가질 수 있다. 하지만 우리 형사소송법도 사법경찰관과 검사에게 범죄의 혐의가 있다고 사료하는 경우 범인, 범죄사실과 증거를 수사할 의무를 부과하고 있고(형사소송법 제196조 및 제197조), 법원에 대해서도 사실의 인증은 증거에 의하여 합리적인 의심이 없는 정도의 증명에 이를 것을 요구하면서, 사실 발견을 위해 필요한 경우에는 각종의 직권적 조사 권한을 인정하고 있다는 점에서[54] 이들 국가기관에게

52 형사소송법 제383조 제4호에서는 "사형, 무기 또는 10년 이상의 징역이나 금고가 선고된 사건에 있어서 중대한 사실의 오인이 있어 판결에 영향을 미친 때 또는 형의 양정이 심히 부당하다고 인정할 현저한 사유가 있는 때"를 상고 사유로 인정함으로써 예외적으로 하급심의 사실인정을 심리할 수 있도록 하여 그 예외를 인정하고 있다. 한편 독일 형사소송법 제337조에 규정하고 있는 상고 이유는 단지 판결이 법률을 위반한 경우(제1항)뿐이며, 법률을 위반(침해)했다는 것은 해당 법 규범이 적용되지 않았거나 바르게 적용되지 않은 경우(제2항)라고 정의하고 있다.

53 독일 형사소송법 제337조 제2항 참조.

54 현행 형사소송법은 법원에게 직권적 성격이 강한(즉, 직권탐지주의하에서 인정될 수 있는) 다양한 권한을 인정하고 있다. 예를 들어 제146조 증인의 자격에 법원은 법률에서 다른 제약이 없다면 누구든지 증인으로 신문할 수 있고, 제106조 및 제107조에서 법원이 '필요하다고 인정하면' 압수와 수색이 가능하고, 제139조에서는 법원이 '사실을 발견함에 필요한 때'라고 판단하면 검증도 할 수 있다. 이러한 규정들은 법원의 진실 발견 의무가 없다면 인정될 수 없는 조항의 몇 가지 예시에 불과하다.

주어진 진실 발견·사실 발견 의무에는 차이가 없다고 하겠다.

이와 달리 피의자·피고인에게는 적극적으로 진실 발견을 위해 노력해야 하거나 그러한 노력에 협업해야 할 어떤 의무도 존재하지 않는다. 피의자·피고인은 특히 자기부죄금지(Nemo tenetur, se ipsum accusare)의 적용을 받아 스스로 불리한 진술을 할 의무는 지지 않는다. 마찬가지로 변호인도 어떤 적극적인 규명·해명 의무를 지지는 않으며, 소극적으로 진실에 구속된다(Wahrheitsbindung)고 표현한다.[55] 따라서 변호인은 피의자·피고인에게 허위진술을 하도록 조언해서는 안 되는 것이다. 적극적으로 진실 발견에 기여할 의무가 없다고 해서 적극적으로 진실에 반하는 행위를 하거나 그러한 행위를 하도록 조장해서는 안 되기 때문이다. 이것은 (형사)사법의 기관으로서의 지위에서 도출되는 것이 아니라, 이미 법치국가원칙에서 도출되는 것으로 이해된다.[56] 변호인의 법적 조력은 이러한 법치국가원리에 따르면 단지 형사소송법과 실체형법을 통해 사전에 인정된 범위 내에서 허용되는 것이며 어떤 유형과 방식을 불문하고 가능한 것은 아닌 것이다. 그렇게 보지 않는다면 형사소송법에 규정된 변호와 진실 추구 사이의 균형 잡힌 관계는 진실 추구에 불리하게 변질되어 버릴 우려가 있는 것이다. 이렇게 되면 결국 법치국가원리가 진실 발견에 설정된 요구들에 충돌하게 되는 것이다. 피고인의 권리가 진실 추구를 제한할 뿐만 아니라, 그 반대로 최대한의 진실 발견의 의무가 변호를 제약하기도 하는 것이다. 모든 수단과 방법을 가리지 않은 진실

---

55 Beck'scher Online Kommentar StGB, 47. Ed. 1. 8. 2020, § 258 Rdn. 22 ff. m.w.N.; Krekeler, "Strafrechtliche Grenzen der Verteidigung", *NStZ*(1989), S. 146.

56 Metz, a.a.O., S. 458.

추구도 금지되지만, 그와 같은 변호도 허용되지 않는다는 것이 현행법률의 복안인 것이다.[57]

2) 직권조사원칙과 인식 의무

진실 규명의 핵심은 직권주의라고도 한다.[58] 이미 직권조사원칙이라는 개념이 누가 수사하고 어떻게 조사하는지를 표현하고 있다. 진실은 직권으로 조사되어야 한다는 것은 형사소추의 업무를 행하는 기관과 법원이 스스로 활동하는 것, 그에 상응한 절차참여자들의 신청이나 청구 등과는 무관하게, 마찬가지로 그들의 포기나 저항과 무관하게 행해진다는 것이다.[59] 당사자주의 요소가 반영된 여러 조항이 포진하고 있다고 해서 우리 형사소송 절차의 수사와 진실 규명의 권한과 의무가 수사기관과 법원에 있는 것이 아니라고 할 수는 없는 것이다.

또한, 국가의 사실·진실 규명 활동은 그 활동을 개시하기 위해 어떤 시민의 행위도 필요로 하지 않으며, 다른 한편으로는(절대적 친고죄의 경우 고소취소와 같은 예외를 제외하고는) 기본적으로 시민에 의해 일방적으로 다시 종결될 수도 없는 것이 원칙이다.

수사절차에서는 직권조사원칙과 기소편의주의가 작동한다. 기소편의주의도 수사 결과 범죄사실이 인정된다는 것을 전제로 법률이 정한 사유

---

57 Malmendier, ""Konfliktverteidigung" — ein neues Prozeßhindernis?", *NJW*(1997), S. 227, 232. 형사소추기관의 공정한 재판에 상응하게 형사변호인의 공정한 플레이(fair play des Strafverteidigers)를 언급하고 있다.

58 Metz, a.a.O., S. 458.

59 Becker, in: Löwe/Rosenberg, § 244 Rdn. 50; Trüg/Habetha, in: MüKo/StPO, § 244 Rdn. 48; Willanzheimer, "Aufklärungspflicht und Beweisantragsrecht(§ 244 StPO) im Assessorexamen", JuS 2009, 28; Metz, a.a.O., S. 458.

를 이유로 기소하지 않는다는 수사기관의 결정이며, 그 불기소·기소유예 처분의 합법성은 결국 전제된 사실의 진실 여부에 따라 판단되는 것이다. 이제 사건이 법원으로 넘어가게 되면 법원의 직권조사 의무·진실 발견 의무가 작동하는 것이고, 형사절차에서의 유무죄 협상과 양형 협상이 인정되지 않는 이상 법원의 의무가 면제될 수는 없다. 당사자주의를 전면에 내세워 마치 법정에 제출된 증거만으로 사실의 존부를 판단하고, 유무죄를 가리겠다는 판사가 있다면, 현행법에 충돌하는 자의적인 권한 행사이자 의무 불이행이라고 할 것이다.[60] 나아가 이러한 법원의 형사절차에서의 진실 발견 의무는 다른 절차참가자들의 의사에 영향을 받는 것이 아니다. 하지만 형사소송이 무제한의 사실 규명을 위한 제도가 아닌 만큼 그 내재적·제도적인 제한이 존재한다.

첫 번째의 제한은 절차의 대상을 통한 법원의 해명 의무의 제한이다. 형사소송의 대상(Verfahrensgegenstand)은 '공소사실'[61]에 의해 결정된다고 할 수 있다. 독일은 이를 '소송법적 범죄 개념'(Tatbegriff)을 기준으로 판단한다. 형사소송법 제248조 제2항은 범죄사실의 일부에 대한 공소의 효력을 범죄사실 전부에 미치는 것으로 하고, 유죄판결에 명시될 이유

---

60 독일의 경우 수사절차에서는 기소강제주의와 직권조사원칙이 상호 보완한다고 표현한다. 즉, 기소강제주의는 검사로 하여금 형사소추를 의무로 하는 반면에(독일 형사소송법 제152조), 독일 형사소송법 제160조 제1항부터 제3항까지는 공소 제기 여부를 결정하기 위해 실체적 진실의 발견을 위한 피의자에게 유리한 증거를 포함한 모든 증거를 조사할 의무를 부과하고 있다. 법원이 개입하게 되면 이제 그때부터는 해명 의무는 법원에 부과된다(독일 형사소송법 제244조 제2항). 이러한 사안 해명·진실 발견 의무는 절차참가자의 찬반 의견과는 무관하게 존재한다(이에 대해서는 Metz, a.a.O., S. 458 참조).

61 형사소송법 제254조에 따라 공소장에 기재되는 공소사실, 제298조의 공소장 변경의 한계로서 공소사실(의 동일성) 등이 당해 형사절차의 사실 규명의 대상을 표현하는 것이다. 이러한 공소사실은 흔히 단일한 하나의 역사적 사실관계·생활사실(einheitlicher geschichtlicher Lebenssachverhalt)을 의미하는 것으로, 검사의 죄명, 적용법조, 공소사실 등의 구체적 기재와 무관하게 법원의 잠재적 심판대상이 되는 단일한 생활사실을 의미하는 것이다.

를 규정한 제323조에서는 판결이유에 '범죄될 사실, 증거의 요지와 법령의 적용'을 명시하도록 하고, 공소사실과 다른 사실을 인정할 수 있는 경우를 예외적인 것으로 제한하고 있는 대법원의 입장에서[62] 볼 수 있듯이, 법원이 원한다고 해서 검찰의 공소 제기와 무관한 범죄사실까지 밝혀야 할 권한이나 의무가 있다고 할 수는 없는 것이다.[63]

또 다른 진실 발견의 제한은 판결을 위해 중요한 것인가, 그 사실을 증명할 필요성이 있는가 하는 기준에 따른 제한이다. 판결의 중요성이라는 것은, 소송장애 사유가 있는지 또는 증거능력에 문제가 있는지와 같은 중요한 소송적 사실을 논외로 한다면, 실체 형법의 범죄성립 요소·양형 사유 등에 따라 판단될 것이다. 달리 말해 규명되어야 할 사실은 범죄사실(Tagfrage) 발생 유무의 문제, 그 법적 평가인 유무죄·책임·형벌 인정의 문제(Schuldfrage)를 규명하기 위해 필요한 그런 사실이다.

요약하자면, 사실(Tatsachen)이란 직접 또는 간접으로 형벌규범의 구성요건을 충족하는 사실, 위법성, 책임 또는 양형에 의미 있는 그러한 사실을 말한다. 여기서는 실제 또는 역사적 과거에 발생한 사실의 어느 한 좁은 단면(enge Abschnnitt)을 말하는 것이다.[64] 이러한 사정을 둘러싼 그 밖의 사실상의 사건은 각각 생활사실의 부분이기는 하지만 법적으로

62 대법원 2024. 4. 12. 선고 2021도9043 판결; 대법원 2006. 4. 13. 선고 2005도9268 판결; 대법원 2003. 5. 13. 선고 2003도1366 판결 등.

63 독일 형사소송법 제264조는 판결 대상이라는 표제어 아래 제1항에서 "판결의 대상은 공판의 결과에 따라 나타나는 것과 같은 공소장에 기재된 범행이다."라고 규정하고, 동조 제2항에서는 "법원은 공판개시 결정에 근거가 된 범행의 판단에 구속되지 않는다."라고 하여 최초 공판대상과 다른 범죄를 인정할 가능성을 열어 놓고 있다.

64 Stamp, Wahrheit, S. 153; Dubischar, Grundbegriffe des Rechts, 1986, S. 13; Käßer, Wahrheitserforschung im Strafprozeß, 1974, S. 3 ff; Metz, a.a.O., S. 459.

무의미한 것이고 따라서 형사절차에서 해명이 필요한 것이 아니다. 공지의 사실은 증명을 필요로 하지 않으며, 조사나 수사의무의 범위와 한계는 개별 사례의 사정에 따라 결정되는 것은 당연하다.[65]

심리·인식(Kognition) 의무에 근거하여 법원들은 기소장에서의 평가에 구속되는 것은 아니고 모든 사실상의 관점과 법적 관점을 포괄하여 공소·범죄사실을 독자적으로 판단해야 할 의무를 진다. 법원은 공소장 변경을 요구할 수 있고, 공소사실과 동일성이 유지되는 범위 내에서 다른 범죄사실을 인정할 수도 있는 것이다.[66]

직권조사 의무가 진실 발견의 기초를 구성하는 것이라면 공소사실 개념과 법원의 심리 의무는 법원에서의 절차에서 진실 발견이 이루어지는 틀을 제공하는 것이라고 할 수 있다.

5. 형사절차에서의 진실 발견의 한계

1) 수단과 방법을 가리지 않는 진실 발견의 거부

진실의 발견은 관계자의 기본권을 침해하거나 위협하는 방법이 아니

---

65 BGH NJW 2001, 695, 696; 1978, 113, 114; Metz, a.a.O., S. 459.

66 독일은 이러한 결론 도출의 근거로 형사소송법 제155조(법원의 조사와 판결의 범위) 제2항, 제244조(증거조사, 수사·조사의 원칙, 증거신청의 기각) 제2항, 그리고 제264조(판결의 대상) 제1항과 제2항을 제시한다. 이러한 소송법상 조항에서 도출되는 심리하여 인식할 의무(Kognitionspflicht)는 법원에 대한 일종의 '차안대 금지'(Scheuklappenverbot)를 의미하는 것이다. 공판과정에서 공소제기 시의 범죄혐의와 사실상 또는 법적인 차이가 발생하는 경우에는 필요한 경우 이제부터 처리되어야 하는 구성요건의 전제조건들인 추가적인 사정들을 밝혀야만 하는 요구가 나오게 된다는 것이다(Metz, a.a.O., S. 459). 한편 우리의 경우 앞서 지적했듯이 형사소송법에 명시되지 않은 원칙이니 법칙들이 학계나 실무에서 당연한 듯 받아들여지고 있다고 보니, 형사소송법 관련 규정의 도입이나 개정은 여전히 요원하다.

면 전적으로 자유롭게 이루어진다. 물론 현대사회의 과학 발전이 보여주고 있듯이 언제든지 지금까지 생각도 하지 못한, 즉 예견 불가능하거나 수사목적에 비추어 비례성에 벗어난 방식으로 진실 탐색 방법이 투입될 수 있겠지만, 법치국가적 통제 없이 행해지는 그러한 방식의 일처리는 위헌적 국가권력의 행사라고 할 것이고, 바로 그 진실 발견을 통해 봉사하고 기여해야 할 대상인 시민들의 평화로운 공동삶을 위협하는 것이 될 것이다. 이른바 '소극적 실체 진실주의'나 "백 명의 범죄인을 놓쳐도 단 한 명의 무고한 시민을 처벌해서는 안 된다."라는 격언을 부각시키지 않아도, 인간의 자기 이해와 법 이해가 진보적으로 발전하면서 진실의 발견은 어떤 희생을 치르고라도(um jeden Preis) 추구될 수 있는 것은 아니라는 인식이 확고하게 자리 잡고 있다.[67]

오히려 형사절차에서의 진실 발견은 단지 특정 한계 내에서만 허용되는 것이고, 참여자의 권리와 의무를 법률에 정확하게 사전 규정하는 형사절차의 엄격한 형식화(Formalisierung)에서 표현되고 있는 것이다. 예를 들어 수사절차에서는 개별 수사처분에 특정된 엄격한 전제조건들로, 공판절차에서는 정확하게 확정된 공판절차의 진행(형사소송법 제243조 이하)과 범죄사실 판단과 책임 판단에 중요한 사정들과 관련하여 엄격한 증명이라는 기준 아래 증거조사가 이루어져야 하는 등의 제한 등이 그 예이다. 이 모든 것은 국가의 자의적이고, 부당하고 비례성을 넘어선 권한의 오남용으로부터 피고인, 증인 또는 제3의 관계자를 보호하는 데에 기여하는 것이다. 이런 기본권 보호적 관점의 규정들을 형사소송법의 보호적 형식

67 독일 판례는 BGHSt. 14, 358, 365; 31, 304, 309; 38, 214, 220; BVerfG NJW 2009, 3225 등 참조.

(schützende Formen des Strafprozessrechts)[68]이라고 말하기도 한다.

세부적으로 보면 이러한 제한들은 상이한 이유를 가지고 있다. 법치국가원칙은 법치국가적으로 정돈되고 체계화된 절차(rechtsstaatlich geordnetes Verfahren)[69]라고 부르듯이 단지 법치국가에 걸맞은 그러한 방법들만 적용될 것을 요구한다. 인간의 존엄성과 관계자의 기본권들, 그리고 입법자에 의하여 진실 발견과 비교하여 보다 높은 가치의 것들로 평가된 이유들(가족의 평화 보호, 직업적 비밀을 유지해야 하는 자들에 대한 신뢰 보호 등)[70]도 이에 포함된다. 이런 이유들로 인해 특정 증거방법이나 수사방법이 배제되고, 결국 역사적 사실에 대한 접근·인식이 차단된다. 그럼에도 불구하고 다른 어떤 증거방법도 존재하지 않는다면, 이것은 개별 사례에서 사실관계 해명이 불가능한 결과가 될 수 있는 것이다.[71] 결국 실제의 사건은 가능한 최대한으로 재구성되는 것이고, 설령 그것을 위해 단지 존재하는 재구성 방법 중 어느 하나만이 허용되는 경우라도 어쩔 수 없는 것이다.

여기서는 진실 발견을 촉진하거나 촉진할 수 있는 절차적 권리들과 해명을 어렵게 만드는 절차적 권리를 구별할 필요가 있다. 예를 들어 피의자·피고인의 진술권 또는 증거신청권은 만약 피고인이 자신의 무책임을 증명하는 단지 자신만이 알고 있는 알리바이 증인을 지명한 경우에는 오히려 진실 발견에 기여하는 것이다. 그 밖에 진실을 조장하는 기능이 인

68 이러한 표현은 1861년 자카리아(Zachariä)가 *Handbuch des deutschen Strafprocesses*, Bd. 1, Göttingen: Dieterich(1861), S. 146에서 표현한 것이다; Metz, a.a.O., S. 460.

69 BVerfG NStZ 1984, 82.

70 Metz, a.a.O., S. 460.

71 BGHSt 14, 358(365).

정되지 않지만 보다 고차원의 권리를 표현하는 규정들도 존재한다. 증언거부권이나 피고인의 진술거부권(자기부죄금지) 등이 있다. 이들은 특별히 심하게 진실 발견을 제한하는 사유들이다.

2) 기판력·공소시효와 진실 발견

진실 발견은 기판력이라는 제도를 통해 추가적인 한계에 직면한다. 단지 판결주문에 관한 것이지만, 그 판결에 기초된 사건(Geschehen)은 그곳에서 이미 법적으로 판단된 것이 됨으로써 새로운 소추는 정당화되지 않는다(Ne bis in idem, 헌법 제13조 제1항; 형사소송법 제327조 제3호). 기판력은 법적 평화와 법적 안정성에도 기여하고, 진실 규명 요구 자체와 마찬가지로 법치국가성의 표현으로 이해되기도 한다.

기판력의 파괴는 단지 아주 예외적인 경우(재심절차의 경우)에만 허용되는데 물론 기판력은 그 개념에 따를 때 우선 이전에 진실 발견이 시도되었던 곳에 미치는 것이다. 그 후에는 이제 법적 평화와 법적 안정성이 우선순위를 누리게 되는 것이다.

한편 공소시효(Verfolgungsverjährung)도 역시 그간에 발생한 법적 평화에 대해 진실 규명이 양보하도록 하는 제도이다. 그 이유는 다양하다.[72]

6. 결어

1) 형사소송의 핵심 과제로서의 진실 발견

형사소송에서 실체적 진실 발견은, 가벌성과 법률효과(형벌 부과)의 판

---

72 독일의 논의는 Mitsch, *Münchener Kommentar StGB*, Bd. 2, 3, Aufl., München: C. H. Beck(2016), § 78 Rn. 2 ff.; Dallmeyer, in: BeckOK/StGB(hrsg.), § 78 Rdn. 2 참고.

단을 위해 의미 있는, 역사적인 실제·사실의 최선의 탐색(bestmögliche Erforschung der historischen Wirklichkeit)이라고 할 수 있다. 실제·사실에 정향하는 것은 결국 부당한 처벌에 대한 무고한 자의 필수적 보호를 보장하는 것이기도 하다. 진실을 찾는다는 것은 동시에 법치국가성의 표현이며 그 제한의 표현이기도 하다. 이러한 과제가 충족되어야 이제 비로소 형사절차의 다른 추가적인 목적이 세워질 수 있는 필요불가결한 기초가 만들어지게 되는 것이다. 모든 추가적인 목적이나 종국적인 목표의 출발점을 만드는 일인 것이다.

대법원은 실체법적 책임 부과의 전제는 형사절차에서의 발견된 실체적 진실이라는 점을 명확히 하고 있다. 즉, "실체적 진실 발견을 통하여 형벌권을 행사"하는 것이 형사소송의 이념이라는[73] 것이다. 유사하게 독일 제국법원(RG)도 "형사절차는 법 적용에 기여한다. 이러한 목적은 진실에 기초한 경우에만 도달될 수 있는 것이다."라고 표현한 바 있다.[74] 정리하자면 진실 발견은 형사절차의 가장 핵심적인 관심사이고, 실체적 진실 발견은 기판력의 출발점이며, 실질적 정의, 책임원칙, 형벌 목적, 법치국가 실현과 시민으로 하여금 자기사법을 포기하고 국가적 권력 독점에 따르게 하기 위해서도 폐기할 수 없는 전제조건인 것이다. 진실 발견은 종

---

73 대법원 2006. 10. 13.자 2005모552 결정에서 "제출 기간 내에 교도소장 등에게 정식재판 청구서를 제출하였음에도 불구하고 기간 도과 후에 법원에 전달되었다는 이유만으로 정식재판 청구가 기각된다면 이는 자기가 할 수 있는 최선을 다한 자에게조차 공개된 법정에서 정식재판을 받을 기회를 박탈하는 것으로서 헌법이 보장한 공개재판을 받을 권리를 침해할 뿐만 아니라 결과적으로 실체적 진실 발견을 통하여 형벌권을 행사한다는 형사소송의 이념을 훼손하며 인권 유린의 결과를 초래할 수도 있"다고 하여, 형벌권 행사, 즉 유무죄 판단과 그에 비례하는 형벌의 부과는 형사소송 절차에서 발견된 실체적 진실을 근거로 함을 명확히 표현하고 있다.

74 RGSt. 72, 155, 156 f.

국적으로 최고의 헌법적 지위를 가진 원칙들(책임원칙, 법치주의원칙, 기본권 보장, 실질적 정의 등)의 관철에 기여하는 것이다.[75]

2) 합의된 진실·편면적 진실 창출의 거부

따라서 사실의 실체 조사가 동의적 해결 방법으로 접근 가능한 것은 아니다. 사실관계의 협상은 형사절차에서는 허용될 수 없다. 중요한 사실관계가 이른바 협상의 방법으로 확인될 수는 없고,[76] 증인 개개인에 대한 증인신문을 피하기 위해 증인신문조서의 낭독으로 대체하기로 동의하여 필요한 증거조사를 폐기할 수도 없다.[77] 또한 절차를 지연하거나 편파적인 행위를 통해서 진실조사 의무가 제거될 수 있는 것도 아니다. 피고인의 자백이 법원에 대해 그 자백이 옳은 것인지를 심사해야 할 의무에서 벗어나게 해 주는 것도 아니다. 절차참여자들의 권한 오남용의 소송행위와 방해 시도가 법원이 자신들에게 주어진 과제로부터 의무를 면하게 해 주는 것도 아니다.[78] 법정을 가득 채운 거짓말을 가려내는 것이 판사에게 요구되는 직업적 능력이기도 한 것이다.

3) 효과적인 진실 발견 방법 마련과 진실 발견 제한의 제한

형사소송이 그 고유한 목적들을 달성할 수 있기 위해서는 그 절차가

---

75 같은 취지의 독일 문헌으로는 대표적으로 Lammer, a.a.O, S. 289, 294; Metz, a.a.O., S. 463 참조.

76 협상제도를 형사소송법에 도입한 독일 형사소송법 제257조의c에서는 협상의 대상을 당해 형사소송 절차의 추후 진행과 절차의 결과로 명시하고 있는데, 이 규정은 결국 사실관계, 또는 역사적 사실을 협상으로 정의할 수는 없다는 것이 당연히 전제되어 있다고 할 수 있다.

77 BGH NStZ 1988, 37, 38.

78 Trüg /Habetha, in: MüKo/StPO, § 244 Rdn. 48 a.E.; Metz, a.a.O., S. 463.

결과를 달성할 수 있는 방식으로 구성되어야만 한다. 이를 위해서는 한편으로는 효과적이면서, 기술 발전, 생활 사실·실제와 새로운 범죄 형태에 적합하고, 사전에 개관 가능한 수사 처분들과 방법들을 필요로 하며, 다른 한편으로는 진실 발견의 제한하는 제도의 의미를 확장하는 방식의 이해는 지양할 필요가 있다는 생각[79]도 음미해 볼 필요가 있다. '의심스러울 때는 피고인에게 유리하게'라는 법원칙은 절차의 모든 곳에서 아무렇게나 적용되어야 하는 법리가 아님을 분명히 할 필요도 있다. 진실에 접근할 수 있는 다수의 길 중에서 법치국가의 법질서가 도저히 허용할 수 없는 길은 용납해서는 안 될 것이지만, 적법성이 의심된다는 이유로 모든 길을 막아 버리는 것, 사건의 실체에 접근하는 것을 원천적으로 차단해 버리는 것은 피해야 할 것이다.

독일의 메츠(Metz)는 형사절차에서 수사기관과 판사는 증명의 사실상의 어려움에 직면하고 있는데, 여기에 더하여 규범적 제한을 가하게 되면 실체 진실 발견의 가능성은 더욱 요원해진다는 점을 잊지 말아야 한다고 권고한다. 입법자라고 해서 마음대로 진실 발견을 제약할 수는 없다고도 한다. 독일 형사소송법 제53조에 따른 증언거부권은 예를 들면 나열적으로 규정되어 있는 것이고 입법자가 원한다고 해서 무분별하게 확대될 수는 없다는 것이다.[80] 실체적 진실의 발견은 헌법적 지위를 누리고 있기 때문에 그 제한도 마찬가지로 단지 헌법적 지위를 가지는 법익의 보호를 위해서만 행해질 수 있다는 것이다. 물론 그에 상응한 설득

---

79 Metz, a.a.O., S. 463.

80 BVerfGE 33, 367, 383; BVerfGE 38, 312, 323; Metz, a.a.O., S. 464.

력 있는 근거가 제시되어야 하는 것은 당연한 요구이다.

이런 배경이 결국 위법수집증거에 대한 증거능력 판단이 절대적인 증거사용 불가·증거능력 부인으로 이어질 수는 없는 이유이기도 한 것이다. 대법원은 현재 '인과관계 희석·단절 이론'[81]이라고 불리기도 하는 엄격한 예외를 인정하는 입장을 유지하고 있으나, 미국이나 독일 최고법원들은 대법원보다는 실체 진실 발견에 무게를 두는 듯한 태도를 보이고 있다. 예를 들어 독일 판례는 증거 수집에 있어서 법률 위반이 발견되면 필연적으로 그것으로 획득된 인식의 증거사용 금지라는 결론에 이르는 것은 아니라고 보고 있다. 증거 금지는 진실 발견을 제약하기 때문에 절차법·규정의 위반에 대한 일반적 법 효과로 볼 것이 아니라, 만약 허용되는 진실 발견에 대한 최소한의 요구조건이 더 이상 보장되지 않는 경우라면, 근거 제시를 필요로 하는 예외로 보는 것이다. 이른바 이의제기가 없다면 증거사용이 가능한 것으로 보는 독일 판례의 지속적인 판단기준(소위 Widerspruchslösung)이 여전히 유효한 이유이다. 나아가 독일에서는 하자 있는 증거 획득에 대해 어떤 원거리효과(Fernwirkung)도 인정되지 않는다.[82] 독수의 과실 이론은 독일에서는 개별 사례를 중심으로 한 접근법을 통해 판단되며, 위법한 방법이 아니어도 그러한 증거가 확보되었을 것인가 하는 가설적 판단이 핵심 잣대가 된다. 우리의 경우 이른바 인과관계 희석 이론이 적용되는 경우를 제외하고는[83] 독나무 이론이 광

---

81 대법원 2025. 1. 9. 선고 2024도12689 판결; 대법원 2024. 4. 16. 선고 2020도3050 판결; 대법원 2017. 9. 21. 선고 2015도12400 판결 등.

82 BGHSt. 34, 362, 364; 32, 68, 71.

83 대법원 2025. 1. 9. 선고 2024도12689 판결. "수사기관의 절차 위반행위가 적법절차의 실질적인 내용을 침해하는 경우에 해당하지 않고, 오히려 그 증거의 증거능력을 배제하는 것이 헌법과 형사

범위하게 적용되는 것과 비교된다.

끝으로 진실의 발견은 피해자의 권리보다 우선한다. 형사범죄의 피해자들은 증인지원, 피고인의 배제하에 진술하거나, 영상신문을 활용하는 등 보호를 받기도 하지만, 피해자들이 증인으로 출석하면 진술 의무가 있고 진실에 구속되는 것도 그런 이유이다.[84]

진실 발견이 피할 수 없는 사실상 제한과 규범적 제한에도 불구하고 효과적이고자 한다면, 결국 권리 남용이나 절차규정에 위반하는 행위를 통한 피해를 효과적으로 방지하는 장치가 마련되어야만 하는 것은 당연한 요청이다. 어느 나라의 형사소송 법제라도 실체 진실을 발견하는 것을 목적으로 한다면 내용적으로 전체 형사소송법은 잠재적으로 가별적인 사건들에 대해 가능한 한 최대한 신뢰할 수 있게 그 진실을 밝히는 것에 맞추어져 있어야 하고, 참여자들의 권리들은 실체 진실 발견보다 상위의 근거들로 요구되는 경우에 허용될 여지를 남겨 두고 있는 것이다. 의도적인 지연, 권한 남용과 권리 침해는 이러한 관계를 진실 발견에 불

소송법이 형사소송에 관한 절차조항을 마련하여 적법절차의 원칙과 실체적 진실 규명의 조화를 도모하고, 이를 통하여 형사 사법 정의를 실현하려고 한 취지에 반하는 결과를 초래하는 것으로 평가되는 예외적인 경우에 한하여 유죄 인정의 증거로 사용될 수 있다. 따라서 2차적 증거의 경우에도, 절차에 따르지 아니한 1차적 증거수집과 관련된 모든 사정들, 즉 절차 조항의 취지와 그 위반의 내용 및 정도, 구체적인 위반 경위와 회피 가능성, 절차 조항이 보호하고자 하는 권리 또는 법익의 성질과 침해 정도 및 피고인과의 관련성, 절차 위반행위와 증거수집 사이의 인과관계 등 관련성의 정도, 수사기관의 인식과 의도 등은 물론, 나아가 1차적 증거를 기초로 하여 다시 2차적 증거를 수집하는 과정에서 추가로 발생한 모든 사정들까지 전체적·종합적으로 고려하여 인과관계가 희석 또는 단절되었다고 평가되는 예외적인 경우에 한하여 유죄 인정의 증거로 사용될 수 있다."즉, 단지 예외적인 경우에만 유죄인정의 증거로 사용한다는 입장으로 독일 판례의 입장과는 기본적으로 반대 관점을 취하고 있다고 하겠다. 어느 나라 법원이 보다 인권친화적이고 민주적인지의 문제만으로 접근하는 것보다는, 어떤 해법이 형사소송 절차를 국가가 독점하는 것을 보다 정당화할 수 있는 것인지도 판단기준으로 삼아야 할 것이다.

84 Metz, a.a.O., S. 464.

리하게 움직이게 할 수밖에 없는 것이고, 따라서 차단되어야만 한다는 목소리도 경청할 가치가 있다. 국내에서도 종종 언급되기는 하지만 반인권적이라거나 국가편의적이라는 몇 단어로 더 이상 논의의 대상이 되지 못하는 문제들도 진지하게 토의할 필요가 있다. 형사절차에서 진실 발견을 해치는 피의자·피고인의 허위진술에 대해서는 여전히 제재가 필요 없는 것인지, 허용되지 않는 소송행위에 대해 그러한 행위자를 절차로부터 배제하는 것은 불가능한 것인지, 법원과 검찰은 적절한 전문가 양성을 위해 법조인 양성과 보수교육을 어떻게 향상시킬 것인지, 정치인들은 형사소송에서의 진실 발견과 검찰의 정치적 독립성[85]을 어떻게 강화할 것인지 등[86]의 문제는 지속적으로 덮어 두어야 할 문제가 아니라 하루라도 빨리 남김없이 토론해야 할 주제인 것이다.

III. 절대적 진실과 실체적 진실

형사절차에서의 진실은 우리가 일상에서 말하는 진실과 같은 것인지, 그렇지 않다면 어떤 점에서 다른 것이며, 그런 진실로 범인을 가리고 형벌을 정하는 국가의 행위, 수사기관과 법원의 행위는 정당하고 합법적인 것이라고 할 수 있는지의 문제를 여기서 상론하기는 어렵다. 하지만

85 EuGH NJW 2019, 2145. 이에 대해서는 Killmer, "Eine unabhängige Staatsanwaltschaft — Rückenwind aus Europa", *DRiZ*(2020), S. 304; Wedel / Holznagel, "Leitlinien zur Sicherung der Unabhängigkeit der Staatsanwaltschaft — Vorschlag für eine praxisgerechte Beschränkung des externen Weisungsrechts", *ZRP*(2020), S. 143.

86 Metz, a.a.O., S. 465.

분명한 것은 시간적으로 과거에 일어난 사건의 진위를 밝힌다는 점, 인간의 타고난 능력으로는 과거의 실제를 완벽하게 재현해 내기 어렵다는 점, 법원에서건 아니면 일상에서건 모든 수단과 방법을 가리지 않고 과거의 사실을 밝혀낼 수는 없다는 점 등을 종합하면, 사실상 형사절차에서의 진실과 일상에서의 진실이 본질적으로 다르다고 하기는 어려워 보인다. 단지 형사절차상 진실 추구에 활용할 수 있는 증거방법들, 그 방법을 확보하는 방법들, 그렇게 확보된 증거방법을 어떤 관점에서 평가하고, 어느 정도의 가치를 인정할 것인지에 대해서 상식이 아닌 규범적인 제한과 규제가 있다는 점 등에서 일상의 진실 발견보다 형사절차에서의 진실 발견이 역사적 과거의 실제를 재현하는 데는 보다 많은 제약이 있다는 것은 명백하다.

형사절차에서의 진실은 역사적으로 실제 발생한 사건을 완벽하게 재현하는 것을 의미하는 것은 아니지만, 그러한 절대적 진실에 다가가는 것이 원천적으로 불가능한 것도 아니다. 사실적·규범적 제한 아래에서도 절대적 진실에 완벽하게 부합하는 사실을 재현할 수도 있는 것이다. 하지만 절차참가자 모두가 동의하고 누구의 반대도 없는 증거들로 구성한 실체적 진실이 모든 것을 아는 존재가 보았을 때는 전적인 허구일 수도 있을 것이다. 그럼에도 그 허구에 기초하여 범죄인이 가려지고, 형벌이 결정되는 것이 현대 국가의 형사 사법의 기본 구조인 것이다. 이런 결과를 목적으로 하지 않더라도 수인할 수밖에 없는 한계를 가진 것이 바로 형사절차에서 찾고자 하는 실체적 진실인 것이다.

무죄선고를 받은 사람들은 자신은 죄가 없는 깨끗한 사람이고 억울하게 누명을 쓴 사람이라고 목소리를 높인다. 유죄선고를 받고 복역한 사람, 형의 집행유예로 자유로이 다니는 사람들도 억울하게 처벌을 받았다고 호소한다. 인간 세상에서, 인간이 하는 형사재판에서, 모두 가능한 주장이고 그럴 수 있다. 그것이 실제였고, 사실일 수 있다. 당연히 그 반대일 수도 있다. 형사재판에서의 무죄선고는 "당신은 죄가 없습니다."라고 확인해 주는 것이 아니라 "당신이 유죄라고 하기에 나는 확신이 들지 않습니다."라는 의미이다. 유죄선고는 "이런저런 제한과 어려움 속에서 완전하지 못한 인간들이 수집한 모든 증거들을 종합해서 최대한 과거의 절대적 진실에 가깝도록 재현한 사실관계를 살펴보니 당신이 범인이라는 확신이 듭니다."라고 말하는 것이다.

그럼에도 불구하고 이렇게 불완전한 형사소송제도를 운영하는 이유는 범죄와 범인을 확정하고 예고한 형벌의 적정량을 부과하여 사회의 법질서를 지켜야 한다는 것을 보여 주고, 국가가 국민을 범죄로부터 보호하고 있으므로, 자력구제는 금지된다는 것을 명확하게 하고, 자신의 행동에 대해서는 반드시 책임을 진다는 형사소송의 고유한 목표와 중간목적들을 달성하기 위해서는 그 전제인 사실이 확인되어야 하는 것이 필수적이기 때문이다.

절대적(絶對的) 진실과 실체적(實體的) 진실, 객관적 사실과 진실한 사실은 때로는 같은 것일 수도 있고, 때로는 아주 다른 것일 수도 있다.

참고문헌

제1장

[국내 단행본]

존 기번스(John Gibbons) 지음·서영숙 옮김, 『법언어학 입문』, 집문당, 2020.

이해윤, 『법언어학의 이해』, 역락, 2023.

하시우치 타케시(橋内 武) 지음·서경숙 옮김, 『법과 언어(법언어학으로의 초대)』, 박이정, 2016.

[국내 논문]

Chaski, Carole E., "Cases in the Four Corners of Forensic Linguistics", 충북대학교 법학연구소, 『과학기술과 법』, 제5권 제2호, 2014.

강희원, "법에 대한 기호학적 접근 - 한국법기호학을 위해서", 한국법철학회, 『법철학연구』, 제27권 제2호, 2024.

김경옥/김현미/김태경, "준거기반내용분석(CBCA)의 변별력: 성폭행피해주장 성인 진술의 신빙성분석을 중심으로", 한국피해자학회, 『피해자학연구』, 제32권 제1호, 2024.

김경화/소병민/유하진, "과학수사를 위한 한국인 음성 특화 자동화자식별시스템", 『말소리와 음성과학』, 제4권 제3호, 2012.

김성룡, "현행법에서 과학적 증거의 증거능력과 증명력", 한국형사법학회, 『형사법연구』, 제24권 제4호, 2012.

맹주수/박지수/손진곤, "문장 및 어절 유사도를 이용한 표절 탐지 시스템 구현", 『한국정보처리학회 논문지』, 제8권 제3호, 2019.

박용철, "거짓말탐지기 검사결과의 활용에 대한 소고", 한국형사정책학회, 『형사정책』, 제25권 제3호, 2013.

박정훈, "폴리그라프 검사결과의 증거능력", 홍익대학교 법학연구소, 『홍익법학』, 제16권 제1호, 2015.

박제민/이경렬, "필적감정의 신빙성 제고 방안 연구", 대검찰청, 『법과학의 신동향』, 제10호, 2024.

박종선, "「진술분석」 10년의 성과와 개선방향 - 대검예규 '진술분석 규정'을 중심으로 -", 홍익대학교, 『홍익법학』, 제17권 제2호, 2016.

방철, "심리생리검사 결과의 증거능력에 관한 소고", 중앙법학회, 『중앙법학』, 제25권 제1호, 2023.

신강일/유승진, "한글 필적감정의 국제적 기준 적용과 AI 기반 분석", 경찰대학교, 『경찰학연구』, 제24권 제3호, 2024.

안병렬/김문현, "문서를 위한 표절 탐지 시스템에 관한 연구", 『한국지능시스템 학술발표 논문집』, 제16권 제1호, 2006.

이윤, "진술분석(SCAN) 기법 중 '대명사의 부적절한 사용'준거에 대한 타당성 연구", 경찰대학교, 『경찰학연구』, 제17권 제2호, 2017.

이상돈, "춤으로서 법의 기호학적 의미", 고려대학교 법학연구원, 『고려법학』, 제62호, 2011.

이학문, "법음성학을 통한 목소리 감정 분석", 『현대영어영문학』, 제62권 제1호, 2018.

조기현, "언어학적 지문과 피의자 자술서의 저자식별", 충남대학교, 『인문학연구』, 통권 제112호, 2018.

최규환/이상경, “진술분석 결과와 경찰수사, 검찰처분, 법원판결 일치도 비교 연구: ‘한국형 진술신빙성 평가 모델’ 적용 성범죄 사건을 중심으로”, 경찰대학 치안정책연구소, 『치안정책연구』, 제38권 제3호, 2024.

최진혁/나유경/이신형/여승준, “언어적 프로파일링을 통한 로맨스 스캠 범죄자 식별에 관한 탐색적 연구”, 『한국국가안보·국가안전학회지』, 제20호, 2025.

[국외 단행본]

Fobbe, Eilika, *Forensische Linguistik. Eine Einführung,* Tübingen: Narr Francke Attempto Verlag, 2011.

Grimm, Jacob, *Deutsche Rechtsalterthümer*, 4., verm. Ausg., besorgt durch Andreas Heusler u. Rudolf Hübner Auflage. Leipzig: Dieterich, 1899.

[국외 논문]

Ariani, M. G. / Sajedi, F. / Sajedi, M., “Forensic Linguistics: A Brief Overview of the Key Elements”, *Procedi — Social and Behavioral Sciences*, Vol. 158, 2014.

Christensen, Ralph / Kudlich, Hans, “Die Auslegungslehre als implizite Sprachtheorie der Juristen”. in: *Archiv für Rechts- und Sozialphilosophie(ARSP)*. Nr. 2, 2002.

Fobbe, Eilika, “Forensic Linguistics. A forensic discipline in Germany”, *Journal for Police Science and Practice,* Vol. 12, 2022.

Nussbaumer, Markus, “Von Schwärmern und Skeptikern und ein Versuch, Realist zu sein. Bilanz und Entwurf des Sprachspiels vom unverständlichen Gesetz”, in: Kent D. Lerch(Hrsg.), *Recht verstehen: Verständlichkeit, Missverständlichkeit und Unverständlichkeit von Recht*. Berlin: de Gruyter, 2004.

Vogel, Friedemann, “Calculating legal meanings? Drawbacks and opportunities of corpus assisted legal linguistics to make the law (more) explicit”, in: Dieter Stein / Janet Giltrow (Eds.), *The pragmatic turn in law. Inference and Interpretation in Legal Discourse.* Band 18. Berlin/ Boston: Mouton de Gruyter, 2017.

Vogel, Friedemann, “Legal Linguistics in Germany, History, Working Groups, Concepts”, in: Friedemann Vogel(Ed.), *Legal Linguistics Beyond Borders: Language and Law in a World of Media, Globalisation and Social Conflicts,* Berlin: Duncker & Humblot, 2019.

Vogel, Friedemann, “Rechtslinguistik: Zur Bestimmung einer Fachrichtung”, in: Ekkehard Felder, Friedemann Vogel(Hrsg.), *Handbuch Sprache im Recht*. Berlin, u.a.: Mouton de Gruyter, 2017.

Wiener, R. / Pritchard, C. / Weston, M., “Comprehensibility of approved jury instructions in capital murder cases”. *Journal of Applied Psychology*, Vol. 80, 1995.

[온라인 자료]

Olsson, John, “What is Forensic Linguistics?”, *The Text - Forensic Linguistics Institute*, https://www.thetext.co.uk/what_is.pdf(2025. 7. 17. 최종 검색).

Jivar, Jamen, “When Helen Froze Over”, *Jivar's Blog*(https://jamenjivarblog.wordpress.com/2014/06/05/when-helen-froze-over, 2025. 7. 17. 최종 검색).

Plattsburgh Daily Press, "Think Corning Girl Wrote Ransom Note", *Plattsburgh Daily Press*, 9 September, 1927.
B. Drummond Ayres, "McDonald's, to Court: 'Mc' Is Ours", *The New York Times*, 22 July, 1988.

[관련기관 온라인 사이트]
국제 언어와 법 학회: https://illa.online
국제법정언어학회: https://iafll.org
독일, 법정언어학회: https://germanicsocietyforensiclinguistics.org
레겐스부르크 대학, 언어와 법 연구회: https://www.uni-regensburg.de/forschung/sprache-recht
법언어학 네트워크: https://jura.ku.dk/english/reline
오스트리아, 법언어학회: https://oegrl.com/index.php/de/startseite
쾰른 대학, 유럽 법언어학 진흥 협회: https://erl.phil-fak.uni-koeln.de/erl-foerderverein
하이델베르크 대학, 독일 법률단어사전: https://drw-www.adw.uni-heidelberg.de/drw-cgi/zeige

제2장

[국내 단행본]
김성돈, 『형법총론』, 제2판, 성균관대학교출판부, 2009.
김성룡, 『법적 논증론 (1) - 발전사와 유형』, 준커뮤니케이션즈, 2009.
김성룡, 『법적 논증의 기초』, 경북대학교출판부, 2006.
김일수/서보학, 『형법총론』, 새로 쓴 제11판, 박영사, 2006.
배종대, 『형법총론』, 제13판, 홍문사, 2017.
성낙현, 『형법총론』, 제3판, 박영사, 2020.
신동운, 『형법총론』, 제2판, 법문사, 2006.
임웅, 『형법총론』, 제8정판, 법문사, 2016.
정영일, 『형법총론』, 제2판, 학림, 2020.

[국내 논문]
김기영, "법률해석과 규범적 화용론", 『안암법학』, 제43호, 2014.
김기영, "법률해석과 문법", 『독일어문학』, 제57집, 2012.
김기영, "언어비판과 법률해석 - 비트겐슈타인과 브랜덤의 언어철학을 중심으로", 한국독어학회, 『독어학』, 제34집, 2016.
김성룡, "독일에서의 변호사의 수임료 수수와 금전세탁", 『형사정책』, 제16권 제2호, 2004.
김성룡, "범죄수익 등의 수수죄와 변호인의 자금세탁죄", 경북대학교, 『법학논고』, 제65집, 2019.
김성룡, "유추의 구조와 유추금지", 『법철학연구』, 제12권 제2호, 2009.
김학성, "한정합헌결정 및 한정위헌결정의 주문형식에 대한 비판적 연구", 『헌법학연구』, 제17권 제4호, 2011.
남복현, "자구만 바뀐 개정조항에 위헌결정의 효력이 미치는지 여부", 『헌법재판연구』, 제2권 제1호, 2015.
손해목, "형법상 인과관계에 관한 학설의 재검토", 동국대학교 행정대학원, 『행정논집』, 제16집, 1987.

이경렬, “형법상 인과관계와 객관적 귀속의 관계,『성균관법학』, 제14권 제1호, 2002.
이상문, “대법원의 형법 제10조 제3항의 해석”,『형사법연구』, 제19권 제3호, 2007.
진계호, “형법상 인과관계에 관한 고찰”,『전주대학교 논문집』, 1974.

[국내 판례]
대법원 1997. 3. 20. 선고 96도1167 전원합의체 판결
대법원 1997. 5. 30. 선고 97도597 판결
대법원 2006. 11. 16. 선고 2006도4549 전원합의체 판결
대법원 2010. 9. 30. 선고 2008도4762 판결
대법원 2010. 11. 11. 선고 2010도10256 판결
대법원 2011. 10. 13. 선고 2011도6287 판결
대법원 2012. 2. 23. 선고 2010도8981 판결
대법원 2012. 9. 13. 선고 2010도17153 판결
대법원 2013. 4. 11. 선고 2010도1388 판결
대법원 2013. 11. 28. 선고 2013도1959 판결
대법원 2015. 11. 19. 선고 2015두295 전원합의체 판결
대법원 2016. 3. 10. 선고 2015도17847 판결
대법원 2017. 11. 9. 선고 2015도12633 판결
대법원 2017. 12. 7. 선고 2017도10122 판결
대법원 2017. 12. 21. 선고 2012다74076 전원합의체 판결
대법원 2017. 12. 21. 선고 2015도8335 전원합의체 판결
대법원 2018. 1. 24. 선고 2017도15914 판결
대법원 2018. 5. 11. 선고 2018도2844 판결
대법원 2018. 5. 11. 선고 2018도4075 판결
대법원 2018. 5. 17. 선고 2017도14749 전원합의체 판결
대법원 2018. 7. 24. 선고 2018도3443 판결
대법원 2018. 10. 18. 선고 2016다220143 전원합의체 판결
대법원 2018. 10. 25. 선고 2016도11429 판결
대법원 2018. 11. 29. 선고 2018두48601 판결
대법원 2019. 6. 13. 선고 2018도20655 판결

[국외 단행본]
Alexy, Robert, *Recht, Vernunft, Diskurs. Studien zur Rechtsphilosophie*. Suhrkamp: Frankfurt am Main, 1995.
Alexy, Robert, *Theorie der juristischen Argumentaion - Die Theorie des rationalen Diskurses als Theorie der juristischen Begründung*, Suhrkamp: Frankfurt am Main, 1978.
Baumann, Jürgen / Weber, Ulrich / Mitsch, Wolfgang, *Strafrecht AT.,* 12. Aufl., Bielefeld: Gieseking, 2016.
Baumann, Jürgen / Weber, Ulrich / Mitsch, Wolfgang / Eisele, Jörg, *Strafrecht AT.*, 13. Aufl., Bielefeld: Gieseking, 2021.
Bix, Brian, *Law, Language, and Legal Determinacy*, Oxford: Oxford University Press, 1993.

Brandom, Robert B., *Making It Explicit: Reasoning, Representing, and Discursive Commitment*, Cambridge, MA: Harvard University Press, 1994(1st ed); 1998(2nd ed.); 2001(reprint).

Christensen, Ralph, *Was heißt Gesetzesbindung? Eine rechtslinguistische Untersuchung*, Berlin: Duncker & Humblot, 1989.

Conrad, Herrmann, *Richter und Gesetz im Übergang vom Absolutismus zum Verfassungsstaat*, Graz: Selbstverlag, 1971; online erschienen: Wien: Böhlau, 2013.

Depenheuer, Otto, *Der Wortlaut als Grenze*, Heidelberg: Decker & Müller, 1988.

Eisele, Jörg, *Strafrecht, Besonderer Teil*, 3. Aufl., Stuttgart: Kohlhammer, 2014.

Esser, Josef, *Vorverständnis und Methodenwahl in der Rechtsfindung*, Athenäum Verlag, Frankfurt am Main: Athenäum Verlag, 1970.

Haft, Fritjof, *Strafrecht Allgemeiner Teil*, 2. Aufl., München: C. H. Beck, 1994.

Hassemer, Winfried(Hrsg.), *Dimensionen der Hermeneutik*, Heidelberg: C. F. Müller, 1984.

Hassemer, Winfried, *Einführung in die Grundlagen des Strafrechts*, 2. Aufl. München: C. H. Beck, 1990.

Heck, Richard(ed.), *Language, Thought and Logic: Essays in Honor of Michael Dummett*, Oxford: Oxford University Press, 1997.

Hegenbarth, Rainer, *Juristische Hermeneutik und linguistische Pragmatik. Dargestellt am Beispiel der Lehre vom Wortlaut als Grenze der Auslegung*, Frankfurt am Main: Athenäum-Verl., 1982.

Heinrich, Bernd, *Strafrecht. Allgemeiner Teil*, 4. Aufl., Stuttgart: Kohlhammer, 2014.

Hruschka, Joachim, *Das Verstehen von Rechtstexten: zur hermeneutischen Transpositivität des positiven Rechts*, München: C. H. Beck, 1972.

Jescheck, H. H. / Weigend, T., *Lehrbuch des Strafrechts, AT.*, 5. Aufl., Berlin: Duncker & Humblot, 1996.

Kaufmann, Arthur(Hrsg.), *Entwicklungstendenzen der Strafrechtswissenschaft in der Gegenwart. Festschrift für Paul Bockelmann zum 70. Geburtstag*, München: C. H. Beck, 1978.

Kaufmann, Arthur, *Analogie und "Natur der Sache". Zugleich ein Beitrag zur Lehre vom Typus,* 2. Aufl., Heidelberg/Hamburg: v. Decker, 1982.

Kaufmann, Arthur, *Einführung in Rechtsphilosophie und Rechtstheorie der Gegenwart*, 8. Aufl., Heidelberg: C. F. Müller, 2011.

Kindhäuser, Urs / Neumann, Ulfrid / Paeffgen Hans-Ullrich / Saliger, Frank, *Nomos Kommentar Strafgesetzbuch,* 5. Aufl., München: C. H. Beck, 2023(NK-StGB/Bearbeiter, 5. Aufl., 2017, StGB §...Rn...).

Kindhäuser, Urs / Neumann, Ulfrid / Paeffgen Hans-Ullrich / Saliger, Frank, *Nomos Kommentar Strafgesetzbuch,* 6. Aufl., C. H. Beck, Müncheen, 2023(NK-StGB/Bearbeiter, 6. Aufl., 2023, StGB §...Rn...).

Kirsch, Florian Alexander, *Zur Geltung des Gesetzlichkeitsprinzips im Allgemeinen Teil des Strafgesetzbuchs*, Berlin: Duncker & Humblot, 2014.

Klatt, Matthias, *Theorie der Wortlautgrenze. Semantische Normativität in der juristischen Argumentation*, Baden-Baden: Nomos, 2004.

Kraft, Tim, *Die Normativität sprachlicher Bedeutung. Eine Verteidigung,* Diss., Göttingen, 2010.

Kriele, Martinn, *Theorie der Rechtsgewinnung entwickelt am Problem der Verfassungsinterpretation*, 2. Aufl., Berlin: Duncker & Humblot, 1976.
Lackner, Karl / Kühl, Kristian / Heger, Martin, *StGB Kommentar,* 30. Aufl., München: C. H. Beck, 2022.
Lance, Mark Norris / O'eary-Hawthorne, John, *The Grammar of Meaning. Normativity and Semantic Discourse*. Cambridge: Cambridge University Press, 1997.
Larenz, Karl / Canaris, Claus-Wilhelm, *Methodenlehre der Rechtswissenschaft,* 3. Aufl., Berlin: Springer, 1995.
Leipold, K. / Tsambikakis, M. / Zöller, M. A., *Anwaltskommentar StGB*, 2. Aufl., Heidelberg: C. F. Müller, 2015.
Luhmann, Niklas, *Die Gesellschaft der Gesellschaft,* Frankfurt am Main: Suhrkamp, 1998.
Müller, Friedrich, *Juristische Methodik*, 7. Aufl., Berlin: Duncker & Humblot, 1997; 11. Aufl., 2013.
Rüthers, Bernd / Fischer, Christan / Birk, Axel, *Rechtstheorie*, 12. Aufl., 2022; 13. Aufl., München: C. H. Beck, 2015.
Satzger, H. / Schluckebier, W. / Werner, R., *Strafgesetzbuch*, 2. Aufl., 2014; 6. Aufl., Köln: Carl Heymann, 2024.
Schefer, Markus Christian, *Konkretisierung von Grundrechten durch den U.S. -Supreme Court- Zur sprachlichen, historischen und demokratischen Argumentation im Verfassungsrecht*, Berlin: Duncker & Humblot, 1997.
Schmidhäuser, Eberhard, *Strafrecht. Allgemeiner Teil*, 2. Aufl., Tübingen: Mohr Siebeck, 1984.
Rawls, John, *Political Liberalism*, New York: Columbia University Press, 1996.
Roxin, Claus / Greco, Luis, *Strafrechtt. Allgemeiner Teil*, Bd. 1, 5. Aufl., München: C. H. Beck, 2020.
Rüthers, B / Fischer, C / Birk, A., *Rechtstheorie*, 13. Aufl., München: C. H. Beck, 2025.
v. Heintschel-Heinegg, Bernd / Kudlich, Hans(Hrsg.), *Beck'scher Online-Kommentar StGB*, 63. Ed. 2024, 66. Ed., München: C. H. Beck, 2025.
v. Savigny, Friedrich Karl (hrsg. von Wesenberg), *Juristische Methodenlehre*, Stuttgart: Koehler, 1951.
Wessels, Johannes / Beulke, Werner / Satzger, Helmut, *Strafrecht. Allgemeiner Teil*, 45. Aufl., München: C. H. Beck, 2015.
Wolter, Jürgen (Hrsg.), *Systematischer Kommentar zur Strafprozessordnung Mit GVG und EMRK*, 5. Aufl., Köln: Carl Heymanns, 2016.
Zippelius, Reinhold, *Juristische Methodenlehre: Eine Einführung*, 7. Aufl., München: C. H. Beck, 1999.
Pawlowski, Hansmartin, *Methodenlehre für Juristen. Theorie der Norm und des Gesetzes,* 3. Aufl., Heidelberg: C. F. Müller, 1999.

[국외 논문]

Bilgrami, Akeel, "Norms and meaning", in: Ralf Stoecker(Ed.), *Reflecting Davidson: Donald Davidson Responding to an International Forum of Philosophers,* Berlin/New York: Walter de Gruyter, 1993.
Blackburn, Simon, "The individual strikes back", *Synthese*, Vol. 58, 1984.
Bochossian, Paul Artin, "The rule-following considerations", *Mind*, Vol. 98, 1989.

Brandom, Robert B., "Von der Begriffsanalyse zu einer systematischen Metaphysik. Interview von Susanna Schellenberg", *Deutsche Zeitschrift für Philosophie*, Vol. 47, No. 6, 1999.

Busse, Dietrich, "Was ist die Bedeutung eines Gesetzestextes?", in: Friedrich Müller(Hrsg.), *Untersuchungen zur Rechtslinguistik: Interdisziplinäre Studien zu Praktischer Semantik und Strukturierender Rechtslehre in Grundfragen der juristischen Methodik*, Berlin: Duncker & Humblot, 1989.

Busse, Dietrich, "Semantische Regeln und Rechtsnormen. Ein Grundproblem von Gesetzesbindung und Auslegungsmethodik in linguistischer Sicht", in: Rudolf Mellinghoff/Hans-Heinrich Trute(Hrsg.), *Die Leistungsfähigkeit des Rechts. Methodik, Gentechnologie, Internationales Verwaltungsrecht*, Heidelberger: v. Decker & Müller, 1988.

Christensen, Ralph / Sokolowski, Michael, "Das Schweigen der Wörter oder: warum Matthias Klatts Versuch einer Rehabilitierung der Wortlautgrenze durch einen semantischen Objektivismus von vornherein zum Schreitern verurteilt ist", in: SOULL-Sources of Language and Law, https://download.legal-linguistics.net/pdf/Christensen_41.pdf(2025. 8. 15. 최종 검색).

Coates, Paul, "Kripke's Sceptical Paradox: Normativeness and Meaning", *Mind*, Vol. 95, 1986.

Dancy, Jonathan, "Normativität", in: Stefan Jordan und Christian Nimtz(Hg.): *Lexikon Philosophie. Hundert Grundbegriffe,* Reclam, Stuttgart, 2017.

Eric H. Gampel, "The normativity of meaning", *Philosophical Studies*, Vol. 86, 1997.

Glüer, Kathrin / Pagin, Peter, "Rules of meaning and practical reasoning", *Synthese*, Vol. 117, 1999.

Greco, Luis, "Ist der Strafgesetzgeber an das Analogieverbot gebunden?", *GA*, 2012.

Haft, Fritjof, "Generalklauseln und unbestimmte Begriffe im Strafrecht", *JuS,* 1975.

Horwich, Paul, "Meaning, use and truth: On Whether a Use-Theory of Meaning Is Precluded by the Requirement That Whatever Constitutes the Meaning of a Predicate Be Capable of Determining the Set of Things of Which the Predicate Is True and to Which It Ought to be Applied", *Mind*, Vol. 104, 1995.

Kaufmann, Arthur, "Problemgeschichte der Rechtsphilosophie", in: Kaufmann/Hassemer/Neumann(Hrsg.), *Einführung in Rechtsphilosophie und Rechtstheorie der Gegenwart*, 8.Aufl., Heidelberg: C. F. Müller, 2011.

Klatt, Matthias, "Die Wortlautgrenze", in: Kent D. Lerch(Hrsg.), *Die Sprache des Rechts,* Bd. 2, Berlin: de Gruyter, 2005.

Knell, Sebastian, "Die normativistische Wende der analytischen Philosophie, Zu Robert Brandoms Theorie begrifflichen Gehalts und diskursiver Praxis", *Allgemeine Zeitschrift für Philosophie,* Vol. 25, No. 2, 2000.

Kuntz, Thilo, "Die Grenze zwischen Auslegung und Rechtsfortbildung aus sprachphilosophischer Perspektive", *AcP,* Bd. 215, 2015.

McDoWell, John, "Wittgenstein on following a rule", *Synthese*, Vol. 58, 1984.

Ogorek, Regina, "Der Wortlaut des Gesetzes. Auslegungsgrenze oder Freibrief", in: Peter Forstmoser(Hrsg.), *Rechtsanwendung in Theorie und Praxis. Symposium zum 70. Geburtstag von Arthur Meyer-Hayoz,* Basel: Helbing & Lichtenhahn, 1993.

Putnam, Hilary, "Analyticity and apriority: Beyond Wittgenstein and Quine", in: Paul K. Moser(Ed.), *Apriori Knowledge*, New York: Oxford University Press, 1987.

Rosen, Gideon, "Who makes the rules around here?" in: *Philosophy and Phenomenological Research*, Vol. 57, 1995.
Rüthers, Bernd, "Geleugneter Richterstaat und vernebelte Richtermacht", *NJW*, 2005.
Rüthers, Bernd, "Rechtswissenschaft ohne Recht?", *NJW* 2011.
Rüthers, Bernd / Höpfner, Clemens, "Analogieverbot und subjektive Auslegungsmethode", *JZ*, 2005.
Schünemann, Bernd, "Methodologische Prolegomena zur Rechtsfindung im Besonderen Teil des Strafrechts", in: Kaufmann, Arthur u.a.(Hrsg.), *Festschrift für Paul Bockelmann zum 70. Geburtstag,* München: C. H. Beck, 1979.
Schumann, Ekkehard, "Das Rechtsverweigerungsverbot. Historische und methodologische Bemerkungen zur richterlichen Pflicht, das Recht auszulegen, zu ergänzen und fortzubilden", *ZZP*, Vol. 81, 1968 [Gedächtnisheft für Rudolf Pohle].
Seebode, Manfred, "Wortlautgrenze und Strafbedürfnis. Die Bedeutung des Wortlauts des Strafgesetze am Beispiel eigennütziger Strafvereitelung", *JZ*, 1998.
Shieh, Sanford, "Some senses of holism: An anti-realist's guide to Quine", in: Richard Heck(Ed.), *Language, Thought and Logic. Essays in Honour of Michael Dummett,* New York: Oxford University Press, 1997.
Thilo Kuntz, "Die Grenze zwischen Auslegung und Rechtfortbildung aus sprachphilosophischer Perspektive", *AcP,* Bd. 215, 2015.
Wikforss, Åsa Maris, "Semantic normativity", *philosophical Studies*, Vol. 102, 2001.
Wright, Crispin, "Kripke's account of the argument against private language", *Journal of Philosophy*, Vol. 81, 1984.

[국외 판례]
BGH NJW 2011, 836
BGHSt 10, 375
BVerfG JR 2009, 206
BVerfG NJW 2004, 1305
BVerfGE 2, 398
BVerfGE 2, 406
BVerfGE 18, 111
BVerfGE 54, 277
BVerfGE 71, 108
BVerfGE 71, 81
BVerfGE 73, 206
BVerfGE 90, 263
BVerfGE 92, 1
BVerfGE 95, 64
BVerfGE 101, 312

제3장

[국내 단행본]
프란츠 비드린스키(Bydlinski, F.) / 페터 비드린스키(Bydlinski, P.) 지음 / 김성룡 옮김, 『법적 방법론 강요』, 제3판(2019), 준커뮤니케이션즈, 2021.

[국내 논문]
강범모, “의미론에서 “의미”와 관련된 용어들의 개념과 번역어”, 『언어와 정보』, 제15권 제1호, 2011.
강우예, “영미법의 유추적 방법에 대한 분석적 고찰”, 한국법철학회, 『법철학연구』, 제23권 제1호, 2020.
이경재, “영미법상 죄형법정주의”, 충북대학교 법학연구소, 『법학연구』, 제21권 제3호, 2010.
이정민, “부정의 모습: 상위언어적 부정은 실험상 어떻게 다른가?”, 한국언어정보학회, 『언어와 정보』, 제19권 제2호, 2015.
정동규, “의미의 맥락의존성 연구”, 한국독어학회, 『독어학』, 제30집, 2014.
정지문, “스탠리의 과잉 생성 반론으로부터 자유로운 풍부화 옹호”, 한국분석철학회, 『철학적 분석』, 제22호, 2010.
최용호, “프레게의 뜻/언급 구별과 일상언어”, 전북대학교 인문학연구소, 『건지인문학』, 제25집, 2022.

[국외 단행본]
Marmor, Andrei, *The Language of Law*, New York: Oxford University Press, 2014.
Ekins, Richard, *The Nature of Legislative Intent,* New York: Oxford University Press, 2012.
Hart Jr., Henry M. / Sacks, Albert Martin, *The Legal Process: Basic Problems in the Making and Application of Law*, Westbury(New York): Foundation Press, 1995.
Scalia, Antonin / Garner, Bryan A., *Reading Law: The Interpretation of Legal Texts*, St. Paul(MN): Thomson/West, 2012.
Solan, Lawrence M., *The Language of Judges*, Chicago: University of Chicago Press, 1993.
Wittgenstein, Ludwig, *Tractatus Logico-Philosophicus*, London: Routledge & Kegan Paul, 1922.

[국외 논문]
Alexander, Larry, “Originalism, the Why and the What”, *Fordham L Rev,* Vol. 82, 2013.
Calabresi, Steven G./Rickert, Julia T., “Originalism and Sex Discrimination”, *Texas Law Review*, Vol. 90, 2011.
Easterbrook, Frank H., “Textualism and the Dead Head”, *George Washington Law Review*, Vol. 66, 1998.
Fallon Jr., Richard H., “The Meaning of Legal “Meaning” and Its Implications for Theories of Legal Interpretation”, *The University of Chicago Law Review*, Vol. 82, 2015.
Fish, Stanley, “Intention Is All There Is: A Critical Analysis of Aharon Barak’s Purposive Interpretation in Law”, *Cardozo Law Review*, Vol. 29, 2008.
Fish, Stanley, “There Is No Textualist Position”, *San Diego Law Review*, Vol. 42, 2005.
Frickey, Philip P., “From the Big Sleep to the Big Heat: The Revival of Theory in Statutory Interpretation”, *Minnesota Law Review*, Vol. 77, 1992.

Geis, Michael L., "The Meaning of Meaning in the Law", *Washington University Law Quarterly*, Vol. 73, 1995.
Greenberg, Mark D. / Litman, Harry, "The Meaning of Original Meaning", *Georgetown Law Journal*, Vol. 86, 1998.
Grice, H. P., "Meaning", *The Philosophical Review*, Vol. 66, No. 3, 1957.
McConnell, Michael W., "The Importance of Humility in Judicial Review: A Comment on Ronald Dworkin's Moral Reading of the Constitution", *Fordham Law Review*, Vol. 65, 1997.
Posner, Richard A., "Statutory Interpretation — in the Classroom and in the Courtroom", *University of Chicago Law Review*, Vol. 50, 1983.
Shores, David F., "Deferential Review of Tax Court Decisions: Taking Institutional Choice Seriously", *The Tax Lawyer*, Vol. 55, 2002.
Soames, Scott, "Deferentialism: A Post-Originalist Theory of Legal Interpretation", *Fordham Law Review*, Vol. 82, 2013.
Solan, Lawrence M., "The New Textualists' New Text", *Loyola of Los Angeles Law Review*, Vol. 82, 2005.
Solum, Lawrence B., "Book Review — Deferentialism: Soames on Legal Interpretation", *Philosophical Studies*, Vol. 179, 2022.
Tarski, Alfred, "Der Wahrheitsbegriff in den formalisierten Sprachen", *Studia Philosophica*, Vol. 1, 1935.

[온라인 자료]
Lechner, Winfreid, "Theorie der Bedeutung"(http://users.uoa.gr/~wlechner/Sem2008%2001%20Bedeutungstheorien%20I.pdf, 2025. 7. 27. 최종 검색)
Lechner, Winfried, "Theorien der Bedeutung Ⅱ: Wahrheitsbedingungen"(http://users.uoa.gr/~wlechner/Sem2008%2002%20Bedeutungstheorien%20II.pdf , 2025. 7. 27. 최종 검색)

제4장

[국내 단행본]
한스 켈젠(Hans Kelsen) 지음 / 김성룡 옮김, 『규범의 일반이론』 1·2, 아카넷, 2016.

[국내 논문]
김기영, "언어행위 이론과 법적용 - 법의 화용론적 차원에 관하여 -", 『안암법학』, 제62호, 2021.
김성룡, "다수인의 공동의 의사결정에서의 형법 해석학적 문제점 - 과실범에 있어서 부작위의 공동정범", 한국비교형사법학회, 『비교형사법연구』, 제4권 제1호, 2002.
김성룡, "부작위범 사이의 공동정범", 한국형사판례연구회, 『형사판례연구』, 제17호, 2009.
김성룡, "부진정부작위범에 있어서 객관적 귀속", 경북대학교, 『법학논고』, 제30집, 2009.

[국외 단행본]
Bach, Kent / Harnish, Robert M., *Linguistic communication and speech acts*, Cambridge,

Massachusetts: The MIT Press, 1982.
Marmor, Andrei, *The Language of Law*, New York: Oxford University Press, 2014.

[국외 논문]
Bahonov, Boyan,"Truth in Legal Norms", *Philosophy* Vol. 29, Nr. 4, 2020.
Lemmon, E. J., "On Sentences Verifiable by Their Use", *Analysis*, Vol. 22, Nr. 4, 1962.
Marmor, Andrei, "Truth in Law", in: Michael Freeman / Fiona Smith(eds.) *Law and Language*, Current Legal Issues, Vol. 15, 2013.

제5장

[국내 단행본]
노명선·이완규, 『형사소송법』, 성균관대학교출판부, 제4판, 2015.
이창현, 『형사소송법』, 제10판, 정독, 2024.

[국내 논문]
권오걸, "형사절차상 진실·사실·실체적 진실의 관계와 그 발견", 한국형사법학회, 『형사법연구』, 제25권 제4호, 2013.
김혜경, "'실체적 진실발견'은 형사소송법의 목적인가? - 형사소송법의 제·개정 흐름을 중심으로 -", 한국형사법학회, 『형사법연구』, 제26권 제2호, 2014.
류전철, "형사소송의 목적", 한국형사소송법학회, 『형사소송 이론과 실무』, 제8권 제1호, 2016.
변종필, "형사소송의 목적과 '실체적 진실' 원칙", 안암법학회, 『안암법학』, 제4권, 1996.
양천수, "형사소송법상 실체 진실주의와 적정절차에 대한 비판적 고찰", 경남대학교, 『경남법학』, 제23집, 2008.
조국, "형사절차의 근저에서 대립하는 두 가지 가치체계에 관한 소고 - 영미법학에서의 논의를 중심으로 -", 한국법학원, 『저스티스』, 제32권, 1999.
하태인·최성진, "형사절차와 진실", 부산대학교, 『법학연구』, 제588권 제1호, 2017.
홍영기, "형사소송법, 그 독자적인 법 목적에 대한 이해", 한국법학원, 『저스티스』, 제100호, 2007.

[국내 판례]
대법원 2017. 4. 26. 선고 2016도18024 판결
대법원 2019. 11. 21. 선고 2015두49474 전원합의체 판결
대법원 2023. 11. 16. 선고 2020다296741, 296758 판결
대법원 2023. 2. 2. 선고 2022도13425 판결
대법원 2025. 4. 10. 선고 2024도15789 판결
대법원 2025. 4. 24. 선고 2024도19106 판결
헌법재판소 2009. 11. 26. 선고 2008헌바25 전원재판부 결정
헌법재판소 2024. 8. 29. 선고 2021헌바146 전원재판부 결정
헌법재판소 2025. 6. 27. 선고 2023헌바425 전원재판부 결정

[국외 단행본]

Beck'scher Online-Kommentar, StGB, 47. Aufl., München: C. H. Beck, 1. August 2020.

Beck'scher Online-Kommentar, StGB, 17. Aufl., München: C. H. Beck, 2013.

Beck'scher Online-Kommentar, StPO mit RiStBV und MiStra, 56. Aufl., München: C. H. Beck, 2025.

Bender, R. / Häcker, R. / Schwarz, V., *Tatsachenfeststellung vor Gericht*, 6. Aufl., München: C. H. Beck, 2025.

Bender, R. / Nack, A. / Treuer, W.-D., *Tatsachenfeststellungen vor Gericht*, 4. Aufl., München: C. H. Beck, 2014.

Börner, René, *Legitimation durch Strafverfahren*, Berlin: Duncker & Humblot, 2014.

Dubischar, Roland, *Grundbegriffe des Rechts*, Stuttgart: Kohlhammer, 1968.

Eisenberg, Ulrich, *Beweisrecht der StPO*, 1. Aufl., München: C. H. Beck, 2006.

Eisenberg, Ulrich, *Beweisrecht der StPO*, 5. Aufl., München: C. H. Beck, 2017.

[국외 논문]

Giesen, Lennart, "Dashcam-Aufnahmen im Zivilprozess", *NZV*, 2002.

Gössel, K. H., *Ermittlung oder Herstellung von Wahrheit im Strafprozeß?*, Berlin: de Gruyter, 2000.

Hammer, Felix, "Private Sicherheitsdienste, staatliches Gewaltmonopol, Rechtsstaatsprinzip und 'schlanker Staat'", *DÖV*, 2000.

Karlsruher Kommentar zur Strafprozessordnung: StPO mit GVG, EGGVG und EMRK, München: C. H. Beck, 8. Aufl., 2019.

Karlsruher Kommentar zur Strafprozessordnung: StPO mit GVG, EGGVG und EMRK, 9. Aufl., München: C. H. Beck, 2023.

Käßer, Wolfgang, *Wahrheitserforschung im Strafprozeß*, Berlin: de Gruyter, 1974.

Killmer, Dieter, "Eine unabhängige Staatsanwaltschaft - Rückenwind aus Europa", *DRiZ*, 2020.

Krekeler, Wilhelm, "Strafrechtliche Grenzen der Verteidigung", *NStZ*, 1989.

Lammer, Dirk, "Zeugenschutz versus Aufklärungspflicht", in: E. W. Hanack, et. al.(Hrsg.), *FS für Riess*, Berlin: de Gruyter, 2002.

Landau, Herbert, "Die Pflicht des Staates zum Erhalt einer funktionstüchtigen Strafrechtspflege", *NStZ*, 2007.

Malmendier, Bertrand, ""Konfliktverteidigung" - ein neues Prozeßhindernis?", *NJW*, 1997.

Metz, Jochen, "Wahrheit im Strafverfahren", *ZSTW*, 2021.

Münchener Kommentar zur Strafprozessordnung: StPO, Band 1, §§ 1-150 StPO, 1. Aufl., München: C. H. Beck, 2014.

Münchener Kommentar zur Strafprozessordnung: StPO, Band 1, §§ 1-150 StPO, 2. Aufl., München: C. H. Beck, 2023.

Roxin, Claus / Schünemann, Bernd, *Strafverfahrensrecht,* 29. Aufl., München: C. H. Beck, 2017.

Stamp, Frauke, *Die Wahrheit im Strafverfahren*, Nomos, Baden-Baden, 1998.

Wasserburg, Klaus / Haddenhorst, Wilhelm(Hrsg.), *Wahrheit und Gerechtigkeit im Strafverfarhen, Festgabe für Peters*, Berlin: C. F. Müller, 1984.

Wedel, D. / Holznagel, I., "Leitlinien zur Sicherung der Unabhängigkeit der Staatsanwaltschaft -Vorschlag für eine praxisgerechte Beschränkung des externen Weisungsrechts", *ZRP,* 2020.

Weigend, Thomas, "Unverzichtbares im Strafverfahrensrecht", *ZStW*, Vol. 113, 2001.
Willanzheimer, G.-H., "Aufklärungspflicht und Beweisantragsrecht (§ 244 StPO) im Assessorexamen", *JuS*, 2009.
Zachariä, Heinrich Albert, *Handbuch des deutschen Strafprocesses*, Bd. 1, Göttingen: Dieterich, 1861.

[국외 판례]
AG Düsseldorf Beschl. v. 16.8.2012 - 314 OWi-20 Js 118/12-13/12, BeckRS 2013, 649
BGH NJW 1978, 113
BGH NJW 2001, 695
BGH NStZ 1988, 37
BGHSt 10, 208
BGHSt 14, 358
BGHSt 14, 358
BGHSt 31, 304
BGHSt 32, 68
BGHSt 34, 362
BGHSt 38, 214
BGHSt 50, 40
BVerfG NJW 2009, 3225
BVerfG NJW 2020, 1501
BVerfG NStZ 1984, 82
BVerfGE 133, 168
BVerfGE 33, 367
BVerfGE 38, 312
BVerfGE 57, 250
EuGH NJW 2019, 2145
OLG Hamm Beschl. v. 25.8.1988 - 1 Vollz (Ws) 230/88, BeckRS 1988, 07270
RGSt. 66, 163
RGSt. 72, 155

찾아보기

ㅅ

ㅇ